KB238456

이인호

현 한양대학교 명예교수. 고려대학교 중어중문학과를
졸업하고, 사마천의『사기』로 국립대만대학교에서 석사,
국립 대만사범대학교에서 박사학위를 받았다. 중국의 수많은
콘텐츠를 넓고 깊게 공부하여 일반인도 쉽고 편하게 접할 수
있는 인문교양서를 써 왔다. 지은 책으로『하루 한자 공부』,
『책벌레의 공부』,『장자에게 배우는 행복한 인생의 조건』,
『사기 이야기』,『인트로 차이나』,『사기 열전』(상),『사기 본기』
등이 있고, 옮긴 책으로『온전하게 통하는 손자병법』,
『12개 한자로 읽는 중국』,『중국 문화사』(상하),『영옥우화』,
『사기 교양강의』 등이 있다.

하루 한자어 공부

하루 한자어 공부

© 이인호 2026
이 책은 저작권법에 의해 보호받는 저작물이므로
무단전재와 복제를 금합니다.
이 책 내용의 전부 또는 일부를 이용하려면
저작권자와 도서출판 유유의 서면동의를 얻어야 합니다.

하루 한자어 공부

매일
두 글자,

삶의 수준과　　　한자 교양
말의 품격을　　　365
높이는

이인호 지음

레고처럼 즐기며 문해력을 높이는,
한자어 공부

외손녀가 태어났다. 시안(時安)이라 이름 지어주었다. '늘 편안하다'라는 뜻이다. 한자(漢字)는 뜻글자라 짧은 이름에 긴 축원을 담을 수 있었다. 후에 손녀가 커서 어떻게 저런 뜻이 나왔는지 물으면, 아래와 같이 알려 주려고 한다.

시(時)의 초기글꼴은 '해-일'(日)과 지(止)의 합인데, 지(止)는 나중에 비슷한 모양의 토(土)로 변했다. 지(止)의 초기글꼴은 발바닥의 모양으로, 앞으로 움직여 나아감을 뜻한다. 훗날 또 촌(寸)이 더해졌다. 촌(寸)은 '팔꿈치-주'(肘)의 생략으로, 손가락으로 단단히 쥐었음을 뜻한다. 따라서 시(時)의 본뜻은 '태양의 움직임을 단단히 파악하다'이다. 태양의 움직임과 일조 시간의 장단을 파악하여 시간과 계절을 알았으므로 이로부터 '때, 철'의 뜻이 나왔고, 시간과 계절은 순환 반복하므로 '늘, 항상, 언제나'의 뜻이 나왔다. 한편 안(安)은 '집-면'(宀)과 여(女)가 합했다. 면(宀)은 지붕과 벽의 모양으로, 집을 뜻한다. 따라서 안(安)은 집과 여자가 있는 모습이다. 남자가 집도 마련했고 결혼하여 아내까지 있다면 심적으로 얼마나 안정되고 편안하겠는가. 따라서 안(安)의 본뜻은 '남자의 마음이 편안하다'이며, 이로부터 '편안하다'의 뜻이 나왔다. 이상을 종합하여 시안(時安)을 한자 뜻대로 풀면, '늘 편안하다'이다.

한자는 그림조각을 맞추는 퍼즐이나 블록을 조립하는 레고처럼 모듈Module을 조합하여 만든 완제품이다. 이 책은 한자어를 해체하여 모듈별로 풀어 주고, 그 모듈이 조합되어 완성된 뜻은 무엇이며, 그로부터 어떤 뜻이 나오게 되었는지 700자 내외로 간명히 해설했다. 하루에 10분씩 투자하여 1년 간 꾸준히 365개 한자어를 공부하면 어느 순간 한자에 익숙해져 있을 것이다.

젊은 세대의 문해력(文解力) 저하가 화제다. 문해력이란 글자의 뜻을 이해하고, 나아가 글의 내용과 맥락을 파악하여 자신의 생각과 연결하고, 다시 그것을 활용하는 종합적인 능력을 가리킨다. 한글 어휘에서 한자어가 차지하는 비율은 아무리 낮게 잡아도 50퍼센트 이상이다. 학술·법률·행정·의학·예술 등 전문 분야의 어휘일수록 한자어의 비중은 압도적으로 높아진다. 그러니 한자에 약하면 문해력이 높아질 수 없다. 우리가 한자를 경외하는 가장 큰 이유는 제대로 배우지 못했기 때문이다. 이 책을 공부하면 한자를 볼 때 울렁증은 사라지고 퍼즐이나 레고처럼 즐기게 될 것이다.

50대 이상은 한자가 낯설지 않을 테니 조금 더 공부하면 한시(漢詩)나 한문(漢文)을 음송할 수 있고 서예도 즐겁게 시도할 수 있다. 노후의 삶이 충실해지는 것은 물론이고 훗날 손주들에게 한자와 서예를 가르쳐 준다면 얼마나 보람된 일인가. 머리를 계속 쓰고 손발을 움직이며 즐겁게 사니 치매 걱정은 안 해도 될 것이다. 또 한자를 공부한 사람은 일본어나 중국어를 배울 때도 편안하다. 일본어를 위해서는 어미변화를 더 익히고, 현대 중국어를 위해서는 간체자 제작 원리와 요긴한 문법을 더 알면 된다.

한자를 공부하다 보면 형성자(形聲字)의 발음 문제, 가차(假借)와 전주(轉注)의 실체에 대해서도 궁금해진다. 또한 한자를 더욱 깊게 공부하고 싶은 욕구도 생길 것이다. 이 책의 뒷부분에 실린 '부록'에 관련된 이야기와 공부에 필요한 자료 및 이용법이 있으니 참고가 될 것이다. 관심이 있는 독자들은 먼저 읽고 공부를 시작해도 좋다.

끝으로, 출판에 힘써 주신 도서출판 유유 조성웅 대표와 편집자 정민기 님께 감사한다. 나이가 든 탓인지 오래전에 작고한 어머님이 자꾸 생각난다. 부족한 책이지만 영전에 바치며, 하늘에서도 늘 편안하시길 빈다.

2026년 2월
한양대학교 명예교수 이인호

들어가는 말 레고처럼 즐기며 문해력을 높이는, 한자어 공부 9

$$\frac{1}{1} \quad --\rightarrow \quad \frac{12}{31}$$

부록1 더 튼튼한 한자 공부를 위한, 필수 지식 398

부록2 더 깊은 한자 공부를 위한, 데이터베이스·AI 활용법 414

부록3 한자어 찾아보기 427

一1月월

往來

갈 **왕**
올 **래**

묵은해가 가고 새해가 왔으니 왕래(往來)로 시작하자. 왕래는 '가고 오고'의 뜻이다. 왕(往)의 초기글꼴은 지(止) 아래에 왕(王)이 놓였다. 지(止)는 발바닥, 왕(王)은 육중한 도끼의 모양이니, 왕(往)은 도끼를 들고 전진(前進)하는 모습이다. 훗날 발바닥과 도끼가 합해 주(主)로 변했고, 전진의 의미를 강조하고자 '정강이-척'(彳)을 추가하여 현재 글꼴이 되었다. 한편 내/래(來)는 지금 봐도 '나무-목'(木)의 겨드랑이 사이에 시옷 모양의 이삭이 보인다. 초기글꼴은 완연한 '밀/보리'의 모습이었다. 밀/보리는 원산지가 지금의 중동 지역으로, 중국인이 볼 때 외지에서 들어온 작물이었다. '들어온 작물'로부터 '오다'의 뜻이 나왔고, 이 뜻으로 널리 쓰이자 정작 '보리'의 뜻은 사라졌다. 이에 '뒤져 올-치'(夊)를 밑에 붙여 '밀/보리-맥'(麥)을 만들었다. 치(夊)는 '발바닥-지'(止)가 뒤집힌 모양으로, '저쪽에서 이쪽으로 오다'의 뜻이다. 밀/보리는 저쪽 외지에서 이쪽 중국으로 들어온 작물임을 나타낸 것이다. 왕래는 뒤집어 내왕(來往)으로도 쓴다. 여야(與野)가 왕래하고 남북(南北)이 내왕하는 세상이 되길 꿈꾸어 본다. 같은 국민(國民)이고 같은 민족(民族) 아닌가.

옮길 **운**
셈 **수**

1 / 2

運數

운(運)은 착(辶=辵)과 군(軍)이 합했다. '달릴-착'(辵)은 '정강이-척'(彳)과 '발바닥-지'(止)가 합해 발동작을 표시하며, '걸어가다, 달려가다'의 뜻이다. '군사-군'(軍)은 전차(戰車)를 둥그렇게 둘러쳐 진지를 구축하고 주둔한 모습이며, 이로부터 '군대, 부대, 진지' 등의 뜻이 나왔다. 군(軍)의 아래쪽에 있는 '수레-거'(車)는 전차이므로 기동력(機動力)이 생명이다. 전차 부대의 기동력을 표시한 한자가 '옮길-운'(運)이었다. 한편 '셈-수'(數)의 글꼴은 복잡하지만 왼쪽은 양손가락과 입이고 그 아래는 여자, 오른쪽은 '칠-복'(攴)이 변한 '등글월-문'(攵)이다. 이는 '손가락으로 헤아리면서 여자의 잘못을 질타'하는 모습이며, 이로부터 '나무라다, 숫자, 수를 헤아리다' 등의 뜻이 나왔다. 일설에 따르면, 부모나 집안처럼 고정된 숫자가 명(命)이고, 수레바퀴처럼 돌고 도는 가변적인 길흉(吉凶)이 운(運)이다. 이를 합하여 운명(運命)이라 했다. 오늘 말하는 '운수'가 곧 운명이며, 사람마다 각기 배분된 명(命)을 분수(分數)라 한다. 분수를 알라든가 분수를 지키라 당부하는 의미가 그것이다. 분수, 즉 나에게 배분된 명(命)을 알고 차분히 실력을 쌓으며 때를 기다리면 바퀴가 돌듯 액운(厄運)이 물러가고 행운(幸運)이 굴러온다. 행운의 수레바퀴가 올해 당신 앞에 도착하기를.

幸福

행(幸)의 초기글꼴은 수갑(手匣)과 족쇄(足鎖)가 연결된 모습이었다. 처형할 죄인을 꼼짝 못 하게 손발까지 묶었다. 현재 글꼴은 변했지만 비슷한 개념이다. 위쪽의 토(土)는 '큰-대'(大)가 변한 것이고, 그 아래는 '매울-신'(辛)이 변한 것이다. 대(大)는 양팔을 벌리고 서 있는 사람의 모습이고, 신(辛)은 죄인의 이마나 뺨을 깎아 전과자임을 표시했던 송곳 모양의 형구이다. 저런 죄인을 보면 일반인은 어떤 생각이 들까? 나는 행운(幸運)이다 싶지 않겠는가? 저런 수모와 굴욕이 비켜 굴러갔으니 말이다. 이때부터 행(幸)은 형벌이 아니라 다행(多幸)의 뜻으로 변했다. 한편 복(福)은 '보일-시'(示)와 '가득할-복'(畐)이 합했다. 시(示)의 초기글꼴은 신주(神主)나 제단(祭壇)의 모습이다. 이것이 들어가면 귀신(鬼神)이나 제사(祭祀)와 관계있다. 복(畐)의 초기글꼴은 넓은 입에 목이 있고 배가 부르며 바닥이 비교적 뾰족한 술 항아리의 모습이다. 따라서 본뜻은 '좋은 술을 담아 신령에게 제사를 올려 행복을 빌다'이다. 이로부터 '복, 행복, 복을 빌다, 상서롭다' 등의 뜻이 나왔다. 제사 후 술과 고기를 나누어 먹는 것을 음복(飮福)이라 한다. 곡식으로 술 담그는 것을 엄금했던 옛날, 집[宀]에 술 항아리가 있으면 부자(富者)였다. 행복을 한자 그대로 풀면 행(幸)은 형벌을 면하는 것, 복(福)은 부유한 것이다.

청렴할 **렴(염)**
부끄러울 **치**

廉恥

염(廉)은 엄(广)과 겸(兼)이 합했다. '집-엄'(广)은 한쪽 벽면이 없는 집이며, '겸할-겸'(兼)은 '벼-화'(禾) 두 개를 오른 손가락[又]으로 함께 잡은 모습이다. 따라서 염(廉)은 본채와 연결된 소규모 공간으로, 이것저것 겸하여 쓰는 다용도 창고였다. 작은 공간을 다용도로 사용하려면 부지런히 움직여 공간을 아껴야 한다. 여기서 근검절약(勤儉節約)의 뜻이 나왔다. 물건의 가격을 부를 때도 열심히 절약해 주기에 염가(廉價)라 하며, 바가지를 씌우지 않는 깨끗한 마음이라 청렴(淸廉)이라 한다. 이런 마음이나 자세가 없다면 부끄러워하는 것이 사람의 도리이기에 '부끄러울-치'(恥)를 붙여 염치(廉恥)라 했다. 치(恥)는 '귀-이'(耳)와 '마음-심'(心)이 합했다. 잘못을 지적하는 소리가 귀에 들리자 수치심을 느끼는 모습이다. 이로부터 '부끄럽다'의 뜻이 나왔다. 얼굴이 두꺼운 사람은 그런 마음조차 없으니 후안무치(厚顔無恥)라 한다. 그런 염치가 파괴된 것이 파렴치(破廉恥)이며, 범인 중에 도덕적으로 더욱 비난받을 자를 일컬어 파렴치범(破廉恥犯)이라 한다. 파렴치와 비슷한 표현이 몰염치(沒廉恥)다. 염치가 파괴된 것이 아니라 아예 없다는 뜻이다.

위기

危機

위(危)의 초기글꼴은 절벽에서 돌멩이가 떨어지는 모습이다. 시간이 흘러 현재의 글꼴, 즉 벼랑을 뜻하는 엄(厂) 위에 사람이 서 있고 그 밑으로 또 쪼그려 앉은 사람의 모습인 '병부-절'(㔾=卩)이 있는 모습으로 변했다. 위(危)는 절벽이나 벼랑 끝에 선 사람이 삐끗하면 아래로 굴러떨어짐을 표시한 것이며, 이로부터 '위태(롭다), 위험(하다)'의 뜻이 나왔다. 사람이 절벽 아래로 이미 떨어진 모습은 '재앙-액'(厄)이다. 액운(厄運)이나 액땜이 무슨 뜻인지 알 것이다. 한편 기(機)는 이른바 '쇠뇌'라는 석궁의 방아쇠다. '나무-목'(木)은 목재, '작을-유'(幺幺)*는 두 가닥의 짧은 활줄, 그 아래 왼쪽 '시옷'처럼 생긴 것이 방아쇠, 그 옆에 위아래로 걸린 '창-과'(戈)는 화살이다. 화살을 활줄에 메겨 놓고 방아쇠를 당기려는 모습을 표시한 것이다. 손가락을 살짝 당기기만 해도 발사되기에 일촉즉발(一觸卽發)이다. 그러므로 위기(危機)란 벼랑 끝에 선 사람이 조금만 방심하면 순식간에 낭떠러지 아래로 추락하는 위험천만한 상황을 말한다. 아주 미세한 차이나 실수를 머리카락에 비유하여 위기일발(危機一髮)이란 표현도 쓴다.

* '작을-유'(幺+幺)는 '작을-요'(幺)가 나란히 두 가닥 있는 것이다. 요(幺)는 멱/사(糸)보다 짧은 실이며, 단독으로 쓸 때는 사/멱(糸)를 겹쳐서 '실-사'(絲)가 된다. 길고 짧은 차이만 있을 뿐, 모두 실올을 표시한다.

冷藏

이즈음이 절기상 소한이다. 냉(冷)은 빙(冫)과 영/령(令)이 합했다. 빙(冫)은 물이 얼어 얼음조각이 된 모습이다. 영(令)은 명령(命令)처럼 '하게끔 만들다'의 뜻으로 발음 역할을 겸한다. 기온을 떨어뜨려 물이 얼음이 되도록 만들었다는 뜻이다. 이로부터 '차갑다, 쌀쌀하다, 춥다'의 뜻이 나왔다. 냉방(冷房), 냉각(冷却), 냉기(冷氣) 등은 물론이고 쌀쌀맞게 대하는 냉대(冷待), 인정사정없는 냉정(冷情)에도 그런 뜻이 담겼다. 한편 '감출-장'(藏)은 발음을 표시하는 '나뭇조각-장'(爿) 이외에 '풀-초'(⁺⁺), '신하-신'(臣), '창-과'(戈)로 구성되었다. '눈-목'(目)을 창으로 찔러 실명시킨 글꼴이 신(臣)이다. 포로나 죄인의 눈을 멀게 하여 명령에 잘 따르는 착하고 좋은 노예로 만든 것이다. 초(⁺⁺)를 뺀 나머지 글꼴이 '착할-장'(臧)이 되는 이유다. 이렇게 좋은 '물건'은 남이 탐을 낼 테니 감추어야 한다. 풀숲을 맨 위에 추가하여 '감출-장'(藏)을 만들었다. 그러므로 냉장(冷藏)이란 차갑게 보관하거나 저장했다는 뜻이다. 풀숲 아래는 땅이므로 묻어서 감추는 것이 매장(埋藏)이다. 지하자원이 매장되었다고 할 때 쓴다. '조개-패'(貝)는 재물(財物)을 뜻하므로 불법으로 취득해 감춘 재물을 장물(贓物)이라 한다. 근육과 뼈로 감싸 뱃속에 보관한 기관(器官)은 장기(臟器)다.

눈 **설**
볕 **경**

雪景

설(雪)은 우(雨)와 계(彐)가 합했다. 초기글꼴은 '돼지머리-계'(彐)가 아니라 '깃-우'(羽)로, '깃털 같은 눈송이가 비처럼 내림'을 표시했다. 초기글꼴 중에는 '빗-혜'(彗)가 붙은 것도 있다. 함박눈이 마치 빗자루처럼 쏟아지는 모습이다. 현재 글꼴은 우(羽)의 한쪽 혹은 혜(彗)의 아랫부분만 남은 셈이다. 한편 경(景)은 일(日)과 경(京)이 합했다. '서울-경'(京)은 '높을-고'(高)나 '정자-정'(亭)과 어원이 같다. 건축 기술이 미흡했던 옛날에는 평지에 고층 건물을 지으려면 기둥을 높이 세우거나 흙이나 돌로 지반을 높여 그 위에 건물을 올려야 했다. 즉 경(京)의 상단은 지붕, 중간은 망루(望樓), 하단은 기둥이다. 하단의 '작을-소'(小)처럼 보이는 것은 통나무로 받치거나 돌로 쌓아 올린 기둥이다. 이런 고층 건물은 기본적으로 외부를 감시하고자 만들었으니, 그 일대는 중요한 지역으로 대개 도읍지였다. '서울'의 옛 이름은 경성(京城)이고, 중국의 북경(北京)과 남경(南京)도 수도였다. 일본에도 동경(東京)과 경도(京都)가 있다. 경(景)은 그런 고층 건물에 햇살이 비쳐 그림자가 생긴 모습이다. 여기에 햇살을 표시한 '터럭-삼'(彡)을 붙인 것이 '그림자-영'(影)이다. 경(景)에 명암이 생겼으니 볼 만하다. 운치(韻致) 있는 광경(光景)이라 경치(景致)라 한다. 눈 내린 경치니 설경(雪景)이다.

勿驚

말 **물**
놀랄 **경**

물(勿)의 초기글꼴은 도(刀) 옆으로 피나 살점이 튀는 모습이다. 현 글꼴의 포(勹)가 도(刀)의 변형이고, 사선 둘이 피나 살점이다. 따라서 물(勿)의 본뜻은 '칼로 베다'이다. 칼질은 위험해 함부로 할 일이 아니기에, 이로부터 '하지 말라'의 뜻이 나왔고, 이 뜻으로 전용되었다. 이에 도(刀)를 또 더해 '목 벨-문'(刎)으로 복원했다. 문경지교(刎頸之交)라는 성어에 쓰였다. 한편 경(驚)은 경(敬)과 마(馬)의 합인데, 경(敬)은 '경계할-경'(警)의 생략이다. 경(敬)은 '삼갈-극'(茍≠苟)과 복(攵=攴)이 합했다. 극(茍)의 초기글꼴은 관(卝)과 인(人)의 합으로, 양 뿔처럼 큼직한 모자를 쓴 사람이 무릎을 꿇은 모습이다. 훗날 '입-구'(口)가 추가되어 말조심하는 것까지 표현했다. 복(攴)은 '막대로 때리다'의 뜻인데, 이런 뜻이 극(茍)에 더해져 '폭력으로 제압해 근신하게 하다'가 되었고, 이로부터 '삼가다, 공경하다'의 뜻이 나왔다. 이런 경(敬)에 언(言)을 더해 경(警)이 되었다. 경계를 늦추지 말고 정신 바짝 차리라 경고하는 모습이다. 그렇다면 '말-마'(馬)가 붙은 경(驚)의 본뜻은 '말이 위험을 감지하고 놀라 즉시 경계하다'이며, 이로부터 '놀라다'의 뜻이 나왔다. 이에 물경(勿驚)을 한자 뜻대로 풀면 '놀라지 마라'이다. 우리말로 하면? 그냥 '놀랍게도'에 불과하니 놀라지 마시라.

맺을 **결**
합할 **합**

結合

결(結)은 멱/사(糸)와 길(吉)이 합했다. '가는 실-멱/사'(糸)는 묶거나 엮는 용도이고, '길할-길'(吉)은 좋다는 뜻이니, 결(結)은 좋은 일을 성사시킨다는 뜻이다. 두 사람이 만나 혼인 관계로 묶이는 것이 결혼(結婚)이며, 신랑 신부의 몸이 돌돌 뭉치면 단결(團結)이다. 그 결과(結果)가 자녀인데 결실(結實)이 아니겠는가. 결실이란 열매를 맺는다는 뜻이다. 한편 합(合)의 아래쪽은 '입-구'(口)가 분명한데 위쪽의 삼각형(△)은 아리송하다. 초기글꼴을 보면 구(口)의 상하가 뒤집힌 모양이다. 따라서 위쪽도 입이고 아래쪽도 입이다. 그렇다면 합(合)은 입을 맞춘 모습이다. 흔히 '합이 맞는다'는 말을 쓰는데 두 대상이 서로 잘 어울리고 일치하여 조화를 이룬다는 뜻이다. 하긴 마음이 맞아야 입을 맞춘다. 마찬가지로 용기도 사이즈가 맞아야 뚜껑이 닫힌다. 합법(合法), 합의(合意), 합격(合格), 합리(合理) 등에 쓰인 '맞다, 적합하다'의 뜻은 이로부터 나왔다. 입을 맞대고 뚜껑을 덮으면 하나로 합해진 것이니, 이로부터 결합(結合), 단합(團合), 조합(組合) 등에 쓰인 '합하다, 모으다'의 뜻이 나왔다. 세상에 좋고 길한 일이 많지만 그 가운데 으뜸은 사랑, 두 사람이 눈이 맞고 마음이 맞아 결합하는 혼인(婚姻)이 아니겠는가.

婚姻

혼(婚)은 녀/여(女)와 혼(昏)이 합했다. '어두울-혼'(昏)은 씨(氏) 아래에 일(日)이 있다. 씨(氏)의 초기글꼴은 '사람-인'(人)이 허리를 굽히고 손을 아래로 하여 땅을 가리키는 모습이다. 그 아래에 '해-일'(日)이 있으니 무슨 뜻일까? 태양이 땅으로 기울고 있음을 가리키는 것이다. 따라서 혼(昏)의 본뜻은 '해가 지다'이며, 해가 지면 어두워지기 시작하므로 '어둡다'의 뜻이 나왔다. 그 왼쪽에 '여자-녀/여'(女)가 붙어서 혼(婚)이 되었다. 옛날에 근친혼이 금지되자 성인 남자는 야심한 밤에 다른 마을로 잠입하여 미혼 여성을 납치했다. 결국 어두울 때 남자가 여자를 업어 오는 일이 혼(婚)이었다. 약탈혼의 흔적이 글자에 남은 것이다. 한편 인(姻)은 여(女)와 인(因)이 합했다. '의지할-인'(因)은 사각형 안에 팔다리를 벌린 사람의 모습인 '큰-대'(大)가 들어 있다. 널찍한 방석 혹은 돗자리에 팔다리를 펴고 앉거나 누운 모습을 그린 꼴이다. 딱딱한 자리에 앉거나 누우려면 방석이나 돗자리가 있어야 하므로, 이로부터 '의지하다'의 뜻이 나왔다. 그 옛날, 여자는 어릴 때는 부모에게 의지하다가 성인이 되면 출가하여 남편에게 의지했다. 그런 상황을 표시한 글자가 인(姻)이다. 결국 남자가 여자를 데려오는 것이 혼(婚), 여자가 남자에게 시집가는 것은 인(姻), 남녀가 오고 가면서 결합했다 하여 혼인(婚姻)이다.

집 가
뜰 정

家庭

가(家)는 지붕을 표시한 '집-면'(宀) 아래에 '돼지-시'(豕)가 있는 모습이다. 성격이 온순하고 잡식성이며 온몸이 고깃덩어리인 데다 배설물은 좋은 비료인 돼지는 농경 민족에게 훌륭한 가축이었다. 이에 돼지 사육은 곧 안정된 주거지를 마련했다는 뜻이고, 그곳은 곧 사람들이 먹고 자고 쉬는 집이다. 이런 개념으로 만든 글자가 '집-가'(家)이다. 한편 정(庭)의 초기 글꼴은 정(廷)이었다. 정(廷)의 왼쪽은 본디 ㄴ자처럼 생긴 공터이고, 오른쪽은 임(壬)이다. 임(壬)은 土(토) 위에 人(인)으로, 토대 위에 높이 올라선 사람을 표시한 것이다. 세월이 흘러 ㄴ은 '길게 걸을-인'(廴)으로 변해 토대 위로 올라간 동작을 강조했다. 지도자가 높은 곳에 올라 호령하고, 나머지는 밑에서 지시에 따르는 모습이다. 그런 장소가 바로 정(廷)으로, 대문과 건물 사이의 빈 공간, 즉 뜰이었다. 그런데 날씨가 안 좋으면 행사나 의식을 진행하기 힘들었다. 이에 천막을 치거나 벽을 세워 풍우를 막았다. 그런 간이 지붕과 벽을 그린 것이 '집-엄'(广)이다. 그러므로 정(庭)은 실내, 정(廷)은 실외일 따름이지 실은 같은 곳이었다. 훗날 정(廷)이 조정(朝廷)이나 궁정(宮廷)처럼 국사를 논하는 장소로 굳어지면서, 정(庭)은 지붕과 벽이 있음에도 집 마당이나 뜰로 격하되었다. 가정을 한자어 그대로 풀면, 돼지우리와 마당이 있는 집이다.

펄 신
알릴 고

申告

신(申)의 초기글꼴은 번개의 모양이었다. 시간이 흐르면서 글꼴이 조금 복잡해져 양 손가락을 표시한 국(臼) 사이로 몽둥이가 들어갔고, 훗날 양 손가락이 붙으면서 지금의 신(申)이 되었다. 하늘이 양손으로 몽둥이를 흔드는 모습이 번개라 여겼기 때문이다. 한국전력의 로고는 신(申)의 위아래 끝단이 좌우로 꺾인 디자인이다. 번개가 사방으로 퍼지는 모습으로부터 '퍼지다, 펼치다'의 뜻이 나왔다. 그러고 나니 정작 본뜻은 사라져 버려, 이에 '비-우'(雨)를 보태 '번개-전'(電)으로 복원했다. 번개는 하늘의 힘을 과시(誇示)하는 것으로 여겼기에 시(示)를 추가하여 신(神)도 만들었다. 한편 고(告)의 아래는 '입-구'(口)이고, 위는 '소-우'(牛)이다. 따라서 고(告)는 소를 잡아 조상이나 천지신명에게 제사를 지내며 입으로 기도하는 모습이다. '아뢰다, 알리다'의 뜻은 이로부터 나왔고, 이 뜻으로 널리 쓰자 정작 '기도하다'의 본뜻은 희미해졌다. 이에 귀신이나 제사를 상징하는 '보일-시'(示)를 붙여 '조상에게 아뢸-고'(祰)를 만들었다. 신고(申告)란 '관계 기관에 어떤 사실을 펼쳐 알림'을 뜻한다. 결혼한 사실을 관청에 알리는 일이 혼인 신고다. 각종 이유로 혼인 신고를 미루는 신혼부부가 많다. 기도하는 심정으로 번개처럼 하라는 것이 신고의 참뜻이다.

바를 **정**
옳을 **의**

正義

정(正)은 일(一)과 지(止)가 합했다. 일(一)의 초기글꼴은 원점이나 사각형이었다. 담장이 있는 일정한 구역을 표시한 것이다. 지(止)는 발바닥 모양으로 전진한다는 뜻이다. 따라서 정(正)은 불의한 무리를 바로잡고자 그 주거지로 바르게 직진하는 모습, 곧 정벌(征伐)의 뜻이다. '바르다, 바로잡다'의 뜻은 이렇게 나왔고, 이런 뜻으로 널리 쓰이자 본뜻은 희미해졌다. 이에 '갈-행'(行)의 왼쪽인 '걸을-척'(彳)을 추가하여 '칠-정'(征)으로 복원했다. 한편 의(義)는 양(羊)과 아(我)가 합했다. '나-아'(我)의 초기글꼴은 오른쪽이 '창-과'(戈), 왼쪽은 거대한 톱니 날이었다. 나는 사실 무서운 무기였던 것이다. '아름다울-미'(美)의 위쪽에 있는 양(羊)이 양의 뿔처럼 생긴 꽃 장식이듯 의(義)의 양(羊)도 장식이다. 따라서 의(義)는 정중한 예식이나 행사에 사용되는 전시용 무기였다. 지금도 중요한 행사에 총칼로 무장한 의장대(儀仗隊)가 도열하듯 예전에도 의전이나 의식에는 이런 장식용 무기가 등장했다. 정의(正義)란 무엇인가? 함의를 규명하려면 책 한 권을 써도 부족하겠지만 한자 뜻만 풀면 정(正)은 '무력으로 공격하다'이고, 의(義)는 '아름답게 꾸민 위협적인 무기'이다. 즉 아름다운 명분을 내세워 무력으로 정벌하는 것이다. 요즘에는 '진리에 맞는 올바른 도리'라는 뜻으로 쓴다.

정사 **정**
다스릴 **치**

政治

정(政)은 정(正)과 복(攵=攴)의 합인데, 정(正)은 정(征)의 생략으로 본뜻은 '불의를 응징하고자 정벌(征伐)함'이다. 복(攴)은 무기를 쥔 손가락의 모습이다. 복(卜)은 막대기, 우(又)은 오른손가락인데, 글꼴이 뭉치면서 복(攵)이 되었지만 실은 같은 것이다. 따라서 정(政)의 본뜻은 '무력으로 정벌하여 폭력으로 통치하다'이며, 이로부터 '다스리다, 지배하다'의 뜻이 나왔다. 한편 치(治)는 수(氵=水)와 대(台)가 합했다. 대(台)는 본디 '대-대'(臺)였다. 대(臺)는 높고 평평한 건축물인데, 초기글꼴은 위로부터 지(止)·고(高)·지(至)가 합한 형태였다. 지(止)는 발바닥, 고(高)는 높은 건물, 지(至)는 도착이다. 시간이 흘러 지(止)는 사(士)로 변했고, 나머지는 거의 그대로다. 병사들이 교대로 높이 올라가 주위를 경계하는 누대(樓臺)와 같은 높은 건축물을 표시한 것이다. 그렇다면 치(治)는 물길을 만들고 제방(堤坊)을 누대처럼 높이 쌓아 홍수를 통제한다는 뜻이며, 이로부터 '(물을) 다스리다'의 뜻이 나왔다. 이에 정치(政治)를 한자 뜻 그대로 풀면, 무력·정벌·폭력·통치·통제를 하는 것으로 대단히 살벌하고 폭압적인 행위다. 민주주의 정치라 포장하지만 정치의 본질이 변하겠는가. 저질 정치의 끝이 비극인 이유다.

정사 **정**
무리 **당**

政黨

정(政)은 다뤘으니, 당(黨)을 살펴본다. 당(黨)은 상(尙)과 흑(黑)이 합했다. 흑(黑)의 초기글꼴은 대(大) 위에 얼굴이 있고, 얼굴에 줄이 그어져 있다. 세월이 흘러 그 밑에 화(火)가 추가되었다. 현재 글꼴에 대입하면, 위쪽의 사(四)는 얼굴에 줄이 그어진 모양, 중간의 토(土)는 대(大)의 양다리가 바닥에 펴진 모양, 화(灬)는 화(火)가 흩어진 모양이다. 그렇다면 흑(黑)은 바닥에 불을 피워 검댕을 만들고, 끌로 죄인의 얼굴을 찢어 검댕으로 죄명을 새긴 모습이다. 이른바 경형(黥刑)이나 묵형(墨刑)을 당한 죄인이 흑(黑)이었다. 한편 상(尙)은 팔(八) 사이로 향(向)이 있다. 향(向)은 면(宀) 안에 구(口), 즉 '창문이 있는 집'이다. 여기서 팔(八)은 숫자 8이 아니라 '나눌-분'(分)의 생략으로 분리(分離)의 뜻이다. 따라서 상(尙)의 본뜻은 '창문을 열다'이다. 옛날 창문은 채광과 통풍이 목적이라 높이 냈고, 열려면 올려봐야 한다. '우러르다, 숭상(崇尙)하다'의 뜻은 이렇게 나왔다. 이상을 종합하면, 당(黨)의 본뜻은 '죄인이 우러르다'이다. 자기를 거두어 주는 리더를 우러러 함께 모인 집단을 당(黨)이라 했다. 동문 선후배가 뭉치면 붕당(朋黨), 정치적인 신념으로 뭉치면 정당(政黨)이다.

乖離

괴(乖)는 과(瓜)의 변형이다. 수박[西瓜], 호박[南瓜], 오이[黃瓜], 참외[香瓜=眞瓜]는 모두 과(瓜)라 하며 박과에 속한다. 박과 열매는 떨어져 따로 열린다는 점이 특징이다. 이런 특징을 반영한 한자가 '외로울-고'(孤)이다. 과(瓜)의 중간에 있는 사(厶)는 본디 열매인데, 밑의 수평선이 위로 올라가 긴 수평선이 되어 천(千)이 되었다. 이어서 과(瓜)의 좌우 사선은 각각 인(人)이 되어 서로 등을 돌린 모습인 북(北)이 되었다. 따라서 괴(乖)는 '박과 열매가 따로 열리듯 두 사람이 등을 돌리다'가 본뜻이며, 이로부터 '어긋나다, 이별하다'의 뜻이 나왔다. 한편 리(離)의 초기글꼴은 '그물-망'(网=网)이 도치되어 '새-추'(隹) 밑에 있으므로 '그물로 새를 잡다'가 본뜻이다. 그 후에 위로 '수풀-림'(林)을 더하고 아래로 '오른손-우'(又)를 더해 '숲에서 새를 잡았음'을 강조했다. 이후 림(林)은 '싹-철'(屮)을 거쳐 두(亠)로 변했고, 우(又)는 유(内)로 변했다. 유(内)의 경(冂)은 우(又)의 변형, 사(厶)는 그물 손잡이의 변형이다. 중간의 그물은 그대로다. 잡힌 새는 무리로부터 이탈한 것이기에, 이로부터 이별(離別)이나 격리(隔離)에 쓰인 '떠나다, 떼어 놓다'의 뜻이 나왔다. 이에 괴리(乖離)를 한자 뜻대로 풀면 '박과 열매가 따로 열리듯 서로 어긋나 떨어지다'이다.

흠모

欽慕

흠(欽)은 금(金)과 흠(欠)이 합했다. 금(金)은 금속 악기를 상징한다. 흠(欠)은 '기쁠-환'(歡)의 생략이며 발음을 겸했다. 환(歡)은 관(雚)과 흠(欠)의 결합인데, 관(雚)은 솔개나 보라매처럼 날카로운 눈매와 위협적인 발톱을 가진 맹금(猛禽)이다. 흠(欠)은 인(人) 위에 '입-구'(口)가 벌어진 모양이다. 따라서 환(歡)은 맹금이 사냥감을 발견하고 입을 벌려 환호(歡呼)하는 모습이다. 그러므로 흠(欽)은 존귀한 사람을 영접할 때 '금속 악기를 연주하며 환호하다'가 본뜻이며, 이로부터 '공경하다, 존경하다'의 뜻이 나왔다. 한편 모(慕)는 막(莫)과 심(心)이 합했다. 막(莫)의 초기글꼴은 상하좌우 풀밭 사이로 해가 들어간 모양이다. 밑의 '큰-대'(大)도 실은 위쪽의 '풀-초'(艹)와 같았다가 변형된 것이다. '저녁-모'(暮)의 원형인 막(莫)은 '해가 져서 어둡다'가 본뜻이다. 어두우면 모습이 드러나지 않는다. 그러므로 모(慕)는 드러내지 않고 조용히 간직한 마음이다. 이로부터 사모(思慕), 연모(戀慕) 등에 쓰인 '그리다, 그리워하다'의 뜻이 나왔다. 이에 흠모(欽慕)를 한자 뜻대로 풀면 '존경하는 분을 공경하며 사모하다'이다.

부를 **초**
청할 **청**

招請

초(招)는 '손-수'(扌=手)와 '부를-소'(召)가 합했다. 소(召)의 초기글꼴 중에 가장 간단한 것은 도(刀) 밑에 구(口)이다. '칼-도'(刀)를 뒤집으면 '숟가락-비'(匕=匙)가 되므로 칼처럼 생긴 국자이다. 구(口)는 술잔의 모양이다. 따라서 국자로 술을 따르는 모습이다. 가장 복잡한 글꼴은 3층 구조인데, 3층은 인(人)·육(月)·구(口)·인(人), 2층은 유(酉), 1층은 우(又)·증(曾)·우(又)이다. 1층은 양손으로 '시루-증'(曾=甑)을 잡고 있다. 2층의 술항아리 유(酉=酒)를 데우기 위함이다. 3층은 주인이 손님을 불러 '고기-육'(月)과 술잔을 권하는 모습이다. 이상을 종합하면 소(召)는 '주인이 손님을 초대하여 술과 음식을 함께 들다'가 본뜻이며, 이로부터 '부르다, 소집하다'의 뜻이 나왔다. '손-수'(扌=手)를 추가한 초(招)는 부른다는 개념의 '손짓'을 강조했을 뿐 의미는 같다. 한편 청(請)은 언(言)과 청(靑)의 합인데, 청(靑)은 '예쁠-천'(倩)의 생략이며 발음을 겸했다. 따라서 청(請)은 '아름답고 좋은 말을 하여 초대하다'이며, 이로부터 '청하다, 부르다, 뵈다'의 뜻이 나왔다. 이에 초청(招請)을 한자 뜻대로 풀면 다음과 같다. '진수성찬을 차려 놓고 아름답고 좋은 말로 사람을 부르다.'

벗 **우**
나라 **방**

友邦

우(友)는 위아래가 모두 우(又)인데 위쪽이 십(十)처럼 변해 알아보기 힘들어졌다. 따라서 우(友)는 오른손을 서로 잡은 모습이다. 본뜻은 '악수(握手)로 친구를 맺고 서로 협조하기로 약속하다'이며, 이로부터 '벗, 벗하다, 우애롭다'의 뜻이 나왔다. 우리말 '벗'은 우(友) 이외에 붕(朋)도 있는데 동문(同門)이 붕(朋), 동지(同志)가 우(友)였다. "멀리서 벗이 찾아왔으니 또한 즐겁지 아니한가!"라는 구절에 나온 벗은 붕, 즉 동창생이었다. 한편 방(邦)의 초기글꼴은 봉(丰) 밑에 '밭-전'(田)이 있었다. 봉(丰)은 미(未)의 변형으로 나뭇가지가 무성한 모양이다. 따라서 방(邦)은 '밭의 두둑에 나무를 심어 경계로 삼다'이다. 경계로 삼아 고을을 이루었기에, 전(田) 대신에 읍(阝=邑)을 더해 '나라-방'(邦)을 만들었다. 방국(邦國)은 국가의 다른 말이다. 3천여 년 전, 패권을 잡은 서쪽 변방의 주(周) 부족은 특별한 제도를 설계했다. 친족과 공신을 제후로 임명, 전략 요충지로 파견해 그 지역을 지키면서 제후 상호 간에 상부상조하는 방대한 네트워크를 구성한 것이다. 이를 봉건(封建)이라 한다. 영역을 둔덕과 나무로 막기에 봉(封)이다. 그 안에 나라를 세우기에 건(建)이다. 저 봉(封)이 곧 방(邦)이었다(이 책의 7월 7일 봉쇄(封鎖) 꼭지 참고). 이에 우방(友邦)을 한자 뜻대로 풀면 '같은 뜻을 가진 친구 나라'이다.

승부

이길 **승**
질 **부**

勝負

승(勝)은 짐(朕)과 력/역(力)이 합했다. 짐(朕)의 초기글꼴은 왼쪽이 주(舟)이고, 오른쪽은 삿대를 양손으로 잡은 모습인데 서로 붙고 변형되어 지금 모양이 되었다. 짐(朕)의 본뜻은 '삿대로 배를 밀다'이며, 여기에 '힘-력'(力)을 추가한 것이 승(勝)이다. 그러므로 승(勝)의 본뜻은 '삿대로 배를 밀 만큼 충분한 힘이 있다'이며, 이로부터 '일을 충분히 감당할 능력이 있다'의 뜻이 나왔다. 충분히 감당할 능력이 있다면 승산(勝算)이 있기에 이로부터 '이기다'의 뜻이 나온 것이다. 이기면 이익(利益)이 있기에 승리(勝利)라 한다. 한편 부(負)는 인(人) 아래에 '조개-패'(貝)로, 사람이 조개를 등에 진 모습이다. 조개는 화폐나 재물을 상징하므로 자기 소유라면 자부심(自負心)이 들겠지만, 빌린 것이라면 언제든 갚아야 하니 부담(負擔)이다. 후자로 뜻이 기울어 부담이 가중되면 무너지지 않겠는가. '지다, 실패하다'의 뜻은 이렇게 나온 것이다. 승부(勝負)는 이기고 지는 것이라 승패(勝敗)라고도 하지만, 한자의 뜻대로 보면 둘 사이에 약간 차이가 있다. 부(負)는 부담에 무너져 진 것이고, 패(敗)는 스스로 망가뜨려 진 것이다. '칠-복'(攵=攴)은 몽둥이를 쥐고 부순다는 뜻임을 여러 번 설명했으니 감이 올 것이다.

作定

지을 **작**
정할 **정**

작(作)의 초기글꼴은 작(乍)이었다. 작(乍)는 '점칠-복'(卜)과 '칼-도'(刀)가 합했거나, 도(刀)로 흠집[丯]을 낸 모양이다. 옛 중국인들은 거북이 배 껍질에 구멍을 뚫고 불로 태운 뒤에 갈라지는 모양을 신탁(神託)으로 여겨 길흉을 예측했다. 작(乍)은 그 모습을 그려 준 것이다. 구멍을 뚫고 불을 피우는 것으로부터 '만들다'의 뜻이 나왔고, 인위적(人爲的)인 작업(作業)이라 인(人)을 추가하여 '지을-작'(作)으로 사용했다. 한편 정(定)은 '집-면'(宀) 아래에 필(疋)이다. 필(疋)은 '바를-정'(正)의 변형인데, 앞서 언급했듯 '칠-정'(征)의 뜻이다. 즉 전쟁이 끝나고 귀향하여 정착(定着)해 사는 것을 표현한 글자가 '정할-정'(定)이다. 한곳에 머문다는 뜻으로부터 '정해졌다'의 뜻이 나왔다. 이상을 종합하여 작정(作定)을 한자 뜻대로 풀면, '무슨 일을 할 때 미리 신(神)의 뜻을 묻고 신탁에 따라 결행하다'의 뜻이다. 작정한 사람은 신의 의지에 따라 행동한다고 믿기에 설령 그 언행이 윤리나 도덕 혹은 법적으로 문제가 있어도 태연하거나 당당하다. 한편 '따를-작'(酌)을 쓰는 작정(酌定)은 차라리 귀엽다. 작(酌)은 술독[酉]에서 술을 국자[勺]로 떠서 술잔에 붓는다는 뜻이다. 그러므로 미리 짐작(斟酌)하지 않고 마구 붓다가는 넘쳐서 난감해진다. '살펴 가면서 결정함'이 작정(酌定)이다.

가릴 **선**
들 **거**

選擧

선(選)은 착(辶)과 손(巽)이 합했다. 착(辶)은 척(彳)과 지(止)의 결합으로 걷는다는 뜻이다. 손(巽)의 초기글꼴은 두 개의 절(㔾) 밑에 긴 횡선 1개와 짧은 횡선 2개가 상하로 나란히 있다. 절(㔾)은 무릎을 꿇은 사람의 모습이다. 글꼴은 점차 변해 위아래 횡선은 기(丌)로 변했고, 이어 손을 맞잡은 모습인 공(共)으로 굳어지면서 현재 모양이 되었다. 따라서 선(選)은 하인 중에 하나를 '선택하여 보내다'가 본뜻이며, 이로부터 '가리다, 뽑다'의 뜻이 나왔다. 한편 거(擧)는 여(與)와 수(手)가 합했다. 여(與)는 전부 손가락이다. 저(臼)의 초기글꼴은 왼손가락[乄]과 오른손가락[又]이며, 가운데 여(与)도 손을 서로 잡은 모양이다. 그 아래 공(廾)도 왼손가락과 오른손가락인데 붙어 버렸다. 따라서 여(與)는 많은 사람이 손을 잡은 모습이다. 그렇다면 거(擧)는 서로 힘을 합쳐 무거운 물건을 들어 올리는 모습이며, 이로부터 '들어 올리다'의 뜻이 나왔다. 따라서 선거(選擧)를 한자 뜻대로 풀면, 둘 중에 하나를 뽑아 보내고, 여러 사람이 합심하여 무거운 물건을 들어 올리는 것이다. 현대식으로 바꾼다면, 현명한 하인을 뽑아 국회로 보내는 것이 선(選)이고, 나라와 국민을 책임진다는 막중한 책임감에 언행이 신중(愼重)한 자를 올려 주는 것이 거(擧)다. 눈감고 찍으면 선거가 아니다.

터질 결
끊을 단

決斷

결(決)은 수(氵=水)와 쾌(夬)가 합했다. '터놓을-쾌'(夬)의 초기 글꼴은 옥결(玉玦)을 '손가락-우'(又)로 쥔 모양이다. 현재 글꼴의 위쪽 'ㄱ' 모양이 옥결이고, 인(人)은 손가락의 변형이다. 옥결은 고리 모양의 원형인데 한쪽이 터졌다. 일부러 그렇게 만들었지만 원형에 결함(缺陷)이 있는 모습이라 결(玦)이라 했다. 옥이란 흠이 없어야 귀한데 결함이 있는 옥결을 손에 쥔 이유는 무엇인가? 옥결은 옛날 작별할 때 주고받던 선물이었다. 작별은 만남이 깨진 것이라 그 아쉬운 마음을 한쪽이 터진 옥결에 담은 것이다. 그렇다면 결(決)은 물길이 터진 것이다. 한편 단(斷)은 계(㡭)와 근(斤)이 합했다. 계(㡭)는 요(幺)가 상하로 넷이나 있고 유심히 보면 그 사이에 '칼-도'(刀)가 있다. 요(幺)는 작은 실올이므로 '실-사'(絲)를 잘게 자른 모습이다. 절단된 실올을 잇고자 우측에 다시 멱/사(糸)를 붙여 '이을-계'(繼)를 만들었고, 자른 실올을 더 자르고자 '도끼-근'(斤)을 좌측에 붙여 '끊을-단'(斷)을 만들었다. 이상을 종합하면, 결단(決斷)은 '둑이 무너져 물길이 터지듯, 실올을 잘게 잘라 버려 다시 잇기 힘들듯 돌이키기 힘든 판단과 결정'을 뜻한다. 따라서 결단의 결과는 대개 모 아니면 도다.

巫俗

무(巫)의 초기글꼴은 공(工)과 우(又)가 포갠 모양이다. 공(工)은 아령같이 생겼는데 공구(工具)를 상징한다. 기술이 아무리 좋아도 장비가 없으면 힘들듯 무당도 신령(神靈)을 모실 때 다양하고 정교한 공구가 필요했다. 초기글꼴은 그런 공구를 손에 쥔 모습이다. 세월이 흐르며 글꼴이 변하기 시작했다. 손가락이 사라지고 그 자리에 다른 공구가 추가되기도 했고, 심지어 공구를 사이에 두고 두 사람이 마주 보는 모습도 있는데 현재 글꼴 무(巫)이다. 무녀와 신령이 만난 모습 같다. 예민한 여성이 영적(靈的)이기에 무녀(巫女)가 많다. 한편 속(俗)은 인(人)과 곡(谷)이 합했다. '골-곡'(谷)은 '욕심-욕'(欲)의 생략형이다. 그러므로 속(俗)의 본뜻은 '사람들의 일상적인 욕구'이며, 이로부터 '다양한 감정과 욕심을 지닌 사람들의 일상'을 뜻하게 되었다. 바람처럼 구석구석 스며들기에 풍속(風俗)이며, 통용되기에 통속(通俗), 또한 그런 세상이 속세(俗世)다. 간혹 촌스럽기도 하여 세속적(世俗的)이니 속물(俗物)이라 폄하하기도 한다. 따라서 무속(巫俗)을 한자 뜻 그대로 풀면, '신령을 모시고 길흉을 점치며 행복을 비는 세상 사람들의 일상'을 말한다. 사마천은 「귀책열전」(龜策列傳)에서 말했다. "점을 치려면 어진 자를 찾아서." 요사한 점쟁이를 만나면 큰일 난다.

거짓 **위**
착할 **선**

僞善

위(僞)는 인(人)과 위(爲)가 합했다. 위(爲)의 초기글꼴은 '손가락-우'(又) 옆에 앞발을 들고 일어선 코끼리의 모습이었다. 현재 글꼴에 대입하면 '손톱-조'(爪)가 손가락이고 그 아래가 코끼리다. 중간에 길게 뻗은 사선은 길쭉한 코이며, 나머지는 주름진 몸통, 가장 아래쪽의 넉 점은 다리 모습이다. 따라서 위(爲)의 본뜻은 '코끼리를 키우며 일을 시키거나 묘기를 부리다'이며, 이로부터 '(일)하다'의 뜻이 나왔다. 코끼리는 그런 일을 하려고 태어나지 않았다. 사람이 개입하여 시킨 일이다. 따라서 위(僞)는 사람이 어떤 의도를 가지고 일한다는 뜻이다. 한편 선(善)의 초기글꼴은 양(羊)의 뿔 아래로 두 눈이 있거나 언(言)이 둘 있다. 선한 양의 눈빛 또는 유순한 양이라고 이구동성으로 칭찬하는 모습이다. 양은 착한 동물이다. 어미젖을 먹을 때 무릎을 꿇는다. 어린 목동이 양떼를 몰아도 잘 따른다. 젖을 짤 때나 털을 깎을 때도 공손히 응한다. 이런 양의 장점을 선한 눈빛으로 압축하고 이로부터 양이 착하다고 칭찬하여 '착할-선'의 뜻을 나타낸 것이다. 현재 글꼴 선(善)은 양(羊) 밑에 언(言) 두 개가 붙으면서 변형되었다. 이상을 종합하여 한자 뜻대로 풀면, 위선이란 '코끼리를 키우면서 묘기를 부리듯 의도적으로 양처럼 선한 척 행동함'이다.

僭稱

참(僭)은 인(人)과 참(朁)의 합이며, 참(朁)은 기(旡)·기(旡)·왈(曰)의 합이다. '목멜-기'(旡)는 구(口)와 인(人)의 합인데, 고개를 돌리고 입을 벌린 모습이다. 기(旡)가 둘이고 또한 '가로-왈'(曰)이 있는 것으로 보아 정직하지 못하게 고개를 돌리고 입을 벌려 계속 딴소리를 하는 모습이다. 따라서 참(僭)은 '주제넘게 엉뚱한 소리를 계속하는 사람'이 본뜻이며, 이로부터 '주제넘다, 분수를 모르다, 거짓되다'의 뜻이 나왔다. 한편 칭(稱)의 초기글꼴은 칭(爯)이었다. 칭(爯)은 조(爪)와 염(冉)의 합인데, 염(冉)은 재(再)의 변형이다. 조(爪)는 손톱, 재(再)는 통발이다. 통발은 물속에 넣어 두는 어구(漁具)이며, 주기적으로 통발을 들어 올려 물고기를 꺼내고 얼마든지 재차(再次) 사용할 수 있다. 따라서 칭(爯)은 '손으로 통발을 들어 올려 잡은 물고기의 명칭(名稱)을 부르고, 아울러 무게를 달다'가 본뜻이며, 이로부터 '들어 올리다, 부르다, 무게를 달다' 등의 뜻이 나왔다. 여기에 '사람-인'(人)을 더한 칭(偁)은 '사람의 이름을 부르며 올려 주다(=칭찬하다)'이고, '벼-화'(禾)를 더한 칭(稱)은 '좋은 알곡을 칭찬하며 무게를 달다'가 본뜻이며, 이로부터 '부르다, 일컫다, 칭찬하다'의 뜻이 나왔다. 이에 참칭(僭稱)을 한자 뜻대로 풀면 '주제넘게 자기를 높여 부르다'이다.

獨占

독(獨)은 견(犭=犬)과 촉(蜀)이 합했다. 견(犬)의 초기글꼴은 꼬리가 긴 갯과 동물의 모습으로, 부수로 쓰는 견(犭)의 모습에 가깝다. 견(犭)은 뒷다리로 일어선 모습이다. 촉(蜀)의 초기 글꼴은 '눈-목'(目) 아래로 '벌레-충/훼'(虫)가 있다. 눈은 머리를 상징하니, 곧 마디진 몸체를 웅크리고 머리를 열심히 움직여 뽕잎을 뜯어 먹는 누에의 모습이다. 중국 사천성 일대에 누에가 많기에 그 지역을 촉(蜀)이라 했다. 독(獨)의 본뜻은 '웅크린 개'이다. 양끼리는 사이좋게 무리를 이루니 '무리-군'(群)이 되었지만, 개끼리는 만나면 싸우려고 몸을 웅크리기에 '홀로-독'(獨)을 만들었다. 한편 점(占)은 복(卜)과 구(口)가 합했다. 복(卜)은 거북의 배 껍질이 갈라진 모습이다. 거북이는 옛날 중국에서 점을 치던 도구 중 하나로, 배 껍질에 구멍을 뚫고 불로 지지면 갈라진다. 복(卜)이 곧 갈라진 모양이며, 전후좌우로 많이 갈라진 모양이 조(兆)다. 그 조짐(兆朕)을 판단하여 길흉을 입으로 말하는 것이다. 그러므로 점(占)의 본뜻은 '갈라진 모양을 말하다'이되, 그 판단과 발언권은 오로지 왕이나 제사장이 독점했다. 따라서 독점(獨占)이란 '점괘를 홀로 판단하여 발언함'이다. 지금은 뭐든지 혼자 다 차지하면 독점이라 한다.

거북 **귀**
거울 **감**

龜鑑

귀(龜)의 초기글꼴은 거북의 모양이다. 현재 글꼴에 대입하면 꼭대기는 머리, 왼쪽은 다리, 오른쪽은 등이다. 획순이 복잡하여 한·중·일 모두 '亀'나 '龟'로 줄여 쓴다. 거북은 장수한다. 오래 살기에 영물(靈物)이라 여겼고 영물로 점을 치면 영험(靈驗)하다 믿었다. 한편 감(鑑)은 금(金)과 감(監)이 합했다. 감(監)의 초기글꼴은 사람이 꿇어앉아 그릇을 쳐다보는 모습이다. 세월이 흐르며 그릇에 일(一)을 그어 물이 담겼음을 표시했고 쳐다보는 동작을 강조하고자 목(目)의 눈알을 돌출시켜 신(臣)으로 바꾸었다. 지금 보는 글꼴 감(監)은 신(臣)·인(人)·일(一)·명(皿)이 결합된 것이며, 그릇의 재질이 금속(金屬)이라 '쇠-금'(金)을 붙여 '거울-감'(鑑)을 만든 것이다. 영험한 거북으로 점을 치면 미래의 길흉을 예측할 수 있으며, 거울에 비춰 보면 자신의 아름답고 추한 면이 그대로 보인다. 따라서 귀감(龜鑑)의 한자 뜻은 거북과 거울이지만, 담긴 뜻은 다음과 같다. '자신의 현재 언행을 거울로 비추듯 살펴보면 마치 영험한 거북 점괘처럼 미래의 길흉이 즉시 드러난다.' 귀감(龜鑑)으로 삼는다 함이 바로 이 뜻이다. 보석처럼 귀한 본보기나 모범이기에 서명에 많이 쓴다. 그 예로 『명심보감』(明心寶鑑), 『궁통보감』(窮通寶鑑), 『자치통감』(資治通鑑), 『시화총귀』(詩話總龜), 『책부원귀』(冊府元龜) 등이 있다.

蕩 減

탕(蕩)은 초(艹)와 탕(湯)이 합했다. 탕(湯)의 초기글꼴은 수(氵=水)와 '볕-양'(昜)의 합으로 자연적으로 마구 분출하는 온천수를 표시했다. 따라서 탕(湯)의 본뜻은 '온천'이며, 이로부터 '(물을) 끓이다, 끓인 물'의 뜻이 나왔다. 또한 온천수가 마구 분출하는 모습으로부터 '방탕하다'와 함께 '물이 세차게 흐르다, 물이 많다'의 뜻이 나왔다. 이 뜻이 '풀-초'(艹)와 결합한 탕(蕩)은 '수초(水草)가 무성한 늪이나 호수'를 가리키며, '그릇-명'(皿)과 결합하여 '물로 흔들어 씻을-탕'(盪)을 만들었다. 물결에 흔들리는 수초가 뭔가를 씻어 주는 모습이라, 탕(盪)과 탕(蕩)은 혼용되어 탕평(盪平)이나 탕감(蕩減) 등으로 쓰고 있다. 한편 감(減)은 수(氵)와 함(咸)이 합했다. 함(咸)은 구/국(口/囗)을 빼면 술(戌)이 남는다. 술(戌)은 좌측에 '창-과'(戈)로도 알 수 있듯 초기글꼴은 육중한 도끼 모양이었다. 여기에 '입-구'(口) 혹은 '나라-국'(囗)이 있으므로 함(咸)의 본뜻은 '도끼를 들고 고함치며 성읍을 도륙(屠戮)하다'이다. 따라서 수(氵)를 더한 감(減)은 '성읍을 수몰(水沒)시키다'가 본뜻이며, 이로부터 '줄이다, 해치다, 죽이다'의 뜻이 나왔다. 이에 탕감(蕩減)을 한자 뜻대로 풀면 '설거지하여 없애고, 수몰시켜 사라지게 하다'이다. 지금은 빚 없애 줄 때 쓴다.

붓 **필**
베낄 **사**

筆寫

필(筆)은 죽(竹)과 율(聿)이 합했다. 죽(竹)은 나란히 쭉쭉 뻗은 대나무 줄기와 밑으로 길쭉하게 처진 이파리의 모양이다. 율(聿)은 손가락으로 붓대를 잡은 모양이다. 지금 글꼴에 대입하면 율(聿)이 수직의 붓대를 손가락[又]로 잡은 모양이고, 아래쪽 이(二)는 붓털로 당초 위아래로 뾰족하게 선 모양(∧)이었는데 곧게 펴졌다. 따라서 필(筆)은 옛날 필기도구인 대나무 붓을 뜻한다. 한편 사(寫)는 면(宀)과 석(舄)이 합했다. 면(宀)은 집의 지붕과 벽을 그린 것이고, 석(舄)의 초기글꼴은 날개를 펄럭이는 새의 모습이다. 현재 글꼴에 대입하면, 구(臼)는 오른쪽 날개, 포(勹)는 왼쪽 날개, 화(灬)는 발톱인데, 한데 뭉치면서 많이 변했다. 따라서 사(寫)는 지붕 밑 처마에 둥지를 트는 새의 모습이다. 제비 같은데, 사전은 까치로 풀었다. 둥지를 틀려면 짚이나 나뭇가지를 물어 옮기고 또한 진흙도 침으로 개어 바를 것이다. 그 둥지의 모습이 마치 신발과 흡사하여 석(舄)을 신발로도 해석한다. 새가 재료를 옮겨 둥지를 짓듯 사람도 감정이나 생각을 고르고 다듬어 글이나 그림으로 옮긴다. 이로부터 '옮겨서 구현하다'의 뜻이 나왔다. 사물을 그리듯이 옮기는 것이 묘사(描寫), 똑같이 다시 옮기는 것이 복사(複寫), 붓으로 써서 옮기는 것이 필사(筆寫)다. 집을 짓듯 정성으로 필사하시길.

기쁠 **환**
즐거울 **락**

歡樂

환(歡)은 관(雚)과 흠(欠)이 합했다. 관(雚)의 초기글꼴은 '새-추'(隹) 위쪽으로 부리부리한 두 눈이 있고, 눈 위로는 눈썹이 눈매를 덮고 있다. 그 밑에는 '손톱-조'(爪)로 날카로운 발톱을 표시했다. 따라서 관(雚)은 솔개나 보라매처럼 날카로운 눈매와 위협적인 발톱을 가진 맹금(猛禽)이다. 흠(欠)은 인(人) 위에 '입-구'(口)가 벌어진 모양이다. 따라서 환(歡)은 맹금이 사냥감을 발견하고 입을 벌려 환호(歡呼)하는 모습인 것이다. 한편 락(樂)의 초기글꼴은 악기의 모양이다. 아래쪽 목(木)은 나무 탁자, 위쪽은 '실-사'(絲)가 여러 가닥이므로 현악기(絃樂器)다. 세월이 흘러 '줄-현'(絃) 사이에 백(白)이 삽입되었다. 백(白)은 독백(獨白)이나 고백(告白)으로 쓰듯 입을 연 모양이다. 그렇다면 현악기에 맞춰 노래하는 모습일 것이다. 현악기로부터 일반적인 악기를, 악기로부터 음악까지 뜻하게 되었다. 악기를 타며 노래하면 즐겁기에 '즐겁다'는 뜻도 나왔다. 그런 일은 누구나 좋아하기에 '좋아하다'라는 뜻도 나왔다. 음악으로는 악기(樂器), 즐거움으로는 환락(歡樂), 좋아함으로는 요산요수(樂山樂水)가 대표적이다. 연관된 뜻이지만 뜻에 차이가 있기에 '악/락/요'로 달리 발음하여 구분한다. 따라서 환락이란 '매가 먹이를 발견하여 환호하듯 즐거워함'을 뜻한다.

2月 월

客氣

객(客)은 '집-면'(宀)과 각(各)이 합했다. 각(各)은 치(夂)와 구(口)가 합했다. 치(夂)는 '발바닥-지'(止)가 뒤집힌 모양으로 밖에서 안으로 들어옴을 표시했고, 구(口)는 입구(入口)이다. 따라서 객(客)은 집에 들어온 사람이다. 누가 가족을 집에 들어온 사람이라 하겠는가. 가족 이외의 다른 사람, 즉 손님을 객(客)라 했다. 한편 기(氣)의 초기글꼴은 '석-삼'(三)과 비슷한데 운층(雲層)을 그린 것이다. 그러나 삼(三)과 너무 비슷해 헷갈리자 구름의 모양이 수시로 변하는 데 착안하여 상단과 하단의 일부를 구부리고 길게 뽑아 기(气)로 변형했다. 지금 쓰는 기(氣)에는 안쪽에 '쌀-미'(米)가 있는데, 밥을 지을 때 피어오르는 김이 구름 같았기 때문이다. 옛날에는 구름의 형태를 관찰하여 길흉을 판단하기도 했다. 구름의 형성은 단순한 기상변화가 아니라 자연과 인간의 상호작용이라 여겼기에 영웅호걸이나 귀신이 있는 곳에는 오색 '구름'이 피어오른다고 믿었다. 따라서 '기'는 곧 고정적인 것이 아니라 마치 구름처럼 움직이는 '유동 에너지'로서 '힘'을 뜻했다. 남의 집에 온 손님이라면 응당 절제하고 예의를 갖춰야 하는데 마치 영웅호걸처럼 힘을 쓰며 설치는 것이 객기(客氣)다. 알코올이 들어가면 특히 더욱 그렇다.

사랑 **애**
뜻 **정**

愛情

애(愛)의 초기글꼴은 애(㤅)로 심(心) 위에 기(旡)가 있었다. '목멜-기'(旡)는 '어진사람-인'(儿) 위에 구(口)가 있는데, 벌린 입안에 뭔가 걸린 모양이다. 따라서 애(㤅)는 격정으로 심장이 마구 뛰어 말을 잇지 못하는 남녀 사이의 환락(歡樂)을 표현한 글꼴이다. 그러나 의미가 너무 노골적이라 여겼는지 세월이 흐르면서 점차 은혜(恩惠)의 뜻으로 사용했다. 이에 치(夊)를 그 밑에 추가하여 새롭게 애(愛)를 만들었다. 기(旡)의 위쪽은 '손톱-조'(爪)로 변했고, 아래쪽 인(儿)은 '덮을-멱'(冖)으로 변했다. 뛰는 심장의 심(心)은 그대로인데, 그 아래로 치(夊)가 더해져 애(㤅)가 지금 글꼴 애(愛)가 된 것이다. 치(夊)는 '발바닥-지'(止)가 뒤집힌 모양으로 심장이 뒤집힐 정도의 격렬한 감정을 되살렸다. 한편 정(情)은 심(忄=心)과 청(靑)이 합했다. 여기서 청(靑)은 '예쁠-천'(倩)의 생략형이다. 따라서 정(情)은 예쁜 마음, 아름다운 감정이다. '초코파이 정(情)'의 광고 콘셉트가 '아름다운 마음을 나눌 수 있는 과자'였던 걸 떠올려 보라. 이상을 종합하여 한자 뜻대로 풀면, 애정(愛情)은 심장이 뛰는 남녀 간의 격정적인 사랑이며 이는 예쁘고 아름다운 감정이다. "화끈하고 소심하고 때론 절실하게, 나도 사랑하고 싶다!" 국내 단편영화 『애정만세』의 홍보 카피다.

行脚

다닐 **행**
다리 **각**

행(行)의 초기글꼴은 사방으로 뚫린 사거리 모습이다. 즉 사람이 자주 왕래하는 곳이다. 척(彳)과 촉(亍)도 모두 다리의 일부나 그 동작을 표현한 것이다. 따라서 행(行)의 본뜻은 '다니다'이다. 한편 각(脚)은 육(月=肉), 거(去), 절(卩)이 합했다. 절(卩)은 인(人)의 변형으로 무릎을 꿇은 모습이고, 거(去)는 집의 출구를 나서는 모습이다. 나서려면 다리를 움직여야 하므로 다리의 근육을 육(月=肉)으로 표시했다. 무릎을 왜 꿇었을까? 옛날 집의 출입구는 외부의 침입을 방어하고자 낮고 좁게 만들었다. 무릎을 굽히고 머리를 낮춰야 간신히 나갔다. 따라서 각(脚)의 본뜻은 '집 문을 나서는 사람의 다리'다. 이상을 종합하여 한자 뜻대로 풀면, 행각(行脚)이란 '사람이 다리로 걸어서 집 밖으로 나갔다'이다. 집을 나가 여기저기 떠도는 사람을 부랑자(浮浪者)라 하는데, 수행(修行)을 목적으로 다니면 특별히 행각(行脚)이라 하고 그런 스님을 행각승(行脚僧)이라 높여 부르지만, 본질은 같다. 애정(愛情)은 은밀한 공간에서 행하는 아름다운 사생활인데, 남녀가 여기저기 다니며 대놓고 사랑을 표현하면 보기 안 좋다. 프라이버시가 없는 부랑자처럼 사랑하는 것이다. 그런 행위를 일러 애정행각(愛情行脚)이라 한다.

任命/任免

임(任)의 초기글꼴은 공(工)이었다. 공(工)은 공구의 모양이다. 공구를 사용하고 있음을 표시하고자 중간에 점을 찍었는데, 점차 길어지면서 임(壬)이 되었다. 공구의 사용자는 인(人)을 추가해 임(任)이라 했다. 따라서 임(任)은 공구를 사용할 줄 아는 자이다. 이런 자에게 임무(任務)를 맡기므로 '맡길-임'(任)의 뜻이 나왔다. 한편 명(命)의 초기글꼴은 령/영(令)이었다. 영(令)은 세모꼴 아래에 절(卩)이 있다. 세모꼴은 구(口)가 아래로 향한 모양이고, 절(卩)은 '사람-인'(人)의 변형으로 허리를 굽힌 사람의 모습이다. 윗사람이 아랫사람에게 입으로 지시하는 모습인 것이다. 그런데 영(令)이 수령(守令) 등 우두머리의 뜻으로 전용되자 그 옆에 구(口)를 또 추가하여 명(命)으로 복원했다. 따라서 명(命)의 본뜻은 '상관이 부하에게 명령하다'이다. 이상을 종합하면, 임명(任命)이란 '유능한 자에게 직무를 명하다'이다. 무능하면 면직(免職)한다. 면(免)의 초기글꼴은 '어진사람-인'(儿) 위로 귀한 모자가 놓인 형태다. 그런 모자는 근무할 때 쓰고 평소에는 벗는다. 이로부터 '벗다'의 뜻이 나왔다. 그만두는 것을 '옷 벗는다' 하는데, 실은 모자를 벗었던 것이다. 면(免)이 '벗다'의 뜻으로 전용되자 '쓰개-모'(冃=冒=帽)를 얹어 '면류관-면'(冕)으로 복원했다. 면류관(冕旒冠)이 뭔지 알리라.

바랄 **희**
바랄 **망**

希望

희(希)는 효(爻) 아래에 건(巾)이다. 효(爻)는 좌우로 엮은 모양이고, 건(巾)은 허리에 헝겊이 걸린 모양으로 옷이나 옷감을 상징한다. 따라서 희(希)는 실올을 좌우로 엮어 짠 피륙이다. '칡의 섬유로 짠 고운 베'인데 가볍고 부드럽고 통풍이 잘 되는 고급 옷감으로 과거엔 귀족만이 누렸다. 현대식으로 말하면 최고급 명품으로, 누구나 바라는 것이었다. 이로부터 '바라다'의 뜻이 나와 이 뜻으로만 쓰였다. 이에 고급 옷이라는 원래 의미는 '가는 실-멱/사'(糸)를 옆에 붙여 '칡베-치'(絺)로 복원했다. 한편 망(望)의 초기글꼴은 신(臣)과 임(壬)이었다. 신(臣)은 목(目)의 측면 변형으로 눈동자가 튀어나와 전방을 주시하는 모양이다. 상관을 주목하며 지시를 기다리는 모습으로부터 '신하'의 뜻이 나왔다. 여기서 임(壬)은 인(人)과 토(土)가 합한 것으로 사람이 언덕에 선 모습이다. 따라서 본뜻은 '높이 올라 멀리 바라보다'이다. 세월이 흘러 '달-월'(月)이 우측에 추가됐고, '객지로 떠돌다'라는 뜻의 '달아날-망'(亡)이 신(臣)을 대체했으며, 또한 임(壬)이 왕(王)으로 변형되기도 했지만, 전체 뜻은 '객지에서 달을 바라보다'이니 본뜻과 큰 차이는 없다. 이로부터 '바라보다'의 뜻이 나왔다. 이상을 종합하여 희망(希望)을 한자 뜻대로 풀면, '명품 옷을 원하여 바라보다'이다. 다들 명품이 하나쯤은 있으니 우린 희망을 이루었다.

腕章

완(腕)은 육(月＝肉)과 완(宛)이 합했다. 완(宛)은 면(宀) 아래 원(夗)이다. 면(宀)은 지붕과 벽의 모양이라 집을 상징하는데, 원(夗)이 조금 아리송하다. 초기글꼴은 치(夂)와 절(㔾)의 합으로, 집 안에 뒤집힌 발바닥과 무릎을 꿇은 사람의 모습이니 최대한 상상력을 발휘하면 한 사람이 앉아 가렵거나 아픈 발바닥을 긁거나 처치하는 모습이다. 이런 완(宛)에 근육을 추가하여 '팔뚝-완'(腕)을 만들었다. 발바닥에 닿는 신체 부위는 손이 달린 팔뚝 이외에는 없다는 데서 그 뜻이 나왔을 것이다. 한편 장(章)의 초기글꼴은 신(辛) 아래 원형이 있고, 그 안쪽으로 횡선이 그어져 있다. 신(辛)은 도장(圖章)을 팔 때 사용하는 끌 같은 날카로운 도구이다. 따라서 장(章)은 동그란 재질의 나무나 옥에 뭔가 새긴 모양을 가리킨다. 원형은 훗날 사각형으로 변했고 그 밑에 '손가락-우'(又)가 추가되었다. 현재 글꼴에 대입하면 신(辛)은 입(立)으로, 원형은 일(日)로, 우(又)는 십(十)이 된 것이다. 따라서 장(章)의 본뜻은 '손가락으로 도장을 새기다'이며, 이로부터 '도장, 인장'의 뜻이 나왔다. 도장은 신분이나 직위를 대신하므로 일종의 권력이다. 옥새(玉璽)가 찍힌 문서는 어명(御命)이 아니겠는가. 그런 권력의 표장(標章)을 팔뚝에 둘렀으니 완장(腕章)이다. 못난이가 완장을 차면 무섭다.

편안 **안**
편안할 **녕(영)**

안(安)은 예나 지금이나 글꼴이 같다. '집-면'(宀)과 여(女)가 합했다. 집과 여자가 있는 모습이다. 남자 입장에서 집도 마련했고 결혼하여 아내까지 있다면 마음이 얼마나 안정되고 편안하겠는가. 따라서 안(安)의 본뜻은 '남자의 마음이 편안하다'이며, 이로부터 '편안하다'의 뜻이 나왔다. 한편 녕(寧)의 초기글꼴은 다양하지만 표현하고자 하는 개념은 비슷하므로 현재 글꼴로 해설한다. 녕(寧)은 면(宀), 심(心), 명(皿), 정(丁)이 합했다. 초기글꼴과 비교하면 다 같은데 유독 정(丁)만은 비슷하게 생긴 고(丂)가 변한 것이다. 고(丂)는 본디 우(亐)로, 아랫부분은 관악기가 굽은 모양이고, 윗부분 일(一)은 그 소리를 표시했다. 관악기에서 흘러나오는 멜로디를 표현한 것으로 음악을 상징한다. 이 글꼴의 발음이 된 것은 용기의 모양으로 음식을 상징하는 '그릇-명'(皿)이다. 다만 세월이 흐르며 발음이 많이 변했다. 그렇다면 녕(寧)의 본뜻은 '집이 있고 음식이 있으며 음악까지 있어 마음이 흡족하다'이다. 아마 여자의 마음이고 바람일 것이다. 이상을 종합하여 안녕(安寧)을 한자 뜻대로 풀면, '집이 있고 아내와 남편이 있고 음식이 풍부하고 음악까지 즐기면서 살아 편안하고 흡족한 마음'이다. 모두들 안녕하신지.

甲疾

갑질(甲疾)이라는 한자어는 없지만 임의로 만들었다. 중독(中毒)이 뇌(腦)의 질환(疾患)이듯 '갑질'하는 자의 뇌도 병들었기에 '갑의 질환'이다. 본론으로 들어간다. 갑(甲)의 초기글꼴은 십(十) 또는 사각형 안쪽에 십(十)이 있는 모양이었다. 구급차나 야전병원의 표식이나 스위스 국기가 연상되는데, 실은 투구나 방패의 모양이었다. 지금 글꼴에 대입하면 위쪽 사각형은 투구나 방패의 윤곽이고, 십(十)은 우(又)의 변형으로 손잡이를 표시했다. 따라서 갑(甲)의 본뜻은 '투구 혹은 방패'다. 이런 전투 장비가 갑을(甲乙)로 이어지는 십진법 표기의 첫째로 차용된 건 왜였을까? 모르겠다. 짐작건대, 투구는 머리를 보호하므로 안전 장비로 제일 아닌가? 방패는 몸 전체를 보호하므로 전투 장비로 첫째 아닌가? 중국 최초의 사전을 편찬한 허신(許愼)은 갑(甲)을 두고 '새싹이 땅을 뚫고 고개를 내민 모습이 마치 투구를 쓴 듯하다'라고 해설했다. 따라서 갑질(甲疾)의 본뜻을 한자 그대로 풀면, '우월적인 지위를 투구나 방패로 삼아 다른 사람에게 무례를 범하는 병적인 행동'이다.

藝術

예(藝)의 초기글꼴은 예(埶)였다. 예(埶)는 육(坴)과 환(丸)이 합했다. 육(坴)의 위쪽은 목(木)의 변형이고 아래쪽은 토(土)였다. 환(丸)은 '잡을-극'(丮)의 변형이지만 환(丸)에도 흰 모양이나 '손가락-우'(又)가 보인다. 따라서 예(埶)의 본뜻은 '손가락으로 묘목을 잡아 땅에 심다'이다. 세월이 흐르며 위에 '풀-초'(艹)를 얹어 식물 재배를 강조했고, 바닥에 운(云)까지 더했다. 물론 운(云)은 여기서 '김맬-운'(耘)의 생략형이다. 그러므로 예(藝)의 본뜻은 '작물을 재배하다'이다. 작물 재배는 재주와 기술을 요한다. 기예(技藝)의 뜻은 이렇게 나온 것이다. 한편 술(術)은 '갈-행'(行) 사이에 출(朮)이 들어 있다. 출(朮)은 현재 글꼴에서 십(十)으로 보이는 우(又), 즉 손가락으로 식물의 껍질을 벗기는 모습이다. 그 껍질을 꼬아 끈을 만들고, 나무토막이나 댓가지를 엮은 뒤 지름길 양편에 담장처럼 세워서 사람들이 다닐 수 있도록 통로(通路)를 낸 모습이다. 따라서 술(術)의 본뜻은 '편하게 다닐 수 있는 길'이었다. 이상을 종합하여 한자의 뜻대로 풀면, 예술(藝術)이란 '작물 재배의 기술과 길'이다. 우수한 품종의 묘목을 골라 심고 재주와 기술로 키워 열매를 수확하는 길, 그 노정(路程)은 모든 예술의 성장 과정과 유사하지 않은가?

기울 **경**
들을 **청**

傾聽

경(傾)은 인(人)과 경(頃)이 합했다. 경(頃)은 '수저-비'(匕)와 '머리-혈'(頁)이다. 수저를 들면 머리를 숙이고 먹기에, 이로부터 '기울다'의 뜻이 나왔다. 그런데 경(頃)이 '이랑'(두둑과 고랑)의 뜻으로 전용되기 시작했다. 이랑의 굴곡이 마치 고개를 끄덕이는 모양 같잖은가. 이에 인(人)을 왼쪽에 붙여 원래 뜻으로 복구했다. 한편 청(聽)의 초기글꼴은 이(耳)와 구(口)뿐이었다. 입으로 하는 말을 귀로 듣는 모습이다. 따라서 본뜻은 '입말을 귀로 듣다'이다. 세월이 흐르며 글꼴이 복잡해졌다. 왼쪽은 이(耳) 아래로 임(壬)을 더했고, 오른쪽은 구(口) 대신에 '곧을-직'(直)과 '마음-심'(心)을 더해 현재 글꼴이 되었다. 현재의 청(聽) 글꼴에서는 변형되어 꼭 왕(王)처럼 보이는 임(壬)은 인(人)과 토(土)가 합한 것으로 언덕 위에 서서 키가 커진 모습이다. 귀를 쫑긋 세웠음을 표현하려 한 것이다. 옛 사람들은 감정(感情)이나 사상(思想) 등의 활동이 심장에서 비롯된다고 여겼다. 글꼴에 모두 '마음-심'(心)이 있는 이유다. 따라서 청(聽)의 본뜻은 '사람이[壬] 소리를 들으면[耳] 곧바로[直] 무슨 뜻인지 안다[心]'이며, 이로부터 '새겨듣다, 듣고 알다'의 뜻이 나왔다. 경청을 한자 뜻대로 풀면 '고개를 숙이고 새겨듣다'이다.

높일 **존**
무거울 **중**

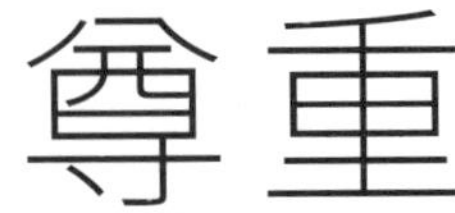

존(尊)은 인(人), 유(酉), 촌(寸)이 합했다. 유(酉)의 초기글꼴은 항아리 모양이다. 그 안의 액체는 대개 물이기에 굳이 '물'을 표시할 필요는 없었다. 그러나 특수한 물, 곧 알코올이 함유된 액체라면 특별히 표기해야 한다. 유(酉)에 '물-수'(氵=水)를 붙여 '술-주'(酒)를 만든 이유다. 인류는 농경으로 식량을 확보하면서 문명을 일구었다. 따라서 귀한 식량으로 담근 곡주(穀酒)는 우두머리만이 즐길 수 있었다. 술항아리 위에 인(人)을 추가하면 술독을 소유한 사람, 곧 '두목-추'(酋)이다. 주민은 추장에게 존경(尊敬)을 표할 때 술잔을 올렸기에 추(酋) 아래에 촌(寸)을 붙여 '높일-존'(尊)을 만들었다. 여기서 촌(寸)은 '팔꿈치-주'(肘)의 생략형이다. 한편 중(重)의 초기글꼴은 인(人) 아래에 동(東)이다. 동(東)의 초기글꼴은 포대를 묶은 모습이어서 '묶을-속'(束)과 글꼴이 유사하다. 인(人)과 동(東)이 위아래로 겹치고 밑의 人이 펴져 위아래 횡선이 되면서 중(重)이 되었다. 따라서 중(重)은 사람이 포대를 묶어 어깨에 멘 모습으로 '무거운 짐을 메다'가 본뜻이며, 이로부터 '무겁다'의 뜻이 나왔다. 이상을 종합하여 한자 뜻대로 풀면, 존중(尊重)이란 '우두머리에게 술잔을 올리며 존경의 뜻을 무겁게 표현하다'이다.

성길 **소**
통할 **통**

疏通

소(疏)는 소(疋=疋)와 유(㐬)가 합했다. 소(疋)는 아래쪽에 '발바닥-지'(止)가 보이며, '다리-족'(足)의 변형이다. 유(㐬)의 위쪽은 자(子)가 뒤집힌 모양이고 아래쪽은 '물-수'(水)이다. 자(子)의 초기글꼴은 갓난아이의 모습이다. 그렇다면 소(疏)는 태아가 산도(産道)를 통해 머리부터 나오기 시작하여 마지막 발바닥까지 전부 빠져나온 모습이다. 아래쪽의 물은 양수(羊水)다. 따라서 소(疏)의 본뜻은 '태아가 빠져나와 뱃속이 트였다'이며, 이로부터 '성기다, 느슨하다'의 뜻이 나왔다. 한편 통(通)은 착(辶=辵)과 용(甬)이 합했다. 착(辵)은 척(彳)과 지(止)가 합해 '걷다'가 본뜻이다. 용(用)은 나뭇조각을 잇대 둥글게 만든 나무통의 모습이다. 쓸모가 있어 '쓴다'의 뜻으로 쓰이자 본뜻을 회복하고자 손잡이를 위에 붙여 '길-용'(甬)을 만들었고, 나무 재질이라 목(木)을 추가해 '통-통'(桶)이 되었다. 따라서 나무통의 모습을 닮은 길이나 도로, 즉 건물과 건물 사이를 지붕과 난간이 있는 복도로 연결한 길 등을 모두 용도(甬道)라 한다. 따라서 통(通)의 본뜻은 '용도를 걷다'이며, 양쪽이 연결되어 통했기에 이로부터 '통하다'의 뜻이 나왔다. 이상을 종합하면, 소통이란 '순산하여 뱃속이 시원하듯, 양쪽 건물이 연결되듯 막힘이 없음'이다.

靈 魂

영(靈)의 초기글꼴은 다양하나 공통점은 영(霝)이다. 영(霝)은 우(雨) 밑에 구(口)가 셋 있다. 단비를 애타게 호소하는 모습, 비를 관장하는 신령(神靈)과 소통하려는 모습이다. 따라서 옛 글꼴에는 영(霝) 밑에 제사[示]도 있고, 무녀[巫]도 있고, 공물[玉]도 있었다. 심지어 횃불을 들고 춤추는 모습도 있는데, 타는 대지와 심정을 표현한 것이다. 현재 글꼴에는 무(巫)가 있다. 따라서 영(靈)의 본뜻은 '가뭄에 무녀가 신령께 단비를 빌다'이며, 이로부터 '신령'의 뜻이 나왔다. 한편 혼(魂)은 운(云)과 귀(鬼)가 합했다. 귀(鬼)의 초기글꼴은 가면을 쓰고 춤추는 사람의 모습이다. 현재 글꼴의 네모는 가면이고, 그 아래 인(儿)이 있고 구석의 사(厶)는 발바닥이 뒤집힌 치(夂)의 변형이다. 따라서 귀(鬼)의 본뜻은 '무녀가 가면을 쓰고 귀신처럼 춤추다'이며, 이로부터 '귀신'의 뜻이 나왔다. 귀신은 신비한 힘으로 혼백(魂魄)을 부린다. 사람의 정신에는 혼(魂)이 깃들고, 육체에는 백(魄)이 머문다. 죽으면 육신은 소멸하여 백(魄)도 없어지나 혼(魂)은 소멸하지 않고 흩어질 뿐이다. 혼(魂)의 왼쪽 운(云)은 운(雲)의 생략형으로 구름처럼 흩어진다는 뜻이다. 따라서 영혼(靈魂)을 한자 뜻대로 풀면 '신령스러운 혼'이며, 현대어로 바꾸면 '고귀한 정신'이다.

本質

목(木)의 초기글꼴은 나뭇가지 모양(∨) 줄기 모양(丨), 뿌리 모양(ㅅ)이 수직으로 구성되었다가, 가지가 수평으로 펴지면서 현재 모양이 되었다. 그 뿌리에 점을 찍어 '뿌리'임을 표시한 것이 본(本)이다. 점은 세월이 흐르며 양쪽으로 길어져 지금 글꼴이 되었다. 나무는 다른 부위가 다쳐도 버티지만 뿌리가 상하면 끝이다. 이로부터 삶의 관건이 되는 '근본'(根本)의 뜻이 나왔다. '뿌리-근'(根)과 같은 뜻이다. 한편 질(質)은 은(斦)과 패(貝)가 합했다. 은(斦)은 '도끼-근'(斤)이 둘이니 쌍날 도끼이며, 패(貝)는 재물을 상징한다. 따라서 질(質)의 본뜻은 흉기로 협박하며 재물을 요구하는 모습이다. 사람을 물건으로 취급해 재물과 교환하려는 것이다. 그런 상황에 처한 사람을 일컬어 인질(人質)이라 한다. 인간으로서 가장 밑바닥 신세가 되었다. 이로부터 '바닥, 바탕'의 뜻이 나왔다. 따라서 본질(本質)을 한자의 뜻대로 풀면, '나무의 근본에 해당하는 뿌리처럼 삶에서 바탕이 되는 모습'이다. 본성(本性)과도 통한다. 누구를 탓할 때 근본이 없다거나 본성이 틀려먹었다거나 본질적으로 악랄하다고 하면 그건 엄청난 욕이다. 고쳐 쓰지 못할 인간 말종이라는 의미이기 때문이다.

여유

餘裕

여(餘)는 식(食)과 여(余)가 합했다. 식(食)의 초기글꼴은 입을 식기에 댄 모습이다. 현재 글꼴에 대입하면 위쪽 삼각형은 구(口)가 아래로 향한 모양이고, 그 아래 간(艮)은 식기의 모양이다. 따라서 식(食)의 본뜻은 '음식을 먹다'이다. 여(余)의 초기글꼴은 원두막처럼 지붕만 있는 간이 건물의 모습으로 지금은 '집-사'(舍)로 쓴다. 본채 이외에 남은 건물이다. 따라서 여(餘)의 본뜻은 '먹고 남은 음식'이다. 음식이 충분하다는 뜻이다. 한편 유(裕)는 의(衣)와 곡(谷)이 합했다. 의(衣)의 초기글꼴은 옷깃과 양쪽 소매에다 섶과 밑자락까지 있는 저고리 모양의 상의(上衣)이다. 그 옆의 곡(谷)은 같은 발음의 '양식-곡'(穀)의 뜻이다. 따라서 유(裕)의 본뜻은 '옷과 음식이 풍족하다'이다. 이상을 종합하여 한자 뜻대로 풀면, 여유(餘裕)란 '의식(衣食)이 충분하다'이다. 음식과 옷이 충분한 것이 뭐가 대단하다고 여유(餘裕)라 했을까? 역사책을 읽으면 기근이나 전쟁 때 초근목피(草根木皮)로 연명하다가 그것도 모자라면 자식까지 바꿔서 먹었다는 기록이 허다하다. 이럴진대 옷은 몸만 가려도 호사였다. 지금은 일부러 식사를 줄여서 몸을 날씬하게 하고, 옷을 최대한 적게 입어서 몸매를 드러내려고 하니, 그때에 비하면 상당한 여유를 누린다 할 것이다.

親戚

친(親)의 초기글꼴은 신(辛)과 견(見)뿐이다. 발음도 겸하는 신(辛)은 송곳이었다. 죄수의 얼굴을 째고 먹물을 넣었던 형구다. 지금은 목(木)과 붙어 입(立)처럼 보이는데, 목(木)은 형틀의 재질이다. 즉 친(親)의 본뜻은 '죄수를 보다'이다. 누가 죄수를 면회할까? 체면과 위신을 중시했던 시절이나 지금이나 친히 찾아갈 사람은 부모다. 이로부터 부사로 '친히', 명사로 '부모'의 뜻이 나왔다. 한편 척(戚)의 초기글꼴은 숙(尗)이었다. 뜻이자 발음이었는데, 시간이 흘러 발음이 변했다. 숙(尗)을 아저씨나 콩으로 풀지만 훗날 파생되거나 빌려 쓴 뜻이다. 숙(尗)의 초기글꼴은 '방패-간'(干) 밑에 팔(八)이 추가된 모양이다. 팔(八)은 혜(兮)의 생략형이다. 혜(兮)는 탄식하는 모양이다. 따라서 숙(尗)의 본뜻은 '무기를 들고 애탄하다'이다. 가족이 전사해 슬퍼하며 전장에서 흩어진 고혼(孤魂)을 위로하는 것이다. 이런 뜻이기에 도끼날이 달린 창의 일종인 무(戊=鉞)를 더해 척(戚)을 만들었고, 아울러 심(心)이 덧붙어 '슬퍼할-척'(慽)이나 '근심할-척'(感)이 나온 것이다. 이상을 종합하여 한자 뜻대로 풀면, 친척이란 '죄수든 전사자든 산 자든 죽은 자든 그들을 찾아가 기억하고 슬퍼하는 부모와 가족'이다. 훗날 구분하여 친(親)은 친가, 척(戚)은 외가를 뜻하게 되었다. 외갓집이 외척이다.

酷毒

혹(酷)은 유(酉)와 고(告)가 합했다. 유(酉)는 '술-주'(酒), 고(告)는 '아뢸-고'(誥)의 생략형이다. 유(酉)의 초기글꼴은 항아리 모양이었고, 그 안에 특별한 액체가 있음을 표시하기 위해 '물'을 붙여 '술-주'(酒)로 만들었다. 고(告)는 우(牛)와 구(口)가 합했다. 소를 잡아 신령에게 제사를 지내며 입으로 기도하는 모습으로, '아뢸-고'(誥)의 뜻이다. 따라서 혹(酷)의 본뜻은 '신령에게 제사를 지낼 때 올리는 진하고 좋은 술'이다. 이런 술은 향미도 좋거니와 도수 또한 높아 독하다. 이로부터 '독하다'의 뜻이 나왔다. 한편 독(毒)의 초기글꼴은 생(生)과 무(毋)가 합했다. 생(生)은 '싹-철'(屮)과 '흙-토'(土)가 합하여 새싹이 땅 위로 움트는 모습이다. 따라서 본뜻은 '싹트다'이며, 이로부터 '낳다, 생기다'의 뜻이 나왔다. 무(毋)는 모(母)의 변형인데, 어미의 유두(乳頭)를 한 획으로 그어 보이지 않게 처리했다. 이는 임신이나 월경 때 남성의 성적인 요구를 거부한다는 신호이다. 이로부터 '거절하다, 거부하다'의 뜻이 나왔다. 따라서 독(毒)의 본뜻은 '싹틀 때 본능적으로 거부하는 유해물'이며, 이로부터 생명을 해치는 모든 '유독물'을 뜻하게 되었다. 이상을 종합하여 한자 뜻대로 풀면, 혹독(酷毒)이란 '독주처럼 모질고 악랄하다'이다. 알코올 중독을 경계해야 하는 이유다.

끊을 **절**
정수리 **정**

絕頂

절(絕)의 초기글꼴은 실타래 옆에 도(刀)가 있어 실올을 자르는 모습이었다. 따라서 절(絕)의 본뜻은 '실을 끊다'이다. 훗날 무릎 꿇은 사람 모습의 절(卪)이 더해졌다가 그것이 어느새 파(巴)로 변했다. 절(卪)이든 파(巴)이든 '사람-인'(人)의 변형이므로, 사람이 칼로 실올을 끊는다는 뜻이다. 끊어져 더 이상 이어질 수 없음으로부터 '최고, 최상'의 뜻이 나왔다. 한편 정(頂)의 초기글꼴은 정(鼎)과 혈(頁)이 합했다. 정(鼎)은 몸체 양쪽에 귀처럼 생긴 손잡이가 있고 다리가 셋인 청동기 솥이며 겉에는 정교한 문양이 양각되고 안쪽에는 글씨가 음각되었다. 그 옛날 정(鼎)은 제왕만이 보유했다. 따라서 정식(鼎食)이란 존귀한 자가 누리던 진수성찬이며, 이는 부귀영화를 상징했다. 정(鼎)의 글꼴이 복잡해 같은 발음의 정(丁)으로 바꿔 정(頂)이 되었다. 혈(頁)의 초기글꼴은 중간의 '눈-목'(目)을 중심으로 위는 머리카락, 아래는 굽은 다리다. 따라서 정(頂)의 본뜻은 '존귀한 정(鼎)을 보자 무릎을 꿇고 눈을 깔다'이다. 이상을 종합하여 한자 뜻대로 풀면, 절정(絕頂)이란 '비교 불가의 최고 존엄에게 머리를 조아리다'이다. 그 이상 높은 것은 없다. 간혹 절(絕)의 도(刀)가 인(人)으로 변해 절(絶)로도 쓰지만 원칙적으로 잘못이다.

極限

극(極)은 목(木)과 극(亟)이 합했다. 극(亟)의 초기글꼴은 위아래가 막힌 좁은 공간에 사람이 끼어 꼼짝 못 하는 모습이다. 세월이 흘러 구(口)가 더해졌다. 위급한 상황을 알리고 구호를 요청하는 모습이다. 우(又)나 복(攵)까지 더해 빠져나오려는 손동작을 표시했다. 그러므로 극(亟)의 본뜻은 '사람이 위기 상황에 처하다'이며, 이로부터 '급하다, 절박하다, 심하다' 등의 뜻이 나왔다. 이런 극(亟)이 목(木)과 결합했다면 어떤 상황일까? 집을 지을 때 지붕을 올리는 일은 높이 올라가야 하므로 위험했다. 가장 높은 용마루를 올리는 일은 더욱 위험했다. 그런 용마루 끝에서 작업한다면 어땠겠는가? 극(極)은 곧 '용마루 끝'이며, 이로부터 '끝, 가장, 매우'의 뜻이 나왔다. 극단(極端)이란 용마루 끝부분에 서 있는 것이므로 행동이나 생각이 한쪽으로 크게 치우쳤다는 뜻이다. 한편 한(限)은 부(阝=阜)와 간(艮)이 합했다. 부(阜)는 계단이 있는 고산준령을 상징한다. 간(艮)은 목(目)을 돌려 뒤를 돌아보는 모습이다. 그렇다면 한(限)의 본뜻은 '높은 산을 마주하자 걸음을 멈추고 뒤를 돌아보다'이다. 능력의 범위를 깨닫고 발길을 멈춘 것이다. '한계'의 뜻은 이렇게 나왔다. 이상을 종합하여 한자 뜻대로 풀면, '용마루 끝까지' 가는 것이 극한(極限)이다. 그 이상 나가면 추락이고 파국이며 죽을 수도 있다.

猛威

맹(猛)은 견(犭=犬)과 맹(孟)이 합했다. 맹(孟)의 초기글꼴은 자(子)와 명(皿)의 결합이다. 자(子)는 갓난아기의 모습이다. 명(皿)은 그릇의 모양이며 발음을 겸했다. 따라서 맹(孟)은 갓 태어난 첫째 아기를 대야에서 씻기는 모습이다. 첫아기이므로 특별히 씻기는 모습을 그린 것이다. 따라서 맹(孟)의 본뜻은 '맏이'이며 서열상 가장 크고 높다. 그렇다면 맹(猛)은 가장 큰 건장한 개이며, 이런 개는 대개 맹견이고 흉맹(凶猛)하다. '사납다'의 뜻은 이렇게 나온 것이다. 한편 위(威)는 술(戌)과 여(女)가 합했다. 술(戌)의 초기글꼴은 '창-과'(戈)의 왼쪽에 날이 볼록한 도끼가 부착된 형태였다. 이런 무기는 무거워서 실전용이라기보다는 처형하거나 협박하는 용도였다. 이런 무기 옆에 여인이 있으니 무슨 뜻이겠는가? 시어머니가 며느리를 험하게 구박하며 위세를 부리는 모습 같기도 하고, 나쁜 남편이 아내를 폭행하는 듯도 하고, 혹은 집단이 부정한 여인을 처형하려는 모습 같기도 하다. 여하간에 위(威)의 본뜻은 '무기로 여인을 위압(威壓)하다'이다. 이상을 종합하여 한자 뜻대로 풀면, 맹위(猛威)란 '맹견처럼 사납게 흉기를 들고 여성을 괴롭히다'이다. 극한(極限)의 더위나 추위가 맹위를 떨친들 남성에게는 해당 사항이 없으니 참고 견디시라.

괴이할 **괴**
물건 **물**

怪物

괴(怪)는 심(忄=心)과 성(圣)이 합했다. 성(圣)의 초기글꼴은 양손으로 흙을 감싼 모습이다. 현재 글꼴은 우(又)와 토(土)로, 한 손만 보인다. 온갖 동식물이 자라고 만물이 깃든 땅은 옛사람들에게 불가사의한 존재였으며 오로지 경배(敬拜)와 찬미(讚美)의 대상이었다. 그런 감정을 심(心)으로 표현했다. 따라서 괴(怪)의 본뜻은 '불가사의한 땅을 경배하고 찬미하다'이며, 이로부터 '불가사의하다, 기이(奇異)하다'의 뜻이 나왔다. 한편 물(物)은 우(牛)와 물(勿)이 합했다. 물(勿)의 초기글꼴은 도(刀) 옆으로 피나 살점이 튀는 모습이다. 그러므로 물(勿)의 본뜻은 '칼로 베다'이다. 칼질이라 함부로 '하지 말라'의 부정부사로 전용되자, 도(刀)를 또 더해 '목 벨-문'(刎)을 만들었다. 따라서 물(物)의 본뜻은 '소를 베다'이다. 국가 차원의 제사 때 소를 잡는데, 털색으로 고르는 것을 물색(物色)한다고 한다. 그렇게 선별한 수소가 특(特)이고, 특색(特色)이 있다. 능력이 출중한 사람도 인물(人物)이라 한다. 이상을 종합하여 한자 뜻대로 풀면, 괴물(怪物)이란 '경배할 정도로 기이한 대지와 대단한 자질의 수소'이다. 세월이 흘러 대지와 수소는 사라졌고 기이와 대단만 남았다. 지금은 뭐든지 기이하고 대단하면 괴물이다. 괴물 폭우, 괴물 선수 등등.

精神

정(精)은 미(米)와 청(靑)이 합했다. 미(米)는 쌀알이 여물어 이삭에 잔뜩 달린 모습이다. 청(靑)은 '예쁠-천'(倩)의 생략형이다. 따라서 정(精)은 예쁜 쌀이다. 쌀알의 왕겨를 벗기면 황갈색의 쌀알, 즉 현미(玄米)가 나온다. 현미는 거칠어 먹기 힘들다. 현미를 찧는 작업이 도정(搗精)이다. 깨끗이 도정하면 흰쌀인데 이것이 정미(精米)다. 흰 피부가 맑고 깨끗하여 예쁘고 아름답듯 정미가 그렇다. 따라서 정(精)의 본뜻은 '현미를 도정하여 만든 백미'이며, 이로부터 '최상, 최고'의 뜻이 나왔다. 한편 신(神)은 시(示)와 신(申)이 합했다. 신(申)의 초기 글꼴은 번개의 모양이다. 점차 글꼴이 복잡해져 '양 손가락-국'(臼) 사이로 몽둥이가 들어갔고, 훗날 양쪽이 붙어 지금의 신(申)이 되었다. 누군가 몽둥이로 신비한 힘을 과시(誇示)하는 것이 번개라 여겼기에 시(示)를 추가하여 신(神)을 만들었다. 따라서 신(神)의 본뜻은 '번개로 과시하는 불가사의한 힘'이다. 이상을 종합하여 한자 뜻대로 풀면, 정신(精神)은 '불가사의한 최고의 힘'이다. 중의학에서 정(精)은 인간이 가질 수 있는 최고의 생명 에너지이며, 부모의 교합으로 그 정기(精氣)를 받아 태어나면 생명을 통제하고 조절하는 신(神)이 깃든다고 여겼다. 이렇게 소중한 정신이니 정신 바짝 차리고 살아야 한다.

밟을 **리(이)**
지날 **력(역)**

履 歷

이(履)의 초기글꼴은 '눈썹-미'(眉)와 '발바닥-지'(止)였다. 신을 신자 발바닥이 편해 웃는 눈썹이다. 시간이 흘러 미(眉)는 '머리-혈'(頁)로 변했고, 다시 시(尸)로 변했다. 그사이에 지(止)는 주(舟)로 변했는데 신발 모양이 배와 비슷했기 때문이다. 또한 '걷다'의 개념을 나타내고자 착(辵＝彳+止)을 더했고, 지(止)와 주(舟)가 합쳐 복(复)으로 변했다. 현재 글꼴에 대입하면, 시(尸)는 당초 눈썹, 척(彳)은 걷다, 복(复)은 발바닥과 신발이었다. 따라서 이(履)의 본뜻은 '신을 신고 걷다'이며, 이로부터 '신발, 밟다'의 뜻이 나왔다. 한편 역(歷)의 초기글꼴은 역(秝)과 지(止)였다. 역(秝)은 임(林)의 변형이며 발음도 겸한다. 그렇다면 역(歷)은 나무가 많은 숲을 지나는 모습이다. 따라서 역의 본뜻은 '숲을 지나다'였는데, 세월이 흘러 '기슭-엄'(厂)이 추가되자 '산 넘고 숲 건너'의 뜻이 되었다. 순탄하지 않은 길을 걸어온 모습이다. 이상을 종합하여 한자 뜻대로 풀면, 이력(履歷)이란 '신을 신고 땅을 밟으며 산을 넘고 숲을 건너오다'이다. 개인의 그런 내력을 기록하면 이력서(履歷書)가 되고, 집단이나 사회를 기록하면 역사(歷史)가 된다. 당신의 이력서는 곧 개인의 역사다. 이력이 났다 함은 오래 겪어 몸에 배었다는 뜻이다.

짙을 **농**
옅을 **담**

濃淡

농(濃)은 수(水)와 농(農)이 합했다. 농(農)은 곡(曲)과 진(辰)이 합했는데, '휠-곡'(曲)은 논밭이 굽은 모양이고, 진(辰)은 '욕될-욕'(辱)의 생략형으로 고된 노동을 비유한다. 농사일은 육체노동이라 몸이 힘들다. 해가 뜨면 더워서 작업이 더욱 고되기에 농부는 새벽부터 일어나 일을 나간다. 농번기의 새벽은 안개가 자욱하여 물기가 축축하다. 따라서 농(濃)의 본뜻은 '농번기 새벽의 축축하고 진한 안개'이며, 이로부터 '짙다, 두텁다'의 뜻이 나왔다. 한편 담(淡)은 수(水)와 염(炎)이 합했는데, 염(炎)은 '먹을-담'(啖)의 생략형이다. 음식물에 물을 많이 넣어 먹으니 맛이 심심하고 옅다는 뜻이다. 따라서 담(淡)의 본뜻은 '심심하게 먹다'이며, 이로부터 '싱겁다, 담백하다, 맛없다'의 뜻이 나왔다. 이상을 종합하여 한자 뜻대로 풀면, 농담(濃淡)이란 '새벽안개의 짙음과 음식물의 심심함'이며, 이로부터 용액의 진함과 묽음은 물론이고 색깔이나 명암의 짙음과 옅음까지 뜻하게 되었다. 물론 생각이나 표현의 강함과 약함도 가리킨다. 동양의 수묵화는 물과 먹의 농담(濃淡)이 관건이고 핵심이다. 수채화도 그렇다.

그늘 **음**
그림자 **영**

陰 影

음(陰)의 초기글꼴은 음(侌)이었다. 음(侌)은 금(今)과 운(云)의 결합인데, 금(今)은 '머금을-함'(含)의 생략형이며, 운(云)은 '구름-운'(雲)의 초기 형태다. 따라서 음(侌)의 본뜻은 '하늘이 구름을 머금어 태양을 가리다'이며, 이로부터 '그늘'의 뜻이 나왔다. 하늘에 구름이 없어도 산이나 언덕의 북쪽은 해가 잘 들지 않아 그늘이 진다. 음(侌)에 '언덕-부'(阝=阜)를 추가하여 '그늘-음'(陰)으로 만든 이유다. 따라서 음(陰)의 본뜻은 '산이나 언덕의 북쪽 그늘'이며, 이로부터 '음지, 그늘'의 뜻이 나왔다. 한편 영(影)은 경(景)과 삼(彡)이 합했다. 경(景)은 일(日)과 경(京)이 합했다. 옛날에는 고층을 올리려면 기둥을 높이 세우거나 지대를 높이고 그 위에 건물을 지었다. 경(京)의 상단은 지붕, 중간은 망루(望樓), 하단은 기둥을 그린 모습이다. 높은 건물은 수도에 많기에 '서울-경'이라 새긴다. 고층 건물에 해가 뜬 모습이 경(景)이고, 햇살을 표현한 것이 삼(彡)이니, 그 반대편에 그림자가 생긴 모습이 영(影)이다. 따라서 영(影)의 본뜻은 '고층 건물에 햇살이 들어 그림자가 생기다'이며, 이로부터 '그림자, 그늘'의 뜻이 나왔다. 이상을 종합하면, 음영(陰影)이란 '산의 북쪽 그늘과 고층 건물의 그림자'이다. 수채화의 관건은 농담과 함께 음영을 표현하는 것이다.

돌아올 **복**
권세 **권**

復權

복(復)의 초기글꼴은 복(复)이었다. 복(复)은 성곽(城郭) 아래에 치(夊)가 있다. 현재 글꼴에 대입하면, 밑이 치(夊)이고 그 위가 성곽의 모습이다. 치(夊)는 '발바닥-지'(止)가 뒤집힌 모양이므로 성문을 나갔다가 다시 돌아오는 모습을 표시한 것이다. 세월이 흘러 동작을 강조하고자 '걸을-척'(彳)을 왼쪽에 추가해 복(復)이 되었다. 따라서 복(復)의 본뜻은 '돌아오다'이다. 복직(復職)이 그렇다. 다시 돌아왔으므로 '다시'의 뜻도 있다. 이때는 '부'로 읽는다. 부활(復活)이 그렇다. 한편 권(權)은 목(木)과 관(雚)이 합했다. 관(雚)은 아래쪽에 '새-추'(隹)가 있으니 맹금류이다. 초기글꼴을 보면 날카로운 눈매와 위협적인 발톱을 가진 솔개나 매의 모양이다. 맹금이 창공을 유유히 배회하며 아래를 굽어보는 이런 광경에 '볼-견'(見)을 추가하여 '자세히 볼-관'(觀)으로 만들었다. 그 옛날 높은 의자에 앉은 권력자도 자신의 지팡이 위쪽에 맹금을 조각했다. 나무이기에 목(木)을 더해 권(權)을 만든 것이다. 따라서 권(權)의 본뜻은 '맹금이 조각된 나무 지팡이'다. 큰스님의 주장자(拄杖子), 교황이나 예수의 지팡이, 주교의 목장(牧杖) 등은 본디 존엄과 권력의 상징이었다. 이상을 종합하여 한자 뜻대로 풀면, 복권이란 '권위를 회복하다'이다. 지금은 법률상 권리를 다시 찾는다는 의미로도 쓰인다.

福券

권(券)은 권(𠔉)과 도(刀)가 합했다. 권(𠔉)은 '문서-권'(卷)의 생략형이며 발음을 겸한다. 권(卷)의 초기글꼴은 신(申)과 절(㔾)이 합했다. 신(申)은 현재 '펼-신'(伸)으로 쓰고, 절(㔾)은 인(人)이 무릎을 굽힌 모양이다. 따라서 권(卷)은 다리를 펴고 서 있던 사람이 무릎을 안고 쪼그려 앉은 모습이다. 그런 모습은 몸을 말아 놓은 형태이므로 '말다'의 뜻이 나왔다. 옛날에는 일정한 크기의 나뭇조각이나 대쪽에 글을 써서 끈으로 엮고 보관할 때는 족자처럼 말아 두었다. 이로부터 문서를 권(卷)이라 했다. 이런 권(卷)에 계약을 쓰고 '칼-도'(刀)로 양분한 것이 권(券)이다. 계약서를 간인(間印)하여 쌍방이 하나씩 보관하는 격이다. 따라서 권(券)이란 계약서를 뜻한다. 한편 복(福)은 '보일-시'(示)와 '가득할-복'(畐)이 합했다. 시(示)의 초기글꼴은 신주(神主)나 제단(祭壇)의 모습이고, 복(畐)은 술 항아리였다. 따라서 복(福)의 본뜻은 '곡주로 제사를 올려 복을 빌다'이다. 이로부터 '복, 행복'의 뜻이 나왔다. 양식이 귀할 때라 곡식 양조를 엄단했던 옛날, 집[宀]에 복(畐)이 있으면 부(富)였다. 이상을 종합하여 한자 뜻대로 풀면, 복권(福券)이란 '부자가 될 수 있는 계약서'이다. 복권 1등 당첨자의 공통점은 조상 꿈이었다.

晝夜

주(晝)의 초기글꼴은 율(聿) 아래에 일(日)이었다. '붓-율'(聿)은 손가락으로 붓대를 잡은 모양이다. 지금 글꼴에 대입하면, 율(⺻)이 붓대를 손가락[又]으로 잡은 모습이고, 그 아래 이(二)는 붓털인데 당초 굽었던 모양이 지금은 곧게 펴졌다. 따라서 주(晝)의 본뜻은 '해가 뜨자 새로운 하루를 기록하다'이다. 세월이 흐르면서 일(日)을 아예 '아침-단'(旦)으로 바꾸어 해돋이로부터 낮이 시작됨을 확실히 표시했다. 한편 야(夜)의 초기글꼴은 역(亦)이었다. 역(亦)은 겨드랑이의 모습이다. 팔을 벌리고 서 있는 '사람-대'(大)의 양쪽 겨드랑이에 사선을 각각 하나씩 그어 표시했다. 그런데 겨드랑이는 이쪽이 '역시' 저쪽과 같아서 '역시'(亦是)의 뜻으로 전용되었다. 이에 '고기-육'(月=肉)을 오른쪽에 더하여 겨드랑이 안쪽 살을 가리키는 글자를 만들었다. 시간이 흘러 육(月)이 비슷한 모양의 석(夕)으로 변형되었다. 그것이 바로 야(夜)이다. 그런데 겨드랑이는 어두운 곳이고 또한 '저녁-석'(夕)까지 있는 탓에 '밤'의 뜻으로 전용되기 시작했다. 이에 겨드랑이의 뜻을 복원하고자 '고기-육'(肉)의 변형인 '육달-월'(月)이나 '손-수'(手)를 왼쪽에 추가하여 '겨드랑이-액'(腋/掖)을 다시 만들었다. 따라서 주야(晝夜)를 한자 뜻대로 풀면, '일출 후 낮, 겨드랑이 안처럼 어두운 밤'이다.

윤(閏)은 문(門)과 왕(王)이 합했다. 옛날 제왕은 연말마다 이듬해 달력을 만들어 제후에게 반포했는데, 매달의 초하루와 그해 윤달을 둘지 말지 등을 정했다. 제후는 달력을 받아 조상을 모신 사당에 비치하고 매달 초하루마다 양을 잡아 제사를 올리는데, 그 행사를 고삭(告朔)이라 했다. 물론 제왕도 종묘에서 같은 행사를 진행했다. 종묘의 건물은 동서남북에 한 채씩 있고, 한 채마다 좌우 양쪽으로 부속 건물이 하나씩 있어 총 12채이다. 1년 열두 달에 맞춰 해당 건물에 머물면서 제례를 집전하고자 함이다. 그런데 윤달이 있는 해에는 마땅히 머물 장소가 없었다. 지구가 태양을 일주할 때 걸리는 시간은 1년에 약 365.25일이며, 달이 지구를 12번 일주할 때 걸리는 시간은 1년에 약 354일이다. 양력과 음력의 차이로 인해 매년 발생하는 약 11.25일을 처리하는 역법 용어가 윤(閏)이다. 음력 기준으로 매년 부족한 11.25일을 5년 모으면 약 56일 정도이니, 이것으로 두 달을 새로 만들어 넣은 것이 윤달이다. 종묘에 방이 모두 12개인데, 윤달은 열두 달 이외의 여분의 달이니 제왕은 어디에 머물겠는가. 어정쩡하게 문가에 서 있는 상황이 되는 것이다. 그 모습이 문(門)의 왕(王), 즉 윤(閏)이다. 2월에 29일이 있으면 윤의 날, 윤일(閏日)이다.

3월

紀念

기(紀)는 사(糸)와 기(己)가 합했다. 기(己)의 초기글꼴은 ㄹ 모양으로 굽어져 무엇을 끈으로 묶어 고정하거나 한데 묶은 모습이다. '묶음'의 뜻을 확실히 하고자 훗날 아예 '실-사'(糸)를 붙여 기(紀)를 만들었다. 따라서 기(紀)의 본뜻은 '잊거나 잃지 않고자 끈으로 엮어 묶다'이다. 한편 념(念)은 금(今)과 심(心)의 결합인데 금(今)은 '읊을-음'(吟)의 생략형이다. 본인의 마음을 향해 말하는 것이니 념(念)의 본뜻은 '속으로 말하다'이다. 속으로 말한다는 것은 조용히 생각한다는 뜻이다. 이상을 종합하여 한자 뜻대로 풀면, 기념(紀念)이란 '무슨 일이나 어떤 사람을 잊거나 잃지 않고자 끈으로 묶어 마음속에 간직하고 두고두고 생각하다'이다. 마음속에 묶어 두는 게 기념(紀念)이라면, 말로 남겨두는 건 기념(記念)이다. 생각을 묶으면 태도나 행동이 통제되니 그로부터 규범(規範)의 뜻이 나왔다. 군기(軍紀)나 기강(紀綱) 등이 그런 뜻으로 쓰인 것이다. 그물에도 쓰이는 한자다. 그물코를 엮어 묶은 것이 '벼릿줄-강'(綱)이고, 강(綱)을 한데 모아 묶은 것이 '벼리-기'(紀)다. 따라서 기(紀)를 잡아끌면 벼릿줄이 당겨지면서 그물코가 꽉 조여, 그 안에 놀던 물고기는 꼼짝없이 잡힌다. 기강을 잡는다 할 때는 미꾸라지들도 몸조심하라.

스스로 **자**
그럴 **연**

自然

자(自)의 초기글꼴은 사람의 '코' 모양이다. 코의 윤곽선은 물론이고 콧등과 콧방울 심지어 콧등의 잔주름까지 보인다. 따라서 자(自)의 본뜻은 '사람의 코'다. 코는 숨이 들락거리는 곳으로 딱히 애쓰지 않아도 스스로 그렇기에 '스스로'의 뜻이 나왔다. 다른 사람 앞에서 자기(自己)를 가리킬 때 손가락이 대개 코를 향하기도 한다. 코가 1인칭 대명사 '나, 자신'의 뜻으로 전용되자 비(畀)를 그 아래에 붙여 '코-비'(鼻)로 복원했다. 비(畀)는 전(田)과 공(廾)의 결합인데, 전(田)은 콧구멍이고 공(廾)은 양손가락이니 실은 콧구멍을 후비는 모습이다. 한편 연(然)은 육(月=肉), 견(犬), 화(灬=火)가 합했다. 여기서 '개-견'(犬)은 사냥개다. 사냥개가 포획한 야생동물을 불로 굽는 모습이다. 따라서 연(然)의 본뜻은 '사냥한 동물을 불로 굽다'이다. 고기를 익히면 소화와 흡수가 용이하여 생존 능력이 획기적으로 향상된다. 경험으로 이 사실을 터득한 옛사람들은 고기를 익혀 먹는 일을 당연히 그럴 일로 여겼기에, 이로부터 과연(果然)과 필연(必然) 등에 쓰이는 '그러하다'의 뜻으로 전용했다. 본뜻이 사라지자 화(火)를 왼쪽에 더해 '태울-연'(燃)으로 복원했다. 이상을 종합하여 한자 뜻대로 풀면, 자연(自然)이란 '스스로 알아서 그러하다'이다. 절로 존재하는 모든 것이 자연이다.

保護

보(保)는 인(人)과 매(呆)의 결합이지만, 초기글꼴은 매(呆)가 아니라 자(子)였다. 매(呆)든 자(子)든 모두 강보에 싸인 아기의 모습이니, 보(保)의 본뜻은 '아기를 등에 업고 지키다'이다. 매(呆)의 아래쪽 팔(八)처럼 벌어진 두 획은 양손이다. 부모가 아기를 등에 업고 팔을 뒤로 돌려 잡아 보호하는 것이다. 이로부터 '보호하다, 지키다'의 뜻이 나왔다. 한편 호(護)는 '말씀-언'(言)과 '잡을-확'(蒦)이 합했다. 확(蒦)은 '새-추'(隹)를 중심으로 그 위쪽에 깃털이 보이고 맨 아래는 우(又)이다. 손가락으로 새를 포획한 모습이다. 이로부터 '획득하다'의 뜻이 나왔다. 농작물을 획득하면 '벼-화'(禾)를 더해 '벼 벨-확'(穫)으로 쓰고, 동물을 획득하면 사냥개인 견(犭)을 더해 '얻을-획'(獲)으로 쓴다. 그런데 사람이 손으로 잡을 정도라면 그 새는 상처를 입었거나 어린 새일 것이다. 따라서 호(護)의 본뜻은 '부상당한 새를 거두어 위로하며 돌보다'이다. 이상을 종합하여 한자 뜻대로 풀면, 보호(保護)란 '갓난아이를 지키고 어린 새를 돌보다'이다. 장애인이나 사회적 약자를 대하는 태도로 그 사람의 품성을 가늠할 수 있다. 보호(保護)하면서도 존중(尊重)한다면 최고라 하리라.

무너질 **궤**
다할 **멸**

$\dfrac{3}{4}$

潰滅

궤(潰)은 수(水)와 귀(貴)가 합했다. 여기서 귀(貴)는 궤(匱)의 생략형이고 발음을 겸했다. 궤(匱)는 흙을 담아 나르는 '삼태기'다. 싸리나 대오리로 엮어 만든 물건이라 물을 담으면 다 샌다. 따라서 궤(潰)의 본뜻은 '물이 다 빠지다'이며, 물이 빠지듯 다 허물어지거나 문드러지는 모습을 표현한 것이다. 피부나 점막이 헐어 무너지는 것을 궤양(潰瘍)이라 한다. 한편 滅(멸)은 수(氵), 술(戌), 화(火)가 합했다. 술(戌)의 초기글꼴은 '창-과'(戈)의 오른쪽에 날이 볼록한 도끼가 부착된 무기로 여기서는 전쟁이나 살육을 상징한다. 수(氵)와 화(火)는 물난리와 불난리, 곧 수재(水災)와 화재(火災)를 상징한다. 자연재해(災害)든 인재(人災)든 모두 인간 세상을 파멸로 이끌 재난이다. 滅(멸)의 본뜻은 '수재·화재·전쟁으로 파멸하다'이다. 이상을 종합하여 한자 뜻대로 풀면, 궤멸(潰滅)이란 '물이 빠지듯 다 허물어지고 재난과 전쟁으로 파멸하다'이다. 따라서 본디 궤멸이라 하면 문명이 사라지고 인류는 종말을 맞는 것이지만, 지금은 뜻이 많이 순화되어 그저 무너지거나 흩어져 사라지는 정도의 어감이며, 소멸(消滅)보다 조금 센 표현이다.

덜 **손**
더할 **익**

損益

손(損)은 손-수(扌=手)와 원(員)이 합했다. 여기서 원(員)은 '솥-정'(鼎)의 생략형이다. 가마솥을 위에서 내려다보면 입구가 원형이다. 원형의 입구를 구(口)로 표시하여 원(員)을 만들었다. 둥근 테두리까지 그린 글꼴이 '둥글-원'(圓)이다. 왕족이나 귀족의 무덤에서만 출토될 정도로 이런 가마솥은 청동기에 귀한 보물이었다. 이런 보물을 잘못 손대면 손상된다. 따라서 손(損)의 본뜻은 '귀중한 보물을 파손하다'이며, 이로부터 '상하게 하다, 해치다, 줄이다, 덜다'의 뜻까지 나왔다. 한편익(益)은 수(水)와 '그릇-명'(皿)이 합했다. 여기서 수(水)는 바로 서지 않고 옆으로 누워 있어서 얼핏 보면 눈치채기 힘들다. 따라서 익(益)의 본뜻은 '물이 많아 그릇을 채우고 흘러넘치다'이다. 이로부터 '넉넉하다, 풍족하다, 이롭다, 이익' 등의 뜻이 나왔다. 익(益)이 위와 같은 뜻으로 널리 사용되자 정작 본뜻은 희미해졌다. 이에 다시 '물-수'(水)를 좌측에 붙여 '넘칠-일'(溢)로 복원했다. 쓰나미가 해일(海溢)이며, 뇌혈관이 터지는 것은 뇌일혈(腦溢血)이다. 이상을 종합하여 한자 뜻대로 풀면, 손익(損益)이란 '보물을 파손하고 물이 넘치다'이다. 물이 넘치는 것이야 닦으면 되지만 보물을 파손하면 큰일이다. 그래서 이익이 손해보다 좋은 것이다.

노략질할 **략(약)**
빼앗을 **탈**

掠奪

약(掠)은 수(扌=手)와 경(京)이 합했다. 경(京)의 상단은 지붕, 중간은 망루, 하단은 기둥을 그린 모습이다. 높은 건물은 수도에 많기에 '서울-경'(京)이라 새긴다. '손-수'(手)는 손으로 쥐었다는 뜻이다. 따라서 약(掠)의 본뜻은 '수도를 손아귀에 넣다'이다. 동서고금을 막론하고 인재와 재화는 수도에 몰려 있다. 수도를 장악(掌握)했으니 그 안의 인적·물적 자원을 마음껏 뺏을 것이다. 노략질한다는 뜻이다. 한편 탈(奪)은 대(大)·추(隹)·촌(寸)이 합했지만, 초기글꼴은 의(衣)·작(雀)·우(又)로 구성되었다. 의미상 비슷하지만 디테일에 차이가 있다. 현재 글꼴이 표현하는 바는 '사람이 팔을 벌리고 서서[大] 새를[隹] 손가락으로 잡았다(寸=肘)', 즉 새의 둥지를 털었다는 뜻이다. 초기글꼴은 '작은 새를[雀] 옷으로 감싸[衣] 손으로 잡았다[又]', 즉 새의 어린 새끼를 훔쳤다는 뜻이다. 따라서 탈(奪)의 본뜻은 '새의 둥지를 덮쳐 작은 새를 훔치다'이다. 이상을 종합하여 한자 뜻대로 풀면, 약탈(掠奪)이란 '수도를 노략질하고 새둥지를 털어 새끼를 훔치다'이다. 폭력으로 남의 것을 빼앗는 행위라는 점에서는 같지만 약(掠)과 탈(奪)은 규모가 천양지차(天壤之差)다.

追後

추(追)는 착(辶=辵)과 퇴(𠂤)가 합했다. 착(辵)은 척(彳)과 지(止)가 합해 발동작을 표시한 것이므로 '걷다, 달리다'의 뜻이다. 퇴(𠂤)는 '언덕-부'(阜)의 일부 같아 언덕의 뜻으로 풀기도 하지만 여기서는 시위[丨]와 활[弓]의 결합으로, 시위가 걸린 활대의 모습이다. 따라서 추(追)의 본뜻은 '화살을 겨누며 뒤쫓아 가다'이며, 이로부터 '쫓다'의 뜻이 나왔다. 뒤를 쫓는 것이 추종(追從)이며, 끝까지 쫓는 것이 추궁(追窮)이며, 쫓아가며 공격하는 것이 추격(追擊)이다. 한편 후(後)의 초기글꼴은 요(幺)와 치(夊)가 합했다. 요(幺)는 '실-사'(糸)의 일부만 남았기에 '작을-요'(幺)로 새기지만 이 글꼴에서 보면 실로 동여맨 모습이다. 치(夊)는 '발바닥-지'(止)가 뒤집힌 모양이다. 발바닥이 뒤집히면 안쪽을 향하므로 이쪽으로 오고 있다는 뜻이다. 그 뒤로 '걸을-척'(彳)이 추가되어 현재 글꼴 후(後)가 되었다. 따라서 후(後)의 본뜻은 '오랏줄로 범인을 묶어 끌고 오다'이다. 포박된 자는 뒤처지기에, 이로부터 '뒤, 뒤지다, 뒤떨어지다' 등의 뜻이 나왔다. 이상을 종합하여 한자 뜻대로 풀면, 추후(追後)란 '범인을 추격하듯 훗날을 쫓아가다'이다. 지금 당장이 아니라 '훗날'이니 '나중'이란 뜻이다.

想像

상(想)은 상(相)과 심(心)이 합했다. '나무-목'(木)과 '눈-목'(目)이 합한 상(相)의 본뜻은 '나무를 보다'이며, 명사로 쓰면 관상(觀相)에서 보듯 '모양, 모습'의 뜻이다. 따라서 상(相)에 심(心)이 추가된 상(想)은 마음으로 보는 것이니 '마음으로 모양이나 모습을 그려 보다'가 본뜻이다. 한편 상(像)은 인(人)과 상(象)이 합했다. 상(象)은 코끼리가 서 있는 모습이다. 현재 글꼴에 대입하면 코는 인(人)으로, 머리는 일(日)이 누운 모양으로 변했다. 몸통·다리·꼬리는 뭉쳐 '돼지-시'(豕)로 변했기에 코끼리를 연상하기 힘들어졌다. 오랜 옛날, 중국의 황하 중하류 지역에는 코끼리가 많았으나 날씨가 점차 추워지자 코끼리가 남하해 버려 주민들은 살아 있는 코끼리를 볼 수 없었다. 이에 출토된 뼈를 보고 코끼리의 모습을 그렸다. 코끼리로부터 '그리다, 그림, 모양, 모습' 등의 뜻이 나온 내력이다. 한자(漢字)를 흔히 상형(象形) 문자라 하는데 물상(物象)을 그렸기 때문이다. 사람의 모습을 본떠 만들었으면 인(人)을 붙여 '형상-상'(像)으로 쓴다. 불상(佛像), 동상(銅像) 등이 그렇다. 상상(想像)을 한자 뜻대로 풀면 '마음으로 코끼리를 그려 보다'이다. 지금은 코끼리만이 아니라 뭐든지 상상한다.

$\dfrac{3}{9}$

차례 **질**
차례 **서**

秩序

秩(질)은 화(禾)와 실(失)이 합했다. 실(失)은 질(帙)의 생략형으로 발음을 겸한다. '벼-화'(禾)는 곡식인데 옛날에는 곡식으로 녹봉을 지급했고, 곡식의 양이 직급을 뜻하기도 해 한(漢)나라에서 장관급을 이천석(二千石)이라 했다. 질(帙)은 책, 책갑, 책 한 벌, 책의 차례 등을 뜻하는 용어이다. 따라서 화(禾)와 질(帙)이 결합된 질(秩)은 벼슬아치의 급료이자 직급을 말하며, 이는 순서와 차례에 따라 차등적으로 결정된다. 이에 질(秩)의 본뜻은 '순서에 따른 급료와 직위'이며, 이로부터 '순서, 차례'의 뜻이 나왔다. 한편 서(序)는 엄(广)과 여(予)가 합했다. 엄(广)은 한쪽 담장이 개방된 건물이다. 여(予)의 초기 글꼴은 상하로 겹친 세모꼴 밑으로 실올 하나가 흘러나온 모양이다. 따라서 베틀의 북이거나 실패의 모양이다. 북이나 실패의 실올은 질서 있게 순차적으로 나와야 한다. 오랜 옛날 학동(學童)의 커리큘럼인 육예(六藝)를 차례대로 가르쳤던 개방된 건물, 즉 학교를 서(序)라 했다. 따라서 서(序)의 본뜻은 '순서대로 가르쳤던 학교'이며, 이로부터 '순서, 차례'의 뜻이 나왔다. 이상을 종합하여 한자 뜻대로 풀면, 질서(秩序)란 '공무원의 순차적인 급료와 직급, 순서대로 가르쳤던 초등학교'이다. 관계(官界)는 모르겠으나 학원에서 선행학습을 일삼으니 공교육의 질서가 흔들린다.

違憲

위(違)는 착(辶=辵)과 위(韋)가 합했다. 위(韋)는 중간의 네모꼴 주위로 지(止)가 상하로 있다. 지(止)가 상하좌우로 있는 글꼴도 있다. 네모꼴은 성읍(城邑)을 상징하고 지(止)는 사람의 발바닥 모양이다. 따라서 위(韋)는 성읍 주위를 돌며 순찰하는 모습이다. 여기에 착(辵)을 더해 발동작을 강조했다. 따라서 위(違)의 본뜻은 '성읍 주위를 돌며 지키다'이다. 주위를 돈다면 일정한 간격으로 서로 어긋나게 돌 것이니, 이로부터 '어긋나다'의 뜻이 나왔다. 한편 헌(憲)의 초기글꼴은 해(害)와 목(目)이었다. 해(害)가 될 것을 목격(目擊)하고 피하는 모습이다. 상해(傷害)를 예견(豫見)하고 있음을 분명히 하고자 심(心)을 추가하여 현재 글꼴이 되었다. 옛사람은 심장에 감정이나 인식 기능이 있다고 여겼기 때문이다. 따라서 헌(憲)의 본뜻은 '해로움을 인식하여 피하도록 규정한 것'이다. 무엇이 잘못인지 분명히 인식하여 민첩하게 피하도록 규정해 놓은 것이 헌(憲)이며, 지금은 법(法)과 함께 헌법(憲法)으로 쓴다. 이상을 종합하여 한자 뜻대로 풀면, 위헌(違憲)이란 '헌법의 규정에 어긋나게 돌다'이다. 헌법에 위반되지 않으면 부합하는 일이니 합헌(合憲)이다.

人工知能

인(人)의 초기글꼴은 직립한 인간의 측면 모습이다. 공(工)의 초기글꼴은 다양하다. 공(工)과 똑같은 모양도 있고, 위는 얇은 횡선에 밑은 두툼한 횡선을 취한 것도 있다. 어떤 글꼴은 위쪽에 손잡이가 있고 아래쪽은 해머처럼 생겼다. 그렇다면 공(工)은 특정한 도구라기보다 다목적·다기능 공구, 스위스 군용 칼 같은 멀티툴multitool이었다. 한편 지(知)는 '화살-시'(矢)와 '입-구'(口)가 합했다. 자고로 원거리 타격이 가능한 궁술은 수렵과 전쟁에 혁명적인 무기였다. 따라서 조직의 선배나 사수는 후배나 초보자에게 필히 설명하여 '알게' 해 주어야 했다. 이로부터 '알다'의 뜻이 나왔다. 다른 한편 능(能)은 곰이었다. 현재 글꼴에 대입하면 왼쪽 상단은 머리, 하단은 입과 이빨 모양이다. 오른쪽은 몸통이 생략되고 발톱만 위아래로 이어져 마치 서 있는 모습처럼 보인다. 곰은 용맹하고 날렵하며 지구력과 폭발적인 힘을 겸비했다. 지구상 어떤 동물이 곰보다 다재다능(多才多能)할까. 곰의 탁월한 능력으로부터 '능력, 재주'의 뜻이 나왔고, 이런 뜻으로만 쓰이자 정작 곰은 사라졌다. 이에 폭발적인 에너지의 상징인 '불-화'(灬=火)를 그 밑에 추가하여 '곰-웅'(熊)으로 복원했다. 이상을 종합하여 한자 뜻대로 풀면, 인공지능(人工知能)이란 '인간이 제작한, 곰처럼 다재다능하고 많이 아는 멀티툴'이다.

豫 測

예(豫)는 여(予)와 상(象)이 합했다. 여(予)는 서(紓)의 생략형이다. 상(象)의 초기글꼴은 코끼리의 모습이다. 현재 글꼴에 대입하면 코는 인(人)으로, 머리는 일(日)로, 몸통·다리·꼬리는 뭉쳐 '돼지-시'(豕)가 되어 코끼리를 연상하기 힘들다. '느슨할-서'(紓)는 사(糸)와 여(予)가 합했다. 여(予)는 북이나 실패로부터 실 한 올이 늘어진 모양인데 사(糸)를 더했으니 느슨한 실올의 모습을 강조한 것이다. 따라서 예(豫)의 본뜻은 '실이 늘어지듯 여유롭고 한가한 코끼리'이며, 이로부터 '편안하다'의 뜻이 나왔다. 코끼리는 또한 과거 경험과 본능적인 감각으로 미래를 예측하고 여유롭게 대비하는 행동을 보이므로 '미리, 앞서'의 뜻으로도 쓰인다. 한편 측(測)은 수(氵)와 측/칙(則)이 합했다. 칙(則)은 패(貝)와 도(刂=刀)가 합했는데 여기서 패(貝)는 정(鼎)의 생략형이다. 따라서 칙(則)의 본뜻은 '귀한 청동기 솥에 칼로 법조문이나 금언을 새겨 법칙(法則)으로 삼다'이다. 이로부터 '법칙'의 뜻이 나왔고, '새기다'의 뜻은 '물-수'(氵)와 결합하여 측(測)이 되었다. 따라서 측(測)의 본뜻은 '강가 절벽에 높이를 새겨 수위를 측정하다'이다. 이에 예측(豫測)이란 '코끼리가 앞을 내다보듯 미리 수위를 헤아리다'이다. 지금은 뭐든지 헤아리면 예측이다.

미리 (맡길) **예**
쇠 **금**

預金

예(預)는 여(予)와 혈(頁)이 합했다. 혈(頁)의 초기글꼴은 '눈-목'(目)을 중심으로 위는 머리, 아래는 다리 한쪽을 굽힌 사람의 모습이다. 머리로 뭔가 생각하고 있음을 표시한다. 여(予)의 초기글꼴은 상하로 겹친 세모꼴 밑으로 실올 하나가 흘러나온 모양이며 발음도 겸한다. 베틀의 북이거나 실패의 모양이다. 실올은 차례대로 순차적으로 나와야 하니, 이로부터 '순서, 차례'의 뜻이 나왔다. 그렇다면 예(預)는 사전에 미리 일의 전후와 순서를 고민하는 모습이며, 그 본뜻을 정리하면 '머리로 순서와 차례를 미리 생각하다'이다. 한편 금(金)의 초기글꼴은 좌측의 위아래로 두 점이 나란히 있고, 우측 위쪽은 금(今)에다 아래쪽에는 토(土)가 있다. 글꼴에 따라서 좌우가 뒤바뀌기도 했다. 현재 글꼴에 대입하면 위로부터 금(今)과 토(土)가 있고, 상하의 두 점은 토(土) 옆에 각각 사선으로 붙었다. 여기서 금(今)은 '읊을-음'(吟)의 생략형이며 발음을 겸한다. 반짝이는 흙 알갱이, 즉 사금(砂金)을 보면서 경탄하는 모습이다. 따라서 금(金)의 본뜻은 '반짝이는 사금에 감탄하다'이며, 이로부터 '금'의 뜻이 나왔다. 따라서 예금(預金)을 한자 뜻대로 풀면, '어떤 절차와 순서로 사금을 처리해야 할지 미리 생각하다'이다. 지금도 금융기관에 골드바를 예치하므로 예금이다.

매(賣)의 초기글꼴은 성(省)과 패(貝)가 합했다. 현재 글꼴에서 밑의 패(貝)는 그대로이나 위쪽의 사(士)와 망(罒=网)은 성(省)이 변한 것이다. 성(省)의 초기글꼴은 눈 위에 다래끼가 생겨 눈을 가늘게 뜬 모습이다. 생각에 잠길 때 눈이 작아지므로 이로부터 '살피다'의 뜻이 나왔다. 화폐를 상징하는 '조개-패'(貝)를 더해 매(賣)를 만들었으니 거래할 때 상대방의 호가(呼價)를 살피면서 판매 여부를 결정하려는 모습이다. 따라서 매(賣)의 본뜻은 '물건값을 봐서 팔다'이며, 이로부터 '팔다'의 뜻이 나왔다. 한편 매(買)의 초기글꼴은 망(网)과 패(貝)의 결합이다. 망(网)은 본디 그물 모양이었으나 세월이 흐르면서 점점 간략해져 마치 '넉-사'(四)나 '눈-목'(目)이 옆으로 누운 모양처럼 변해 버렸다. 따라서 그물과 조개가 결합된 매(買)는 '그물처럼 생긴 망태기에 조개껍데기를 넣고 시장에 가서 물건을 구매하다'이며, 이로부터 '사다'의 뜻이 나왔다. 일설에는 매(買)를 '그물로 조개를 잡다'로 보기도 하나 조개는 갯벌에서 캐야지 그물로 건질 수 없다. 이상을 종합하여 풀면, 매매(賣買)란 '호가를 고려하여 팔거나 사다'이다. 우리는 '팔고 사고'로 쓰지만, 중국은 '사고 팔고'로 쓴다. 중국어 '마이마이'(買賣)는 비즈니스를 뜻하기도 한다.

禁止

금(禁)은 '수풀-림'(林)과 '보일-시'(示)가 합했다. 시(示)는 신주(神主)나 제단(祭壇)의 모습으로, 시(示)와 결합하는 한자는 대개 귀신(鬼神)이나 제사(祭祀)와 관련이 있다. 중국 최초의 한자 사전을 편찬한 허신(許愼)은 금(禁)에 대하여 이렇게 설명했다. "길흉(吉凶)에 영향을 주는 금기(禁忌)." 사람들이 기피하는 것, 즉 터부라는 것이다. 그렇다면 숲과 연관된 금기는 무엇일까? 둘 중 하나일 것이다. 첫째, 죽은 자를 매장한 무덤이거나 죽은 자의 위패를 모신 사당(祠堂)이 숲에 있어 사람들이 접근을 꺼리는 것. 그런 곳은 일반적으로 분위기가 음산하여 사람들이 즐겨 찾을 리 없다. 둘째, 왕이나 귀족이 소유한 저택(邸宅)이나 원림(園林) 혹은 산택(山澤). 옛날에는 사유지가 엄청난 규모여서 그곳에서 군사 훈련을 하거나 동물을 사냥할 정도였다. 이런 곳은 일반인의 접근을 금(禁)했고, 허락 없이 함부로 출입하다 적발되면 죽을 수도 있었다. 특히 황제가 기거하는 곳은 엄하게 관리했다. 중국 북경의 옛 황궁에 금(禁)을 써서 자금성(紫禁城)이라 했다. 이런 곳에 함부로 지(止)를 들이대면 큰일난다. 발바닥을 그린 지(止)가 '그칠-지'(止)로 쓰이는 이유다. 이상을 종합하여 한자 뜻대로 풀면, 금지(禁止)란 '들어가면 안 되는 곳이니 발바닥을 멈추라'이다.

魅惑

매(魅)는 귀(鬼)와 미(未)가 합했다. 미(未)는 매(妹)의 생략형으로, 묘령의 여성을 가리킨다. 귀(鬼)의 초기글꼴은 가면을 쓰고 춤추는 사람의 모습이다. 현재 글꼴 귀(鬼)에 대입하면, 전(田)처럼 생긴 네모와 위쪽 꼭지는 가면이고, 인(儿)은 무릎을 굽힌 모습이며, 우측 구석의 사(厶)는 발바닥이 뒤집힌 치(夊)의 변형이다. 묘령의 무녀가 무릎을 접었다 폈다 하면서 허리를 흔들고 발바닥까지 뒤집으며 현란하게 춤을 추는 모습이다. 따라서 매(魅)의 본뜻은 '젊은 무녀가 가면을 쓰고 요염하게 춤추다'이다. 이런 모습을 보는 이는 정신이 혼미해질 것이니, '현혹되다, 정신이 흐려지다'의 뜻이 나왔다. 한편 혹(惑)은 혹(或)과 심(心)이 결합했다. 혹(或)의 초기글꼴은 '창-과'(戈)와 '둘레-위'(囗=圍)의 결합이었다. 사각형 성곽을 무기로 지키는 모습이다. 간혹(間或) 수상한 자가 접근하거나 혹시(或是) 침입할 수도 있으므로 의심과 경계를 소홀히 할 수 없었다. 그러므로 혹(或)에 심(心)을 붙여 '의심할-혹'(惑)을 만들었다. 이상을 종합하여 한자 뜻대로 풀면, 매혹(魅惑)이란 '젊은 무녀의 요염한 춤사위에 미혹(迷惑)되다'이다. 당초에는 무속적인 매력을 가리켰지만, 지금은 마음을 빼앗기면 모두 매혹적(魅惑的)이라 한다.

潑剌

발랄

발(潑)은 수(氵=水)와 발(發)이 합했다. 발(發)은 발(癶)·궁(弓)·수(殳)의 결합이다. 발(癶)은 '발바닥-지'(止)가 서로 엇갈린 모양으로 두 발로 걷거나 뛰는 모습이다. '창-수'(殳)를 멀리 던지려고 두 발로 뛰고 있다. 멀리 던지려는 의도를 강조하고자 나중에 원거리 무기인 '활-궁'(弓)까지 추가하여 현재 글꼴이 되었다. 따라서 발(發)의 본뜻은 '달리면서 창을 멀리 던지다'이다. 여기에 물을 더했으니 발(潑)의 본뜻은 '물을 뿌려 물방울이 멀리 튀다'이다. 한편 랄(剌)은 속(束)과 도(刂=刀)가 합했다. '묶을-속'(束)은 '나무-목'(木)의 중간을 둘둘 묶은 모습이다. 여기에 '칼-도'(刀)를 댔으니 풀어지지 않겠는가. 따라서 랄(剌)의 본뜻은 '묶음을 자르자 나무더미가 와르르 풀리다'이다. 이상을 종합하여 한자 뜻대로 풀면, 발랄(潑剌)이란 '물을 튀기며 뛰어오르고, 나뭇더미가 풀려 흩어지다'이다. 사람이 너무 신중하거나 예의를 차리면 답답하다. 너무 구속되었기에 활기(活氣)가 없는 것이다. 대개 나이가 들면 절로 저렇게 된다. 그러나 아직 세상의 때가 묻지 않은 천진난만한 소녀는 싱그러워 생기(生氣)가 돈다. 그러므로 생기발랄하다고 한다. 30대 이상에게 발랄 운운하면 철부지라는 뜻이다.

趣味

취(趣)는 주(走)와 취(取)가 합했다. '달릴-주'(走)의 현재 글꼴은 토(土)와 '발바닥-지'(止)의 결합이지만 초기글꼴의 토(土)는 요(夭)였다. 요(夭)는 대(大)의 변형으로 고개를 흔들며 양팔을 휘젓는 모양이다. 따라서 주(走)는 발바닥을 급히 움직이고 양손을 휘저으며 질주하는 모습이다. 취(取)는 '귀-이'(耳)와 '오른손-우'(又)가 합하여 손가락으로 귀를 잡은 모양이다. 옛날에 적군을 죽이면 증명을 위하여 귀를 잘라 왔고, 개수에 따라 포상과 찬사를 받았다. 이로부터 '취(取)하다'의 뜻이 나온 것이다. 그러므로 취(趣)의 본뜻은 '적군의 귀를 서로 베고자 질주하다'이며, 이로부터 '차지하려고 달리다, 매진(邁進)하다'의 뜻이 나왔다. 한편 미(味)는 구(口)와 미(未)가 합했다. 미(未)는 '나무-목'(木) 위에 짧은 횡선이 있는데 가지는 무성하지만 아직 열매를 맺지 않은 모습으로, 이로부터 '아직 아니다'의 뜻이 나왔다. 따라서 미(味)는 음식을 입에 넣었지만 그저 맛만 봤을 뿐 아직 목구멍으로 넘기지 않은 상태이며, 이로부터 '맛, 맛을 보다'의 뜻이 나왔다. 이상을 종합하여 한자 뜻대로 풀면, 취미(趣味)란 '매진하면서도 즐기며 맛을 보는 일'이다. 취미가 직업이 된다면 축복이고, 생계까지 유지된다면 행운이다.

犧牲

희(犧)는 우(牛)와 희(羲)가 합했으며 희(羲)는 발음을 겸한다. 희(羲)는 위쪽에 양(羊)이 있고, 중간에 아(我)가 좌우로 걸쳐 있고, 아래쪽에 혜(兮)가 있다. 아(我)의 초기글꼴은 무기의 모양이다. '창-과'(戈)의 왼쪽에 날카로운 톱니가 여럿 달린 무서운 무기였다. 세월이 흘러 톱니 날은 점차 유사한 모양의 '벼-화'(禾)로 변했고, 다시 화(禾)의 우측 사선이 사라지면서 현재 글꼴이 되었다. 그리고 혜(兮)의 아래는 관악기의 굽은 모양이고, 위쪽의 팔(八)은 '나눌-분'(分)의 생략형으로 음악이 나와 갈라지는 모양을 표시했다. 따라서 혜(兮)는 음악을 상징한다. 또한 여기서 무기인 아(我)는 전시용이 아니라면 살아 있는 짐승을 현장에서 처리하는 용도일 것이다. 희생(犧牲)의 생(牲)이 우(牛)와 생(生)의 결합으로 '살아 있는 온전한 소'를 뜻하기 때문이다. 가축 중에 가장 큰 짐승이 소이다. 그러므로 소를 올리는 제사는 일반적인 제사가 아니라 하늘과 땅과 신령에게 올리는 것이며, 조상신을 모신 종묘 제사도 포함된다. 여기에 애도하는 음악까지 추가되므로 대단히 엄숙하고 정중한 제례(祭禮)이다. 이상을 종합하면, 희생(犧牲)이란 '천지신명과 조상신께 음악을 연주하며 제사를 올릴 때 쓰는 소와 양 등의 제물'이다. 당초 희생된 것은 짐승이었으나 지금은 사람이 희생되는 시대다.

險惡

험(險)은 부(阝=阜)와 첨(僉)이 합했다. 첨(僉)은 '칼-검'(劍)의 생략형으로 발음을 겸했다. '언덕-부'(阝)는 험준한 산을 상징한다. 따라서 험(險)의 본뜻은 '칼처럼 날카로운 고산'이며, 이로부터 '험하다'의 뜻이 나왔다. 위험을 감수하는 것이 모험(冒險)이고, 탐색하는 것은 탐험(探險)이며, 보호하는 것이 보험(保險)이다. 한편 악/오(惡)은 아(亞)와 심(心)이 합했다. 아(亞)의 초기글꼴은 사방으로 건물이 둘러서 있고 건물 사이로 통로가 연결된 모습이다. 정중앙에 공공장소이거나 신전(神殿)일 큰 건물을 표시한 글꼴도 있다. 인류가 농업혁명으로 식량을 재배하고 마을을 이루어 정착한 것으로, 고대 문화권에서 발굴된 주거지의 기본 형태가 곧 아(亞)의 모습이었다. 문화인류학적으로 볼 때 지위와 신분의 차별이 있는 '복잡 사회'의 취락 형태이다. 따라서 아(亞)의 본뜻은 '계급이 있는 복잡 사회의 주거지'이다. 제왕 아래로 모두가 '버금'이고, 버금 아래로 또 버금이 이어지는 계급 사회를 사람들은 싫어했다. 이에 '마음-심'(心)을 추가하여 '싫어할-오'(惡)를 만들었다. 싫음이 극에 달하면 상대를 죄악시(罪惡視)한다. '악할-악'(惡)의 뜻이 나오게 된 배경이다. 이상을 종합하여 한자 뜻대로 풀면, 험악(險惡)이란 '칼 같은 바위산, 차별이 있는 사회'이다. 견디기 힘든 환경이다.

似而非

같을 **사**
말 이을 **이**
아닐 **비**

사(似)는 인(人)과 이(以)가 합했다. 이(以)의 초기글꼴은 올챙이 모양이며, 길쭉한 꼬리는 탯줄이다. 탯줄임을 강조하고자 우측에 인(人)을 추가하여 현재 글꼴이 되었다. 태아는 탯줄로 영양분을 섭취하기에 도구나 수단을 가리키는 조사 '~로써'의 뜻이 나왔다. 아기는 엄마를 닮았으니 이번에는 좌측에 인(人)을 더해 '같을-사'(似)를 만들었다. 한편 이(而)는 수염의 모습이다. 옛날 경범죄 조항 중에 '구레나룻 깎을-내'(耏)가 있다. 손으로 뽑기도 했는데 그건 '손가락 마디-촌'(寸)을 붙여 내(耐)로 썼다. 죗값이니 참아야 했기에 지금은 '견딜-내'(耐)로 쓴다. 인내(忍耐)가 그렇다. 수염은 길게 이어지므로, 말을 이어 주는 접속사인 '말 이을-이'(而)로 쓴다. 또 한편 비(非)는 새가 날 때 깃을 펼친 모습이다. 날개를 가지런히 모은 모습이 '깃-우'(羽)이며, 비(非)는 그 반대 모습이다. 따라서 비(非)의 본뜻은 '날개가 반대로 향하다'이며, 이로부터 '서로 다르다고 비난(非難)하다'의 뜻이 나왔고, 서로를 부정하여 '아니다'의 뜻까지 나왔다. 비(非)가 자꾸 다른 뜻으로 전용되자 본뜻은 '벌레-충'(虫)을 붙여 '날-비'(蜚)로 복원했다. 유언비어(流言蜚語)라는 말에 쓰인다. 이상을 종합하여 한자 뜻대로 풀면, 사이비란 '비슷하면서 아니다'이다. 가짜란 뜻이다.

문빗장 **관**
세금 **세**

關 稅

관(關)의 초기글꼴은 문(門) 안쪽에 공(卄)이 있었다. 공(卄)은 두 개의 십(十)이 나란히 있는 모양인데 실은 '손가락-우'(又) 두 개가 퍼지면서 붙은 것이다. 따라서 양손으로 좌우 문짝을 잡아당겨 닫은 모습이다. 문(門) 안쪽에 관(串)이 있는 초기글꼴도 있다. 여(呂)처럼 생긴 구멍에 수직으로 빗장을 지른 모습이다. 당초 관(串)과 공(卄)이 따로 있었는데 훗날 관(絲)으로 뭉치자 구조를 파악하기 힘들어졌다. 따라서 관(關)의 본뜻은 '문짝을 닫고 빗장을 지르다'이다. 국경에 이런 출입문이 있어 관문(關門)이라 한다. 한편 세(稅)는 '벼-화'(禾)와 태(兌)가 합했다. 태(兌)는 팔(八), 구(口), 인(儿)의 결합인데 팔(八)은 분(分)의 생략형이다. 한쪽 무릎을 꿇은 사람이 입을 벌리고 있는 모습이 태(兌)다. 기도하는 모습에서 '말씀-설'(說)이 나왔고, 신령의 응답이 있어 '기쁠-열'(悅)이 나왔다. 기도와 응답이 교환되었기에 태(兌)는 '교환하다'의 뜻이 되었다. 외화를 교환하는 곳에 兌換(태환)이란 글씨를 봤을 것이다. 따라서 세(稅)의 본뜻은 '농지세와 교환한 곡식'이니, 곡식으로 납부했다는 의미이다. 이상을 종합하여 한자 뜻대로 풀면, 관세(關稅)란 '국경의 관문을 통과할 때 납부하는 세금'이다.

協商

협(協)의 초기글꼴은 구(口)와 '힘-역'(力)이다. 구호에 맞춰 힘쓰는 모습이다. 협(劦)처럼 역(力)이 셋이고, 견(犬)이 여럿 있는 글꼴도 있었다. 협력해 일하거나 사냥하는 모습이다. 협력을 강조하고자 마침내 십(十)과 협(劦)이 합쳐 지금 글꼴이 되었다. 따라서 협(協)의 본뜻은 '여럿이 협력하다'이다. 한편 상(商)의 초기글꼴은 끌로 움집을 파는 모습이다. 현재 글꼴에 대입하면 신(辛) 아래에 경(冏)인데, 붙으면서 변형되었다. 신(辛)은 끌이고 경(冏)은 '동굴-혈'(穴)에 창을 낸 모양이다. 중국 전설에서 우(禹)를 도와 치수에 공을 세운 설(楔)은 상(商)에 봉해졌다. 그곳에 움집을 짓고 정착했는데 지금의 요동(窯洞)이 그 흔적이다. 그의 6대손 왕해(王亥)는 수레를 제작해 각지를 왕래하며 물자를 거래했다. 패권을 차지한 것은 7대손 성탕(成湯)으로, 시조의 봉지를 기념하여 상(商) 왕조라 명했다. 상업으로 굴기한 부족답게 천도를 자주 했으며, 그 덕에 상(商)이 들어간 지명이 도처에 있다. 따라서 상(商)의 본뜻은 '움집에 살던 부족이 상(商)에 봉해진 후 상업으로 굴기하여 상 왕조를 건립하다'이다. 상업은 가격을 논한다. 상(商)에 상담(商談)이나 상의(商議)의 뜻이 담긴 것도 이 때문이다. 결국 협상(協商)이란 '여럿이 함께 가격을 논의하다'이다.

심할 **심**
이를 **지**
어조사 **어**

甚至於

심(甚)은 '달-감'(甘)과 '수저-비'(匕)의 합으로, 수저로 맛난 요리와 술을 즐기며 탄성을 지르는 모습을 표현했다. '수저-비'(匕)의 오른쪽 사선이 위로 올라가 감(甘)과 붙고, 밑에 남은 ㄴ은 '감탄할-혜'(兮)의 위쪽 팔(八)과 결합해 현 글꼴이 된 것이다. 혜(兮)의 아래쪽 '숨 내쉴-고'(丂)는 생략됐다. 따라서 심(甚)은 '맛난 요리와 술에 감탄하며 탐닉하다'가 본뜻이며, 이로부터 '과하다, 심하다, 지나치다'의 뜻이 나왔다. 한편 지(至)의 초기글꼴은 뒤집힌 '화살-시'(矢)와 일(一)이 합했다. 여기서 일(一)은 땅을 상징하므로 '화살이 날아와 땅에 박히다'가 본뜻이며, 이로부터 '이르다, 닿다'의 뜻이 나왔다. 다른 한편 어(於)의 초기글꼴은 '까마귀-오'(烏)인데, 두 마리가 날개를 나란히 펴고 인(人)자형으로 나는 모습을 표현하고자 '깃-우'(羽)의 왼쪽만 남기고 그 오른쪽은 인(人)과 '두-이'(二)로 대체했다. 현 글꼴의 방(方)은 우(羽)의 왼쪽이 변한 것이다. 따라서 어(於)의 본뜻은 '암수 한 쌍의 새가 날개를 나란히 하고 다정하게 날다'이며, 이로부터 '어디까지든 서로 함께하다'의 뜻이 나왔고, 또다시 '어디까지'의 뜻이 나왔다. 이에 심지어(甚至於)를 한자 뜻대로 풀면, '과한 정도가 심하여 어디까지 이를지'이다.

검사할 **검**
살필 **찰**

檢察

검(檢)은 목(木)과 첨(僉)의 합인데, 첨(僉)은 검(劍)의 생략형이다. 따라서 검(檢)은 칼처럼 끝을 날카롭게 깎은 나무꼬챙이다. 옛날 책은 대쪽이나 나무쪽에 글을 쓰고 끈으로 엮었다. 그 모습이 책(冊)이며, 분량이 많아지면 둘둘 말아 보관했다. 어디에 무슨 내용이 있는지 찾으려면 일일이 다 펼쳐야 하니 불편했다. 이에 대쪽이나 나무꼬챙이에 표기를 하여 책에 찔렀다. 재질이 대나무면 첨(簽)이고, 나무면 검(檢)이다. 따라서 검(檢)의 본뜻은 '검색(檢索)을 위하여 나무꼬챙이에 표기하여 찔러 놓다'이며, 이로부터 '검사하다, 조사하다'의 뜻이 나왔다. 이 꼬챙이를 제비뽑기로도 사용하여 추첨(抽籤)이다. 첨(籤)은 첨(簽)의 속자다. 한편 찰(察)은 면(宀)과 제(祭)가 합했다. 집에서 제사지내는 모습이다. 옛날 중대사는 전쟁(戰爭)과 제사(祭事)였다. 생존하려면 싸워야 했고, 국가적으로는 왕권의 강화, 병졸의 사기, 민심의 진작을 위하여, 개인적으로는 집안의 승계와 결속을 위하여 천지신명과 조상의 가호를 빌어야 했다. 그러니 제사 직전에 목욕재계, 집안 청소 등 각종 준비를 점검(點檢)했으며, 어떤 계시가 있고 영험한지 여부도 검증(檢證)해야 했다. 이 모든 것을 살피는 모습이 곧 '살필-찰'(察)이다. 검찰을 칼에 비유하는데 맞다. 나무꼬챙이로 찌르면서 살피기 때문이다.

아뢸 **주**
본받을 **효**

奏效

주(奏)의 초기글꼴은 식물인지[朿] 동물인지[毛] 모를 물건을 양손으로 잡은 모습이다. 식물은 뿌리째 뽑혀 있고 동물은 꼬리가 잡혀 있다. 위쪽에 또 손가락을 추가하여 저 식물이나 동물을 처리해 진상하는 모습을 표현한 글꼴도 있다. 따라서 주(奏)는 '식재료를 손질하여 신령에게 진헌하다'가 본뜻이며, 이로부터 '바치다, 드리다'의 뜻이 나왔다. 훗날 위쪽의 우(又)는 이(二)로 펴져, 양손의 합인 공(廾)과 결합했고, 밑의 목(朿) 혹은 모(毛)는 요(夭)로 변해 현 글꼴 주(奏)가 되었다. 요(夭)는 무희가 춤추는 모습이므로 제례 진행 시 음악(音樂)과 가무(歌舞)가 있음을 표시했다. 이로부터 '아뢰다, 연주(하다)'의 뜻도 나왔다. 한편 효(效)는 교(交)와 '칠-복'(攵=攴)이 합했다. 교(交)는 '사람-대'(大)의 양다리가 교차한 모습인데, 여기서는 잘못하여 벌서는 모습이다. 복(攴)은 가격하는 모양이다. 글꼴 중에서는 교(交)가 '화살-시'(矢)와 극히 흡사하다. 그렇다면 효(效)는 '궁술을 가르쳤으나 학생이 따라 하지 못해 효과가 없자 징계하다'가 본뜻이며, 이로부터 '배우다, 힘쓰다, 효과'의 뜻이 나왔다. 전통 커리큘럼인 육예(六藝)에서 '쏠-사'(射)는 필수 과목이었다. 이에 주효(奏效)를 한자 뜻대로 풀면 '궁술을 배워 사냥이나 전투에서 효과가 나타나자 성과를 알리다'이다.

文化

문(文)의 초기글꼴은 문신(文身)의 모양이다. 글꼴 중에 문(文) 아래로 심(心)이 추가된 글꼴도 있는 것을 보면 가슴 쪽에 새긴 듯하다. '터럭-삼'(彡)이 추가된 글꼴도 있었는데, 삼(彡)은 털이 보기 좋게 자란 모양으로 문신이 화려하고 멋있음을 표현했다. 따라서 문(文)의 본뜻은 '문신'이며 이로부터 '무늬, 문양, 그림'의 뜻이 나왔다. 무늬나 문양은 인위적인 장식이므로 인간이 문명의 세계로 접어들면서 점차 갖추게 되는 다양한 의식(儀式)과 제도(制度)도 문(文)이라 했다. 또한 한자(漢字)는 사물의 특징이나 모습을 그린 '그림 문자'였으니 그림은 곧 글자였다. 문장(文章), 시문(詩文), 작문(作文) 등이 그런 뜻으로 쓰인 것이다. 한편 화(化)의 초기글꼴은 인(人) 옆에 비(匕)가 있는데, 비(匕)는 사람이 뒤집힌 모습이다. 동일한 사람인데 자세와 동작이 변한 것이다. 따라서 화(化)의 본뜻은 '사람의 자세와 동작이 바뀌다'이며, 이로부터 '바뀌다, 변하다'의 뜻이 나왔다. 인간이 투박하고 야만적인 원시상태로부터 고정적인 음식물과 안정적인 주거지를 확보한 후 문명의 세계로 접어든 것을 문(文)이라 했기에, 그렇게 바뀐 모습을 문화(文化)라 한다. 무늬라는 본뜻이 사라지자 '실-사'(糸=絲)를 더해 '무늬-문'(紋)으로 복원했다.

실과 **과**
그럴 **연**

果然

과(果)의 초기글꼴은 '나무-목'(木)의 가지 위에 동그란 열매가 여럿 매달린 모양이다. 현 글꼴 위쪽의 전(田)은 그 열매를 한곳에 몰아 놓은 것이다. 따라서 과(果)의 본뜻은 '나무에 열린 열매'이며, 이로부터 '열매, 실과(實果)'의 뜻이 나왔다. 한편 연(然)은 '고기-육'(月=肉), '개-견'(犬), '불-화'(灬=火)의 합이다. '사냥개와 함께 잡은 야생동물을 불로 굽다'가 본뜻이며, 이로부터 '굽다, 태우다'의 뜻이 나왔다. 고기를 익히면 소화와 흡수가 쉬워 인간의 생존 능력이 획기적으로 향상됨을 옛사람도 경험으로 터득했다. 이때부터 고기를 익혀 먹는 습관은 당연히 '그래야 할' 합리적인 행동이 되었으므로, 이로부터 '그러하다'의 뜻이 나왔다. 따라서 과연(果然)을 한자 뜻대로 풀면 '기대했던 열매가 살펴보니 정말로 그렇게 열렸다'이다. 오랜 옛날, 기상이변이나 병충해 등으로 열매가 매년 열리지는 않았다. 그러므로 가을에 열매를 보면 그 '결과'(結果)에 절로 '과연'(果然) 소리가 나왔다. 결과(結果)란 '열매를 맺다'이고, 과연(果然)은 '아닌 게 아니라 정말로'의 뜻이다. 지금은 생각이나 기대가 실제와 같았을 때 감탄사처럼 사용한다. '과'에서 열매의 뜻만 사라진 게 아니다. '연'에서 '불로 굽다'의 뜻도 사라졌다. 이에 '불-화'(火)를 더해 '탈-연'(燃)으로 복원했다. 연소(燃燒)나 연비(燃費) 등이 그렇게 쓰인다.

더러울 **루(누)**
이름 **명**

陋名

누(陋)는 부(阝), 병(丙), 은(乚)이 합했다. '언덕-부'(阝=阜)는 산비탈, 병(丙)은 '구멍-혈'(穴)의 변형이며, '숨을-은'(乚=隱)은 구석을 뜻한다. 따라서 누(陋)의 본뜻은 '변두리 산비탈 구석진 곳의 옹색한 움집'이며, 이로부터 '지저분하고 더럽다'의 뜻이 나왔다. 자기 집을 겸손하게 누추(陋醜)하다고 하거나 식견이 좁고 답답함을 고루(固陋)하다고 하는 것은 이 때문이다. 한편 명(名)의 초기글꼴은 '저녁-석'(夕)과 '입-구'(口)가 합했다. 옛날에 유약한 어린이는 유괴되거나 납치되는 일이 흔했다. 따라서 날이 저물면 부모는 아이를 호명해 서둘러 귀가시켰다. 다른 사람과 구별하려면 '이름'이 있어야 한다. 그러므로 명(名)의 본뜻은 '저녁에 부르는 아이의 호칭'이며, 이로부터 사람이나 사물을 지칭하는 '이름'의 뜻이 나왔다. '이름-명'(名)은 본디 아이의 어릴 때 이름, 곧 아명(兒名)이거나 애칭(愛稱)이었다. 성인이 되면 그리 부를 수 없으니 '새로운 이름'을 지어 줬다. 성인의 새 이름이 곧 자(字)인데 어린 시절의 이름과 연관되게 짓는다. 제갈량(諸葛亮)의 량(亮)은 '밝을-량'이다. 그의 자는 '클-공, 밝을-명'을 써서 공명(孔明)이다. 이상을 종합하여 한자 뜻대로 풀면, 누명(陋名)이란 '더럽고 지저분한 이름'이다. 불명예이니 모두 피하려고 한다.

深山幽谷

깊을 **심**
메 **산**
그윽할 **유**
골 **곡**

심(深)은 수(氵)와 심(罙)이 합했다. 심(罙)의 위쪽은 '구멍-혈'(穴)의 생략형, 아래쪽 빈(朩)은 '손가락-우'(又)로 삼의 껍질을 벗기듯 바닥을 더듬는 모습이다. 그러므로 심(罙)의 본뜻은 '구멍을 더듬다'이며, 훗날 '손-수'(扌=手)를 더해 '찾을-탐'(探)을 만들었다. 따라서 수(氵)를 더한 심(深)의 본뜻은 '물속이 얼마나 깊은지 손으로 더듬다'이며, 이로부터 '물이 깊다'의 뜻이 나왔다. 산(山)은 직관적이라 생략한다. 한편 유(幽)는 '작을-요'(幺) 두 개가 얼핏 보면 산(山) 사이에 끼어 있지만, 초기글꼴을 확인하면 산(山)이 아니라 화(火)였다. 화(火)의 밑이 바닥에 붙어 버린 것이다. 마치 '빛-광'(光)의 위쪽도 실은 화(火)인데 납작해진 것과 같다. 따라서 유(幽)의 본뜻은 '작은 불빛'이며 이로부터 '어둡다, 그윽하다'의 뜻이 나왔다. 물론 유(幽)의 반대말은 '밝을-명'(明)이다. 누군가 어두운 저세상으로 갔을 때 격식을 갖춰 우아하게 표현하려면 '유명(幽明)을 달리했다'고 한다. 곡(谷)의 초기글꼴은 산과 산이 앞뒤로 있고 그 사이의 계곡 입구를 구(口)로 표시했다. 따라서 곡(谷)의 본뜻은 '계곡, 골짜기'이다. 이상을 종합하여 한자 뜻대로 풀면, 심산유곡이란 '깊은 산 어두운 골짜기'이다. 그런 곳에는 은자가 숨기 마련이다.

수모

받을 **수**
업신여길 **모**

수(受)의 초기글꼴은 중간에 '배-주'(舟)가 있고, 좌우로 손가락이 있다. 배로 물건을 실어 보내거나 실어 온 물건을 받아 내리는 모습이다. 따라서 수(受)의 본뜻은 '배로 물건을 받다'이다. 시간이 흘러 좌측의 손가락은 위로 올라가 '손톱-조'(爪)가 되었고, 우측의 손가락은 아래로 내려와 '손가락-우'(又)가 되었다. 중간의 주(舟)는 어느새 '덮을-멱'(冖)으로 변해 현재 글꼴이 되었다. 받고 보냄을 구분할 필요가 생기자, 실어 온 물건을 받을 때만 '받을-수'(受)를 사용하고 실어 보낼 때는 따로 '손-수'(扌=手)를 왼쪽에 더해 '줄-수'(授)로 사용했다. 한편 모(侮)의 초기글꼴은 우(又), 여(女), 인(人)이 합했다. 누군가 손으로 여성을 통제하고 상해를 입히거나 마구 대하는 모습이다. 시간이 흘러 손은 사라졌고 여(女)는 매(每)로 변했다. 매(每)는 머리를 틀어 올리고 비녀를 지른 모습이다. 옛날 여자들은 열다섯에 비녀를 질렀고, 스물이면 출가했다. 시가에서 모욕을 당하는 모습 같다. 따라서 모(侮)의 본뜻은 '부녀자를 무시하고 폭력으로 능욕하다'이며, 이로부터 '무시, 업신여김, 능멸'의 뜻이 나왔다. 이상을 종합하여 한자 뜻대로 풀면, 수모(受侮)란 '남에게 모멸을 당하다'이다.

四4月월

길흉

길할 **길**
흉할 **흉**

길(吉)은 사(士)와 구(口)가 합했다. 사(士)의 초기글꼴은 도끼 모양이며, 그 아래 구(口)는 도끼의 보관함을 표시한 것이다. 이런 무기를 쓰는 자를 무사(武士)라 했다. 훗날 무기를 버리고 붓을 잡게 되자 문사(文士)가 되었으며 이때부터 선비나 지식인의 뜻으로 사용되었다. 도끼는 견고하고 날카로워 전시에는 무서운 살상 무기지만 평소 민간에서도 쓸모가 많은 공구였다. 단순한 디자인에 내구성까지 갖춘 도끼는 그 유용함으로부터 '좋다, 훌륭하다'의 뜻이 자연스럽게 도출되었을 것이다. 흔히 '대박'이라 하는 말을 한자로 쓴다면 대길(大吉)이 아닐까 싶다. 한편 흉(凶)의 초기글꼴은 구덩이나 함정에 사람이 빠져 뒤집힌 모습이다. 현재 글꼴에 대입하면, 감(凵)이 구덩이나 함정이고, ㄨ자는 '사람-인'(人)이 뒤집어져 두 다리가 위로 치솟은 모습이다. 따라서 흉(凶)의 본뜻은 '사람이 구덩이나 함정에 빠져 뒤집히다'이며, 죽지 않더라도 크게 다치기에 '흉하다, 재앙, 재난'의 뜻이 나왔다. 재앙을 부르는 사람이라는 뜻으로 '사람-인'(儿)을 붙여 '흉악할-흉'(兇)을 만들었다. 이상을 종합하여 한자 뜻대로 풀면, 길흉(吉凶)이란 '도끼와 함정'이다. 도끼는 훌륭한 공구지만 악용하면 흉기(凶器)가 된다.

굳셀 **의**
그럴 **연**

毅然

의(毅)는 신(辛)·시(豕)·수(殳)가 합했다. 신(辛)은 시(豕)와 붙으면서 변형되어 입(立)처럼 보인다. 친(親), 신(新)에서도 똑같다(이 책의 2월 16일 친척(親戚) 꼭지 참고). 좌측의 신(辛)은 송곳이나 끌처럼 날카로운 가시를 표시하며, 시(豕)는 멧돼지이다. 저런 가시로 몸을 감싼 멧돼지처럼 강력한 야생동물은 호저(豪猪)를 가리킨다. 우측의 수(殳)는 손으로 창이나 몽둥이를 잡은 모양이다. 따라서 의(毅)의 본뜻은 '호저를 사냥하다'이다. 한편 연(然)은 육(月=肉), 견(犬), 화(灬=火)가 합했다. 여기서 '개-견'(犬)은 사냥개이니, 사냥개가 포획한 야생동물을 불로 굽는 모습이다. 따라서 연(然)의 본뜻은 '사냥한 동물을 불로 굽다'이다. 고기를 익히면 소화와 흡수가 용이함을 경험으로 터득한 옛사람들은 동물을 잡으면 굽는 것을 '당연히 그럴 일'로 여겼기에 이로부터 '그러하다'의 뜻으로 사용했다. 『동물의 왕국』 다큐멘터리 등에서 어린 표범이나 사자는 비록 맹수라 할지라도 경험이 없는 탓에 호저를 잘못 건들다가 가시에 박혀 혼쭐이 나는 모습을 종종 볼 수 있다. 어지간히 굳센 의지가 아니면 호저를 잡겠다고 나서기 힘들다. 의연(毅然)의 본뜻 '굳세다, 의지가 강하다'는 이렇게 나왔다. 위기에 처해도 흔들리지 않으면 의연하다고 한다.

高麗

고(高)의 초기글꼴은 고층 건물로서 성벽 위에 설치한 망루의 모습이다. 현재 글꼴은 고층으로 올라갈 수 있게끔 사다리나 계단을 설치한 모습이다. 위로부터 지붕과 고층(亠), 계단(口), 성벽(冂), 입구(口)이다. 고(高)와 같은 건물은 망루초소(望樓哨所)나 성루(城樓) 혹은 종루(鐘樓)이다. 따라서 고(高)의 본뜻은 '높고 큰 건물'이며, 이로부터 '높다, 크다'의 뜻이 나왔다. 한편 려(麗)는 아래쪽에 녹(鹿)이 있으므로 사슴과 관련이 있다. 초기글꼴을 확인하면 사슴의 뿔, 즉 녹각(鹿角)을 그렸다. 사슴의 머리 위쪽 피부나 근육이 변해 뿔이 되었다고 여겼기에 '고기-육'(月=肉)이 변형된 '저녁-석'(夕) 상단에 짧은 줄을 각각 하나씩 그어 녹각의 존재와 위치를 표시했다. 따라서 려(麗)의 본뜻은 '사슴의 뿔'이며, 사슴의 뿔은 아름답기에 이로부터 '아름답다'의 뜻이 나왔다. 고구려의 '구려'는 성읍(城邑)을 뜻하므로 '높고 큰 나라'이다. 고구려를 계승한 고려(高麗)도 같은 뜻이다. 한자의 뜻까지 더해 준다면 고구려와 고려는 '높고 큰 아름다운 나라'이다. 현대 중국어 간체자는 '麗'를 줄여 '丽'로 쓴다. 사슴은 사라지고 뿔만 남았다.

아침 **조**
고울 **선**

$$\frac{4}{4}$$

朝鮮

조(朝)는 '풀-초'(艹), 일(日), 월(月)이 합했다. 풀밭 사이로 해가 보이고 달도 떠 있다. 달이 아직 지지 않았고 해가 뜨려는 때, 이른 아침을 그린 모습이다. 따라서 조(朝)의 본뜻은 '아침'이다. 한편 선(鮮)은 어(魚)와 양(羊)이 합했다. 허신(許愼)은 선(鮮)을 '맥국(貊國)에서 나는 물고기'로 해설했다. 맥(貊)은 한반도의 북부 및 중국의 동북 지역에 살았던 퉁구스계 민족으로 한민족의 근간이다. 중국의 동북 지역이란 지금의 흑룡강성·길림성·요령성 지역이다. 이 일대는 삼림과 평원이 있고 흑룡강·송화강·압록강·두만강 등 큰 강을 끼고 있으며, 동쪽으로는 바다와 닿았다. 따라서 중국의 한족(漢族)처럼 농업 위주가 아니었고, 서북방의 유목 민족처럼 목축 위주도 아니었다. 그들은 농업·목축·수렵·어업을 병행했다. '물고기-어'(魚)는 어업이고 '양-양'(羊)은 목축이며, 합하면 선(鮮)으로 한족에게는 드문 음식이었다. 고기나 생선은 신선도가 생명이다. '드물다, 선명하다, 싱싱하다'의 뜻은 이렇게 나왔다. 조선(朝鮮)이란 명칭은 중국이 지었다. 중국에서 보자면 동쪽의 한반도에서 해가 뜨기에 '아침-조'(朝)이고, 중국 내지에서는 드문 생선과 양이 많은 지역이니 선(鮮)이다. 따라서 조선(朝鮮)의 본뜻은 '해가 뜨고 생선과 양이 많은 지역'이지, '고요한 아침의 나라'는 아니었다.

韓國

한(韓)의 초기글꼴은 간(㔾)과 위(韋)가 합했다. 간(㔾)은 '아침-단'(旦)과 '깃발-언'(㫃)이 합한 것으로 아침 해가 들 때[旦] 바람에 나부끼는 깃발[㫃]을 표시했다. 또한 위(韋)는 '둘레-위'(圍)의 생략형인데, 성곽으로 둘러싸인 성읍(城邑)을 가리킨다. 그러므로 한(韓)은 성곽에 꽂힌 깃발이 바람에 나부낄 때 아침 해가 뜨는 성읍이다. 중국의 중원 지역에서 볼 때 그런 지역은 한반도와 중국 동북방 일대일 것이다. 실은 조선(朝鮮)이란 한자도 '아침-조'(朝)와 함께 '물고기-어'(魚)와 '양-양'(羊)이 결합된 선(鮮)이니, 농경 이외에 목축과 어업을 겸했던 중국의 동북 지역과 한반도를 지칭하는 용어였다. 따라서 한(韓)은 한반도와 함께 지금의 중국 동북부 지역에서 활동했던 한민족의 나라를 가리킨다. 한편 국(國)의 초기글꼴은 혹(或)이었다. 혹(或)은 '창-과'(戈)와 구(口)가 합했는데 여기서 구(口)도 '둘레-위'(口=圍)이다. 성곽을 창으로 지키는 모습이다. 영역을 강조하고자 구(口) 아래에 횡선을 그어 경계선을 표시했고, 글자 전체를 네모꼴로 둘러싸 국경선을 거듭 강조해 '나라-국'(國)을 만들었다. 이상을 종합하여 한자 뜻대로 풀면, 한국(韓國)이란 '아침 해에 깃발이 나부끼는 바람 많은 동쪽의 나라'이다. 지금도 때만 되면 광화문 주변에 깃발이 펄럭이지 않던가?

刑罰

형(刑)은 개(开)와 도(刂=刀)가 합했지만, 초기글꼴은 보면 개(开)는 견(幵)의 변형, 견(幵)은 또 정(井)의 변형이다. 정(井)은 '우물-정'으로 새기는데, 우물이 무너지지 않도록 나무를 사방으로 엮어 입구에 걸쳐 놓은 난간 모양을 표현한 것이다. 그 우물 입구의 난간처럼 죄인의 목에 씌우던 형틀을 '칼'이라 하는데, 두껍고 긴 널빤지의 한끝에 구멍을 뚫어 죄인의 목을 끼우고 비녀장을 질렀다. 이런 칼을 한자로는 '목-항'과 '쇠사슬-쇄'를 써서 항쇄(項鎖)라 했다. 형(刑)은 항쇄 옆에 도(刀)가 있으니 처형하려는 모습이다. 따라서 형(刑)의 본뜻은 '칼로 죄인을 처형하다'이며, '형벌, 벌하다'의 뜻은 이로부터 나왔다. 한편 벌(罰)은 망(罒), 언(言), 도(刂=刀)의 합이다. 망(罒)은 '넷-사'(四)나 '눈-목'(目)처럼 생겼으나 실은 '그물-망'(网)의 변형이다. 罒, 兕, 罓 등의 글꼴이 보이면 일단 그물일 거라고 추측해 보자. 따라서 벌(罰)은 범인을 체포한 다음[罒] 심문하고 판결하여[言] 마침내 벌을[刂] 내렸다는 뜻이다. 본뜻도 '범인을 체포하여 처벌하다'이며, 이로부터 '벌하다'의 뜻이 나왔다. 이상을 종합하여 한자 뜻대로 풀면, 형벌(刑罰)이란 '범인을 잡아 가두어 심문하고 판결하여 처벌하다'이다. 한마디로, 제재(制裁)하는 것이다.

익을 **숙**
누일 **련(연)**

熟練

숙(熟)은 숙(孰)과 화(灬=火)가 합했다. 숙(孰)의 초기글꼴은 향(亯)과 극(丮)이다. 향(亯)은 제사를 올리는 신전으로 고(高)와 비슷하나 지금은 향(享)으로 쓴다. 극(丮)은 손가락으로 무엇을 잡은 모양인데 변형되어 환(丸)이 되었다. '붙잡을-집'(執)도 오른쪽에 환(丸)이 있다. 초기글꼴 중에는 신전 아래에 여(女)나 양(羊)을 놓은 모습도 있다. 제물일 것이다. 현재 글꼴은 자(子)이니 끔찍하지만 '어린이'가 제물이다. 제물은 불로 익혀 올렸기에 밑에 화(灬)를 추가하여 '익을-숙'(熟)을 만든 것이다. 한편 연(練)은 사(糹=糸)와 간(柬)이 합했다. 간(柬)은 '묶을-속'(束)과 팔(八)의 결합이고, 팔(八)은 나눌 분(分)의 생략형이니, 정리하면 '묶은 자루를 풀어 그 안에서 원하는 물건을 뽑는다'는 뜻이다. 따라서 연(練)은 생사(生絲)를 여러 번 삶아 희고 부드러운 명주실로 뽑아 내는 작업이다. 이런 명주실을 숙사(熟絲)라 하는데 여러 차례 삶고 씻기를 반복했기에 실올이 매우 부드럽고 하얗다. 그러므로 '씻을-세'(洗)와 '누일-연'(練)을 합하면 세련(洗練)이다. 삶고 씻기를 반복하여 불순물을 말끔히 제거했으니 매끈하고 멋진 모습이 되었다. 기술이나 지식을 익히는 과정도 세련이며, 숙련(熟練)이다.

$\dfrac{4}{8}$

졸음 **수**
잘 **면**

睡眠

수(睡)는 목(目)과 수(垂)가 합했다. 수(垂)의 초기글꼴은 열매가 많고 무거워 가지가 아래로 늘어지면서 거의 땅에 닿은 모습이다. 현재 글꼴에 억지로 대입해 보면, 천(千)이 늘어진 가지의 모습이고, 양쪽의 십(十)이 열매이며, 바닥에 토(土)가 있다. 따라서 수(垂)의 본뜻은 '가지가 무거워 바닥으로 늘어지다'이며, 이로부터 '늘어뜨리다, 드리우다'의 뜻이 나왔다. 그러므로 수(睡)는 눈/눈꺼풀이 아래로 늘어졌으므로 '졸다'가 본뜻이다. 누워서 조는 사람은 없다. 앉아서 조는 모습이 수(睡)이다. 한편 면(眠)은 목(目)과 민(民)이 합했는데, 민(民)은 '눈-목'(目)에 상처를 입혀 실명시킨 모양으로 '눈멀-맹'(盲)의 초기글꼴이다. 그러므로 민(民)은 '어두울-명'(冥)과 통하여 면(眠)의 초기글꼴을 '눈감을-명'(瞑)으로 보기도 한다. 따라서 면(眠)은 눈을 완전히 감은 상태로 깊은 잠에 빠진 모습이므로 '숙면하다'가 본뜻이다. 이상을 종합하여 한자 뜻대로 풀면, 수면(睡眠)이란 '앉아서 조는 것, 눈을 감고 숙면하는 것'이다. 우리는 잠을 그냥 수면(睡眠)이라 하는데, 실은 두 종류의 잠이다. 잠에 빠지도록 도와주는 약을 수면제(睡眠劑)라 한다면, 푹 자도록 도와주는 약은 안면제(安眠劑)라고 나누어 불러야 마땅할 듯싶다.

平 均

평(平)의 초기글꼴은 호(乎)와 거의 같다. 호(乎)는 우(于)와 팔(八=分)의 결합이다. 우(于)는 우(竽)의 초기글꼴로 생황 같은 취주악기(관악기)를 뜻했다. 따라서 호(乎)는 취주악기의 출구로 멜로디가 나와서 사방으로 갈라져 흩어짐을 표시했다. 호각(號角), 즉 뿔피리처럼 생긴 취주악기인 호(乎)에 훗날 '입-구'(口)를 더해 '부를-호'(呼)로 썼다. 긴급 상황이 발생했을 때 경보를 알렸다가 상황이 안정되면 또 알려야 하니 호(乎)의 위쪽을 평평하게 만들었다. 상향하는 격앙된 소리가 평탄해진 것으로 상황이 평온해졌음을 표현한 것이다. 따라서 평(平)의 본뜻은 '평온하다, 고르다'이다. 한편 균(均)은 토(土)·포(勹)·이(二)가 합했고, 그 가운데 포(勹)는 '손가락-우'(又)의 변형이다. 둘이 나란히 있는 모양의 이(二)로 보건대 손으로 땅을 고르는 모습이다. 따라서 균(均)의 본뜻은 '울퉁불퉁하거나 들쭉날쭉한 땅을 가지런히 하다'이며, 이로부터 '평평하게 하다, 가지런히 하다' 등의 뜻이 나왔다. 이에 평균(平均)을 한자 뜻대로 풀면, '음악 소리가 평탄하고, 땅이 가지런하다'이다. 비슷한 한자어로 평등(平等)이 있는데 함의는 다르다. '차별 없음'이 평등이고, '강제 획일'이 평균이다. 시작은 평등해야 하나 결과가 평균일 필요는 없다.

목마를 **갈**
증세 **증**

渴症

갈(渴)의 초기글꼴은 수(氵=水)와 함께 오른쪽에 유(酉) 비슷한 것 아래로 구(口)가 있다. 유(酉)처럼 생긴 것은 항아리나 휴대용 물주머니로 추정된다. 자연에서 흐르는 물을 당장 구할 수 없어 항아리나 주머니에 담긴 물을 마시려는 것이다. 세월이 흐르면서 좌측의 수(氵)는 그대로, 우측은 갈(曷)로 변해 현재 글꼴이 되었다. 구(口)가 '가로-왈'(曰)이 되어 위로 올라가고 나머지는 '빌-갈'(匃)이 된 것이다. 갈(匃)은 인(人)과 망(亾=亡)의 합으로, 도망가는 사람이다. 제대로 챙겨 먹고 다닐 수 없고 심정 또한 조급할 테니 이런 사람도 목이 탈 것이다. 따라서 갈(渴)의 본뜻은 '목이 타서 물을 마시려 하다'이다. 한편 증(症)은 역(疒)과 정(正)이 합했다. 역(疒)은 위쪽의 인(人)과 좌측의 '나뭇조각-장'(爿)이 합해 뭉친 것으로, 아픈 사람이 침상에 누운 모습이다. 이 글꼴이 들어가면 질병과 관계 있다. 정(正)은 정(征)의 생략형으로 출정(出征)을 뜻한다. 살육의 전쟁터를 혐오하는 증상(症狀)이 나타난 것이다. 따라서 증(症)의 본뜻은 '병역 기피 증상'이며, 이로부터 '증상, 증세'의 뜻이 나왔다. 이상을 종합하여 유머를 담아 풀면, 갈증(渴症)이란 '병역 면제를 타는 목마름으로 바라다'이다.

厭世

염(厭)은 '기슭-엄'(厂), '가로-왈'(曰), 육(月=肉), 견(犬)이 합했다. 왈(曰)은 '달-감'(甘)의 변형이다. 맹수는 정시에 식사할 수 없다. 생길 때 최대한 먹어야 한다. 음식을 장기간 보관할 방법이 없기 때문이다. 따라서 염(厭)의 본뜻은 '맹수가 갯과 동물을 포획하여 으슥한 곳에서 맛있게 잔뜩 먹다'이다. 포식하면 질린다. 이로부터 '물리다'의 뜻이 나오면서 잔뜩 먹는다는 본뜻이 사라졌다. 이에 '먹을-식'(食)을 추가해 '포식할-염'(饜)으로 복원했다. 한편 세(世)의 초기글꼴은 지(止) 옆에 '부서진 뼈-알'(歺=歹), '설-립'(立), '자리-석'(席) 등이 있었다. 지(止)는 '발동작'인데 서 있거나[立], 아예 눕거나[席], 심지어 뼈만 남았으니[歺=歹], 세(世)의 본뜻은 '인생길을 걷다가 생명이 종료되다'이다. 지금은 평균수명이 여든을 넘었지만 수백 년 전만 해도 마흔을 못 넘겼고, 옛날에 서른이면 요절이 아니었다. 지(止)의 초기글꼴은 위로 뻗은 획마다 중간에 굵은 점을 찍어서 '그쳤음'을 강조했다. 점 때문에 '열-십'(十)으로 변했고, 또한 세 개가 이어지며 총 30년이 되어 그 당시 평균적인 인간이 세상(世上)을 살다 간 시간이 되었다. 세(世)의 본뜻은 '30년'이며, 이로부터 '인간 세상'의 뜻이 나왔다. 이상을 종합하여 한자 뜻대로 풀면, 염세란 '세상이 물리고 싫어짐'이다.

未安

미(未)의 초기글꼴은 나무줄기에 U 모양을 그려 '무성한 가지'를 표시했다. 훗날 U는 점차 짧게 펴졌다. 나뭇가지는 무성하지만 아직 열매를 맺지 아니했기에, 이로부터 '아직 아닐-미'(未)의 뜻이 나왔다. 미혼(未婚)은 아직 결혼하지 않음이다. 미달(未達), 미비(未備), 미만(未滿) 등이 모두 '아직 아님'의 뜻으로 쓰였다. 한편 안(安)은 '집-면'(宀)과 '여자-여'(女)의 합이다. 면(宀)은 집의 측면 모습으로, 위쪽 꼭지는 용마루, 수평선은 지붕, 양쪽 짧은 사선은 벽을 그린 것이다. 여(女)는 '사람-인'(人)의 변형으로 양쪽 무릎을 꿇고 앉아 양손을 무릎 위에 다소곳이 얹은 여자의 모습이다. 상·하체가 곧게 펴져 수평선이 되고 굽은 모양의 양손만 남아, 현 글꼴로는 여성의 모습을 연상하기 다소 힘들어졌다. 정리하면, 안(安)은 집과 여자가 있는 모습이다. 남자가 집도 마련했고 결혼하여 아내까지 있다면 심적으로 얼마나 안정되고 편안하겠는가. 따라서 안(安)의 본뜻은 '남자의 마음이 편안하다'이며, 이로부터 '편안하다'의 뜻이 나왔다. 이에 미안(未安)을 한자 뜻대로 풀면 '집도 여자도 아직 없어 남자의 마음이 편안하지 않다'이다. 남자 본인의 마음이 불편하다는 뜻인데, 지금은 남에게 폐를 끼쳤을 때 미안하다고 한다.

놓을 **방**
둘 **치**

放置

방(放)은 방(方)과 복(攵=攴)이 합했다. 초기글꼴의 방(方)은 인(人)의 머리에 일(一)이 있는데 이는 머리카락이 깎인 것을 뜻한다. 그 아래 또 하나 일(一)은 얼굴에 먹물을 입힌 것을 뜻한다. 이(二)와 인(人)이 상하로 있던 글꼴이 비슷한 모양의 방(方)으로 변형되었다. 머리카락을 깎는 형벌을 곤(髡), 얼굴에 먹물을 새기는 형벌을 경(黥)이라 한다. '경을 칠 놈'이라는 옛 욕설이 바로 여기서 나왔다. 이런 죄인은 노예로 삼거나 아예 격리하여 멀리 추방한다. 방(方)의 오른쪽에 있는 '칠-복'(攵)은 매질하거나 강제로 쫓아냈음을 보여 준다. 따라서 방(放)의 본뜻은 '죄인을 멀리 내쫓다'이며, 이로부터 '내보내다' 뜻이 나왔다. 한편 치(置)의 초기글꼴은 지(止), '들-공'(廾), '구멍-혈'(穴)의 결합으로 흉악범을 잡아 지하 감옥에 넣은 모습이다. 현재 글꼴에 억지로 대입해 보자. 위로부터 망(罒)·십(十)·은(乚)·목(目)인데, 망(罒)은 '그물-망'(网)의 변형으로 체포했음, 십(十)은 '손가락-우'(又)의 변형으로 붙잡음, '숨을-은'(乚)은 안 보이게끔 함, 목(目)은 혈(穴)의 변형으로 지하 감옥이다. 따라서 치(置)의 본뜻은 '흉악범을 체포해 안 보이게끔 지하 감옥에 잡아 놓다'이다. 따라서 방치(放置)란 '범죄인을 추방하거나 지하 감옥에 가두어 사회로부터 격리하다'이다. 지금은 '돌보거나 간섭하지 않고 내버려둠'으로 쓰인다.

引率

끌 **인**
거느릴 **솔**

인(引)은 궁(弓)과 곤(丨)이 합했다. 궁(弓)은 활대이고, 활줄인 곤(丨)이 뒤에 있으니 시위를 당긴 모습이다. 따라서 인(引)의 본뜻은 '시위를 당기다'이며, 이로부터 '당기다'의 뜻이 나왔다. 한편 '거느릴-솔/비율-율'(率)의 초기글꼴은 '작은 실-요'(幺) 양쪽으로 점선이 넷 있다. 점선은 실을 꼬면서 보풀이 일어나는 모습이다. 현재 글꼴에 대입하면, 현(玄)·빙(冫)·십(十)에서 현(玄)은 실올이고, 양쪽의 빙(冫)은 보풀이다. 세월이 흘러 실의 위아래에 실을 꼬아 주는 기계 장치를 십(十)의 모양으로 넣어 준 것이 현재 솔(率)이다. 따라서 솔(率)의 본뜻은 '실을 꼬아 만든 동아줄'이다. 동아줄은 강인하여 강에서 배를 묶어 끌기도 했다. 훗날 글꼴 중에 행(行)이나 착(辶=辵)이 추가된 것은 그런 상황을 묘사한 것이다. 동아줄이 탱탱하고 곧게 당겨진 모습이 솔직(率直)이고, 느슨해지면 경솔(輕率)이다. '동아줄로 묶어 끌다'로부터 '이끌다, 거느리다'의 뜻이 나왔다. 따라서 인솔(引率)이란 '시위를 당기듯 동아줄로 묶어 끌다'이다. 인솔하려면 법칙이나 기준이 있어야 할 터, 이로부터 '기준'의 뜻이 나왔다. 비율(比率), 능률(能率) 등이 그렇다. 솔(率)이 이처럼 다른 뜻으로 전용되자 본뜻이 사라졌다. 이에 '실-사'(糸)를 더해 '동아줄-율'(繂)로 복원했다.

和睦

화(和)의 초기글꼴은 구(口)와 '벼-화'(禾)가 합했다. 쌀밥을 먹어서 입안이 평화롭다는 뜻일까? 그런 뜻이라면 향(香)이 있고, 화(和)는 다른 뜻이다. 볏짚처럼 속이 빈 관(管)에 숨을 불면 소리가 난다. 강약에 따라 음정이 달라지고, 그게 이어지면 조화로운 음악이 된다. 화(和)는 곧 그런 화음(和音)을 그린 것이다. 볏짚처럼 속이 빈 관을 여럿 묶은 악기가 '피리-약'(龠)이다. 위쪽의 삼각형은 '입-구'(口)가 아래로 향한 모양이고, 그 아래 엮어 놓은 것이 여러 개의 관과 그 구멍이다. 저런 관악기 오른쪽에 화(禾)를 또 붙여 초기의 볏짚 풀피리처럼 화음을 낼 수 있음을 표시했다. 거기서 '조화롭다, 화합하다'의 뜻이 나왔고, 화(龢)는 획수가 복잡하니 화(和)로 바꿔 썼다. 서울 삼청각 일화당(一龢堂) 현판에 저 글꼴이 있다. 한편 목(睦)의 초기글꼴은 세 개의 육(六) 옆으로 '볼-견'(見)이 있었다. 육(六)은 '집-면'(宀)처럼 지붕과 벽을 그린 것으로 '오두막-려'(廬)의 원형이다. 육(六) 셋이 뭉치면서 육(坴)이 되었다. 따라서 목(睦)의 본뜻은 '이 집 저 집 보러 다니며 사이좋게 지내다'이며, 이로부터 '화목하다'의 뜻이 나왔다. 이상을 종합하여 한자 뜻대로 풀면, 화목(和睦)이란 '아름다운 음악처럼 이웃과 사이좋다'이다. 옛날엔 일족(一族)이 한마을에 살았으니 일가친척이 정답다는 뜻이다.

庶民

서(庶)의 초기글꼴은 '돌-석'(石) 아래에 '불-화'(火)였다. 돌을 쌓아 아궁이처럼 만들고 그 밑에 불을 피우는 모습이다. 그 후 석(石)이 '집-엄'(广)과 '스물-입'(廿)으로 변했고, 밑의 화(火)는 납작해졌다[灬]. 따라서 서(庶)의 본뜻은 '아궁이에 불을 피우다'이다. 아궁이는 주방 시설이므로 대가족이 함께 사는 모습을 표현한다. '여러, 많다, 무리' 등의 뜻은 이로부터 나왔다. 신석기 시대만 해도 이미 신분에 따른 부장품의 차이가 확연한 복잡 사회였다. 지배층은 극소수였고 피지배층의 대다수는 평민이거나 노예였다. 그런 무리를 서민(庶民)이라 하며, 서민의 삶은 엇비슷하기에 서(庶)는 '거의, 대략'의 뜻으로도 쓰인다. 한편 민(民)의 초기글꼴은 '눈-목'(目)에 상처를 입혀 실명시킨 모양으로 '눈멀-맹'(盲)과 어원이 같다. 적국의 포로나 죄인의 눈을 멀게 하여 굴복시키고 노예처럼 부리고자 함이었다. 따라서 민(民)의 본뜻은 '눈먼 자들'이다. 이상을 종합하여 한자 뜻대로 풀면, 서민(庶民)이란 '사회 구성원의 대다수를 차지하는 눈먼 사람들'이다. 어느 사회 지도층 인사가 '가붕개'(가재, 붕어, 개구리)로 살아도 행복한 세상을 만들자고 주장했다. 표리부동하여 문제였지 실은 건설적이고 인도적인 주장이었다. 행복하기만 하다면야 '피라미'로 살아간들 어떠랴?

疾病

질(疾)의 초기글꼴은 대(大)의 겨드랑이 사이에 '화살-시'(矢)가 있다. 양팔을 벌린 사람의 정면 모습을 그린 글꼴이 대(大)이다. 그 후 병상을 그린 역(疒)이 대(大)를 대체하여 화살에 맞은 사람이 병상에 누웠음을 표현했다. 따라서 질(疾)의 본뜻은 '화살에 맞다'이며 이로부터 '병(나다)'의 뜻이 나왔다. 통증은 누구나 싫어하므로 '미워하다'의 뜻도 나왔는데 질시(疾視)가 그렇다. 화살에 맞으면 즉시 통증을 느끼기에 이로부터 '빠르다'의 뜻도 나왔다. 질주(疾走)가 그렇다. 한편 병(病)은 역(疒) 안쪽에 병(丙)이 있다. 병(丙)의 초기글꼴은 탁자 같지만, '좁을-누'(陋) 속의 병(丙)에서 보듯 '구멍-혈'(穴)의 변형이 아닐까 싶다. 인체 내부의 장기(臟器)와 혈관은 모두 통로처럼 구멍으로 연결되어 있다. 따라서 병(病)의 본뜻은 '인체 내부의 만성병'이다. 중의학에서 질(疾)은 눈에 보이는 외상(外傷)이고, 병(病)은 신체 안쪽의 내상(內傷)이다. 그러므로 질(疾)은 대개 급성(急性)이고, 병(病)은 대개 만성(慢性)이다. 즉 질병(疾病)이란 '급성 외과성 질환(疾患), 만성 내과성 병환(病患)'을 아우르는 말이다.

無慮

무(無)의 초기글꼴은 팔다리를 벌리고 서 있는 사람이 양손으로 꽃을 든 모습이다. 꽃은 주렁주렁 매달려 발까지 내려왔다. 훗날 글꼴에서 구(口)가 좌우 양쪽에 추가되고 '없어질-망'(亾 =亡)이 더해지는 것으로 보건대, 죽은 자의 혼령을 위로하는 모습이다. 현 글꼴에 대입하면, 위쪽의 인(人)은 머리, 중간의 가로선 두 줄은 양팔, 안쪽의 세로선 두 줄은 양다리이다. 바깥쪽 세로선 두 줄은 늘어진 꽃송이이며, 맨 아래의 넉 점은 드리워진 꽃송이 끝단과 양쪽 발목이다. 따라서 무(無)는 '헌화하며 망자의 영혼을 위로하다'가 본뜻이며, 죽은 자는 이 세상에 없기에 이로부터 '없다'의 뜻이 나왔다. 한편 려(慮)의 초기글꼴은 려(呂)와 심(心)의 합이다. 려(呂)는 '짝-려'(侶)의 생략이며 발음을 겸했다. 즉 '반려자(伴侶者)를 마음에 간직하고 걱정하다'라는 뜻이다. 옛날에는 남편이 사업이나 학업 등으로 멀리 떠났을 때, 출전한 것이 아님에도 열악한 교통수단과 숙박시설, 산속에 출몰하는 맹수와 도적 등 걱정거리가 태산이었다. 걱정하는 마음을 호랑이의 위협으로 대표하여 '호피무늬-호'(虍)와 '시름 겨워할-사'(思)를 합해 려(慮)의 지금 글꼴을 만들었다. 이에 무려(無慮)를 한자 뜻대로 풀면, '걱정할 것이 없다' 또는 '거기까지 생각하지 못하다'이다. 지금은 주로 후자의 뜻, 즉 예상 밖의 숫자나 상황에 쓴다.

賞狀

상(賞)은 상(尙)과 패(貝)가 합했다. 상(尙)은 팔(八) 사이로 향(向)이 있다. 팔(八)은 분(分)의 생략형으로 분리의 뜻이다. 향(向)은 '집-면'(宀) 안에 '입-구'(口)로서 '창문이 하나 있는 집'이다. 따라서 상(尙)의 본뜻은 '창문을 열다'이다. 옛날 창문은 채광과 통풍이 목적이라 높이 냈다. 창문을 열려면 올려 봐야 한다. 이로부터 '우러르다, 숭상(崇尙)하다'의 뜻이 나왔다. 누군가 존경받을 만한 일을 했다면 리더는 포상한다. 모두 본받기를 바라기 때문이다. 재물은 누구나 좋아하므로 재물을 상징하는 '조개-패'(貝)를 더해 '상줄-상'(賞)을 만들었다. 따라서 상(賞)의 본뜻은 '상금'이다. 한편 장(狀)은 장(爿)과 견(犬)이 합했다. 장(爿)은 '씩씩할-장'(壯)의 생략형이다. 흉포(凶暴)하고 장대(壯大)한 개를 장(狀)이라 하므로 '맹견'이 본뜻이다. 맹견은 등록해야 하는데, 등록 정보를 통해 맹견의 품종과 형상(形狀)을 알 수 있다. 이로부터 '모양이나 모습, 상태(狀態)'의 뜻이 나왔으니, 이럴 때는 '상'(狀)으로 읽어 준다. 맹견을 등록하면 사육허가증을 받는다. 그런 증서도 장(狀)이라 한다. 이상을 종합하여 한자 뜻대로 풀면, 상장(賞狀)이란 '상금과 증서'이다. 상금 없이 증서만 주면 그건 표창장이지 상장이 아니다.

供養

공(供)은 인(人)과 공(共)이 합했다. 공(共)의 초기글꼴은 양쪽 손가락[又]으로 어떤 물건을 받들고 있는 모습이다. 세월이 흘러 양쪽 우(又)가 뭉쳐 '받들-공'(廾)이 되었다. 공(廾) 위에 있는 卄 이런 모양도 당초 무슨 물건이었는데 공(廾)으로 변한 것이다. 따라서 공(共)은 양손으로 물건을 받들어 누구에게 드리는 모습이다. 물건을 바치려면 양손을 함께 모아야 하니, 이로부터 '함께'의 뜻이 나왔다. 공(共)이 '함께'의 뜻으로 전용되자 '바치다'의 본뜻이 사라졌다. 이에 '사람-인'(人)을 더해 공(供)으로 복원했다. 한편 양(養)의 초기글꼴은 양(羊)과 '칠-복'(攵=攴)이 합했다. 복(攴)은 손으로 막대기 같은 것을 잡은 모습이다. 그러므로 양(養)의 본뜻은 '양을 치다'이다. 양을 몰며 방목하는 모습이므로, '키우다, 기르다'의 뜻은 이로부터 나왔다. 그 후 복(攵)이 식(食)으로 바뀌어 현재 글꼴이 되었다. 그렇다면 여기의 식(食)은 '먹이다'의 뜻이기에 '먹일-사'(飼)의 생략형이다. 방목이 아니라 사육(飼育)한다는 의미가 된 것이다. 앞서 공(供)이 어떤 물건을 받든 모습이라고 했는데, 양(養)을 보면 그 물건은 음식일 터이다. 이에 공양(供養)을 한자 뜻대로 풀면 '음식으로 받들어 모시다'이다. 절에서 식사하는 것도 공양이다.

임금 **주**
재상 **재**

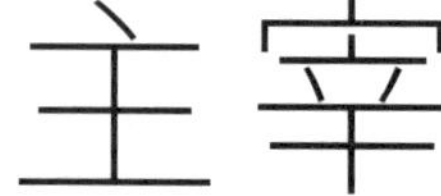

주(主)의 초기글꼴은 아리송하다. 등잔불의 심지[炷]라느니, 제단의 신주(神主)라느니, 대들보를 떠받치는 기둥[柱]이라느니 설이 분분하다. 훗날 쓰임새로부터 역산(逆算)하여 판단한 것이다. 그런데 이 세 가지에는 공통점이 있다. 사물이나 행위의 주체이자 핵심으로, 이것이 빠지면 의미를 상실하고 만다는 것이다. 심지 없는 등잔불, 신주 없는 제단, 기둥 없는 대들보를 상상할 수 있는가. 따라서 주(主)의 본뜻이 무엇이든 요는 '주체이자 핵심'이다. 국민이 주체이기에 민주(民主)이듯 옛날 왕권 시대는 군왕(君王)이 주체이기에 군주(君主)이다. 한편 재(宰)는 '집-면'(宀) 아래에 신(辛)이 있다. 신(辛)은 죄인에게 먹물을 입히는 형구, 즉 끌이었다. 그런 죄인은 노예가 되었다. 그러므로 재(宰)는 군주나 귀족의 집안에서 3D 업무를 도맡던 노예를 말했다. 이들은 물론 가축도 잡았으니, 재(宰)는 도살(屠殺)의 뜻도 지닌다. 이들 중에 유능한 자는 점차 신임을 받아 지위가 상승했고, 세월이 흘러 집안 대소사를 관리하게 되었다. 차차 이런 역할은 군주나 귀족 집안에 필요한 여러 지식과 기술, 즉 육예(六藝)를 습득한 자가 맡기 시작했다. 이들은 군주를 대신하여 행정을 맡았으며, 그런 관리들의 수장도 되었다. 재상(宰相)의 뜻은 이로부터 나온 것이다. 따라서 주재(主宰)란 '군주처럼 관리하다'이다.

가지런할 **제**
부를 **창**

齊唱

제(齊)의 초기글꼴은 새싹 세 개가 싹트는 모습이다. 셋은 '많음'을 상징한다. 많은 싹이 동시에 가지런히 땅을 뚫고 나오는 모습이다. 세월이 흐르며 글꼴이 복잡해졌다. 현재 글꼴에 억지로 대입해 보면, 두(亠)와 아(丫)는 상하로 붙어서 새싹의 머리를 가리키고, 도(刀)와 씨(氏)처럼 생긴 것도 새싹의 모습이다. 가장 밑에 사다리처럼 생긴 것은 양쪽에 수직으로 뻗은 배아(胚芽)의 뿌리에 잔털(가로선으로 변함)이 난 것이다. 따라서 본뜻은 봄이 되어 '새싹들이 가지런히 일제(一齊)히 돋다'이다. 이로부터 '함께, 동시에'의 뜻이 나왔다. 한편 창(唱)은 '입-구'(口)와 창(昌)이 합했다. 창(昌)은 '가로-왈'(曰)이 상하로 둘인데, 왈(曰)은 구(口) 안에 혀를 일(一)로 표시하여 '말하고 있음'을 나타냈다. 따라서 창(昌)의 본뜻은 '혼자 반복하여 계속 말하다'이다. 무엇을 주장하거나 선동하기 위하여 역설하는 모습이다. 창(昌)은 혼자 떠드는 것이지만, 리드미컬하고 아름답게 말한다면 노래를 부르는 것이 아니겠는가. 이에 구(口)를 더해 '노래-창'(唱)을 만들었지만, 여전히 혼자 노래하는 것이기에 독창(獨唱) 혹은 선창(先唱)이다. 따라서 한자 뜻대로 풀면, 제창(齊唱)이란 '봄날 새싹이 일제히 돋아나듯 다 함께 노래하다'이다. 합창(合唱)과 제창(齊唱)은 다르다. 전원이 같은 선율로 일제히 합창하는 것이 제창이다.

함께 **공**
느낄 **감**

공(共)은 양손으로 물건을 받들어 누구에게 드리는 모습이다 (이 책의 4월 20일 공양(供養) 꼭지 참고). 물건을 바치려면 양손을 함께 모아야 하니, 이로부터 '함께'의 뜻이 나온 것이다. 한편 감(感)은 함(咸)과 심(心)이 합했다. 함(咸)은 구/국(口/囗)을 빼면 술(戌)이 남는다. 술(戌)은 좌측에 '창-과'(戈)로도 알 수 있듯 당초 글꼴은 육중한 도끼 모양이었다. 여기에 성읍을 뜻하는 구/국(口/囗)이 있으므로 함(咸)의 본뜻은 '도끼를 들고 고함치며 성읍을 도륙하다'이고, 나중에 '고함칠-함'(喊)이 되었다. 고서에는 종종 백만 대군 운운하는데 그 많은 병졸이 동시에 고함을 치며 사생결단(死生決斷) 공성전을 전개한다고 상상해 보라. 그 함성(喊聲)에 가슴이 쿵쿵 울릴 터, 그렇게 마음이 쿵쿵 뛰는 느낌을 '마음-심'(心)을 붙여 '느낄-감'(感)으로 표현했다. '느끼다, 마음이 움직이다'의 뜻은 이렇게 나왔다. 이상을 종합하여 한자 뜻대로 풀면, 공감(共感)이란 '함께 느끼는 쿵쿵 뛰는 감정'이다. AI와 인간의 근본적인 차이는 무엇일까? 배려(配慮)와 동정(同情)의 바탕에 있는 진실된 공감(共感)이 아닐까 싶다.

짝 **배**
생각할 **려(여)**

配慮

배(配)의 초기글꼴은 유(酉)와 인(人)이었다. '사람-인'(人)이 무릎을 꿇으면서 절(卩)이 되었고, 다시 비슷한 모양의 기(己)로 변해 현재 글꼴이 되었다. 유(酉)는 본디 항아리의 모습이다. 따라서 배(配)는 사람이 항아리 옆에 있는 모습으로, 술을 빚으려는 것이다. 따라서 본뜻은 '양조 전문가가 술을 담그다'이다. 술의 색깔·도수·향미를 결정하는 관건은 각종 재료를 정선한 후 어떻게 알맞게 섞어 주느냐, 즉 배합(配合)이다. '알맞게 맞춰 주다'의 뜻은 이렇게 나왔다. 부부도 짝이 맞아야 하기에 배필(配匹)이라 한다. 한편 려/여(慮)의 초기글꼴은 여(呂)와 '마음-심'(心)이 합했다. 려(呂)는 '짝-려'(侶)의 생략형이며 발음을 겸했다. 즉 '반려자(伴侶者)를 마음에 담고 걱정하다'라는 뜻이다. 그 뒤 걱정하는 마음을 강조하고자 맹수 중에 가장 무서운 호랑이의 위협을 상기하며 '호피 무늬-호'(虍)와 '시름 겨워할-사'(思)를 합해 지금 글꼴을 만들었다. 이상을 종합하여 한자 뜻대로 풀면, 배려(配慮)란 '술을 담글 때 각종 재료를 알맞게 맞추듯 상대방의 입장과 처지에 맞춰 걱정하고 생각해 주다'이다. 배려는 인간의 공감 능력과 동정심의 증거이자 발현이다. 현 시대에 가장 필요한 인간의 미덕이 아닐까 싶다.

驚異

경(驚)은 경(敬)과 마(馬)가 합했는데, 경(敬)은 '경계할-경'(警)의 생략이다. 경(敬)은 '삼갈-극'(茍≠苟)과 복(攵=攴)이 합했다. 극(茍)의 초기글꼴은 관(卝)과 인(人)의 합으로, 양 뿔처럼 큼직한 모자를 쓴 사람이 무릎을 꿇고 있다. 관(卝)이 곧 그 모자이며, 훗날 '입-구'(口)가 추가되어 말조심까지 하는 모습이다. '막대로 때리다'의 뜻을 가진 복(攵)까지 극(茍)에 더해졌다. 즉 그 뜻은 '폭력으로 제압하여 근신하게 하다'이며, 이로부터 '삼가다, 공경하다'의 뜻이 나왔다. 이런 경(敬)에 언(言)을 추가한 것이 '경계할-경'(警), 즉 경계를 늦추지 말고 정신 바짝 차리라고 경고하는 모습이다. 이상을 종합하면 '말-마'(馬)가 결합한 경(驚)의 본뜻은 '말이 위험을 감지하고 놀라 즉시 경계하다'이며, 이로부터 '놀라다'의 뜻이 나왔다. 한편 이(異)는 전(田)과 공(共)이 합했다. 전(田)은 귀(鬼)에서 보듯 기괴한 가면의 모양이고, 공(共)은 양 손가락으로 쥔 모습이므로 가면을 잡아 얼굴에 쓴 것이다. 따라서 이(異)의 본뜻은 '이상한 가면을 얼굴에 쓰다'이며, 이로부터 '기괴하다, 괴이하다'의 뜻이 나왔다. 이상을 종합하면 경이(驚異)란 '기괴한 가면에 말처럼 놀라다'이다. 지금은 신기하다는 어감이 더해져 긍정적으로 쓴다.

따를 수
때 시

隨時

수(隨)는 타(隋)와 착(辶=辵)이 합했다. 착(辵)은 척(彳)과 지(止)의 결합으로 걷는다는 뜻이다. 절벽 아래로 고인을 던져 장례를 치르고 산 자를 따라 걷게 하여 순장(殉葬)하는 모습이다. 현재 글꼴에 억지로 대입하면, 좌측의 부(阝)는 계단이 있는 절벽, 맨 위의 십(十)은 우(又)의 변형으로 손가락, 이 손으로 가장 밑의 육(月=肉), 즉 시신을 들어 절벽 아래로 던지는 것이다. 중간의 공(工)은 토(土)의 변형으로 절벽 아래 땅이다. 좌우 중간에 끼어 있는 착(辶)은 산 자가 따라 걸어가 절벽에서 떨어지는 모습이다. 초창기 원시적인 순장의 모습이다. 따라서 수(隨)의 본뜻은 '고인을 계곡에 던지고 산 자를 따르게 하여 순장하다'이다. '따르다'의 뜻은 이로부터 나왔다. 한편 시(時)는 일(日)·토(土)·촌(寸)이 합했는데, 여기서 토(土)는 지(止)의 변형이다. 지(止)는 '발바닥으로 전진해 나아감'을 뜻한다. 또한 '팔꿈치-주'(肘)의 생략형인 촌(寸)은 '손가락으로 단단히 쥐고 있음'을 뜻한다. 그렇다면 시(時)의 본뜻은 '태양의 나아감을 단단히 파악하다'이다. 태양의 움직임과 길고 짧음을 관찰해 시간과 계절을 알 수 있으므로 이로부터 '때'의 뜻이 나왔다. 따라서 수시(隨時)란 '때에 따르다'이다. 미리 정하지 않고 그때그때 상황에 따른다는 뜻이다.

폐단 **폐**
해할 **해**

弊害

폐(弊)의 초기글꼴은 건(巾)과 복(攵=攴)이 합했다. 건(巾)은 면이나 비단으로 만든 장식품을 걸어서 아래로 늘어뜨린 모습이다. 마치 수건 같아 '수건-건'으로 새긴다. 복(攴)은 막대기 같은 것[卜]을 손에 쥐고 있는[又] 모습으로, 치거나 때린다는 뜻이다. 따라서 폐(敝)의 본뜻은 '면이나 비단을 해지게 하다'이다. 옷감은 오래 사용하거나 거칠게 쓰면 보풀이 일어난다. 보풀을 표시하고자 건(巾) 위아래로 팔(八)을 넣었다. 팔(八)은 '나눌-분'(分)의 생략형이다. 폐(敝) 자체로 이미 '해지다'의 뜻이 충분한데 그 밑에 양손을 표시하는 공(廾)을 추가한 것이 '해질-폐'(弊)다. 여러 손을 거쳤으니 더욱 헐었다는 뜻이다. 한편 해(害)의 초기글꼴은 '혀-설'(舌) 아래에 구(口)가 있었다. 혀가 입에서 분리된 모습이다. 시간이 흘러 설(舌)의 위쪽 가장자리가 '집-면'(宀)으로 변형·분리되어 현재 글꼴이 되었다. 역사책을 보면, 폭언한 자를 잡아 응징할 때 혀를 자르기도 했다. 그렇다면 해(害)의 본뜻은 '혀를 자르다'이며, 이로부터 '손해, 해롭다, 해치다'의 뜻이 나왔다. 이런 뜻으로 전용되자 도(刂)를 더해 '벨-할'(割)로 복원했다. 할인(割引), 할부(割賦)가 그런 뜻이다. 이상을 종합하면 폐해(弊害)란 '낡고 헐어서 해롭다'이다. 폐단으로 생기는 해로움을 뜻한다.

逮捕

체(逮)는 착(辶=辵)과 대(隶)가 합했다. 대는 발음을 겸했으나 세월 탓에 변음되었다. 대(隶)는 '손가락-우'(又) 아래로 '물-수'(水)가 있는데, 이 수(水)는 물이 아니고 실은 짐승의 꼬리 모양이었다. 수직선이 꼬리이고 그 옆에 좌우로 벌어진 여러 사선이 털이다. 따라서 그 본뜻은 '손가락으로 짐승의 꼬리를 잡다'이며, 이로부터 '미치다, 닿다'라는 뜻의 '미칠-대'(隶)로 새긴 것이다. 짐승이 순순히 잡히겠는가. 달려가서 잡아야 할 터, 이에 훗날 '달릴-착'(辶)을 추가하여 '잡을-체'(逮)로 만들었다. 체(逮)가 들어가는 가장 흔한 한자어는 체포(逮捕)다. 포(捕)는 '손-수'(扌=手)와 보(甫)가 합했는데, 보(甫)는 포(圃)의 생략형이고 발음을 겸했다. 따라서 포(捕)는 채마밭 등 뜰이나 정원에서 곤충 따위를 손으로 잡는 모습이다. 이에 '곤충 따위를 잡다'가 본뜻이며, 이로부터 '잡다'의 뜻이 나왔다. 이상을 종합하여 한자 뜻대로 풀면, 체포(逮捕)란 '달려가서 동물의 꼬리를 잡거나 뜰에서 곤충을 잡다'이다. 그런데 동물이나 곤충을 잡을 때는 체포라고 하지 않는다. 사람 중에서도 특히 범죄 혐의자나 피의자를 강제로 잡아 올 때 사용한다. 체포의 용법이 곤충과 동물에서 인간으로 격상된 것이다.

頑强

완(頑)은 원(元)과 혈(頁)이 합했다. 혈(頁)의 초기글꼴은 '눈-목'(目)을 중심으로 위는 머리, 아래는 다리 한쪽을 구부린 사람의 모습이다. 머리는 뭔가 생각하고 있음을 표시한다. 원(元)은 완(完)의 생략형이며 발음을 겸했다. 완(完)은 신랑 신부 두[二] 사람[人]을 위해 집[宀]을 말끔히 수리 완료했음을 표시하며, 이로부터 '결함이나 부족함이 없다'의 뜻이 나왔다. 따라서 완(頑)은 자신이 완벽하다고 믿는 모습으로, '자기 생각에 갇혀 남의 말을 듣지 않음'이 본뜻이다. 이로부터 '완고하다, 미련하다'의 뜻이 나왔다. 한편 강(强)은 '넓을-홍'(弘)과 '벌레-충'(虫)이 합했다. 홍(弘)은 궁(弓)과 사(厶)의 결합으로 활시위를 최대한 크게 당긴 모습이다. 따라서 강(强)의 본뜻은 '넓게 퍼지는 벌레'이다. 무슨 벌레일까? 쌀에 잘 생기는 작고 까만 벌레, 곧 '바구미'를 가리킨다. 일단 생기면 아무리 잡아도 널리 퍼진다. 박멸이 불가능할 정도로 무척 끈질기고 강인하다. 이로부터 '끈질기다'의 뜻이 나왔다. 바구미는 나의 의도와 무관하게 제멋대로 번식하기에, 이로부터 '억지로, 자기 맘대로'의 뜻도 생겼다. 강매(强賣)가 그렇다. 이상을 종합하여 한자 뜻대로 풀면, 완강(頑强)이란 '자기 생각에 갇혀 고집이 강하다'이다. '인간 바구미'가 되지 않도록 경계해야 한다. 强으로 쓰기도 하나 强이 맞다.

한가지 **동**
맹세 **맹**

동(同)의 초기글꼴은 범(凡)과 구(口)가 합했다. 범(凡)은 땅을 다지는 '달구'의 모양이다. 넓적하고 육중한 물건의 귀퉁이를 끈으로 묶어 들었다 났다 하며 땅을 다지는 도구이다. 달구질을 할 때는 여럿이 구령(口令)에 맞춰 동시에 들었다 놓길 반복한다. 그 구령을 표시한 것이 '입-구'(口)이다. 시간이 흘러 구(口)가 범(凡) 속으로 들어가 현재 글꼴이 되었다. 따라서 동(同)의 본뜻은 '구령에 맞춰 같은 동작으로 달구질하다'이며, 이로부터 '함께, 같이하다'의 뜻이 나왔다. 한편 맹(盟)은 명(明)과 명(皿)이 합했다. 명(明)은 해와 달이 합하여 '밝다, 밝히다, 공개하다'의 뜻이다. 명(皿)은 그릇의 모양이다. 맹(盟)의 초기글꼴 중에는 핏방울이[丿] 그릇에[皿] 담긴 혈(血) 꼴인 것도 존재한다. 옛사람들에게 선혈은 생명의 상징이었다. 따라서 각자의 피를 그릇에 담아 섞은 후에 나눠 마시는 행동은 생사를 함께할 것임을 공개적으로 밝히는 행사였다. 바로 이런 행사를 표현한 것이 맹(盟)이며, 구체적으로 혈맹(血盟)이다. 따라서 본뜻은 '공개적으로 그릇에 피를 넣고 다짐하다'이며, 이로부터 '맹세하다'의 뜻이 나왔다. 이상을 종합하여 한자 뜻대로 풀면, 동맹(同盟)이란 '생사를 함께하기로 다짐한 관계'이다.

五5月월

憂 鬱

우(憂)의 초기글꼴은 손으로 긴 머리를 감싼 모습이다. 지(止)나 심(心)을 더한 글꼴도 있는데 발길을 옮기거나 깊은 생각에 잠긴 모습이다. 세월이 흘러 '머리-혈'(頁)과 심(心)으로 정리되었고 지(止)는 '걸을-쇠'(夂)로 바뀌어 현재 글꼴이 되었다. 따라서 본뜻은 '생각에 깊이 잠겨 천천히 발길을 옮기다'이다. 유유자적해 보이나 근심도 있는 듯하다. '근심하다'의 뜻은 이렇게 나왔다. 한편 울(鬱)의 글꼴은 꽤 복잡하지만 초기글꼴은 간단하다. 숲에 사람들이 앉거나 서 있다[林]. 인(人)을 우(又)로 표기하기도 했는데 숲에서 약초를 채집하는 모습이다. 채집 완료 후 귀가했는지, 그 뒤로 글꼴의 여러 인(人)이 부(缶)와 멱(冖)으로 변했다[缶+冖]. 부(缶)는 질그릇이고, 멱(冖)은 '집-면'(宀)의 생략이다. 귀가하여 약초를 질그릇에 보관했고, 그 뒤 약초를 주머니로 감싸서 술잔에 넣고[※+凵] 국자로 술을 부었다[匕]. 술에 향이 우러나 향기가 진동한다[彡]. 즉 林, 缶, 冖, 鬯, 彡이 합해 울(鬱)이 되었다. 따라서 본뜻은 '숲에서 캐온 약초로 술을 담가 마시다'이다. 글꼴이 복잡한 만큼 파생된 뜻도 다양한데, 향미가 코를 찔러 숨이 막힘에 치중하여 '가슴이 답답하다'의 뜻도 나왔다. 따라서 우울(憂鬱)을 한자 뜻대로 풀면 '깊은 생각에 발길이 더디고, 약주에 숨이 막히다'이다. 현대의 우울과는 꽤 다르다.

아닐 **불**
인륜 **륜(윤)**

不倫

불(不)의 초기글꼴이 무엇을 뜻하는지는 아리송하다. 설이 분분하지만 훗날의 쓰임새로 역산(逆算)하면 '늘어진 꽃받침'이 유력하다. 꽃잎을 감싼 모양이 마치 잔(盞) 같아 목(木)을 더해 '잔-배'(杯)이다. 그릇 같기도 하여 '그릇-명'(皿)을 더해 '잔-배'(盃)이다. 꽃자루, 꽃받기, 꽃잎 등 꽃을 구성하는 요소 가운데 꽃받침이 제일 넓고 크다. '클-비'(조)를 보라. 꽃잎 안에서 암술이 꽃가루를 받아 수정하니, '임신할-배'(胚)이다. 이 모든 한자에 불(不)이 들어 있다. 따라서 본뜻을 '늘어진 꽃받침'으로 본다. 그런데 꽃이 피지 않으면 꽃받침은 소용없다. 이로부터 부정부사(否定副詞) "아니, 안, 못" 등의 뜻이 나왔다. 불순(不純), 불허(不許) 등이 그렇게 쓰였다. 한편 륜(倫)은 인(亻=人)과 륜(侖)이 합했는데, 륜(侖)은 약(龠)의 생략형이다. 약(龠)은 생황처럼 생긴 관악기로서 대표적인 화음악기(和音樂器)다. 여기에 인(人)을 더한 륜(倫)은 '인간관계가 화음처럼 아름답다'가 본뜻이다. 이로부터 '사람으로서 지키면 아름다울 도리나 규정'의 뜻이 나왔다. 따라서 불륜(不倫)을 한자 뜻대로 풀면, '인간관계의 불협화음'이다. 불륜이란 화음으로 시작했다가도 여러 모로 불협화음을 빚곤 한다.

바깥 **외**
낯 **면**

外面

외(外)의 초기글꼴은 '달-월'(月)과 '점-복'(卜)이 합했다. 개중에는 '저녁-석'(夕)이 월(月)을 대신했는데, 현재 글꼴이 그렇다. 복(卜)은 거북의 배 껍질이 불길로 갈라진 모양인데, 그 모양으로 길흉을 판단했다. 따라서 외(外)는 '달이 뜨는 저녁 시간에 점을 치다'가 본뜻이다. 그러나 일반적으로 점은 새벽에 쳤지 밤에 치는 경우는 극히 드물었다. 밤에 점을 쳤으니 이는 예외(例外)였다. 이로부터 '예외, 예상 밖'의 뜻이 나왔고, 여기서 다시 '밖, 바깥'의 뜻이 나온 것이다. 한편 면(面)은 사람 얼굴의 윤곽과 눈을 그린 모습이다. 사람의 얼굴을 그린 한자가 여럿 있는데 그 중심은 코가 아니라 눈이었다. '눈-목'(目)의 초기글꼴은 실제 눈처럼 옆으로 누웠으나 다른 글꼴과 결합하면서 세로로 섰다. 목(目) 위에 머리카락까지 그린 글꼴이 '머리-수'(首)인데, 눈 위에 눈썹이 있고 그 위로 머리카락 두 올이 올라갔다. 머리카락은 생략하고 아래에 '사람-인'(人)을 더한 글꼴이 '머리-혈'(頁)이다. 머리카락은 생략하고 얼굴의 윤곽을 그려 준 글꼴이 '낯-면'(面)이다. 이상을 종합하면 외면(外面)이란 '밖으로 드러난 얼굴'이며, 이는 겉모양이나 겉모습을 뜻한다. 또한 '얼굴을 바깥으로 돌리다'의 뜻도 있다. 눈길을 돌리는 것이니 '사람을 무시하는 것'이다.

$$\frac{5}{4}$$

빌 공
빌 허

空虛

공(空)은 '구멍-혈'(穴)과 공(工)이 합했다. 공(工)은 공구의 모양이며 발음을 겸한다. 혈(穴)은 '집-면'(宀) 아래에 팔(八)이 있다. 팔(八)은 '나눌-분'(分)의 생략형이다. 따라서 공(空)은 움집을 만들고자 공구를 사용하여 흙이나 땅을 파내는 혈거(穴居) 시대의 모습이다. 그러므로 '빈 공간'이 본뜻이며, 이로부터 '구멍을 뚫다, 비다' 등의 뜻이 나왔다. 한편 허(虛)는 위로부터 호(虍), 관(卝), 일(一)이 합했다. 호(虍)는 호랑이의 머리를 그린 모양으로 호랑이를 가리킨다. 관(卝)은 원래 '비수-비'(匕) 두 개가 반대 방향으로 배치된 것으로, 호랑이의 발톱을 그린 것이다. 밑의 일(一)은 해당 지역의 땅을 표시했다. 따라서 허(虛)의 본뜻은 '높은 산에 호랑이가 살아 인적이 끊기다'이다. 인간이 힘을 합해도 상대하기 힘들었던 호랑이가 활보한다면 다른 동물들은 어떻게 하겠는가. 삶의 터전을 떠날 수는 없으니 피해 다니며 조용히 살아갈 것이다. 높고도 깊은 산이 무성한 초목 이외에는 빈 곳처럼 고요해진다. 이렇게 호랑이의 존재로부터 '비다'의 뜻이 나왔다. 이상을 종합하여 한자 뜻대로 풀면, 공허(空虛)란 '움집의 땅 구멍처럼 비어 있고, 호랑이밖에 없는 고요한 공산(空山)'이다. 고독감이나 허무감보다 공포감이 엄습한다.

은혜 **혜**
못 **택**

惠澤

혜(惠)는 전(叀)과 심(心)이 합했다. 전(叀)은 '물레'의 모습이다. 물레는 실을 뽑는 기구인데, 정신을 집중하고 손가락을 잘 놀려야 실이 엉키지 않는다. 손동작을 표시하는 '마디-촌'(寸)을 더해 '오로지-전'(專)을 만든 것도 이 때문이다. 또한 수레바퀴처럼 물레를 돌리기에 '수레-거'(車)를 더해 '돌릴-전'(轉)도 만들었다. 따라서 물레에 '마음-심'(心)을 더한 혜(惠)의 본뜻은 '길쌈에 진심을 다하다'이다. 이런 여자가 아내라면 옷 걱정은 전혀 없다. 은혜롭지 않은가. '은혜'라는 뜻은 이렇게 나왔다. 한편 택(澤)은 수(氵=水)와 역(睪)이 합했는데, 여기 역(睪)은 '가릴-택'(擇)의 생략형이다. 강물의 적당한 지역을 가려서 물길을 막고, 그 물을 관개(灌漑) 용수로 사용하는 모습이다. 따라서 택(澤)의 본뜻은 '강물의 물줄기를 선택하여 물을 저장하다'이다. 저장한 물을 논밭에 대면 농작물은 활기를 띠고 윤기(潤氣)가 흐른다. 식량이 확보되니 덕택(德澤) 아닌가. 생활이 윤택해짐은 불문가지다. '윤택'의 뜻은 이로부터 나온 것이다. 이상을 종합하여 한자 뜻대로 풀면, 혜택(惠澤)이란 '옷과 음식에 걱정이 없다'이다. 고작 이 정도가 혜택이라고? 어르신께 여쭤 보라, 불과 50년 전 생활이 어땠는지. 옷은 기워 입고, 배는 물로 채우기도 했다.

이길 **극**
옷 **복**

克服

극(克)의 초기글꼴은 인(人)의 머리에 커다란 ㅂ 모양이 있고 그 위에는 꼭지처럼 짧은 선이 수직으로 그어졌다. ㅂ 모양의 물건은 사람의 몸에 비해 압도적으로 거대하다. 그렇다면 머리를 보호하는 '투구'일 것이다. 따라서 극(克)의 본뜻은 '투구를 쓴 사람'이다. 투구를 쓰면 용감해지고 용감하면 이길 수 있다. 이로부터 '이기다'의 뜻이 나왔다. 한편 복(服)은 월(月)·절(卩)·우(又)가 합했는데, 월(月)은 정(井)의 변형이다. 정(井)은 범인의 목에 씌우는 '칼'을 그린 것이다. 절(卩)은 사람이 무릎을 꿇은 모습이고, 우(又)는 손가락의 모양이다. 절(卩)과 우(又)가 합하면 '미칠-급'(及), 즉 '쫓아가 손으로 잡았다'는 뜻이다. 따라서 복(服)은 '범인을 체포하여 목에 칼을 채우다'가 본뜻이며, 이로부터 '제압하다, 굴복시키다' 혹은 '(명령에) 따르다, 복종하다'의 뜻이 나왔다. 의사의 지시에 따라 약을 복용하기에 복약(服藥)이라 한다. 사회규범에 따라야 안전하고 편하듯 체형에 따라 옷을 맞추어 입어야 편하고 보기 좋다. 몸에 맞춰 입는 옷이기에 의복(衣服)이라 한다. 이상을 종합하여 한자 뜻대로 풀면, 극복(克服)이란 '투구를 쓰고 나가 난적(難敵)을 이기고, 범인을 체포하여 칼을 채우다'이다. 준비된 자는 실력으로 승리한다. 평소에 다진 실력이 바로 투구이다.

잠길 **침**
잠잠할 **묵**

沈默

침(沈)의 초기글꼴은 수(氵=水)와 '소-우'(牛)가 합했다. 우(牛)가 뒤집힌 모양으로 보건대 소를 강물에 던지는 모습이다. 글꼴 중에는 소를 양(羊)이나 옥(玉)으로 대신한 것도 있다. 그렇다면 물을 관리하는 하신(河神)에게 소나 양 혹은 옥을 제물로 바치며 제사를 올리는 모습이다. 이후의 글꼴 중에는 사형수를 제물로 쓴 것도 있는데 그것이 현재 글꼴이다. 침(沈)의 오른쪽 '망설일-유'(冘)는 멱(冖)과 인(人)의 합인데 사람의 목에 항쇄가 채워진 모습으로 곧 처형될 모양이다. 따라서 '제물을 물에 빠뜨리다'가 본뜻이며, 이로부터 '물에 빠지다, 잠기다'의 뜻이 나왔다. 한편 묵(默)은 흑(黑)과 견(犬)이 합했는데, 흑(黑)은 '고요할-묵'(嘿)의 생략형이며, '개-견'(犬)은 사냥개이다. 사냥꾼이 사냥감을 쫓을 때 사냥개가 조용히 뒤쫓는 모습이다. 따라서 묵(默)의 본뜻은 '사냥개가 조용히 은밀하게 뒤쫓다'이며, 이로부터 '잠잠하다, 조용하다, 입 다물다'의 뜻이 나왔다. 이상을 종합하여 한자 뜻대로 풀면, 침묵(沈默)이란 '사형수가 물에 빠져 잠긴 듯, 사냥개가 조용히 뒤쫓듯 일체 소리가 없음'이다. '침묵은 금'이라고 칭찬하지만, 저렇게 강요된 침묵은 무섭다.

겹옷 **복**
섞일 **잡**

複雜

복(複)은 '옷-의'(衤=衣)와 복(复)이 합했다. 복(复)은 복(復)의 생략형이다. 복(復)의 초기글꼴은 성곽의 돌출된 성문 아래로 치(夂)가 있다. '돌아올-치'(夂)는 '나아갈-지'(止)가 뒤집힌 모양으로 성문을 나섰다가 돌아오는 모습을 표현했다. 세월이 흘러 그런 동작을 강조하고자 '걸을-척'(彳)을 왼쪽에 추가해 '돌아올-복'(復)이 된 것이다. 따라서 '옷-의'(衤)가 추가된 복(複)의 본뜻은 옷감 위에 여러 옷감을 겹쳐서 왔다 갔다 누빈 '겹옷'이다. 이로부터 '겹치다, 중복되다, 번거롭다'의 뜻이 나왔다. 복제(複製)나 복사(複寫)는 겹치게 만들거나 쓴 것이니, 결국 같게 만들거나 같게 썼다는 뜻이다. 한편 잡(雜)은 의(衤=衣)와 '모일-집'(集)이 합했다. 집(集)은 '새-추'(隹)와 목(木)의 결합으로, 새가 나뭇가지에 앉은 모습이다. 글꼴 중에는 추(隹)가 셋인 것도 있는데, 이는 새가 많이 모인 모습이다. 따라서 잡(雜)은 이런저런 옷가지가 나뭇가지에 새처럼 많이 걸린 모습이다. 옷은 색상이 다양하므로 '다양한 색상의 옷'이 본뜻이며, 이로부터 '각종 색상의 배합'과 함께 '뒤섞이다, 어수선하다'의 뜻까지 나오게 되었다. 이상을 종합하여 한자 뜻대로 풀면, 복잡(複雜)이란 '두텁게 누빈 겹옷 여러 벌이 나뭇가지에 어수선하게 걸려 있다'이다. 티베트의 오색 깃발 '타르초'를 연상하면 될 것이다.

含意

함(含)은 금(今)과 구(口)가 합했는데, 금(今)은 음(吟)의 생략형이다. 금(今)의 위쪽 세모꼴은 입을 아래로 숙인 모양이고, 그 아래 ㄱ 자는 혀를 늘어뜨린 모양이다. 혀로 음식을 맛보며 음미(吟味)하는 모습이다. 그렇다면 함(含)의 아래쪽 구(口)는 음식을 맛볼 때 흘러나오는 탄성일 것이다. 따라서 함(含)은 '음식을 맛보며 감탄하다'가 본뜻이며, 이로부터 '입에 머금다'의 뜻이 나왔다. 음식 대신에 생각을 머금으면 마음에 품은 것이니 '품다'의 뜻이 나왔다. 한편 의(意)는 아래에 '마음-심'(心)이 있고 위에 '소리-음'(音)이 있다. 따라서 의(意)는 '마음의 소리'가 본뜻이다. 옛사람들은 인간의 성격이나 성품은 물론이고 사상이나 감정도 모두 '마음'에서 나온다고 여겼다. 자비(慈悲), 잔인(殘忍), 우수(憂愁), 비애(悲哀), 분노(憤怒), 증오(憎惡), 사상(思想), 감정(感情) 등의 한자가 공통적으로 심(心)을 품은 이유다. 의(意)는 '마음의 소리'로부터 '생각, 뜻, 의미(意味)' 등의 뜻이 나왔다. 마음의 소리에 귀를 기울이라는 말은 요컨대 '네 뜻대로, 너의 마음이 가는 대로 하라'는 뜻이다. 이상을 종합하여 한자 뜻대로 풀면, 함의(含意)란 '마음의 소리에 담긴 의미(意味)'이다. 글 한 줄에도 함의가 있다. 그 함의를 잘 파악하는 이에게 문해력이 좋다고 한다.

무너질 **폐**
일 **업**

廢業

폐(廢)는 엄(广)과 발(發)이 합했다. '집-엄'(广)은 한쪽 벽면이 없는 모습으로 개방식 건물을 표시했다. 발(發)은 발(癶), 궁(弓), 수(殳)가 합했다. 발(癶)의 초기글꼴은 '발바닥-지'(止)가 서로 엇갈린 모양으로 걷거나 뛰는 모습이다. '활-궁'(弓)과 '창-수'(殳)는 무기이다. 활을 쏘고 창을 던지며 뛴다면 전쟁이 치열하게 전개되는 상황이다. 수공(水攻)이나 화공(火攻)도 불사할 터, 건물이 온전할 리 없다. 따라서 폐(廢)는 '건물이 파괴되어 폐허(廢墟)가 되다'가 본뜻이며, 이로부터 '무너지다, 부서지다, 못 쓰게 되다' 등의 뜻이 나왔다. 한편 업(業)의 초기글꼴은 아악기(雅樂器)의 일종인 편종(編鐘)이나 석경(石磬)을 나무틀에 걸어 놓은 모양 같기도 하고, 노예들이 공구를 들고 노역(勞役)에 시달리는 모습 같기도 하다. 후자로 간주하여 지금 글꼴 업(業)에 억지로 대입하면, 업(业)과 바로 아래의 양(羊)은 본디 이어진 모양으로 끌 모양의 신(辛)처럼 생긴 공구 같다. 이런 공구가 여럿 보인다. 그 아래 목(木)은 '갈-거'(去)의 변형이다. 따라서 공구를 든 죄수나 노예들이 밖으로 나가 고역(苦役)에 종사하는 모습이다. 그러므로 '죄수나 노예들의 고역'이 본뜻이며, 이로부터 '일, 업무'의 뜻이 나왔다. 이에 폐업을 한자 뜻대로 풀면, '일하던 건물이 무너지다'이다. 폐업하는 자영업자의 심정이 아마 저럴 것이다.

다를 **차**
나눌 **별**

差別

차(差)의 초기글꼴은 래(來) 밑에 좌(左)가 있다. 래(來)는 본디 맥(麥), 즉 밀/보리다. 좌(左)는 우(又)와 공(工)의 합으로 왼 손가락으로 공구를 쥔 모습이다. 그렇다면 본뜻은 '도구로 이삭을 비벼 알곡을 털다'이다. 농업사회에서 수확은 임무이고 사명이었다. 이로부터 '임무, 사명'은 물론이고 '임무나 사명을 띤 자'의 뜻도 나왔다. 이제 함흥차사(咸興差使)에 왜 '차'(差)가 들어갔는지 이해할 것이다. 알곡을 빼려면 양손의 방향을 어긋나게 비벼야 한다. '다르다, 어긋나다'의 뜻은 이렇게 나왔다. 차(差)가 확장된 뜻으로 사용되자 본뜻이 사라졌다. 이에 '손-수'(扌=手)를 더해 '비빌-차'(搓)로 복원했다. 한편 별(別)의 초기글꼴은 칼로 뭔가를 도려낸 모양이다. 뜻을 확실히 하고자 살을 도려내 뼈만 남은 모양으로 변했는데, 칼질을 했으므로 '칼-도'(刀)를 더해 '살 발라낼-과'(剐)가 되었다. 그 뒤로 과(咼)의 위쪽은 '입-구'(口)로 변했고, 그 아래는 인(人), 력(力), 도(刀) 등으로 변했다. 한국·대만·일본은 인(人)으로 써서 별(別)이지만, 중국은 력(力)을 써서 별(别)이다. 여하튼 별(別)의 본뜻은 '칼질하여 뼈를 발라내다'이며, 이로부터 '나누다, 떨어지다'의 뜻이 나왔다. 이에 차별(差別)을 한자 뜻대로 풀면 '어긋나게 비비고 칼질로 뼈를 발라내다'이다. 차별은 죽음이었다.

各自

각(各)은 치(夊)와 구(口)가 합했다. 치(夊)는 '발바닥-지'(止)가 뒤집힌 모양이다. 지(止)는 발가락이 향하는 방향으로 걸어 나가는 동작이므로, 치(夊)는 그 반대 방향으로 걸어 들어오는 동작이다. 치(夊) 아래의 구(口)는 집의 출입구(出入口)를 가리킨다. 옛날 사람들의 거주지는 외부의 공격에 취약했으므로 최대한 방어하려면 출입구를 좁게 설계해야 했다. 따라서 집으로 들어올 때는 여러 명이 한꺼번에 우르르 들어올 수 없고 각각(各各) 한 명씩 차례대로 들어왔다. 따라서 각(各)의 본뜻은 '각각 한 명씩 들어오다'이며, 이로부터 '각각, 따로따로'의 뜻이 나왔다. 한편 자(自)의 초기글꼴은 사람의 '코' 모양이다. 코의 윤곽선은 물론이고 콧등과 콧방울에다 콧등의 잔주름까지 매우 사실적으로 그렸다. 따라서 자(自)의 본뜻은 '사람의 코'이다. 다른 사람 앞에서 자기(自己)를 칭할 때 대개 손가락으로 자기 코를 가리킨다. 이로부터 '나, 자신'을 뜻하게 되었고, 부사로도 사용되어 '스스로, 몸소, 자연히'의 뜻이 되었다. 한자 공부가 매일 근엄해서야 어디 견디겠는가. 오늘은 한자 뜻을 감안해 코믹하게 풀어 보자. 각자(各自)란 '귀가할 때는 퇴근 시간이 다르니 각각 들어오시고, 밖에서 오염된 코는 알아서 스스로 풀어 주세요'이다.

圖生

생(生)은 토(土)와 '풀-초'(艸)가 합하여 땅에서 싹이 트는 모습을 그렸다. 따라서 본뜻은 '새싹이 움트다'이며, 이로부터 '생기다, 살다, 생존하다' 등의 뜻이 나왔다. 물론 명사로 쓰면 '삶, 생존'이다. 한편 도(圖)는 국(口=國=圍) 안쪽에 비(啚)가 있다. 국(口)은 경계선이며, 비(啚)는 비(鄙)의 생략형이다. 비(鄙)는 비(啚)와 읍(阝=邑)의 결합인데, 비(啚)는 야외나 변두리의 곡식 창고로 '곳집-름'(廩)의 원형이다. '고을-읍'(邑=阝)은 국(口) 밑에 파(巴)인데, 파(巴)는 절(卩)의 변형이고 절(卩)은 또 인(人)의 변형이므로 '사람들이 모여 사는 곳', 즉 마을을 그린 것이다. 따라서 비(鄙)는 도시로부터 떨어진 야외나 시골 마을 혹은 외곽 지역을 뜻한다. 이런 곳은 인적이 드물어 지형지물을 그려 놓지 않으면 관리하기 힘들다. 따라서 도(圖)는 '국경선 안쪽 외진 지역의 지형지물을 그리다'가 본뜻이며, 이로부터 '지도, 도면, 그림'의 뜻이 나왔다. 이런 곳을 개발·관리하는 일은 쉽지 않다. 절차·방법·규모 등에 관해 도면을 짚어 가며 면밀히 계획을 세워야 한다. 이로부터 '계획하다, 꾸미다, 도모하다'의 뜻이 나왔다. 그렇다면 도생(圖生)이란 '면밀히 계획을 세워 살길을 찾다'이다. 야생의 공간에서 '각자도생'하는 일은 피, 땀, 눈물 그 자체다. 드라마 『미생』(未生)은 도생의 기록이다.

品格

품(品)은 '입-구'(口)가 셋이다. 음식을 한 입씩 음미하며 먹는 모습이다. 따라서 품(品)의 본뜻은 '음식을 한 입씩 먹으며 평하다'이며, 이로부터 '평하다'의 뜻이 나왔다. 평가로 품질이 정해지므로, '등급'의 뜻이 나왔다. 명품(名品)이 그렇다. 또한 등급이 있는 물건이면 모두 품(品)이다. 상품(商品)이 그렇다. 사람도 인성이 훌륭하면 인품(人品)이 있다고 한다. 한편 격(格)은 목(木)과 각(各)이 합했다. 각(各)은 치(夊)와 구(口)의 합인데, 치(夊)는 '발바닥-지'(止)가 뒤집힌 모양으로 밖에서 안으로 걸어오는 동작이다. 구(口)는 집의 입구(入口)다. 따라서 격(格)은 '누군가 나무 몽둥이를 들고 집 입구로 오다'가 본뜻이다. 공격이나 약탈의 의도라 대응하면 격투(格鬪)가 벌어진다. 몽둥이 형태의 무기는 곧게 자란 나무줄기로 제작한다. '곧게 자란 높은 나무'로부터 '반듯하다, 바르다'의 뜻이 나왔다. 이런 나무를 쪼개 바둑판 모양의 격자(格子) 무늬로 엮으면 담장 벽 창틀로 제격(제格)이다. 일정한 간격의 반듯한 직각 구조의 격식(格式)이므로, 이로부터 '규칙, 규범'의 뜻도 나왔다. 이에 품격(品格)을 한자 뜻대로 풀면, '사람이나 사물이 지닌 고상하고 바른 인상'이다. 타고난 품성도 있겠지만 어지간히 수양하지 않고서는 품격을 갖추기 힘들다. 인간에게 품격이란 아마 인품의 다른 말일 것이다.

탈 **초**
마를 **조**

焦燥

초(焦)의 초기글꼴은 산(山) 위에 '새-추'(隹)가 있다. 추(隹)가 셋인 글꼴도 있다. 그 뒤로 산(山)은 '불-화'(火)로 바뀌어 현재에 이르렀다. 산불에 새들까지 그을린 모습이다. 따라서 초(焦)의 본뜻은 '산불에 그을린 새'이며, 이로부터 '그을리다, 타다'의 뜻이 나왔다. 불이 나면 눈길을 한 점(點)에 모으기에 초점(焦點)이다. 한편 조(燥)는 화(火)와 조(喿)가 합했다. 조(喿)는 목(木) 위에 구(口)가 셋이다. 셋은 다수를 상징한다. 나뭇가지 위에 잔뜩 모여 입을 벌린 생명체란 아마 새일 것이다. 개체가 단체 행동을 하면 분위기가 달아오르는 것은 당연하다. 그 열기를 표현하고자 '불-화'(火)를 더해 '마를-조'(燥)로 만들었다. 따라서 조(燥)의 본뜻은 '새들이 나뭇가지에 잔뜩 앉아 왁자지껄 지저귀다'이며, 이로부터 '열기가 있다'의 뜻이 나왔다. 열기가 있으면 건조해지므로 '마르다, 건조하다'의 뜻도 나왔다. 사람도 몹시 답답하거나 안타까우면 애가 탄다. 애는 간장(肝腸)의 순우리말인데 간장이 불타서 마르는 것이 곧 초조(焦燥)다. 이상을 종합하여 한자 뜻대로 풀면, 초조(焦燥)란 '산불에 새들이 불타고, 나뭇가지의 새들은 입안이 마를 정도로 운다'이다. 초조는 당초 새들 전용인데 지금은 AI라는 새로운 기술 앞에서 인간이 초조하다.

풀 **해**
사라질 **소**

解消

해(解)의 초기글꼴은 각(角), 공(廾), 우(牛)가 합했다. 공(廾)은 양쪽 손가락[又]이 붙은 모양으로, 양손으로 소의 뿔을 잡은 모습이다. 소를 제압하고 해체(解體)하려는 것이다. 그 뒤 공(廾)이 도(刀)로 변했다. 칼로 소뿔을 도려낸다는 뜻이다. 따라서 해(解)의 본뜻은 '소를 해체하다'이며, 이로부터 '풀다, 가르다, 흩어지다' 등의 뜻이 나왔다. 모르거나 막혔던 부분이 풀렸을 때 이해(理解)라고 표현한다. 사람의 말이나 뜻을 이해하는 꽃, 즉 해어화(解語花)는 미녀를 비유하는 용어다. 성차별적인 표현이 되기 쉬우니 주의해야 한다. 한편 소(消)는 수(氵=水)와 초(肖)가 합했다. 초(肖)는 소(小)와 '달-월'(月) 혹은 '고기-육'(月=肉)의 결합인데, 어느 쪽으로 해석하든 말이 된다. 그리하여 대부분 후자로 해석하지만, 초기글꼴은 '달-월'(月)이 분명하다. 찼다가 기울면 점점 작아지는 달을 묘사한 것이다. 따라서 수(氵)와 초(肖)가 합한 소(消)는 달이 기울듯 바닷물이 점점 빠지는 썰물을 가리킨다. 따라서 소(消)의 본뜻은 '물이 빠지다'이며, 이로부터 '줄어들다, 사라지다, 없어지다'의 뜻이 나왔다. 이상을 종합하여 한자 뜻대로 풀면, 해소(解消)란 '소를 잡아 낱낱이 분해하고, 썰물이 시작되어 물이 빠지다'이다. 답답함이 풀리는 느낌 아닌가?

潔白

결(潔)은 수(氵=水)와 혈(絜)이 합했는데, 혈은 발음을 겸한다. 혈(絜)은 개(丯)·도(刀)·사(糸)의 결합으로, 옷감의[糸] 불순물을[丯] 제거한다는[刀] 뜻이다. 수(氵)를 더한 결(潔)은 세척까지 하여 깨끗히 다듬은 모습이다. 따라서 결(潔)의 본뜻은 '옷감의 흠결을 칼로 다듬고 물로 세탁하여 깨끗하게 하다'이며, 이로부터 '깨끗하다'의 뜻이 나왔다. 누에고치에서 뽑은 명주실을 순(純)이라 하는데, 누에의 분비물까지 말끔히 제거하고 더욱 부드럽고 하얗게 만들고자 양잿물로 삶고 씻기를 반복하는 작업이 결(潔)이다. 그 결과는 잡된 것이 섞이지 않은 깨끗함, 즉 순결(純潔)이다. 한편 백(白)의 글꼴은 설이 다양하다. 엄지손톱에서 나왔다고도 하고 쌀알, 불꽃, 머리통, 일출에서 나왔다고도 한다. 인(人)을 더한 '맏-백'(伯)이 큰아버지, 큰형, 우두머리 등의 뜻이므로 엄지손톱도 일리가 있으나 초기글꼴로 판단하면 일출이 유력하다. 현재 글꼴 중간의 가로선은 지평선이고, 그 위로 뾰족하게 올라간 부분은 밝은 기운이 상승하는 모습이다. 따라서 백(白)의 본뜻은 '동이 트다'이다. 동이 트면 밝아지므로, '밝다, 희다'의 뜻이 나왔다. 흰색은 깨끗한 느낌이므로 '깨끗하다'의 뜻도 나왔다. 따라서 결백(潔白)을 한자 뜻대로 풀면, '명주실을 삶고 다듬어 불순물이 전혀 없는 순백의 상태'이다. 허물이나 흠결이 없는 것이다.

慈悲

자(慈)는 자(玆)와 심(心)이 합했다. 자(玆)는 현(玄)이 둘 나란히 있는 모양이나, 실은 '풀-초'(艹) 밑에 자(絲)가 있는 '무성할-자'(茲)였다가 변형된 것이다. 어린싹이 점차 자라 무성해지는 모습으로 지금은 수(氵=水)를 더해 '불을-자'(滋)로 쓴다. '자라다, 우거지다'의 뜻으로, 자양분(滋養分) 등으로 쓴다. 이에 심(心)을 더한 자(慈)는 '어린싹을 애틋하게 생각하는 마음이 날로 커지다'가 본뜻이다. 부모, 특히 모친의 자식 사랑이 그렇지 않은가? 그러므로 자(慈)는 윗사람이 아랫사람을 사랑하는 것이며, 특히 자애로운 모성애를 뜻한다. 한편 비(悲)는 비(非)와 심(心)이 합했다. 비(非)는 새가 날 때 깃을 펼친 모습이다. 날개를 가지런히 모으고 앉은 모습이 '깃-우'(羽)이다. 따라서 비(非)의 본뜻은 '날개가 반대로 향하다'이며, 이로부터 '반대, 아님, 그릇됨'의 뜻이 나왔다. 그러므로 비(悲)는 '원했던 바와 반대 결과가 나와 슬프다'가 본뜻이며, 이로부터 '슬프다, 마음이 아프다'의 뜻이 나왔다. 이상을 종합하여 한자 뜻대로 풀면, 자비(慈悲)란 '엄마의 자식 사랑이 뜻대로 안 되니 슬프다'이다. 이 한자어는 불교 용어로 더 많이 쓴다. 모든 것이 인연이니 집착하지 말아야 함에도 깨닫지 못하고 괴로워하는 중생을 슬피 여겨 보듬어 주라는 뜻이다.

낮을 **비**
못할 **렬**

卑劣

비(卑)의 초기글꼴은 '오른손-우'(又) 위에 전(田)과 흡사한 무엇이 있다. '밭-전'(田)이라 특정하지 못하고 '무엇'이라 한 이유는 전(田) 옆으로 손잡이 같은 것이 붙었기 때문이다. 아마도 농사짓는 일에 쓰는 농기구의 일종일 것이다. 그리고 밭일을 하는 것이므로 고역(苦役)을 뜻하거나, 그런 일에 내몰린 비천(卑賤)한 자를 뜻한다. 손잡이가 달린 나무 술병이라고 주장하기도 하는데, '나무-목'(木)을 더한 '술통-비'(椑) 때문이다. 이는 노예나 하인이 술통을 들어 주인님께 첨작하는 모습이 될 것이다. 어떤 모습이든 신분이나 지위가 있는 사람이 하는 일은 아니다. 이로부터 '천하다, 비루하다'의 뜻이 나왔다. 한편 열(劣)은 '적을-소'(少)와 '힘-력'(力)이 합하여, '힘이 약함'을 표현했다. 따라서 '약하다, 졸렬하다'가 본뜻이며, 이로부터 '낮다, 천하다'의 뜻까지 나왔다. 이상을 종합하여 한자 뜻대로 풀면, 비열(卑劣)이란 '비천한 일을 하며 능력 또한 부족하다'이다. 지위나 능력과 관련된 말이었지 인격과는 무관했다. 그러나 지금은 하는 짓은 물론이고 성품까지 천박(淺薄)할 때 사용한다. 따라서 욕설이다.

어려울 **난**
제목 **제**

5 / 20

難題

난(難)은 근(堇)과 추(隹)가 합했다. 근(堇)의 초기글꼴은 사람 목에 칼이 채워져 있고, 몸은 끈으로 둘둘 묶인 모습이다. 밑에 '불-화'(火)까지 있었는데, 훗날 다리와 화(火)가 붙어 '흙-토'(土)처럼 변했다. 따라서 근(堇)은 죄인이 고문당하는 모습이다. 한편 추(隹)는 솔개나 매와 같은 맹금의 모습이다. 그러므로 난(難)의 본뜻은 '포박된 죄인이 불 고문과 함께 맹금에게 쪼임을 당하다'이며, 이로부터 '어렵다, 괴롭다'의 뜻이 나왔다. 즉 난(難)은 제우스의 분노를 사 바위에 묶인 채 독수리에게 간을 쪼아 먹힌 프로메테우스 그 자체다. 한편 제(題)는 시(是)와 혈(頁)이 합했다. 시(是)는 '끌-제'(提)의 생략형이며 발음을 겸한다. '머리-혈'(頁)의 초기글꼴은 꿇은 무릎 위로 머리통을 얹고 그 안에 눈을 그렸으며 맨 위에 눈썹까지 표시했다. 제(提)는 '손-수'(扌=手)와 '옳을-시'(是)가 합하여 손으로 잡아 앞쪽으로 바르게 이끈다는 뜻이다. 따라서 제(題)의 본뜻은 '머리의 생각을 앞으로 바르게 끌어내다'이며, 이로부터 '요점이나 핵심을 앞에 제시하다'의 뜻이 나왔다. 따라서 문제(問題)란 요점이나 핵심을 물어보는 것을 말한다. 주제(主題)란 위주가 되는 요점이나 핵심이다. 제목(題目)이란 요점이나 핵심의 목록이다. 끝으로, 난제(難題)란 요점이나 핵심을 파악할 수 없어 해결하기 어려운 문제다.

槪念

개(槪)는 목(木)과 기(旣)가 합했다. '이미-기'(旣)는 급(皀)과 기(旡)의 결합인데, 급(皀)은 흰쌀밥[白] 아래 수저[匕]가 있고, 기(旡)는 사람이 입을 벌리고 고개를 돌린 모습이다. 따라서 기(旣)는 '이미 식사를 완료했다'가 본뜻이며, 이로부터 '이미, 벌써, 다하다, 끝내다'의 뜻이 나왔다. 따라서 목(木)과 기(旣)가 합한 개(槪)는 '이미 완료한 나무'라는 뜻이다. 나무가 무슨 일을 했을까? 말이나 되에 곡식을 가득 담으면, 그 용기가 곡식을 잔뜩 먹은 꼴이다. 그 위를 평평하게 밀어 주는 방망이 모양의 밀대가 있다. '평미레'라 하는데, 개(槪)는 그것을 말한다. 곡식을 먹은 용기의 위쪽을 평평하게 밀어 용기의 식사를 완료해 주는 나무인 것이다. 평미레로 밀어 주면 매번 대강 비슷하게 용량을 잴 수 있다. 그러므로 개(槪)의 본뜻은 '평미레'이며, 이로부터 '대강(大綱), 개괄적(槪括的)'의 뜻이 나왔다. 한편 념/염(念)은 금(今)과 심(心)의 결합인데 금(今)은 '읊을-음'(吟)의 생략형이다. 따라서 념(念)은 본인의 마음을 향해 읊는 것이니, 본뜻은 '속으로 말하다'이다. 속으로 말하는 것은 곧 생각하는 것이므로, 이로부터 '생각'의 뜻이 나왔다. 이에 개념(槪念)을 한자 뜻대로 풀면, '대강의 개괄적인 생각'이다. 개론(槪論)은 개괄적으로 논의한 내용이다.

부채질할 **선**
움직일 **동**

煽動

선(煽)은 화(火)와 선(扇)이 합했다. 선(扇)은 호(戶)와 우(羽)의 합인데, 호(戶)는 외짝 문이고, 우(羽)는 새의 깃이다. 외짝 문이 들락날락하는 모습이 마치 새의 깃이 펄럭이는 모습 같다. 따라서 선(扇)의 본뜻은 '외짝 문'이며, 특히 대쪽으로 엮은 문짝을 가리킨다. 부채의 모양과 흡사하기에 훗날 부채라는 뜻으로 사용했다. 선(扇)이 부채의 뜻으로 전용되자, 날아가는 새의 깃털 모양인 비(非)를 넣어 '문짝-비'(扉)로 의미를 복원했다. 불을 붙이는 데는 부채질이 최고다. '부채-선'(扇)에 '불-화'(火)를 더한 선(煽)은 바로 그 모습을 표현한 것이다. 따라서 선(煽)의 본뜻은 '불에 부채질하다'이며, 부추긴다는 뜻이다. 한편 동(動)의 초기글꼴은 신(辛)·목(目)·동(東)·토(土)가 합한 것도 있고, 착(辶=辵)·동(東)·토(土)가 합한 것도 있다. 동(東)과 토(土)는 흙을 담아 묶은 포대의 모양이다. 신(辛)과 목(目)은 눈먼 노예를 뜻하고, '달릴-착'(辵)은 포대를 옮기는 모습이다. 두 글꼴 모두 포대와 관련된다. 이에 '힘-력'(力)을 더해 현재 글꼴 동(動)이 되었다. 따라서 동(動)의 본뜻은 '무거운 포대를 옮기다'이며, 이로부터 '움직이다, 일하다'의 뜻이 나왔다. 이에 선동(煽動)을 한자 뜻대로 풀면, '불에 부채질하듯 남을 부추겨 움직이게 하다'이다.

牽制

견(牽)은 우(牛)·멱(冖)·현(玄)의 합이며, 현(玄)은 발음을 겸했다. '소-우'(牛)는 바로 보이는데 멱(冖)과 현(玄)은 뭉쳐서 잘 보이지 않으나 소의 코를 뚫어 만든 코뚜레 및 굴레에 매는 고삐 줄을 모두 그린 모습이다. 현재 글꼴에 대입하면, 가장 위의 현(玄)은 '검을-현'으로 새기지만 실이 가늘어 가물가물하여 '가물'이 '검을'로 변했을 뿐, 여기서는 고삐 줄을 표시한 것이다. 멱(冖)은 '덮을-멱'으로 새기지만, 여기서는 둥근 코뚜레의 일부이다. 그리고 소가 있다. 따라서 견(牽)의 본뜻은 '고삐를 끌어당겨 소를 통제하다'이며, 이로부터 '이끌다, 매이다'의 뜻이 나왔다. 한편 제(制)의 초기글꼴은 '벼-화'(禾)와 '칼-도'(刂=刀)의 합이었다. 시간이 흘러 화(禾)는 비슷한 모양의 미(未)로 변했고, 또 다시 주(朱)로 변하여 현재 글꼴 제(制)가 되었다. 칼로 잎과 가지를 쳐내 알곡을 알차게 여물도록 하는 모습이다. 그렇게 하는 것이 농사의 규범이므로 이로부터 '규정'의 뜻이 나왔다. 제도(制度)가 그렇게 쓰였다. 초목의 입장에서는 제약(制約)을 당한 것이므로, 이로부터 '억제하다, 절제하다'의 뜻도 나왔다. 이에 견제(牽制)를 한자 뜻대로 풀면, '쇠고삐를 끌듯 다른 사람이나 적의 행동을 통제하다'이다.

끊을 **절**
핍박할 **박**

切迫

절(切)은 칠(七)과 도(刀)가 합했으며, 칠(七)은 발음을 겸한다. 칠(七)의 초기글꼴은 십자가 모양으로 지금의 '열-십'(十)과 흡사했다. 이에 구분하고자 세로선 칠 할쯤의 위치에서 가로로 끊고 꺾어서 현재 글꼴이 되었다. 따라서 칠(七)은 '끊고 꺾다'가 본뜻인데, 오히려 숫자 칠로 전용되자 '칼-도'(刀)를 더해 '끊을-절'(切)로 복원했다. 절(切)은 끊는 것이기에 '느낌이나 생각이 강렬하다'의 뜻이 있고, 끊었던 것을 붙이면 그대로 딱 맞기에 '적절하여 실제에 꼭 맞다, 부합하다'라는 뜻도 있다. 두 뜻을 합하면 '절실'(切實)이다. 한편 박(迫)은 착(辶 = 辵)과 백(白)이 합했다. 착(辵)은 척(彳)과 지(止)의 결합으로 '걷다'가 본뜻이다. 백(白)은 일출(日出)에서 나왔다. 해가 뜨면 밝아지고, 밝아지면 분명해지므로, 말로써 뜻을 분명히 밝힌다고 할 때도 사용한다. 자백(自白), 고백(告白), 독백(獨白) 등이 그러하다. 따라서 박(迫)은 '걸어서 다가와 뜻을 밝히다'가 본뜻이다. 무슨 의도로 바짝 다가오는 것일까? 압박(壓迫), 핍박(逼迫), 협박(脅迫) 등 훗날의 쓰임새로 보건대 다그치는 뜻이다. 이에 절박(切迫)을 한자 뜻대로 풀면, '절실하게 다가와 다그치다'이다. 마감이나 기한이 임박하여 다급하고 절실하다는 뜻이다.

些少

사(些)는 차(此)와 이(二)의 합이지만, 왜 '적다'는 뜻을 가졌는지는 아리송하다. 억지 분석을 허용한다면, 갑골문 차(此)는 지(止)와 인(人)의 합으로 사람이 발을 딛고 선 곳, 즉 '이곳, 근처'라는 뜻이다. 이(二)를 2로 보면, 여기 근처에 두 사람뿐이라 인원이 적으니 이로부터 '적다'의 뜻이 나왔다고 봐도 될까? 약 2300년 전 작품 『초혼』(招魂)에 사(些)가 처음 보이지만 어감을 표시하는 어조사로 쓰였다. 약 1800년 전, 조식(曹植)의 작품에 '사소'(些少)라는 말이 처음 등장한다. 매가 참새를 먹으려 하자 참새 왈 "저는 미물이라 신체가 사소하고 살도 빈약하여……". 원문이 "身體些少"(신체사소)이므로 약소(弱小)의 뜻이다. 그 이후로 구어체에서 '약간, 조금, 다소, 일부'의 뜻으로 쓰였다. 한편 '작을-소'(小)는 당초 모래 세 알을 그린 것인데 중간을 길게 빼서 지금 글꼴이 되었다. 따라서 소(小)의 본뜻은 '모래알'이며, 이로부터 '작다'의 뜻이 나왔다. '적을-소'(少)는 소(小) 아래에 모래 한 알을 짧은 선으로 더했다. 더한 의미가 있겠는가. 따라서 소(少)의 본뜻은 '추가된 모래 한 알'이며, 이로부터 '적다'의 뜻이 나왔다. 이상을 종합하여 한자 뜻대로 풀면, 사소(些少)란 '사람도 모래알도 적고 몸마저 약소하다'이다. 모든 게 적고 작으니 하찮아졌다.

詛呪

저(詛)는 언(言)과 차(且)의 합이다. 차(且)는 '조상-조'(祖)의 생략형이며 발음을 겸했다. '말씀-언'(言)은 기도를 뜻한다. 조상에게 제사를 올리며 복을 빌고, 적에게는 재앙이 있기를 기도하는 모습이다. 따라서 저(詛)의 본뜻은 '나에게는 축복을, 적에게는 불행을 기도하다'이며, 점차 후자에 집중하여 '저주하다'의 뜻이 되었다. 저(詛)는 저(咀)로도 쓰지만 실은 구분한다. 저(咀)는 '씹다'가 본뜻으로, 음미(吟味)함을 비유한다. 한편 '빌-주'(呪)는 구(口)와 형(兄)이 합했다. 형(兄)의 초기글꼴은 구(口)와 인(儿=人)의 결합인데, 무릎을 꿇은 사람, 즉 주술사나 무당이 하늘을 향해 입을 벌린 모습이다. 즉 본뜻은 '하늘을 향해 소원을 빌며 도와주기를 기도하다'이다. 주술사나 무당이 '맏-형'(兄)의 뜻으로 전용되자, 제사를 뜻하는 시(示)를 추가하여 '빌-축'(祝)으로 복원했다. 글꼴 중에는 '빌-주'(咒)도 있는데, 당초 형(兄)의 글꼴에 '입-구'(口)를 하나 더 추가한 것으로, 거듭 간절하게 기도함을 표현했다. 이상을 종합하여 한자 뜻대로 풀면, 저주(詛呪)란 '조상과 하늘에 제사를 올려 나에게는 축복이, 적에게는 재앙이 있기를 기도하다'이다. 공생(共生)과 공영(共榮)을 비는 일은 예나 지금이나 어렵다.

長 壽

장(長)의 초기글꼴은 인(人)의 위쪽으로 긴 머리칼이 나부끼는 모습이다. 글꼴 중엔 지팡이를 짚은 모습도 있다. 현재 글꼴에 대입하면, 상단이 머리칼이고, 하단의 왼쪽이 인(人)의 변형이며, 하단의 오른쪽이 지팡이를 잡은 '손가락-우'(又)이다. 따라서 장(長)의 본뜻은 '머리칼이 긴 노인'이며, 이로부터 '어른'의 뜻이 나왔다. 가장(家長)이나 장로(長老) 등이 그런 뜻이다. 노인의 긴 머리로부터 '길다'의 뜻도 나왔다. 장기(長期)가 그런 뜻이다. 한편 수(壽)의 초기글꼴 위쪽은 '늙을-로'(老)가 확실하며, 아래쪽은 석(夕) 사이를 을(乙)자형이 가르고 있다. 석(夕)은 '저녁-석'이 아니라 '고기-육'(月=肉)의 초기글꼴이다. '많을-다'(多)도 본디 '고기가 많다'의 뜻이었다. 그렇다면 석(夕) 사이를 가르는 을(乙)은 고기 사이로 길이 난 모습이니 주름살이다. 늙으면 피부 사이로 주름이 뚜렷해진다. 바로 그 모양을 그려 준 것이다. 따라서 수(壽)의 본뜻은 '주름살이 깊다'이며, 이로부터 '오래 살다'의 뜻이 나왔다. 생명은 명(命)이기에 수명(壽命)이며, '목숨'의 뜻은 이렇게 나왔다. 현재 글꼴은 밑에 '입-구'(口)와 '마디-촌'(寸)을 더했다. 구(口)는 석(夕)의 변형이고 촌(寸)은 손동작이니 장수 노인께 수연(壽宴), 즉 장수를 축하하는 잔치를 올리는 모습이다.

머리 **수**
들어줄 **긍**

首肯

수(首)의 초기글꼴은 큼지막한 머리통 위로 머리칼이 네 가닥 솟았다. 개중에는 곱슬머리도 보여 동물의 머리 같다. 세월이 흘러 '눈-목'(目)이 머리통을 대체했고 눈 위로 눈썹까지 그렸다. 현재 글꼴에 대입하면, '눈-목'(目) 위에 일(一)이 눈썹이고, V자로 솟은 것이 머리칼이다. 따라서 수(首)의 본뜻은 '머리'이다. 사람에게 중요한 부위가 머리이고 또한 가장 위에 있기에 '으뜸'의 뜻이 나왔다. 수석(首席)이나 수도(首都)가 그렇다. 한편 긍(肯)의 초기글꼴은 멱(冖) 아래에 육(月=肉)이 있는데, 멱(冖)은 골(骨)의 생략형이다. 육(肉)은 힘줄과 근육과 살을 그렸다. 따라서 긍(肯)의 본뜻은 '뼈에 붙은 힘줄, 근육, 살'이다. 그 후 멱(冖)이 지(止)로 바뀌어 현재 글꼴이 되었다. 지(止)는 발바닥으로, 다리를 상징한다. 따라서 긍(肯)은 뼈·힘줄·근육·살이 모인 발꿈치와 발목, 복사뼈와 무릎을 가리킨다. 옛날 혹형 중 월형(刖刑)이 있는데 월(刖)이 곧 저 부위를 절단하는 형벌이다. 다리는 긍(肯) 덕분에 어려운 상황에서도 비교적 자유롭게 움직일 수 있다. 이로부터 긍정(肯定)에 쓰는 '기꺼이 감수하다, 즐겁게 받아들이다'의 뜻이 나왔다. 이에 수긍(首肯)을 한자 뜻대로 풀면, '머리를 앞뒤로 움직이다'이다. 남의 언행을 기꺼이 옳다고 받아들이는 것이다.

觀光

관(觀)은 관(雚)과 견(見)이 합했다. 관(雚)의 아래쪽에 '새-추'(隹)가 있으니 맹금류이다. 초기글꼴은 날카로운 눈매와 위협적인 발톱을 가진 솔개나 매의 모양이다. 현재 글꼴에 대입하면, 추(隹)는 몸통과 깃, 구(口) 둘은 눈매, 초(艹)는 눈썹이거나 볏이다. 맹금은 절벽 등 고지에 둥지를 틀고 창공을 유유히 배회하며 사냥감을 물색한다. 목표물을 확정하면 그때나 급속 하강 혹은 저공 활강한다. 그러므로 관(觀)은 '맹금이 창공에서 아래를 굽어보다'가 본뜻이며, 이로부터 '높은 곳에서 멀리 내다보다'의 뜻이 나왔다. 도사들이 수도하는 깊은 산에는 도관(道觀)이 많다. 한편 광(光)의 초기글꼴은 '불-화'(火) 아래에 '어진사람-인'(儿)이 있다. 사람이 무릎을 꿇고 '불'을 든 모습이다. 세월이 흘러 화(火)의 밑이 바닥에 붙었다. 따라서 광(光)은 '하인이나 노예가 횃불이나 등잔불을 들다'가 본뜻이며, 이로부터 '빛'의 뜻이 나왔다. 빛이란 반짝반짝 아름다워 옛날에는 훌륭한 군주와 정치, 찬란한 문화를 이에 비유했다. 따라서 원래 관광(觀光)이란 여기저기 명승지를 탐방하는 일이 아니라 정치 지도자와 치적 그리고 문화 전반을 관찰(觀察)하는 진지한 탐색과 연구였다. 한국의 일부 정치인이 공금으로 출국 연수나 시찰을 하는데 '관광'이나 다닌다고 욕할 일이 아니다. 도리어 제대로 '관광'을 해야 하는 것이다.

改革

개(改)는 기(己)와 복(攵=攴)이 합했다. 그런데 개(改)의 초기글꼴에서 기(己)는 사(巳)와 비슷하여 올챙이 모양이며, 자(子)의 초기글꼴과도 흡사하다. 훗날 글꼴의 기(己)는 심지어 무릎 꿇은 사람의 모습도 있다. 따라서 개(改)에서 기(己)는 갓난아기나 어린이 혹은 성인이며, 통괄하여 '사람-인'(人)의 변형이다. 복(攴)은 막대기 같은 것[卜]을 손에 쥔[又] 모습으로 '때리다, 가격하다'의 뜻이다. 따라서 개(改)는 '사람을 때리다'가 본뜻이다. 갓난아기는 엉덩이를 때려야 자가 호흡을 시작한다. 어린이는 철이 없어 부모가 때론 회초리를 든다. 성인은 누가 때리는가? 다른 성인이 규정이나 법률로 때린다. 잘되라고 혹은 고치라고 때리는 것이기에 '고치다'의 뜻이 나왔다. 한편 혁(革)의 초기글꼴은 짐승의 가죽을 펼쳐 말리는 모습이다. 현재 글꼴에 대입하면 위는 짐승의 머리, 아래는 꼬리, 수직선은 몸통이며, 중간의 직사각형은 사람의 양 손가락이었다. 따라서 혁(革)의 본뜻은 '손가락으로 털을 뽑고 짐승의 가죽을 펼쳐 말리다'이며, 이로부터 '가죽'의 뜻이 나왔다. 털을 뽑고 새로이 가죽을 만들었으니 혁신(革新)이고, 그렇게 고쳐 바꾸었으니 개혁(改革)이다. 개혁은 때려야 한다. 정치인은 자기 뺨을 안 때리니 국민이 때려야 한다. 민도(民度)가 낮으면 개혁은 어려울 수밖에.

숨길 **비**
빽빽할 **밀**

祕密

비(祕)는 시(示)와 필(必)이 합했다. 시(示)의 초기글꼴은 제단이나 신주(神主)의 모습이므로 제사나 신령과 관계있다. 필(必)은 '손잡이-비'(柲)의 생략형으로, 무기의 자루 부분을 대쪽처럼 탄력 좋은 나무로 촘촘히 엮고 묶어 만든 손잡이를 말한다. 반드시 이렇게 만들어야 공격할 때 충격을 흡수하여 본인도 안 다치고 무기도 안 부러진다. 따라서 필(必)의 본뜻은 '꼭 감싸 묶은 손잡이'이며, 이로부터 '꼭, 필히'의 뜻이 나왔고, '감싸 묶어 숨기다'의 뜻도 나왔다. 따라서 비(祕)는 '신령의 은밀함'이 본뜻이며, 이로부터 '숨기다, 신비하다'의 뜻이 나왔다. 비(祕)는 비(秘)로도 쓰지만 속자(俗字)이다. 한편 밀(密)은 밀(宓)과 산(山)이 합했다. '편안할-밀'(宓)은 면(宀)과 필(必)의 결합이다. 면(宀)은 지붕과 벽을 그려 집이 본뜻이다. 필(必)은 이미 언급했다. 집에 무기의 손잡이만 있다면 전란(戰亂)이 끝난 상황일 것이다. 게다가 '메-산'(山)까지 더한 밀(密)은 초목이 무성한 깊은 산중의 은밀한 거처이니 더욱 편안할 것이다. 따라서 밀(密)의 본뜻은 '초목이 빽빽하게 우거지고 무기가 불필요한 산속의 편안한 거처'이며, 이로부터 '촘촘하다, 은밀하다, 편안하다'의 뜻이 나왔다. 이에 비밀(祕密)을 한자 뜻대로 풀면 '신령의 은밀함과 깊은 산속 은둔처'이다. 비밀스럽지 않은가?

六6月월

어두울 **암**
죽일 **살**

暗殺

암(暗)은 일(日)과 음(音)이 합했는데, 음(音)은 '검을-암'(黯)의 생략형이며 발음을 겸했다. 따라서 암(暗)은 개기일식이든 먹구름에 가렸든 태양이 빛을 잃어 어두컴컴한 모습이다. 따라서 암(暗)은 '태양이 빛을 잃어 컴컴하다'가 본뜻이며, 태양이 은밀한 곳으로 숨었다고 여겨 '숨다, 은밀하다'의 뜻도 나왔다. 한편 살(殺)의 초기글꼴은 살(朵)만 있었다. 살(朵)의 위쪽 × 모양은 '손가락-우'(又)이며, 그 아래는 '나무-목'(木)이 아니라 손가락으로 식물의 껍질을 벗기는 모습인 출(朮)로서 '벗길-박'(剝)의 원형이다. 이에 동물을 잡아 죽인다는 뜻을 강조하고자 훗날 '몽둥이-수'(殳)를 추가해 현재 글꼴이 되었다. 따라서 살(殺)의 본뜻은 '동물을 때려 죽여 가죽을 벗기다'이며, 이로부터 '죽이다'의 뜻이 나왔다. 초창기 살(殺)의 대상은 가죽을 벗길 만한 동물이었으나 나중에는 무엇이든 산 것의 생명을 앗으면 살(殺)이라 했다. 세균을 죽여도 살균(殺菌)이고 사람을 죽여도 살인(殺人)이다. 의견이나 제안 따위를 폭력적으로 뭉개는 것은 묵살(黙殺)이라 한다. 살인은 아니지만 인격 암살이다. 끝으로 암살(暗殺)을 한자 뜻대로만 풀면 '몰래 때려 죽여 가죽을 벗기다'이다. 옛날 암살은 이렇게도 무서웠다.

없을 **무**
허물 **고**

無辜

무(無)의 초기글꼴은 팔다리를 벌리고 서 있는 사람이 양손에 꽃을 든 모습이었다. 꽃은 주렁주렁 매달려 발까지 내려왔다. 훗날 글꼴 중에 구(口)가 좌우 양쪽에 추가되기도 하고, '없어질-망'(亾=亡)이 더해지기도 하는 것을 보건대 죽은 자의 혼령을 위로하는 모습이다. 현재 글꼴에 억지로 대입하면 위쪽의 인(人)은 머리이며, 중간의 가로선 두 줄은 양팔, 안쪽의 세로 두 줄은 양다리이다. 바깥쪽 세로선 두 줄은 늘어진 꽃송이이며, 맨 아래의 넉 점은 양쪽 손에 걸려 드리워진 꽃송이 끝단과 양쪽 발목이다. 따라서 무(無)는 '헌화하며 망자의 영혼을 위로하다'가 본뜻이며, 죽은 자는 이 세상에 없기에 이로부터 '없다'의 뜻이 나왔다. 한편 '허물-고'(辜)는 '옛-고'(古)와 '매울-신'(辛)이 합했으며, 고(古)는 발음을 겸한다. 신(辛)은 죄인의 얼굴에 먹물을 입히는 형구로서 죄수를 상징한다. 중형을 받은 죄수가 오래 수감된 모습이다. 고(辜)의 이체자(異體字), 즉 다른 글꼴 중에는 고(辜)도 있는데, 예스럽지만 '死古'(사+고)를 쓴 것으로 오래 수감된 사형수를 뜻한다. 따라서 고(辜)는 '중죄를 범한 장기수'가 본뜻이며, 이로부터 '허물, 죄'의 뜻이 나왔다. 이상을 종합하여 한자 뜻대로 풀면, 무고(無辜)란 '(잘못이나 허물 또는) 죄가 없음'이다. '무고한 사람 잡지 마라' 식으로 쓴다.

미칠 **광**
바람 **풍**

狂風

광(狂)은 견(犭=犬)과 왕(王)의 합이며, 왕(王)은 '갈-왕'(往)의 생략형이다. 개가 미쳐 마구 날뛰는 모습이다. 따라서 본뜻은 '개가 미쳤다'이며, 이로부터 '미쳤다, 사납다, 경망하다' 등의 뜻이 나왔다. 한편 '바람-풍'(風)은 사연이 있다. 눈에 보이지 않고 손에 잡히지 않는 바람을 어떻게 표현할까? 사람들은 새들이 바람이 일도록 날갯짓하고 또한 그 바람을 타고 나는 모습을 봤을 것이다. 참새보다는 황새나 봉황새처럼 큰 새가 비상할 때 바람을 실감했을 것이다. 그리하여 초기글꼴은 '봉새-봉'(鳳)으로 '바람'을 표시했다. 하지만 봉새와 바람은 구분해야 했다. 이에 발음을 표시함과 동시에 '함께'의 뜻이 있는 범(凡), 그리고 '벌레-충'(虫)을 합해 풍(風)을 만들었다. 벌레와 바람이 무슨 상관인가? 약 2300년 전 사상가 장자(莊子)는 대자연의 숨을 바람이라 했다. 대자연에 사는 모든 생물이 함께 하는 호흡이 바람이라 여겼기에 봉(鳳)에서 안쪽의 '새-조'(鳥)를 빼고 그 자리에 충(虫=蟲)을 넣어 풍(風)을 만든 것이다. 충(虫)은 물론 '벌레'로 새기지만 동물의 총칭(總稱)이기도 하다. 호랑이를 대충(大蟲), 즉 큰 동물이라 불렀다. 이에 광풍(狂風)을 한자 뜻대로 풀면, '미친개가 날뛰듯 마구 부는 대자연의 호흡'이다. 광풍을 겁내지 말라, 당신의 숨도 일조했으니.

소홀할 **홀**
대접할 **대**

忽待

홀(忽)은 물(勿)과 심(心)이 합했다. 물(勿)의 초기글꼴은 '칼-도'(刀)의 틈새로 사선이 셋 있다. 칼로 베자 핏방울이 날리는 모습으로, '목 벨-문'(刎)의 원형이다. 물(勿)의 본뜻은 '칼로 베다'이며, 칼질은 잔인하니 '아니, 못, (하지) 말라'의 뜻이 나왔다. 따라서 홀(忽)은 '칼로 심장을 베다'라는 뜻이다. 심장이 베이면 즉사한다. 이로부터 '죽음'의 뜻이 나왔고, 사망은 당장이므로 '갑자기, 홀연(忽然)히'의 뜻도 나왔다. 옛사람들은 마음이 사상(思想)이나 감정(感情) 활동을 한다고 여겼는데, 사상·감정 등의 한자어에 모두 심(心)이 있는 걸로 보아 알 수 있다. 따라서 심장이 정지된 홀(忽)은 곧 '마음이 없는 것'이니, '잊다, 소홀(疏忽)하다'의 뜻도 나왔다. 한편 대(待)는 척(彳)과 사(寺)가 합했다. 사(寺)는 지(止)와 촌(寸=又)의 결합인데, 지(止)가 토(土)로 변해 현재 모양이 되었다. 지(止)는 발동작이고, 촌(寸)은 손동작이다. 따라서 사(寺)는 발로 움직이며 손으로 무엇을 하는 모습이다. 사람을 모시는 동작이면 인(人)을 더해 '모실-시'(侍)이고, 뭔가를 쥐었으면 '손-수'(扌=手)를 더해 '가질-지'(持)다. 귀빈을 기다린다면 언제든 영접하고자 행(行)의 한쪽인 척(彳)을 더해 '대접할-대'(待)이다. 따라서 홀대(忽待)란 '성의 없이 소홀히 대접하다'이다.

$$\frac{6}{5}$$

兄弟

형(兄)은 구(口)와 인(儿=人)의 합인데, 무릎을 꿇은 사람이 입을 벌리고 있다. 공손한 자세로 제사를 올리며 기도하는 모습이다. 따라서 형(兄)의 본뜻은 '제사를 올리며 기도하다'이다. 집안에서는 큰형님이 제사를 모시기에, 이로부터 '맏-형'(兄)의 뜻이 나왔다. '형'의 뜻으로 전용되자, 제사와 기도를 전업으로 하는 주술사나 무당과 관련된 시(示)를 추가하여 '빌-축'(祝)으로 복원했다. 한편 제(弟)의 초기글꼴은 '주살-익'(弋) 모양의 창대에 끈을 동여맨 모습이다. 창대를 끈으로 촘촘히 동여매면 탄성은 유지되면서도 강도는 높아진다. 바로 그 모습을 그린 것이다. 따라서 제(弟)의 본뜻은 '끈으로 창대를 촘촘히 동여매다'이다. 끈으로 동여매려면 한 줄씩 순서대로 진행해야 한다. 윗줄과 아랫줄이 겹치지 않게 차례대로 묶기에 이로부터 '순서, 차례'의 뜻이 나왔다. 집안에서 형(兄)의 다음 차례인 아우로서 제(弟), 스승의 아랫사람인 학생으로서 제자(弟子) 등이 그러하다. 제(弟)가 아우나 제자의 뜻으로 널리 쓰이자 죽(竹)을 위에 얹어 '차례-제'(第)로 복원했다. 댓조각에 글을 쓰고 차례대로 묶은 모습이 책(冊)이며, 그렇게 순서대로 묶는 방법이 제(第)이다. 제일(第一), 제이(第二)는 그 순서를 표시한 것이다. 이에 형제(兄弟)를 한자 뜻대로 풀면, '제사 모시는 큰형님과 그다음 순서 아우'이다.

'굽을-곡'(曲)의 초기글꼴은 ㄴ 모양으로 굽어진 것인데 무엇인지 아리송하다. 바둑판처럼 종횡으로 줄이 그어진 것도 있고, 아무런 문양이 없는 것도 있다. 기형적인 농경지의 모습 같다. '농사-농'(農)의 상단에 있는 것이 이 곡(曲)이기 때문이다. 혹은 대나무를 가열한 뒤 굽혀서 만든 채반이나 소쿠리 같은 죽기(竹器) 같기도 하다. 무엇이든 간에 휘어진 모양으로부터 "굽다, 굽히다"의 뜻이 나왔다. 곡선(曲線)이나 굴곡(屈曲) 등이 그렇다. 소리가 오르고 내리는 것도 곡선이기에 '음악'의 뜻이 나왔다. 곡조(曲調)나 가곡(歌曲)이 그렇다. 한편 직(直)의 초기글꼴은 '눈-목'(目) 앞에 곤(丨)처럼 생긴 막대가 곧게 세워져 있다. 막대를 직시하는 모습이다. 훗날 목(木)이 더해져 '심을-식'(植)이 되었다. 세월이 흐르면서 굽은 모양의 은(乚)이 추가되었다. 곤(丨)과 비교하려는 의도 같다. 그 과정에서 곤(丨)이 십(十)으로 변했다. 그 뒤로 십(十)과 은(乚)이 목(目)의 위아래로 이동하여 현재의 직(直)이 되었다. 직(直)의 본뜻은 '직시하다'이며, 정직(正直)과 직행(直行)에 쓰이는 '곧다, 바르다' 등의 뜻은 이로부터 나왔다. 이에 곡직(曲直)을 한자 뜻대로 풀면, '대나무 소쿠리는 구부러져 있고, 세운 막대는 반듯하다'이다. 지금은 그르고 옳음을 비유한다.

對備

대(對)의 초기글꼴은 무기의 모양이다. 왼쪽 상단은 톱니 모양의 날, 하단은 도끼 모양의 날이 있는 거대한 무기이고, 오른쪽은 '마디-촌'(寸)이다. 촌(寸)은 '오른손-우'(又)의 손목 1촌 간격 아래 맥박이 뛰는 곳을 점으로 표시한 것으로 손동작을 뜻한다. 즉 거대한 살상 무기를 쥐고 있는 모습을 형상화했다. 따라서 대(對)는 '무장한 양쪽 진영이 진을 치고 대치(對峙)하다'가 본뜻이다. 양군 대치로부터 '마주하다'의 뜻이 나왔다. 접전할 때는 전투 규범에 맞게 대응해야 하므로, 이로부터 '맞다'라는 뜻이 나왔다. 또한 적의 허실에 대(對)하여 미리 파악해야 하므로, 이로부터 '~에 대하여'라는 뜻도 나왔다. 한편 비(備)의 초기글꼴은 '화살-시'(矢)가 화살집에 담긴 모습이다. 세월이 흐르며 화살촉과 화살집이 뭉쳐 용(用)으로 변했고 화살의 오늬 부분도 '풀-초'(艹)처럼 변했다. 그 와중에 '사람-인'(人)이 초(艹)와 용(用) 사이로 들어갔는데, 훗날 좌측에 또 인(人)을 추가하여 현재 글꼴이 되었다. 따라서 비(備)의 본뜻은 '사람이 화살을 화살집에 넣어 등에 메다'이다. 이런 장비는 사냥이나 전쟁 전에 갖추어야 할 준비물이므로, 이로부터 '준비하다, 갖추다'의 뜻이 나왔다. 이에 대비(對備)를 한자 뜻대로 풀면, '톱니 도끼를 손에 쥐고 화살집을 등에 메다'이다. 일전불사(一戰不辭)의 대비 태세다.

$\dfrac{6}{8}$

모일 **회**
말씀 **담**

會談

회(會)의 초기글꼴은 찜통의 모양이다. 맨 위는 구(口)가 뒤집힌 세모꼴이고, 맨 아래는 구(口)인데, 이 둘을 합하면 합(合)이다. 그 사이에 '쌀-미'(米)가 있다. 쌀을 넣고 밥을 짓는 모습이다. 다른 글꼴은 반찬을 함께 넣어서 주먹밥처럼 보인다. 그 후 합(合)은 불변이나 식재료와 찜통은 '밭-전'(田)으로 뭉쳤고, 다시 전(田)은 세로줄 셋의 직사각형으로 변해 회(會)가 되었다. 따라서 회(會)의 본뜻은 '쌀과 식재료를 한데 모아 밥을 짓다'이다. 쌀·식재료·찜통은 사라지고, 오로지 '모으다, 모이다'의 뜻만 남았다. 이에 '불-화'(火)를 왼쪽에 붙여 '모아 끓일-회'(燴)로 복원했다. 육류와 여러 야채를 함께 넣어 걸쭉하게 끓이는 요리법이 회(燴)다. 중국집 단품 메뉴 중에 회(燴=烩)가 있으면 대개 덮밥이다. 한편 담(談)은 언(言)과 염(炎)이 합했는데, 염(炎)은 '묽을-담'(淡)의 생략이다. 담(淡)은 음식에 수분이 많아 싱겁다는 뜻이다. 따라서 담(談)은 형식적인 말이나 싱거운 말을 뜻한다. 정상회담(頂上會談)은 정상이 여럿 모여 이야기하는 것인데, 그 자리에서 얼마나 깊이와 진정성이 있는 대화가 오가는가? 실무자들이 미리 합의하고 정상들은 그저 웃으며 악수하고 기념사진 찍는 게 전부 아닌가? 따라서 회담(會談)을 한자 뜻대로 유머러스하게 풀면, '덮밥 모임의 싱거운 대화'이다.

공경 **경**
두려워할 **외**

敬畏

경(敬)은 극(苟)과 복(攵=攴)이 합했다. '삼갈-극'(苟≠苟)의 초기글꼴은 관(卝)·인(人)의 합으로, 양 뿔처럼 큼직한 모자를 쓴 사람이 무릎을 꿇고 있다. 관(卝≠艹)이 곧 그 모자이며 훗날 '입-구'(口)가 추가되어 말조심까지 하는 모습이다. 복(攵)은 '막대로 때리다'의 뜻인데, 이런 뜻이 극(苟)에 더해져 더욱 조심하고 근신하기를 요구하는 모습이다. 따라서 경(敬)의 본뜻은 '언행을 삼가다'이며, 이로부터 '공경하다, 삼가다'의 뜻이 나왔다. 한편 외(畏)의 위쪽에 있는 '밭-전'(田)은 괴이한 가면의 모습이다. 가면 밑으로는 인(人)을 추가하여 누군가 가면을 쓰고 있음을 나타냈다. 글꼴 중에는 '칠-복'(攴)이 추가된 것도 있다. 세월이 흐르면서 인(人)은 펴져서 일(一)이 되었으며, 복(攴)의 위쪽 막대[卜]는 왼쪽으로 내려오고 손가락[又]은 오른쪽으로 붙어, 현재 우리가 보는 외(畏)가 되었다. 따라서 외(畏)의 본뜻은 '괴이한 가면을 쓴 주술사가 지팡이를 들고 악귀 쫓는 의식을 진행하다'이다. 오랜 옛날, 저런 의식을 지켜보는 사람들은 무척 신비롭고 두려웠기에 이로부터 '두렵다'의 뜻이 나왔다. 이에 경외(敬畏)를 한자 뜻대로 풀면, '언행을 삼가고 악귀를 두려워하다'이다.

飯饌

반(飯)은 식(食)과 반(反)이 합했다. 식(食)의 위쪽 세모꼴은 '입-구'(口)가 아래로 향한 모양이고 그 밑은 굽 높은 그릇에 쌀밥이 수북이 담긴 모양이다. 따라서 식(食)의 본뜻은 '밥을 먹다'이며, 이로부터 '밥'의 뜻이 나왔다. 반(反)은 '기슭-엄'(厂)과 '손가락-우'(又)가 합하여 가파른 언덕이나 암벽을 손으로 붙잡고 올라가는 모습이다. 현대의 암벽등반이 딱 저런 모습이다. 손으로 암벽을 잡고 내 앞으로 끌어당겨야 하는데, 이것이 숟가락을 붙잡고 밥을 떠서 내 입으로 당기는 동작과 같다. 따라서 식(食)을 구체적으로 표현한 글꼴이 반(飯)이다. 한편 찬(饌)은 식(食)과 손(巽)의 결합이며, 손(巽)은 '가릴-선'(選)의 생략형이다. 선(選)은 '여러 명의 하인 중에 적당한 자를 선택(選擇)하여 보내다'가 본뜻이며, 이로부터 '가리다, 뽑다'의 뜻이 나왔다(이 책의 1월 22일 선거(選擧) 꼭지 참고). 따라서 찬(饌)은 '밥-식'(食)과 함께 나오는 반찬이 가리고 뽑아서 먹어야 할 정도로 다양하고 풍성하다는 뜻이다. 이상을 종합하여 한자 뜻대로 풀면, 반찬(飯饌)이란 임금님 수라상, 구첩반상이나 지금의 풀코스 한정식 상차림에 맞먹는 '풍성한 한 상'이다. 반찬 투정할 일이 아니다.

要領

요(要)의 초기글꼴은 '정수리-신'(囟) 양옆으로 '손톱-조'(爪)가 있으며 그 밑으로 '여자-여'(女)가 있다. 누군가 양손으로 여인의 머리를 끌어당기는 모습이다. 다리를 꼬고 서 있는 모양인 교(交)의 양쪽으로 조(爪)가 있는 글꼴도 있다. 이번에는 양손으로 허리를 잡은 모습이다. 따라서 요(要)의 본뜻은 '허리를 양손으로 잡다'이다. 여성이 자신의 허리를 잡았다면 허리띠를 졸라매는 모습일 것이다. '요약(要約)하다, 요긴(要緊)하다'의 뜻은 이로부터 나왔다. 요약의 약(約)이나 요긴의 긴(緊)은 모두 졸라매 줄어든다는 뜻이다. 만일 남성이 여성의 허리를 잡았다면 무엇을 요구하는 동작이다. '요구(要求)하다, 원하다'의 뜻은 이로부터 나왔다. 요(要)가 이런 뜻으로 전용되자, '고기-육'(月=肉)을 더해 '허리-요'(腰)로 복원했다. 한편 령(領)은 령(令)과 '머리-혈'(頁)의 결합인데, 령(令)은 발음을 겸했다. 온몸의 동작을 명령하고 통제하는 머리를 표시한 것이다. 머리는 목까지이므로 령(領)은 특히 '목'을 가리켰다. 이상을 종합하여 한자 뜻대로 풀면, 요령(要領)이란 '허리와 목'이다. 몸에서 상체와 하체를 연결해 주는 것이 허리[要], 머리와 상체를 연결해 주는 것이 목[領], 이 둘을 합쳐 요령(要領)이라 한다. 핵심을 파악하지 못하면 요령부득(要領不得)이다.

其他

기(其)의 초기글꼴은 광주리 모양이다. 훗날 죽(竹)을 더해 기(箕)로 만든 것을 보면 대나무로 엮어 만든 '키' 같다. 알곡에서 불순물을 털고자 까부르는 대나무 그릇 말이다. 그런데 이 글꼴이 처음 등장한 문헌에는 '기대, 예상' 등을 표시하는 '보조 용언'으로 쓰였을 뿐이다. "비가 올까? 비가 올까?"(其雨其雨), "오늘 비가 올까?"(今日其雨), "비가 안 올까?"(不其雨) 등을 보면 그렇다. 이런 기(其)가 어떻게 '그, 그것, 그 사람' 등의 뜻이 되었는지 아리송하다. 편하게 해설하는 요령이 가차(假借)이다. 발음이 같아서 빌려 썼다는 것이다. 한편 타(他)는 인(人)과 야(也)의 결합인데, 이것도 어떻게 '그, 그것, 다른 것, 누구' 등의 뜻이 되었는지 아리송하다. 야(也)가 들어간 글꼴은 '뱀-사'(蛇)부터 '짊어질-타'(佗), '끌-타'(扡=拖), '낙타-타'(駝), '늦출-이'(弛), '달릴-치'(馳), '땅-지'(地) 등등 음이 다채로운데 이 경우도 가차인가? 억측이나마 졸견을 밝힌다. 우리말에 '거시기'가 있다. 하려는 말이 얼른 생각나지 않거나 말하기 거북할 때 '거시기'라 한다. 이건 만능 단어다. 뭐든지 '거시기'로 가능하다. 기(其)나 타(他)도 그 당시의 '거시기'였을 것이다. 합쳐서 기타(其他)도 '거시기'다. "오늘 거시기 했어요?" 오늘 한자어 공부를 했느냐는 질문이다.

치우칠 **편**
볼 **견**

偏見

편(偏)은 인(人)과 편(扁)이 합했다. 편(扁)은 호(戶)와 책(冊)의 결합인데, 호(戶)는 외짝 문이고, 책(冊)은 글을 써 놓은 나무쪽이나 대쪽이다. 따라서 편(扁)은 '집 문 위에 글이 쓰인 현판(懸板)'이 본뜻이다. 편액(扁額)이라는 말은 지금도 쓰는데 쉽게 말해 액자(額字)이다. 현판이나 액자는 얇고 길쭉하고 납작하다. 따라서 인(人)과 편(扁)이 합한 편(偏)은 '납작한 사람'이 본뜻이다. 사람이 전후좌우를 두루 살피고 입체적으로 생각해야 하는데 이편 아니면 저편으로 치우쳐 납작하게 찌그러져 있는 것이다. '한쪽으로 치우치다'의 뜻은 이로부터 나왔다. 한편 견(見)은 목(目)과 인(儿=人)이 합했다. 초기글꼴도 무릎 꿇은 사람이 눈을 크게 뜨고 주시하는 모습이다. 눈의 크기가 글꼴 전체의 절반 이상이므로 주목(注目)한다는 뜻이 강조되었다. 사물이나 현상을 주시하고 주목함으로써 얻게 되는 의견이나 생각을 견해(見解)라 하며, 이로부터 '의견, 생각, 소견(所見)'의 뜻이 나왔다. 이상을 종합하여 한자 뜻대로 풀면, 편견(偏見)이란 '납작하게 찌그러져 한쪽으로 치우친 사람이 견지하는 생각'이다. 그러니 편견을 벗어나는 일은 정말 힘들다. 특히 진영 논리에 빠지면 더욱 힘들다.

생각 **사**
생각할 **고**

사(思)의 초기글꼴은 '정수리-신'(囟)과 '마음-심'(心)이다. 세월이 흘러 신(囟)이 '밭-전'(田)으로 변해 현재 글꼴이 되었다. 정수리는 머리이고, 마음은 심장이다. 옛사람들은 머리와 함께 심장이 인간의 사유나 감정 활동을 담당한다고 여겼다. 사유(思惟)나 고뇌(苦惱) 등에 모두 심(忄=心)과 신(囟)이 들어간 이유다. 그렇다면 사(思)의 본뜻은 '두뇌와 심장에서 이루어지는 사유와 감정'이며, 이로부터 '생각, 의지, 사상' 등의 뜻이 나왔다. 한편 고(考)의 초기글꼴은 '늙을-로'(老)와 같다. 긴 머리, 굽은 다리와 허리, 그리고 지팡이의 모습도 보인다. 현재 글꼴에 대입하면, 토(土)는 긴 머리카락, 사선은 인(人)에서 한쪽 다리가 사라진 모습, 맨 아래 비(匕)는 지팡이다. 결국 '나이 든 사람', 즉 노인의 모습을 여실히 그린 것이다. 노인 중에 아버지를 표시하고자 만든 것이 고(考)다. 고(考)의 밑에 있는 고(丂)는 발음을 겸했으며, 숨을 크게 내쉬는 모습이다. 따라서 고(考)는 '늙은 (또는 작고한) 아버지'가 본뜻이다. 늙은 아버지는 겉보기 무심하거나 태연해도 속으로는 고민이 많고 생각이 깊다. 이로부터 '깊이 헤아리다'의 뜻이 나왔다. 이상을 종합하여 한자 뜻대로 풀면, 사고(思考)란 '머리와 가슴으로 생각하고, 늙은 아버지처럼 노심초사(勞心焦思) 심사숙고(深思熟考)하다'이다.

실마리 **서**
논할 **론(논)**

緒 論

서(緒)는 사(糸)와 자(者)가 합했는데, 자(者)는 '삶을-자'(煮)의 생략형이다. 자(者)의 초기글꼴은 장작에 불이 붙어 불똥이 마구 튀는 모습이었다. 그렇다면 서(緒)의 본뜻은 '나무로 불을 지펴서 실을 삶다'이다. 고치실은 삶아야 실마리를 찾아 뽑아내기 좋다. 바로 그 실마리를 일컬어 서(緒)라 한다. 실마리를 찾는 것은 방직의 시작이자 발단이므로 이로부터 '처음, 시작, 출발'의 뜻이 나왔다. 논문이나 서적의 제일 앞에 있는 글을 서언(緒言), 서문(緒文), 서론(緒論)이라 한다. 전쟁의 첫 싸움도 서전(緒戰)이라 한다. 감정이란 복잡 미묘한 마음의 상태라 그 실마리를 종잡기 어렵기에 정서(情緒)라 한다. 한편 론/논(論)은 언(言)과 륜/윤(侖)이 합했다. 륜(侖)의 상부 삿갓 모양은 '입-구'(口)가 밑을 향한 모양이고, 그 아래는 나무쪽이나 대쪽을 엮어 묶은 책(冊)이거나 생황처럼 생긴 취주악기를 가리키는 '피리-약'(龠)의 생략형이다. 전자로 해설한다. 책은 조리 있게 써서 순서대로 엮는다. 따라서 륜(侖)은 '책을 소리 내어 읽으며 논리를 따라가다'가 본뜻이다. 논(論)은 여기에 '말씀-언'(言)을 추가했으니 이 뜻을 더욱 강조한다. 이에 서론(緒論)을 한자 뜻대로 풀면, '논리의 실마리를 풀어내 논하다'이다.

깰 **파**
버릴 **기**

破棄

파(破)는 석(石)과 피(皮)가 합했다. 피(皮)의 초기글꼴은 혁(革)의 간략한 모양 아래로 '손가락-우'(又)가 있다. 혁(革)은 동물의 전체 가죽을 벗겨 활짝 펼친 모양이므로, 그 간략한 형태인 피(皮)는 가죽의 일부만 벗긴 모양이다. 따라서 석(石)과 피(皮)가 합한 파(破)는 바위 전체가 아니라 바위의 일부를 깬 것, 즉 '작은 돌멩이'를 가리킨다. 이로부터 '바위를 깨다', 이어서 '깨다'의 뜻이 나왔다. 한편 기(棄)의 초기글꼴은 자(子), 기(其), 공(廾)이 합했다. 자(子)는 갓난이, 기(其)는 대나무 광주리 키, 공(廾)은 양쪽 손가락[又]이 붙은 모양으로 키를 든 모습이다. 따라서 기(棄)는 키를 털어 알곡의 불순물을 버리듯 '갓난이를 광주리에 담아 버리다'가 본뜻이며, 이로부터 '버리다, 물리치다'의 뜻이 나왔다. 갓난이를 왜 버릴까? 옛날, 미숙아나 장애아, 난산으로 태어난 아기, 부정하게 낳은 아기 등은 버렸다. 중국 주(周)나라의 시조 후직(后稷)은 어머니가 거인의 발자국을 밟은 뒤 잉태했다고 전한다. 갓난이를 버렸지만 동물이 피해 가고 새들이 날아와 깃털로 보호했다. 이에 천명으로 여겨 거뒀고, 버렸던 아기라 기(棄)라 불렀다. 이에 파기(破棄)를 한자 뜻대로 풀면, '바위를 깨고 신생아를 버리다'이다. 지금은 계약이나 조약 따위를 깬다는 의미로 쓴다.

막을 **방**
막을 **어**

防禦

방(防)은 부(阝=阜)와 방(方)의 결합인데, 방(方)은 방(放)의 생략이다. 방(放)의 본뜻은 '중형 범죄자를 변방으로 추방하다'였다(이 책의 4월 13일 방치(放置) 꼭지 참고). '언덕-부'(阝)는 언덕의 모습이다. 따라서 방(防)은 홍수나 해일을 추방하고자 언덕처럼 쌓은 제방(堤防)이다. 이런 제방은 변경에도 성(城)처럼 쌓았는데 만리장성이 그렇다. 종합하면 방(防)은 '제방이나 성벽을 쌓아 홍수나 외적의 침입을 막다'가 본뜻이며, 이로부터 '막다'의 뜻이 나왔다. 한편 어(禦)는 어(御)와 시(示)가 합했다. 어(御)는 척(彳), 오(午), 지(止), 절(卩)의 합이다. 척(彳)과 지(止)가 뭉치면 착(辵)으로 걷거나 달린다는 뜻이다. 오(午)는 '공이-저'(杵)의 생략형, 절(卩)은 무릎을 굽힌 사람의 모습이다. 이상을 결합하면, 사람이 말에 올라타 무릎을 굽히고 달리는 모습으로, 저(杵)는 말의 배나 엉덩이를 공이질하듯 친다는 뜻이다. 따라서 어(御)의 본뜻은 '말을 몰다'이며, 이로부터 '거느리다'의 뜻이 나왔다. 이런 어(御)에 시(示)를 더하면 어(禦)이다. 시(示)는 제사나 신령을 뜻하므로 어(禦)는 군왕이 문무백관을 거느리고 집전하는 제사이다. 나라에 재앙이 없기를 기원하는 것이므로 '막다, 지키다'의 뜻이 나왔다. 이에 방어(防禦)를 한자 뜻대로 풀면 '홍수나 외적을 막고 나라에 재앙이 없도록 기도하다'이다.

범할 **범**
허물 **죄**

犯罪

범(犯)은 '개-견'(犭=犬)과 절(㔾=卩)이 합했다. 절(㔾)은 인(人)의 변형으로, 초기글꼴을 확인하면 무릎 꿇은 사람의 모습이었다. 그렇다면 범(犯)은 개가 낯선 침입자를 공격하여 주저앉힌 모습이다. 낯선 자의 입장에서는 개가 자신을 공격한 것이니 '범하다, 해치다'의 뜻이 나왔다. 한편 죄(罪)는 망(罒)과 비(非)가 합했다. 벌(罰)이나 죄(罪)의 위쪽에 있는 망(罒)은 얼핏 봐서는 '눈-목'(目)이나 '넉-사'(四)로 보이지만, 초기글꼴을 확인하면 '그물-망'(网=網)이었는데 세월이 흐르며 변형된 것이다. 한자 글꼴 가운데 罓, 罒, 罒 등이 보이면 일단 그물이라고 여겨도 무방하다. 그물을 던져 물고기나 날짐승을 잡듯이 '아닐-비'(非), 즉 비리(非理)를 저지른 사람을 체포한 모습이 죄(罪)이다. 따라서 죄(罪)의 본뜻은 '체포된 범인'이며, 이로부터 '허물, 잘못, 죄' 등의 뜻이 나왔다. 이상을 종합하여 한자 뜻대로 풀면, 범죄(犯罪)란 '잘못을 저지르려다 개한테 침범 당한 범인'이다.

侵略

침(侵)의 초기글꼴은 궁(弓)과 침(寢)이었는데 세월이 흐르며 점차 간략해졌다. '활-궁'(弓)은 활등이 점점 펴져 인(人)이 되었다. 침(寢)은 '집-면'(宀)과 '나뭇조각-장'(爿)이 사라지고 침(帚)만 남았다. 침(帚)은 '손가락-우'(又)로 '빗자루-추'(帚)를 쥔 모양이다. 따라서 침(寢)이 변모한 침(侵)은 빗자루로 청소하듯[帚] 집안과[宀] 침실에[爿] 있는 재물이 무력으로[弓] 털렸다는 뜻이다. 귀중품은 대개 침실에 보관하거나 숨기니까 말이다. 그러므로 침(侵)은 '외부의 무장 세력이 민가를 침범하여 약탈하다'가 본뜻이며, 이로부터 '침범하다'의 뜻이 나왔다. 한편 략/약(略)은 전(田)과 각(各)이 합했다. 전(田)은 강(疆)의 생략형으로 국경을 뜻한다. 각(各)은 치(夊)와 구(口)의 합인데, 치(夊)는 '발바닥-지'(止)가 뒤집힌 모양으로 저쪽에서 이쪽으로 들어오는 모습이며, 구(口)는 사람들이 드나드는 출입구를 가리킨다. 따라서 략(略)은 월경(越境)하여 새로 국경선을 긋고 자기 집처럼 들어온다는 뜻이다. 이상을 종합하여 한자 뜻대로 풀면, 침(侵)은 '무력으로 타인의 재산을 약탈하다'이며, 략(略)은 '무력으로 타인의 땅을 점령하여 관리하다'이다. 따라서 침략(侵略)이란 무력으로 타인의 재산과 땅을 뺏는 짓이다.

충성 **충**
효도 **효**

忠孝

충(忠)은 중(中)과 심(心)이 합했다. 중(中)의 초기글꼴은 깃발 둘이 나부끼는 모습이다. 땅을 차지하면 소유권을 주장하고자 깃발을 꽂았다. 서로 꽂으면 중간에 경계선을 긋게 된다. 따라서 중(中)의 본뜻은 '깃발 사이의 중간'이며, 이로부터 '가운데'의 뜻이 나왔다. 따라서 충(忠)은 '가운데 마음'이다. 충(忠)은 편향되지 않으니 공평무사(公平無私)하며, 공의(公義)를 앞세우니 정성스럽다. 이로부터 '정성'(精誠)의 뜻이 나왔다. 충고(忠告)란 '정성 어린 타이름'이고, 충성(忠誠)은 '공평무사한 정성'이다. 충성을 아부와 복종으로 폄하하고들 하지만 그런 것들은 과잉 충성이지 충(忠)의 본질이 아니다. 한편 효(孝)는 노(老)와 자(子)가 뭉치면서 비(匕)가 사라졌다. 노(老)의 초기글꼴은 긴 머리와 굽은 다리에 지팡이도 보인다. 현재 글꼴에 대입하면 토(土)는 머리칼, 사선은 인(人)의 다리 한쪽이 사라진 모습이다. 이에 지팡이가 필요한데 비(匕)가 곧 지팡이였다. 결국 노(老)는 노인의 형상이다. 노인은 홀로 생활하기 버거우니 자식의 돌봄이 절실하다. 밑에 있는 자식이 위에 있는 노친을 업은 모습이 곧 효(孝)이다. 그렇다면 무엇이 효도(孝道)일까? 색난(色難)이다. 마음을 편하게 해 드려 안색을 편안하게 해 드림이 어렵다는 뜻이다.

道德

도(道)의 초기글꼴은 수(首), 행(行), 우(又)의 결합이다. 수(首)는 눈, 눈썹, 머리칼의 모습으로 머리를 뜻한다. 행(行)은 사거리의 모습이다. 우(又)는 손가락이다. 따라서 도(道)의 본뜻은 '손에 이끌려 길을 걷다'이며, 이로부터 '길'의 뜻이 나왔다. 길이 아니면 가지 말라 했듯 길은 모두가 따라야 할 보편적인 진리를 비유했다. 운동도 가야 할 길이 있기에 태권도(跆拳道) 등으로 쓴다. 도(道)가 '길'의 뜻으로 전용되자, 이끈다는 뜻은 그 밑에 우(又) 계열의 촌(寸)을 더해 '이끌-도'(導)로 복원했다. 한편 덕(德)의 초기글꼴은 행(行)과 직(直)이며, 심(心)은 훗날 더해졌다. 직(直)에 '눈-목'(目)이 있으니 직선으로 앞만 보는 모습이다. 따라서 행(行)과 직(直)을 합한 덕(德)은 각자 성품대로 직진하는 모습이다. '성품대로'의 뜻을 강조하고자 훗날 '마음-심'(心)을 추가했다. 따라서 덕(德)의 본뜻은 '개인이 각자 지닌 성품'이다. 도(道)와 덕(德)을 합해 도덕(道德)이라 하지만 실은 엄연히 구별된다. 도(道)는 보편적인 법칙이나 진리, 덕(德)은 개인적인 품성이나 소신을 뜻한다. 따라서 도는 불변이나 덕은 얼마든지 변한다. 덕이 변하는 것을 변덕(變德)이라 한다. 사전은 도덕(道德)을 정의하여 '사람으로서 지켜야 할 도리(道理)'라 했지만, 이것은 덕(德)이지 도(道)가 아니다.

低下

저(低)는 인(人)과 씨(氏)와 일(一)이 합했다. 씨(氏)의 위에서 왼쪽으로 흐르는 사선이 인(人), 위에서 우측 아래로 뻗은 사선이 양팔의 측면 모습, 중간의 일(一)이 땅이다. 따라서 씨(氏)의 본뜻은 '팔을 뻗어 땅에 닿다'이다. 오랜 옛날, 마을이 포화상태가 되자 일부 부락민은 본거지를 떠나 타지에 정착했다. 새로운 주거지 땅의 모습이 씨(氏)이며, 본거지 사람들을 성(姓), 분가한 사람들을 씨(氏)라 했다. 즉 성(姓)은 혈통을 표시했고, 씨(氏)는 주거지를 표시했다. 씨족(氏族)이란 분가한 이들을 일컫는 말이다. 씨(氏)가 씨족의 뜻으로 전용되자 본뜻이 사라졌다. 이에 인(人)과 일(一)을 또 추가하여 저(低)를 만들었다. 따라서 저(低)의 본뜻은 씨(氏)와 같으며, '팔 아래 땅'으로부터 '낮다'의 뜻이 나왔다. 한편 하(下)의 초기글꼴은 기준선 일(一) 아래로 짧은 선이 있었다. 마치 이(二)와 비슷해 혼동되므로 일(一) 아래로 수직선을 긋고 그 옆으로 사선을 옮겨 현재 글꼴이 되었다. 따라서 하(下)의 본뜻은 '밑, 아래'이며, 이로부터 '내려가다, 떨어지다, 땅, 신하' 등의 뜻이 다양하게 나왔다. 이에 저하(低下)를 한자 뜻대로 풀면, '팔 아래 땅으로 내려가다'이다. '문해력 저하'란 글을 이해하는 능력이 땅에 떨어졌다는 뜻이다.

於焉

어(於)의 초기글꼴은 '까마귀-오'(烏)인데, 두 마리가 날개를 나란히 펴고 인(人)자형으로 나는 모습을 표현하고자 '깃-우'(羽)의 왼쪽만 남기고 그 오른쪽은 인(人)과 '두-이'(二)로 대체했다. 현 글꼴의 방(方)은 우(羽)의 왼쪽이 변한 것이다. 따라서 어(於)의 본뜻은 '암수 한 쌍의 새가 날개를 나란히 펴고 다정하게 날다'이며, 이로부터 '어디까지든 함께'의 뜻이 나왔고, 또다시 '어디까지'의 뜻이 나왔다. 한편 언(焉)은 정(正)과 조(鳥)의 합인데, 정(正)은 정(征)의 생략으로 원정(遠征)의 뜻이다. 그렇다면 언(焉)은 '기러기-안'(鴈=雁)을 뜻한다. 안(鴈)은 엄(厂)·인(人)·조(鳥)의 결합으로, 엄(厂)은 발음을 겸했다. 기러기는 겨울 철새로 수천 킬로미터를 원정(遠征)하듯 엄(厂)자형 인(人)자형으로 무리 지어 이동한다. 대형 비행의 원리와 출발지·종착지 등 철새의 생태에 대해 몰랐던 옛사람은 무리 지어 날아오고 또 날아가는 기러기 떼를 바라보며 '어디서 어떻게 와서 또 어디로 어떻게 가는지' 궁금해했다. 이로부터 '어떻게, 어디'의 뜻이 나온 것이다. 이에 어언(於焉)을 한자 뜻대로 풀면, '저 기러기 떼가 어느덧 날아왔으니 또 때가 되면 어디까지 날아갈까'인데, 구체적인 정황은 모두 사라지고 놀람·궁금·탄식·감탄을 표현하여 지금은 '벌써, 어느새, 어느덧'의 뜻으로 쓴다.

就職

취(就)는 경(京)과 우(尤)가 합했다. 경(京)은 고층 건물의 모습으로 상단은 지붕, 중간은 망루, 하단은 기둥이다. 높은 건물은 수도(首都)에 많기에 '서울-경'(京)으로 새긴다. 우(尤)는 '손가락-우'(又)에 굳은살이 돋은 모양인데 취(就)에서는 고층 건물의 지붕을 잡고 있다. 축조하기 힘든 성루(城樓)나 망루(望樓)의 높은 지붕까지 완공한 모습이다. 따라서 취(就)는 '고층 건물을 완공하다'가 본뜻이며, 이로부터 '이루다, 완성하다, 성공하다'의 뜻이 나왔다. 한편 직(職)은 이(耳)와 직(戠)이 합했는데, 직(戠)은 '알-식'(識)의 생략형이다. 직(戠)은 '소리-음'(音)과 '창-과'(戈)의 결합으로, 창의 종류와 용도를 소리 내어 자세히 말할 수 있는 직책(職責)을 가리킨다. 따라서 '귀-이'(耳)와 직(戠)을 결합한 직(職)은 '귀로 듣기만 해도 창의 종류와 용도를 식별(識別)할 수 있는 직책'이 본뜻이며, 이로부터 '직무, 직책, 직업(職業)'의 뜻이 나왔다. 이런 직책을 맡은 공무원은 살상용 이외에 의장용 창에 따로 깃발을 달아 구분했다. 직(戠)에 깃발을 비유하는 '수건-건'(巾)을 더하여 '기-치'(幟)로 만든 사연이다. 이에 취직(就職)을 한자 뜻대로 재미있게 풀어 보면, '손가락에 굳은살이 생기도록 노력하고, 직무에 해박해 면접에서 막힘없이 답변하면 성공'이다.

再修

재(再)의 초기글꼴은 '통발'의 모습이다. 한자로는 어전(魚筌)이라 하는데 댓조각이나 싸리를 엮어서 통같이 만든 고기잡이 어구(漁具)이다. 입구가 나팔처럼 점점 좁아져서 물고기가 일단 들어가면 빠져나오지 못한다. 통발에 들어간 물고기는 출구 쪽을 열어서 꺼낸다. 언제든지 거듭 사용할 수 있다. 따라서 재(再)의 본뜻은 '통발'이며, 이로부터 '다시, 재차, 거듭'의 뜻이 나왔다. 통발을 재(再)의 현재 글꼴에 억지로 대입하면, 아래로부터 나팔처럼 벌어진 입구, 그 위의 전(田)자형의 몸체, 일(一)자 형으로 묶은 출구를 볼 수 있다. 한편 수(修)는 유(攸)와 삼(彡)이 합했다. 유(攸)는 인(人)과 복(攵=攴) 사이에 곤(丨)이 있지만, 초기글꼴의 곤(丨)은 '물-수'(氵=水)였다. 복(攴)은 손가락으로 막대를 쥔 모양이므로, 유(攸)는 지팡이를 짚고 물길을 건너거나 미끄러운 길을 걷는 모습이다. 넘어지지 않으려면 천천히 여유롭게 걸어야 한다. 이로부터 '여유롭게, 유유히'의 뜻이 나왔다. 행동이 여유로운 사람은 평소에 자신을 아름답게 갈고 닦았기에 그렇게 된 것이다. 이에 아름다운 문양을 뜻하는 삼(彡)을 더해 '닦을-수'(修)를 만들었다. 이상을 종합하여 재수(再修)를 한자 뜻대로 풀면, '통발로 물고기를 다시 잡듯, 평소에 갈고 닦은 실력을 여유롭게 발휘하여 미끄러운 물길을 유유히 건너다'이다.

품을 **회**
부드러울 **유**

懷柔

회(懷)는 심(忄=心)과 회(褱)의 합인데, 초기글꼴에는 회(褱)만 있었다. 회(褱)는 '옷-의'(衣) 사이에 '눈-목'(目), '물-수'(水=氺)가 있다. 눈물을 흘리는 아기를 상의(上衣) 안의 가슴으로 품어 주는 모습이다. 따라서 회(褱) 본뜻은 '우는 아기를 가슴에 품어 주다'이며, '품, 품다'의 뜻은 이로부터 나왔다. 애틋한 그 마음을 강조하고자 심(心)을 더해 현재 글꼴이 된 것이다. 가슴에 품은 것으로부터 '가슴'의 뜻이 나왔고, 사람의 생각과 느낌이 '가슴'에서 나온다고 여겼기에 '마음, 뜻, 생각' 등의 뜻으로도 쓴다. 감회(感懷), 허심탄회(虛心坦懷) 등이 그렇다. 한편 유(柔)는 '창-모'(矛)와 목(木)이 합했다. 모(矛)의 초기글꼴에서 앞의 ㅅ 형태는 예리한 창날이고, 손잡이의 고리는 줄을 매어 미끄러움을 방지하는 장치였다. 고리에 맨 줄이 너풀대는 모습 때문에 모(矛)의 글꼴이 복잡해졌다. 창대는 유연한 나무로 만들어야 잘 안 부러진다. 모(矛)와 목(木)이 결합한 유(柔)는 '부드러운 나무 창대'가 본뜻이며, 이로부터 '부드럽다'의 뜻이 나왔다. 유연(柔軟), 온유(溫柔) 등이 그런 뜻이다. 동사로 사용한 회유(懷柔)는 '우는 아기를 품어서 부드럽게 달래다'가 본뜻이다. 성인을 회유하는 일은 사랑이라기보다 교활한 수단이다.

안을 **포**
낄 **옹**

抱擁

포(抱)는 '손-수'(扌=手)와 포(包)가 합했다. 포(包)는 '쌀-포'(勹)와 사(巳)의 합인데, 사(巳)는 똬리를 튼 모양이라 '뱀-사'로 새기지만 실은 인(人)의 변형으로 여기서는 태아(胎兒)의 모양이다. 따라서 포(包)는 태아를 싼 막(膜)과 태반(胎盤), 즉 태보(胎褓)이다. 그러므로 수(手)와 포(包)를 합한 포(抱)는 '손으로 태아를 감싸안다'가 본뜻이며, 이로부터 '안다'의 뜻이 나왔다. 한편 옹(擁)은 수(扌=手)와 옹(雍)이 합했다. 옹(雍)의 초기글꼴은 옹(雝)으로 천(巛=川), 읍(邑), 추(隹)의 결합이다. 읍(邑)은 읍성(邑城)이다. 외부의 침입을 막고자 성을 쌓고 둘레에 연못을 파는데, 이 연못을 해자(垓子)라 한다. '내-천'(川)은 곧 해자를 가리키며, 새만이 드나들 수 있음을 '새-추'(隹)로 표시했다. 따라서 옹(雝)은 '성곽과 해자로 외부의 침입을 막은 읍성이 평화롭다'가 본뜻이다. 옹(雝)이 점차 간략해져 옹(雍)이 되었다. 현재 글꼴에 대입하면, 위의 두(亠)는 천(巛)의 변형, 향(乡)은 읍(阝=邑)의 변형이다. 따라서 옹(擁)은 '해자와 성곽이 감싸안듯 손으로 안다'가 본뜻이며, 이로부터 '안다'의 뜻이 나왔다. 따라서 포옹(抱擁)을 한자 뜻대로 풀면, '임산부가 손으로 태아를 감싸안고, 해자와 성곽이 주민을 감싸안다'이다. 포옹은 굉장하다.

隱匿

숨을 **은**
숨길 **닉**

은(隱)의 초기글꼴은 부(阝=阜), 조(爪), 공(工), 우(又)가 합했다. '언덕-부'(阝)는 심산유곡을 상징하고, 조(爪)·공(工)·우(又)는 손으로 공구를 쥔 모습으로 노동을 상징한다. 훗날 '마음-심'(心)을 더한 것이 지금 글꼴인데 욕심(慾心)까지 내려놨음을 보여 준다. 따라서 은(隱)의 본뜻은 '깊은 산에 숨어 자급자족하며 무욕의 삶을 살다'이다. 이로부터 '숨다, 숨기다'의 뜻이 나왔다. 『나는 자연인이다』라는 TV 프로그램 속 주인공들의 삶이 대략 저렇다. 은거하는 삶이 마냥 유유자적할까. 가엾고 딱할 수도 있다. '가엾다, 딱하다'의 뜻도 이로부터 나왔다. 측은지심(惻隱之心)의 은(隱)이 그런 뜻이다. 한편 닉(匿)은 '감출-혜'(匸)와 '같을-약'(若)이 합했다. 약(若)의 초기글꼴은 양손으로 머리를 빗는 여자의 모습이다. 머리칼이 '풀-초'(艹)로 변했고 양손은 우(又)만 남았다. 머릿결은 같은 방향으로 빗질해야 순조롭다. '(방향이) 같다'의 뜻은 이로부터 나왔고, 훗날 '입-구'(口)를 더해 그리하겠다는 응낙(應諾)의 의미를 현재 글꼴 약(若)으로 표현했다. 응낙의 낙(諾)이 언(言)과 약(若)의 결합인 이유이다. 따라서 닉(匿)은 구석에 몸을 숨기고 응낙하지 않는 모습이며, '숨다, 숨기다'의 뜻은 이로부터 나왔다. 이에 은닉(隱匿)을 한자 뜻대로 풀면, '심산유곡에 숨듯 물건이나 사람을 구석에 숨기다'이다.

殘忍

잔(殘)은 알(歹)과 잔(戔)이 합했다. 알(歹)은 '뼈-골'(骨)에서 육(月=肉)을 제거하여 뼈만 남은 모습이다. 잔(戔)은 '창-과'(戈)가 상하로 있는데, 초기글꼴을 보면 위의 과(戈)는 그대로이나, 밑의 과(戈)는 뒤집혔다. 창을 들고 싸우다가 창을 놓친 모습이다. 무기를 놓쳤으니 결과는 참담할 것이다. 따라서 알(歹)과 잔(戔)이 합한 잔(殘)은 '겨우 뼈만 추려 살아남았다'는 뜻이다. 얼마나 참혹하고 모질게 당했겠는가. 한편 인(忍)은 인(刃)과 심(心)이 합했다. 인(刃)은 '칼-도'(刀)에 사선으로 날을 표시한 것으로 본디 '칼날'을 뜻한다. 따라서 인(刃)과 심(心)이 합한 인(忍)의 본뜻은 '칼날이 심장을 도려내는 공포를 참고 견디다'이다. 수염이 뽑히는 고통을 참는 것이 인내(忍耐)의 내(耐)이므로, 같은 인내라도 격이 다르다. 처참하고 혹독한 상황을 능히 견딘다면 강인한 성격이겠지만 그런 사람일수록 참혹한 짓을 태연히 할 수도 있다. 잔인(殘忍)해질 수 있는 것이다. 차마 모질게 대하지 못하는 마음을 일러 불인지심(不忍之心)이라 하며 어진 자의 품성으로 보았다. 이에 잔인(殘忍)을 한자 뜻대로 풀면, '뼈만 남을 정도로 사람을 처참하게 괴롭히고 칼날로 심장을 도려낼 듯한 공포를 겪게 하다'이다. 누군가 공공연히 '권력이란 잔인하게 사용해야 한다'고 말한다면, 그는 결코 어진 자가 아니다.

特赦

특(特)은 우(牛)와 사(寺)가 합했는데, 사(寺)는 '지킬-지'(持)의 생략이다. 사(寺)는 지(止)와 촌(寸=又)의 결합으로, 지(止)가 토(土)로 변해 현재 모양이 되었다. 지(止)는 발동작, 촌(寸)은 손동작이므로, 사(寺)는 손발을 움직이는 모습이다. 지키는 동작이면 '손-수'(扌=手)를 더해 지(持)이다. 옛날, 국가 차원의 제사는 소를 제물로 썼는데 털색이 균일하고 건장한 수소를 골랐다. 신성한 제물(祭物)이므로 담당자가 특별히 지키며 관리한바, 그런 소를 특(特)이라 했다. 따라서 특(特)은 '특별한 소'이며, 이로부터 '특별하다'의 뜻이 나왔다. 한편 사(赦)는 적(赤)과 복(攵=攴)이 합했다. 적(赤)은 본래 대(大) 밑에 화(火)가 있었다. 대(大)가 토(土)로 변하고, 화(火)는 연화발(灬)로 펴진 것인데 정사각형 글꼴을 고려하여 저렇게 세웠다. 대(大)는 팔다리를 펴고 선 사람의 모습이므로, 형틀에 묶고 화형(火刑)하는 장면이다. 따라서 적(赤)은 '사람을 태워 죽이다'가 본뜻이며, 이로부터 '붉다'의 뜻이 나왔다. 사(赦)의 우측 복(攴)은 막대기를 쥐는 손동작을 표시한다. 즉 화형 직전에 불더미를 치워 살려줌이 '용서할-사'(赦)다. 사면(赦免)하는 것이다. 따라서 특사(特赦)를 한자 뜻대로 풀면, '특별한 소를 모시듯 화형 직전의 죄수를 특별히 용서하다'이다. 우리는 국경일에 특별 사면을 하곤 한다.

七月 7月 월

責望

꾸짖을 **책**
바랄 **망**

책(責)의 초기글꼴은 자(朿) 밑에 패(貝)였다. 자(朿)는 목(木) 중간에 '멀-경'(冂)이 있는데 이는 '가시'를 표시한 것이다. 경(冂)이 펴지고 목(木)도 펴지면서 주(主)처럼 변했다. 패(貝)는 화폐로 사용됐고 재물을 상징한다. 따라서 책(責)은 재물 문제로 가시방석이므로 '빚 독촉'이 본뜻이며, 이로부터 '책임(을 묻다), 꾸짖다' 등의 뜻이 나왔다. 책(責)이 위처럼 파생된 뜻으로 널리 사용되자 정작 '빚'이라는 본뜻이 희미해졌다. 이에 인(人)을 왼쪽에 더해 '빚-채'(債)로 복원했다. 한편 망(望)의 초기글꼴은 신(臣)과 임(壬)이었다. 신(臣)은 목(目)의 측면 변형으로 눈동자가 튀어나와 전방을 주시하는 모양이다. 상관을 주시하며 명령을 기다리는 모습으로부터 '신하'의 뜻이 나왔다. 여기서 임(壬)은 인(人)과 토(土)의 결합으로 사람이 언덕 위에 올라선 모습이다. 따라서 초기의 본뜻은 '높이 올라 멀리 바라보다'이다. 그 뒤로 '달-월'(月)이 우측에 추가됐고, 객지로 떠돈다는 뜻의 '달아날-망'(亡)이 신(臣)을 대체해 현재 글꼴이 되었다. 뜻도 '객지에서 달을 바라보다'로 약간 변했다. 그래도 전체적으로 '바라보다'의 뜻은 일관되게 이어졌다. 그런데 책망(責望)의 망(望)은 '바라보다'의 뜻이 아닌데 어찌 된 일일까? '탓할-망'(謹=言+望)의 생략형이라 그렇다. 이에 책망이란 '꾸짖고 탓하다'이다.

規則

규(規)는 부(夫)와 견(見)이 합했다. 부(夫)는 대(大)의 머리 부분에 동곳을 지른 모습이다. 옛날, 어린이는 머리칼을 멋대로 기르다가 8~9세부터는 양쪽으로 땋아 올려 묶었는데 그 모습이 마치 뿔 같아 총각(總角)이라 불렀다. 총(總)은 '한데 묶다'라는 뜻이다. 15세가 되면 '총각'을 풀어서 외뿔처럼 중앙 한쪽으로 묶는다. 이를 속발(束髮)이라 한다. 속(束)은 '묶다'의 뜻이다. 20세가 되면 성인식 후 '속발'한 곳에 동곳을 지르고 갓을 쓴다. 갓이 관(冠)이므로 성인식을 관례(冠禮)라 한다. 따라서 부(夫)의 본뜻은 '관례를 치른 사내'이며, 이로부터 '성인 남자'의 뜻이 나왔다. 이제 성인이 되었으니 예법(禮法)에 주목해야[見] 한다. 규(規)는 '성인 남자가 주목해야 할 예법'이 본뜻이며, 이로부터 '법규'의 뜻이 나왔다. 한편 칙(則)은 패(貝)와 도(刂=刀)의 합인데, 패(貝)는 '솥-정'(鼎)의 생략형이다. 오랜 옛날, 법조문이나 중요한 당부 사항은 청동기 기물에 새겨 오래 보존토록 했다. 따라서 칙(則)의 본뜻은 '귀한 청동기에 칼로 법조문이나 금언을 새겨 법칙(法則)으로 삼다'이며, 이로부터 '법칙'의 뜻이 나왔다. 이에 규칙(規則)을 한자 뜻대로 풀면, '성인이 주목해야 할 법규, 청동기에 새겨진 법칙'이다. 규칙은 20세 이상 성인이면 꼭 지켜야 하는 것이었다.

錯誤

착(錯)은 금(金)과 석(昔)이 합했는데, 석(昔)은 조(措)의 생략형이다. '둘-조'(措)의 초기글꼴은 조(厝)이다. 조(厝)는 엄(厂)과 조(措)의 결합으로, 엄(厂)은 '돌-석'(石)의 생략형이므로 시신을 안치(安置)하고 잔돌, 즉 흙을 얹었다는 뜻이다. 그러므로 착(錯)은 금속을 안치했다는 뜻으로 훗날의 이른바 상감(象嵌)이며, 금을 상감하면 착금(錯金), 은을 상감하면 착은(錯銀)이다. 착(錯)은 착(着)으로도 쓰는데 부착(附着)한 것이기 때문이다. 상감 공예품은 금은(金銀)을 새겨 넣어 장식하므로 눈이 부시도록 현란(絢爛)하여 시각적으로 착각을 불러 일으킬 정도다. 이로부터 '착오, 착각' 등의 뜻이 나왔다. 한편 오(誤)는 언(言)과 오(吳)의 결합인데, 오(吳)는 '즐길-오'(娛)의 생략형으로 그 초기글꼴은 가무(歌舞)를 즐기는 모습이다. 따라서 오(誤)는 '가무를 즐기는 흥겨운 자리에서 분위기에 취해 실언(失言)하다'가 본뜻이며, 이로부터 '잘못, 실수, 오류'의 뜻이 나왔다. 이상을 종합하여 한자 뜻대로 풀면, 착오(錯誤)란 '상감 기법의 현란한 공예품에 눈이 어지럽고, 음주가무의 흥겨운 분위기에 취해 실언하다'이다. 지금은 예술을 높이 평가하지만 옛날에는 잡기로 취급했다. 오죽하면 주색잡기(酒色雜技)라고 했을까. 그러니 예술이든 유흥이든 지나치면 문제라고 한 것이다.

덜 **제**
바깥 **외**

除外

제(除)는 부(阝=阜)와 여(余)의 합이다. '언덕-부'(阝)는 언덕에 계단이 있는 모습이다. 초기글꼴은 사다리처럼 계단 모양이 완연하여 언덕이나 산비탈의 모양이다. '3'처럼 생긴 것이 그 계단이다. 단독으로 쓸 때는 부(阜), 왼쪽에 붙을 때는 부(阝)로 쓴다. 부(阜)의 밑쪽 십(十)처럼 생긴 것도 실은 '3'처럼 계단 모양이었는데 변한 것이다. 여(余)의 초기글꼴은 기둥 하나에 지붕만 있는 간이건물의 모습으로 지금은 집-사(舍)로 쓰며, 여기서는 건축물을 상징한다. 따라서 제(除)는 '건축물 입구의 섬돌'이 본뜻이다. 한편 외(外)의 초기글꼴은 달-월(月)과 점-복(卜)이 합했다. 개중에는 저녁-석(夕)이 월(月)을 대신했는데, 현재 글꼴이 그렇다. 복(卜)은 거북의 배 껍질이 불길로 갈라진 모양인데, 그 모양으로 길흉을 판단했다. 따라서 외(外)는 '달이 뜨는 저녁 시간에 점을 치다'가 본뜻이다. 그러나 점은 새벽에 쳤지 밤에 치는 경우는 극히 드물었다. 밤에 점을 쳤으니 이는 예외(例外)였다. 이로부터 '예외, 예상 밖'의 뜻이 나왔고, 여기서 다시 '밖, 바깥'의 뜻이 나온 것이다. 이상을 종합하여 제외(除外)를 한자 뜻대로 풀면, '섬돌 바깥'이 본뜻이다. 건물의 방으로 들어가려면 섬돌을 딛고 올라감이 정상인데, 섬돌 밖으로는 기어오르는 수밖에 없으니 제외해야 한다. 이로부터 '제외하다'의 뜻이 나왔다.

$\dfrac{7}{5}$

用件

쓸 **용**
물건 **건**

용(用)은 나무 조각을 잇대 둥글게 만든 원형 나무통[桶]이다. 재료를 구하기도 쉽고 만들기도 편하며 옻칠을 하면 내구성 또한 좋아 쓸모가 많다. '쓸모가 많음'으로부터 '쓰다, 행하다, 일하다' 등의 뜻이 나왔다. 유용(有用), 이용(利用), 남용(濫用), 악용(惡用), 고용(雇用), 중용(重用) 등 온통 쓸모라는 뜻으로만 쓰이자 나무통의 본뜻이 사라졌다. 이에 손잡이를 위에 붙여 용(甬)을 만들고, 목질이기에 목(木)을 더해 '통-통'(桶)으로 복원했다. 한편 건(件)은 인(人)과 우(牛)가 합하여 '사람이 소를 잡다'가 본뜻이다. 농경시대에 소는 트랙터였지 식육이 아니었다. 따라서 소를 잡는 일은 국가 차원의 제사나 행사가 아니면 엄금했다. 그러므로 일단 소를 잡는다면 보통 일이나 사건(事件)이 아니므로, 이로부터 '일, 사건'의 뜻이 나왔다. 저런 소는 털색을 보고 골랐는데, 물색(物色)한다 했다. 물색된 소를 잡는 일이라 물건(物件)이며, 이로부터 '물건'의 뜻도 나왔다. 소를 잡으면 부위별로 나누기에 '개체'(個體)의 뜻도 나왔다. 따라서 일부나 낱개를 가리킬 때도 건(件)을 사용한다. 안건(案件), 문건(文件) 등은 물론이고 일이나 사건의 가짓수도 건수(件數)라 한다. 이에 현재 '해야 할 일'이라는 뜻으로 쓰이는 용건(用件)을 한자 본뜻대로 풀면 '나무통이 소를 잡다'이다. 보통 일이 아니다, 큰일이다.

임할 **림(임)**
마당 **장**

臨場

임(臨)은 신(臣), 인(人), 품(品)이 합했다. 신(臣)은 '눈-목'(目)의 측면 변형으로 눈동자가 앞으로 튀어나와 주시하는 모습이다. 지시나 명령을 기다리는 모습으로부터 '신하'의 뜻이 나왔다. 현재 글꼴에서 품(品)은 '입-구'(口)가 셋인데 초기글꼴에서는 무엇인지 알 수 없는 자잘한 물건이 세 개 늘어져 있다. 일반적으로 '셋'은 많음을 표시한다. 따라서 임(臨)의 본뜻은 '시선을 집중한[臣] 사람이[人] 자잘하게 놓인 물건을[品] 자세히 보다'이다. 자세히 보려면 접근하여 직면해야 하므로, 이로부터 '다가가다, 직면하다'의 뜻이 나왔다. 왕림(枉臨)이란 나뭇가지가 굽어져 나를 향하듯 상대가 나에게 다가왔음을 높여 이르는 말이다. 한편 장(場)은 토(土)와 양(昜)이 합했다. 양(昜)의 초기글꼴은 일(日) 아래 정(丁)과 비슷한 표시(丁)가 있으니, 햇빛이 아래로 내려오는 모습이다. 따라서 장(場)의 본뜻은 '햇빛이 잘 드는 땅'이다. 농업시대에 이런 땅은 집 근처의 평지로, 채마도 기르고 추수철에는 곡식을 말리는 장소(場所)로 사용해 '마당'이라 부른다. 이런 곳은 사람들이 나타나 모일 만한 장소이므로 '나타날-현'(現)을 사용하여 현장(現場)이라 한다. 이에 임장(臨場)을 한자 뜻대로 풀면, '현장에 다가가 직면하다'이다. 즉 본인이 직접 가서 두 눈으로 확인하는 것이다.

봉할 **봉**
쇠사슬 **쇄**

封鎖

봉(封)은 토(土) 둘과 촌(寸)의 결합이다. 위의 토(土)는 본디 미(未)였는데 아래 토(土)와 붙으면서 밑이 잘렸다. 미(未)는 가지가 무성한 나무의 모습이다. 또한 촌(寸)은 '팔꿈치-주'(肘)의 원형으로 우(又)처럼 손동작을 상징한다. 따라서 봉(封)의 본뜻은 '흙으로 둔덕을 쌓고 그 위에 나무를 심다'이며, 이로부터 '막다'의 뜻이 나왔다. 약 3천 년 전, 패권을 잡은 서쪽 변방의 주(周) 부족은 동부 지역의 광대한 땅과 그곳의 수많은 부족을 관리하고자 특별한 제도를 고안했다. 친족과 공신을 제후(諸侯)로 임명하고 전략 요충지로 파견하여 그 지역을 지키면서 제후들 간에 상부상조하도록 하는 방대한 네트워크를 구성한 것이다. 이를 봉건(封建) 제도라 한다. 일정한 영역을 둔덕과 나무로 담장처럼 막기에 봉(封)이다. 그 안에 제후국을 건국하기에 건(建)이다. 한편 쇄(鎖)는 금(金)과 쇄(貨)가 합했다. 쇄(貨)는 소(小)와 패(貝)의 결합으로 자잘한 조개껍데기를 뜻한다. 남태평양이나 하와이 지역 원주민은 지금도 조개껍데기를 끈으로 꿰어 목걸이를 만든다. 곧 쇄(鎖)는 귀여운 조개껍데기 크기의 쇠고리로 목걸이처럼 만든 쇠사슬이다. 이런 쇠사슬로 죄인의 발목을 채우면 족쇄(足鎖), 문을 걸고 잠그면 자물쇠, 즉 경쇄(扃鎖)다. 따라서 봉쇄(封鎖)를 한자 뜻대로 풀면, '담으로 막고 쇠사슬로 잠그다'이다.

$$\dfrac{7}{8}$$

완전할 **완**
드디어 **수**

完遂

완(完)은 면(宀), 이(二), 인(儿)이 합했다. 면(宀)은 지붕과 벽면을 그린 모습으로 집을 상징한다. 따라서 완(完)은 두 사람이 집의 안쪽으로 들어간 모습이다. 신랑 신부가 결혼하고 새살림을 시작하고자 새로 말끔히 단장한 집에 들어간 것이다. 그러므로 '집을 완전히 수리하고 단장하다'가 본뜻이며, 이로부터 '결함이나 부족함이 없다, 완전하다'의 뜻이 나왔다. 완판(完販)이라는 말이 SNS 등에서 자주 들리는데 '남김없이 판매 완료했다'는 뜻으로, 매진(賣盡)의 다른 말이다. 한편 수(遂)의 초기글꼴은 '달릴-착'(辶=辵) 옆에 '오른손-우'(又)가 있고, 손가락 주변으로 점이 여럿 찍혀 있다. 어찌나 꽉 잡았는지 손가락 사이로 먼지가 떨어지는 모습이다. 세월이 흘러, 우(又)는 상승하여 팔(八)로 변했고, 손가락과 여러 점들이 결합해 '쌀-미'(米)처럼 되었는데 이것이 엉뚱하게 '돼지-시'(豕)로 변해 현재 글꼴이 되었다. 따라서 수(遂)의 본뜻은 '달려가 손가락으로 움켜쥐다'이며, 이로부터 '마침내 이루다'의 뜻이 나왔다. 수행(遂行)이 그렇다. 만일 어떤 일을 꾸며 시도했으나 이루지 못했다면 뭐라 할까? '아닐-미'(未)를 붙여 미수(未遂)다. 살인 미수 등 범죄를 가리킬 때에도 쓴다. 마음대로 되지 않는 것은 또 뭐라 할까? '아닐-불'(不)을 붙여 불수(不遂)다. 반신불수(半身不隨)라는 표현을 알 것이다.

살 **활**
뛸 **약**

活躍

활(活)의 초기글꼴은 수(氵)·씨(氏)·구(口)의 결합인 활(湉)이었다. 씨(氏)는 '밑-저'(低)의 생략이고, 구(口)는 곡(谷)의 생략이다. 따라서 '계곡물이 산 밑의 계곡 입구로 활기차게 흘러내리다'가 본뜻이며, 이로부터 '살아 있다, 생기 있다'의 뜻이 나왔다. 그 후 씨(氏)가 천(千)으로 변하더니 이어서 구(口)와 뭉쳐 '혀-설'(舌)로 돌변해 현재 글꼴이 되었다. 계곡물이 흐를 때 어떤 소리가 날까? 우리는 '콸콸'로 표현하는데, 해당 한자의 상고음(上古音) 자음이 [k]여서 중국도 비슷하다. 현재는 '귀-이'(耳)를 붙여 '떠들썩할-괄'(聒)로 쓴다. 한편 약(躍)은 족(足)과 적(翟)이 합했다. 족(足)은 구(口)와 지(止)의 결합인데, 구(口)는 무릎이고 지(止)는 발바닥이다. 따라서 족(足)은 관절의 자유로운 움직임을 통한 활발한 발동작을 상징한다. 적(翟)은 '깃-우'(羽)와 '새-추'(隹)가 합했다. 깃을 강조한 것으로 보아 꼬리가 긴 새, 곧 꿩이다. 따라서 약(躍)은 '꿩이 긴 꼬리를 힘차게 펄럭이며 뛰어오르다'가 본뜻이며, 이로부터 '달리다, 뛰다'의 뜻이 나왔다. 꿩은 왜 저럴까? 수꿩이 멋진 외모와 강력한 체력을 암컷에게 과시하는 동작이다. 이에 활약(活躍)을 한자 뜻대로 풀면 '계곡물이 콸콸 흐르고, 수꿩이 힘차게 꼬리를 흔들다'이다. 서울 홍대 앞처럼 사람들이 많이 모이는 곳에 가면 이런 활약상을 볼 수 있다.

나아갈 **진**
칠 **격**

進擊

진(進)은 추(隹)와 '달릴-착'(辶=辵)이 합했다. 꼬리가 비교적 긴 일반적인 새를 그린 글꼴이 조(鳥)라면, 추(隹)는 솔개나 매처럼 단단한 날개, 날카로운 부리와 발톱을 그렸다. '독수리-주'(雕)나 '매-응'(鷹) 등에도 추(隹)가 들었으니 맹금(猛禽)이 분명하다. 사냥꾼은 이런 맹금을 훈련해 작은 새나 토끼 등을 포획하는데, 목표물을 겨냥해 쏜살같이 뒤쫓아 한방에 낚아챈다. 그 모습을 묘사한 것이 '나아갈-진'(進)이다. 송골매가 사냥꾼의 팔뚝에 앉아 있는 모습은 '매-준'(隼)으로 십(十)은 우(又)의 변형이다. 사람이 뒤쫓으면 '쫓을-추'(追), 들짐승을 뒤쫓으면 '쫓을-축'(逐), 날짐승이 뒤쫓으면 진(進)이다. 그러므로 진(進)은 매섭게 질주하는 동작이다. 한편 격(擊)은 격(毄)과 수(手)가 합했다. 격(毄)은 차(車)·원(圓)·수(殳)의 결합인데, 차(車) 밑에 있는 네모꼴 구(口)는 당초 동그라미 모양이었다. 따라서 격(毄)은 '전차(戰車)가 서로 부딪치며 회전하고 전사들이 창을 들고 싸우다'가 본뜻이며, 이로부터 '치다, 공격하다'의 뜻이 나왔다. 여기에 '손-수'(手)가 추가된 격(擊)은 육박전(肉薄戰)까지 들어간 모습이다. 이상을 종합하여 한자 뜻대로 풀면, 진격(進擊)이란 '맹금이 사냥감을 뒤쫓아 달려가 포획하듯 전차를 몰고 무기를 휘두르며 적을 공격하다'이다.

서로 **상**
이을 **속**

相續

상(相)은 ‘나무-목’(木)과 ‘눈-목’(目)이 합했는데, 초기글꼴에서 눈은 나무 위나 옆에 있었다. 따라서 ‘나무의 상태를 이모저모 자세히 살피다’가 본뜻이며, 이로부터 양상(樣相)이나 실상(實相) 등에 쓰이는 ‘상태’의 뜻이 나왔다. 일이 많으면 혼자 다 살필 수 없으므로 돕는 사람이 필요하다. 이로부터 ‘돕다’의 뜻이 나왔다. 왕을 보필하여 국정을 총괄하는 총리를 재상(宰相)이라 했다. 일본의 장관 명칭에도 있는데 외무장관을 외상(外相)이라 한다. 신랑 신부가 서로 살피는 인사를 상견례(相見禮)라 한다. 서로 살피는 것이니, 이로부터 상생(相生)이나 상봉(相逢) 등에 쓰이는 ‘서로’의 뜻이 나왔다. 한편 속(屬)은 ‘꼬리-미’(尾)와 ‘애벌레-촉’(蜀)이 합했다. 촉(蜀) 위의 시(尸)+수(米) 가운데 수(米)는 모(毛)의 원형으로 수직선[꼬리] 양쪽으로 털이 난 모양이다. 촉(蜀)의 초기글꼴은 목(目) 밑에 ‘벌레-충’(虫)이었다. 눈은 머리를 상징한다. 즉 마디진 몸체를 웅크리고 머리를 열심히 움직여 뽕잎을 뜯어 먹는 누에의 모습이다. 그러므로 속(屬)의 본뜻은 ‘누에의 꼬리’이다. 누에는 몸통과 꼬리의 구분이 거의 없을 정도로 이어졌으므로, 이로부터 ‘이어지다, 계속하다’의 뜻이 나왔다. 이에 상속(相續)을 한자 뜻대로 풀면, ‘누에의 꼬리처럼 부모와 자식이 서로 이어지다’이다. 재산 이야기는 없다.

貴賓

귀(貴)의 초기글꼴은 토(土)와 공(廾)이었다. 공(廾)은 '손가락-우'(又)가 좌우로 붙은 모양, 즉 양손으로 흙을 쥔 모습이다. '곡식을 키워 주는 대지와 흙을 귀히 여겨 경배하다'가 본뜻이며, 이로부터 '귀하다'의 뜻이 나왔다. 세월이 흘러 '귀하다'의 뜻을 강조하고자 내륙 지역에서 귀한 '조개-패'(貝)를 밑에 추가해 귀(貴)가 되었다. 그 과정에서 토(土)와 공(廾)이 합치고 변해 현재 글꼴이 되었다. 나를 도와주는 이보다 더 귀한 사람이 어디 있으랴. 그런 이가 귀인(貴人)이다. 한편 빈(賓)의 초기글꼴은 '집-면'(宀) 아래에 인(人)이 있었다. 집 안에 사람이 있는 모습이다. 특별한 사람이었던지, 글꼴에서는 머리 위로 횡선을 한 줄 그었다. 가족이 아닌 사람을 표시한 것이다. 세월이 흘러 횡선과 인(人)이 결합하여 '발바닥-지'(止)의 도치형으로 변했다. 지(止)는 안에서 밖으로 향하는 발동작이니 그 도치형은 반대 동작이다. 이로써 밖에서 안쪽으로 들어온 사람이 손님임을 명확히 표시했다. 또 세월이 흘러 밑에 '조개-패'(貝)를 더했는데, 손님이 예의를 갖추고자 귀한 선물을 지참했음을 표시했다. 현재 글꼴은 이런 모습을 모두 갖추었다. 이에 귀빈(貴賓)을 한자 뜻대로 풀면 '비싼 선물을 들고 오신 땅처럼 귀한 손님'이다. 부정이나 청탁을 금하는 현대에 저런 손님은 로비스트다.

貶毀

펌(貶)은 패(貝)와 핍(乏)이 합했다. 핍(乏)의 초기글꼴은 정(正)과 비슷하나 가장 위쪽의 일(一)이 사선인 별(丿)로 되어 있다. 정(正)이 일(一)과 지(止)의 결합이고, 지(止)는 이쪽에서 저쪽의 목표 일(一)을 향해 나아가는 발동작인데, 오래 걸어서 힘이 빠졌음을 사선으로 표시한 것이다. 이후의 글꼴 가운데는 아예 지(止)가 좌우로 뒤집힌 모양도 있다. 따라서 핍(乏)은 '오래 걸어 힘이 빠지다'가 본뜻이며, 이로부터 '부족하다, 떨어지다'의 뜻이 나왔다. 그렇다면 패(貝)는 가치가 높은 귀중품이므로 핍(乏)과 결합한 펌(貶)은 '가치가 떨어지다'가 본뜻이며, 이로부터 '업신여기다'의 뜻이 나왔다. 한편 훼(毀)의 초기글꼴은 구(臼), 임(壬), 수(殳)가 합했다. 이 글꼴의 '절구-구'(臼)는 소박한 문양이 그려진 도자기이다. 임(壬)은 인(人)과 토(土)가 합해 높이 올라선 사람의 모습으로 총명하고 능력 있는 자를 비유하는데, 훗날 토(土)만 남거나 '장인-공'(工)으로 변했다. 도공(陶工)의 뜻을 갖게 된 것이다. 수(殳)는 몽둥이나 무기를 들고 친다는 뜻이다. 따라서 훼(毀)의 본뜻은 '도자기를 몽둥이나 무기로 깨부수다'이며, 이로부터 '부수다, 이지러지다'의 뜻이 나왔다. 이에 펌훼(貶毀)를 한자 뜻대로 풀면 '싸구려 취급하고 귀한 도자기를 깨부수다'이다.

搾取

착(搾)은 '손-수'(扌=手)와 '좁을-착'(窄)이 합했다. 착(窄)은 '구멍-혈'(穴)과 '쪼갤-작'(乍)의 결합으로 동굴을 뚫는 모습이다. 작(乍)은 '칼-도'(刀)로 흠집[丰]을 내어 구멍을 뚫은 모양이다. 인위적인 작업(作業)이라 훗날 인(人)을 추가하여 '지을-작'(作)으로 사용했다. 따라서 착(搾)의 본뜻은 '칼로 구멍을 뚫으며 손으로 흙을 쥐어 퍼내다'이며, 이로부터 '쥐어 짜내다'의 뜻이 나왔다. 착즙(搾汁)은 즙을 짜내는 것인데, 그중에서도 압착(壓搾)은 눌러 짜내는 것이다. 참깨를 압착하면 참기름이 나온다. 한편 취(取)는 '귀-이'(耳)와 '오른손-우'(又)가 합하여, 손가락으로 귀를 잡은 모양이다. 옛날에 적군을 죽이면 전과(戰果)를 증명하고자 귀를 잘라 왔고, 그 개수에 따라 포상을 받았다. 따라서 취(取)의 본뜻은 '적군의 귀를 잘라 손에 들다'이며, 이로부터 '가지다, 받다, 취(取)하다'의 뜻이 나왔다. 적장(敵將)의 귀는 더욱 귀하다. 취(取) 위쪽에 '쓰개-모'(冃)가 있는 글꼴이 최(最)인데 투구를 쓴 장군의 모습이다. 장군의 귀를 잘라 왔으니 최고(最高)의 성과이고, 그로써 최상(最上)의 포상을 받을 것이다. 이에 착취(搾取)를 한자 뜻대로 풀면 '칼로 구멍을 뚫어 쥐어 퍼내고 적의 귀를 잘라 들고 와 포상을 받다'이다. 저렇게 당하면, 죽음이다.

到達

도(到)는 지(至)와 도(刂=刀)가 합했으며, 도(刀)는 발음을 겸한다. 지(至)의 초기글꼴은 '화살-시'(矢)와 일(一)의 합인데, 여기서 일(一)은 땅을 상징하므로 '화살이 날아와 땅에 박히다'가 본뜻이며, 이로부터 '이르다, 닿다'의 뜻이 나왔다. 화살이 도착한 것처럼 사람이 도착했음을 나타내고자 인(人)을 추가한 것이 도(到)이다. 본디 '사람-인'(人)이었으나 발음 때문에 '칼-도'(刀)로 변한 것이다. 화살이 날아와 땅에 박혀 물구나무선 모습을 표현하고자 '이를-도'(到)의 왼쪽에 또 인(人)을 더해 '거꾸로-도'(倒)를 만들었다. 도치(倒置)가 그런 뜻이다. 한편 달(達)의 초기글꼴은 대(大)와 착(辶=辵)이 합했다. 착(辵)은 척(彳)과 지(止)의 결합으로 '걷다'의 뜻이다. 대(大)는 사람이 팔다리를 펴고 선 모습이다. 따라서 달(達)의 본뜻은 '사람이 막힘없이 자유롭게 걸어가다'이다. 초기의 다른 글꼴에서는 대(大)가 빠지고 그 자리에 양(羊)과 죽(竹)이 있다. 사람이 양을 몰고 목초지로 가는 모습이다. 이상을 종합하면 달(達)은 '막힘없이 걸어서 목적지에 도달하다'이며, 이로부터 '이르다, 도달하다'의 뜻이 나왔다. 달인(達人)은 어느 경지에 도달한 사람이다. 이에 도달(到達)을 한자 뜻대로 풀면 '화살이 날아와 내 앞에 박히듯 자유롭게 걸어서 목적지에 이르다'이다.

使節

사신 **사**
마디 **절**

사(使)는 리(吏)에서, 리(吏)는 사(史)에서 나왔다. 사(史)은 중(中)과 우(又)가 합했다. 중(中)은 깃발을 수직으로 세운 모양이며, 우(又)는 깃발을 잡은 손가락이다. 따라서 사(史)는 경계에 국기를 꽂고 건국 과정과 그 이후 일을 아는 사람이며 관련 내용을 기록하여 보관했다. 곧 사관(史官)이었던 것이다. 사(史) 위쪽으로 깃발인 일(一)을 추가한 글꼴이 '관리-리'(吏)이다. 관리가 근무하는 관청마다 그런 깃발이 있기 때문이다. 외교관은 출국할 때 나라를 대표하는 사람이므로 리(吏)에 특별히 인(人)을 더해 '사신-사'(使)를 만들었다. 한편 절(節)은 죽(竹)과 즉(卽)이 합했다. 즉(卽)은 사람이 무릎을 꿇고 밥그릇을 대하는 모습이다. 따라서 절(節)의 본뜻은 '대나무 밥통'이다. 대나무에 '마디'가 있기에 '마디'의 뜻도 나왔다. 음절(音節)이나 계절(季節) 등이 그러하다. 특정한 날을 '마디'로 끊어 기념하기에 '광복절'처럼 기념일의 뜻으로 쓴다. 대나무 마디는 규칙적으로 반복되기에 이로부터 '법칙, 절제'의 뜻이 나왔다. 예절(禮節), 절도(節度)가 그렇다. 절제로부터 '제한'의 뜻이 나왔다. 신분을 제한하고자 발급하는 신분증을 옛날에는 부절(符節)이라 했는데, 사절(使節)이 사용하는 것이다. 지금도 '나라를 대표하여 일정한 사명을 띠고 외국에 파견되는 사람'이라는 의미로 쓰인다.

答辯

답(答)은 죽(竹)과 합(合)이 합했다. 합(合)의 밑은 구(口)이며 위의 삼각형(△)은 구(口)가 아래로 향한 모양이다. 위도 입이고 아래도 입이므로 입이 맞아 합한 것이다. 따라서 답(答)은 대나무의 입이 합한 것이다. 배교(杯筊=杯珓)라 부르는 점치는 도구가 있다. (대)나무나 옥을 깎아 조가비 모양으로 두 개 만든다. 점괘를 뽑고 배교 두 개를 던진다. 하나는 앞으로 나오고 다른 하나는 뒤집혀 나오면 합이 된다. 그렇지 않으면 다시 점괘를 뽑고 또 던진다. 합이 나올 때까지 던지는 것이다. 합(合)이 나와야 신령이 답(答)해 준 것이기 때문이다. 따라서 답(答)은 '신령이 배교를 통해 응답하다'가 본뜻이며, 이로부터 '대답하다'의 뜻이 나왔다. 응답(應答), 대답(對答), 해답(解答) 등이 그렇다. 한편 변(辯)은 변(辡) 사이에 언(言)이 있다. 변(辡)을 이루는 신(辛)은 형구이므로 변(辯)은 형사 소송에서 원고와 피고가 말하는[言] 모습, 즉 서로 응답하며 변론하는 모습이다. 따라서 변(辯)의 본뜻은 '원고와 피고가 법정에서 응답하며 변론하다'이며, 이로부터 웅변(雄辯)이나 변호(辯護) 등에 쓰이는 '말을 잘하다, 논쟁하다, 변론하다' 등의 뜻이 나왔다. 이상을 종합하여 한자 뜻대로 풀면, 답변(答辯)이란 '신령께 질문하여 답장을 받고, 형사 소송에서 응답하며 변론하다'이다.

전(戰)은 단(單)과 과(戈)가 합했다. 단(單)의 초기글꼴은 새총처럼 생긴 투척 무기였다. 지금 글꼴에 대입하면, 위쪽 구멍 두 개는 탄환, 그 아래 전(田)은 탄환 주머니, 십(十)은 손잡이였다. 우측에 '창-과'(戈)을 붙였으니 전(戰)은 지금의 석궁(石弓)과 비슷했다. 이런 무기를 보면 겁난다. 이에 '마음-심'(心)을 붙여 '꺼릴-탄'(憚)을 만들었다. '기탄(忌憚) 없이'가 무슨 뜻인지 알 것이다. 즉 전(戰)의 본뜻은 '투척 무기'이며, 이로부터 '싸우다'의 뜻이 나왔다. 전쟁 무기는 살상용이라 두렵다. 전율(戰慄)이나 전전긍긍(戰戰兢兢)의 전(戰)이 두려워 떤다는 뜻이다. 전(戰)이 무기로 싸우는 것이라면 쟁(爭)은 맨손으로 다투는 것이다. 쟁(爭)의 초기글꼴은 손가락을 마주 보게 놓고 그 사이에 상징적인 물건을 수직으로 놓은 모습이다. 위쪽이 '손톱-조'(爫), 아래쪽이 '오른손-우'(又), 그 사이 수직선이 물건이다. 따라서 쟁(爭)은 '물건을 손으로 서로 잡으려 다투다'가 본뜻이며, 이로부터 '다투다, 싸우다'의 뜻이 나왔다. 정쟁(政爭), 언쟁(言爭) 등이 그렇다. 방휼지쟁(蚌鷸之爭)이나 만촉지쟁(蠻觸之爭)이라는 고사도 알아 둘 만하다. 전쟁(戰爭)을 한자 뜻대로 풀면 '석궁을 쏘며 싸우고, 물건을 잡으려 다투다'이다. 현대의 전쟁과 비교하면 소박하다.

霸者

패(霸)의 초기글꼴은 혁(革)과 월(月)의 합이었다. 혁(革)은 짐승의 가죽을 통째로 벗겨 말리는 모습이다(이 책의 5월 30일 개혁(改革) 꼭지 참고). 털을 뽑고 말린 후에 뒤집어 사용하기에 '뒤집다'의 뜻이 나왔다. 패(覇)는 달이 뜨다가 개기월식(皆既月蝕)으로 뒤집혀 달빛이 사라지는 모습이다. 옛사람은 달을 삼키고 달빛마저 없애는 하늘의 강력한 힘에 완전히 압도되었다. 따라서 패(覇)의 본뜻은 '개기월식'이며, 이로부터 '강력한 권력, 압도적인 힘'의 뜻이 나왔다. 글꼴은 여러 과정을 거쳐 '비-우'(雨)나 '덮을-아'(襾)가 덧붙어 패(霸/覇)가 되었다. 먹장구름이 비를 뿌리거나 장막처럼 덮어서 달이 사라졌다고 여긴 탓이다. 한편 자(者)의 초기글꼴은 장작에 불이 붙어 불똥이 튀는 모습이다. 현재 글꼴에 대입하면, 토(土)는 목(木)의 변형, 사선 별(丿)은 날리는 불똥, 일(日)과 점(丶)은 화로와 불똥이다. 장작불을 가리키던 자(者)가 어떻게 '사람, 일, 장소, 때'의 역할은 물론이고 조사(助詞)로까지 사용됐을까? '사람'만 말해 본다. 모닥불을 피우면 사람이 모이고 담소를 나눈다. 자(者)에 언(言)을 더하면 '여러-제'(諸)가 된다. 그중 화제를 주도하는 이를 자(者)라 했을 것이다. 이에 패자(霸者)를 한자 뜻대로 풀면 '압도적인 힘으로 달을 없애듯 한 세계를 주도하는 사람'이다.

都大體

도읍 **도**
큰 **대**
몸 **체**

도(都)는 자(者)와 읍(阝=邑)의 합인데, 자(者)는 '삶을-자'(煮)의 생략으로 음식을 상징한다. 자(者)의 초기글꼴은 불똥이 사방으로 튀는 장작불의 모습이나, 시간이 흐르며 글꼴이 간단해져 알아보기 힘들어졌다. 하지만 본뜻은 아직도 '삶을-자'(煮), '더울-서'(暑) 등에 남아 있다. 읍(邑)은 '울타리-국'(囗=國=圍)과 파(巴)의 합인데, 국(囗)은 성곽이고 파(巴)는 인(人)의 변형으로, 사람들이 모여 사는 성읍(城邑)을 표시했다. 그렇다면 도(都)의 본뜻은 '음식과 주거지가 구비된 성읍', 곧 도읍(都邑)이다. 자고로 모든 물자와 인재는 도읍에 집중되므로, 이로부터 '모두, 다'의 뜻이 나왔다. 한편 대체(大體)는 '큰-대'(大)와 '몸-체'(體)의 합이다. 대(大)는 '사람-인'(人)이 양쪽 팔다리를 펴고 서 있는 모습이다. 체(體)는 '뼈-골'(骨)과 '풍성할-풍'(豊=豐)의 합으로, '귀한 장기로 가득한 몸을 지탱하고 보호하는 뼈대'가 본뜻이며, 이로부터 '몸'의 뜻이 나왔다. 따라서 대체(大體)는 '팔다리를 펼치고 서 있는 사람의 몸 전체'이기에, 도대체(都大體)의 본뜻은 '몸 전체 모두 다'이며, 이로부터 '전체'의 뜻이 나왔다. 사물의 전체를 이해함이 어디 쉬운가. 아무리 하여도 이해하기 힘들 때, 장황하게 설명하지만 핵심을 놓칠 때, 도무지 오리무중이라 궁금하여 물을 때, '도대체'라 한다.

及其也

미칠 **급**
그 **기**
잇기 **야**

급(及)은 인(人)과 우(又)의 합이다. 인(人)은 서 있는 사람의 측면 모습인데 왼쪽은 손, 오른쪽은 다리였다. '손가락-우'(又)로 사람의 뒷다리를 잡은 모양인데 붙어 버려 당초 모습을 짐작하기 힘들다. 따라서 급(及)의 본뜻은 '쫓아가 손으로 잡다'이며, 이로부터 '이르다, 도달하다'의 뜻이 나왔다. 한편 기(其)의 초기글꼴은 광주리 모양이다. 훗날 죽(竹)을 더해 기(箕)로 만든 것을 보면 대나무로 엮어 만든 키 같다. 알곡에서 불순물을 털고자 까부르는 대나무 용기 말이다. 이런 기(其)가 어떻게 '그, 그것, 그 사람' 등 대명사가 되었을까? 대담하게 추측하면, 기(其)는 그 당시의 '거시기'였다(이 책의 6월 12일 기타(其他) 꼭지 참고). 다른 한편 야(也)의 초기글꼴은 스물-입(廿) 밑에 꼬리처럼 '새-을'(乙)이 붙어 있다. 이 글자가 가리키는 것이 뱀, 주전자 주둥이, 심지어 여성의 생식기라는 등 갖가지 설이 있다. '뱀-사'(它=蛇), '주전자-이'(匜), '땅-지'(地, 여성 상징)에 들어 있기 때문이다. 그러나 이번에도 과감하게 해석해 보건대, 구(口) 밑으로 입김이 흘러나와 멈추는 모습으로 파악하여 현대의 쉼표나 마침표를 표시한 것으로 보고 싶다. 이에 급기야(及其也)를 한자 뜻대로 풀면, '하다 하다 마침내 거시기에 이르렀으니, 한숨 쉬고'이다.

妙案

묘(妙)는 여(女)와 소(少)가 합했다. 나이가 적은 여자, 즉 소녀(少女)를 뜻한다. 소녀의 특징으로부터 '작다, 어리다, 예쁘다'는 기본이고, 여성으로서 미숙(未熟)과 성숙(成熟) 사이이므로 '미묘(微妙)하다, 오묘(奧妙)하다'의 뜻도 나왔으며, 알 듯 말 듯하므로 '아득히 멀다'의 뜻까지 있다. 이런 소녀를 어떻게 '묘(妙)하다'고 할까? 묘책(妙策)이나 묘안(妙案)이라 할 때는 '대단히 훌륭한 대책이나 방안'의 뜻이니 말이다. '좋을-호'(好)를 보자. 여(女)와 자(子)가 합했다. 자(子)의 초기글꼴은 성별이 전혀 드러나지 않는 '아기'의 모습이니 당연히 어리다. 따라서 호(好)의 본뜻은 '어린 여자'이며, 묘(妙)와 완전히 같다. 어린 여자가 '좋다'는 것은 봉건적인 남성 중심적, 여성 혐오적인 표현이나 한자의 어원에 대한 풀이이므로 독자의 양해를 구한다. 한편 안(案)은 목(木)과 안(安)이 합하여 '나무로 만든 편안한 책상'이 본뜻이다. 공무원은 종일 책상에서 공문을 처리하므로, 이로부터 '공문서, 판결서'의 뜻이 나왔다. 책상은 사각형이라 '모-방'(方)이며, 여기서 나온 안건이라 방안(方案)이다. 이에 묘안(妙案)을 한자 뜻대로 풀면 '소녀처럼 오묘한 방안'이다.

열렬

더울 **열**
세찰 **렬(열)**

熱烈

열(熱)은 육(坴), 환(丸), 화(灬=火)가 합했다. 초기글꼴은 화(火)와 환(丸)인데 양손으로 횃불을 든 모습이다. 현재 글꼴에 추가된 육(坴)은 육지(陸地)라는 뜻에서 보듯 본디 흙더미인데 그곳에 묘목의 줄기를 잡아 곧게 심듯이 횃불을 잡고 곧게 들었음을 표시했다. 지금 글꼴의 환(丸)은 본디 '잡을-극'(丮)의 변형이지만 환(丸)에도 실은 '손가락-우'(又)가 들어 있다. 따라서 열(熱)의 본뜻은 '횃불을 들다'이며, 이로부터 '열기' 내지는 '덥다, 뜨겁다'의 뜻이 나왔다. 한편 렬(烈)은 렬(列)과 화(灬)가 합했다. 렬(列)은 알(歹)과 도(刂=刀)의 결합인데 알(歹)의 초기글꼴은 '뼈-골'(骨)이 깎이는 모양이거나 심지어 살이 발라진 뼈의 모양이었다. 이는 곧 칼로 살을 도려낸 모습이다. 여기에 불까지 더한 글꼴이 렬(烈)이다. 옛날 고문(拷問) 중에 저런 혹형(酷刑)이 있었다. 따라서 렬(烈)의 본뜻은 '칼로 살을 도려내고 불로 지지다'의 뜻이다. 고통이 얼마나 극심하겠는가. 이로부터 '맹렬하다, 포악하다'의 뜻이 나왔다. 이상을 종합하여 열렬(熱烈)을 한자 뜻대로 풀면, '횃불을 들어 뜨겁듯, 살이 베이고 불로 태워져 고통스럽듯, 견딜 수 없는 포악함'이다. '포악함'의 뜻은 사라지고 지금은 '뜨겁게'의 뜻으로만 쓴다.

暴炎

사나울 **폭**
불꽃 **염**

폭(暴)의 초기글꼴은 해가 뜨자 양손으로 쌀을 꺼내 말리는 모습이다. 현재 글꼴은 위로부터 '해-일'(日), '날-출'(出), '양손-공'(廾), '물-수'(氺)이다. 수(氺)는 당초 '쌀-미'(米)였는데 습기를 제거한다는 개념에서 바꾼 듯하다. 따라서 폭(暴)의 본뜻은 '햇볕에 내놔 바짝 말리다'이다. 햇볕에 내놨으니 폭로(暴露) 등에 쓰이는 '드러나다, 공개하다'의 뜻도 나왔다. 여름철 한낮의 햇볕은 포학(暴虐)하여 생명을 해칠 수 있다. 이렇게 '사납다'고 할 때는 포학처럼 '포'로 읽어야 하므로 폭염(暴炎)도 실은 '포염'이 마땅하나 발음 편의상 '폭염'으로 읽는다. 한편 염(炎)은 초창기나 지금이나 같은 글꼴이다. '불-화'(火)가 상하로 겹쳐 왕성한 '불길'을 표시했다. 농경사회 초기엔 이런 불길로 숲을 태워 개간했을 터인즉 곧 화전(火田)이다. 중국인의 전설적인 시조로 염제(炎帝)가 있다. 불꽃의 제왕이다. 그를 열산씨(烈山氏)라 부르는데, 호칭으로도 알 수 있듯 화전으로 농사를 짓던 부족의 우두머리였을 것이다. 이상을 종합하여 한자 뜻대로 풀면, 폭염이란 '쌀알을 바짝 말리는 사나운 태양이 한여름 불꽃처럼 일으키는 고온 현상'이다. 상처를 입으면 불에 덴 듯 빨갛게 부어오르며 열이 나는데 이를 염증(炎症)이라 한다. 폭염도 사람들을 열받게 한다.

功致辭

공 **공**
이를 **치**
말씀 **사**

공(功)은 '장인-공'(工)과 '힘-력'(力)이 합했다. 공구로 힘을 써서 어떤 일을 성취했다는 뜻이다. '국가를 안정시킨 공로'로 풀이한 초기 뜻으로 보건대 국가적인 차원의 공적이나 공훈이었을 것이나, 점차 뜻이 확장되어 모든 일의 업적이나 성과를 뜻하게 되었다. 한편 치(致)의 초기글꼴은 지(至)·인(人)·치(夂)의 결합인데, 치(夂)는 모양이 비슷한 복(攵=攴)으로 변했고 인(人)은 사라졌다. 지(至)는 화살이 날아와 땅에 박힌 모습이고, 치(夂)는 밖에서 안으로 들어옴을 표시했다. 따라서 치(致)는 '사람이 물건이나 말씀을 가지고 오다'가 본뜻이며, 이로부터 '이르다, 보내다, 부르다'의 뜻이 나왔다. 한편 사(辭)는 난(𤔔)과 신(辛)이 합했다. 난(𤔔)의 위는 조(爪), 아래는 우(又), 중간은 베틀인데, 실올이 엉켜서 어지러운 모양이다. 신(辛)은 형구(刑具)로서 형벌을 상징했다. 따라서 사(辭)는 '원고와 피고 쌍방이 어지럽게 엉켜서 변론하는 언사(言辭)'이며, 이로부터 '말씀, 진술'의 뜻이 나왔다. 신(辛) 대신 사(司)가 붙은 글꼴도 있었는데, 변론을 통제하는 법관을 표시했다. 이에 치사(致辭)란 '말씀을 보내다'라는 뜻이며, 그 말씀의 내용은 대개 축하로 칭찬이나 송덕(頌德)이다. 이런 치사에 자신의 공덕(功德)을 떠든다면 얼마나 꼴불견인가. '공치사 그만 하라' 함은 자화자찬(自畵自讚) 그만 하란 뜻이다.

徹底

철(徹)의 초기글꼴은 력(鬲)과 우(又)의 결합이었다. 력(鬲)은 솥의 모양이고, 우(又)는 손가락이므로 식사를 마친 후 솥을 잡은 모습이다. 세월이 흘러 력(鬲) 아래에 '불-화'(火)가 더해지기도 했고, 우(又)가 복(攵=攴)으로 변하기도 했고, 척(彳)이 추가되기도 했다. 화(火)는 솥으로 조리했음을 뜻하고, 복(攴)은 식기를 턴다는 뜻이고, 척(彳)은 식기의 이동을 뜻한다. 시간이 더 흘러 력(鬲)이 비슷한 모양의 육(育)으로 변해 현재 글꼴이 되었다. 따라서 철(徹)의 본뜻은 '식후 솥을 거두어 털다'이며, 이로부터 '치우다, 거두다, 제거하다'의 뜻이 나왔다. 철(徹)과 유사한 글꼴로 척(彳) 대신에 '손-수'(扌=手)가 추가된 '거둘-철'(撤), '물-수'(氵)가 추가된 '맑을-철'(澈)도 역시 식기 수거나 청소와 관련된다. 한편 저(底)는 엄(广)과 저(氐)가 합했다. 엄(广)은 한쪽 벽면이 없는 집이고, 저(氐)는 사람이 허리를 굽히고 양손으로 땅을 짚은 모습이다. 따라서 저(底)는 '집의 바닥이나 구석'을 뜻하며, 이로부터 '밑, 바닥, 기초'의 뜻이 나왔다. 이상을 종합하여 철저(徹底)를 한자 뜻대로 풀면 '식후 식기를 거두어 털고 집안 바닥과 구석까지 치우다'이다. 식후 설거지를 제대로 하고 집안 구석구석 말끔히 청소했다는 뜻이다. 집안을 철저히 관리하는 모습이다.

災殃

재(災)는 천(巛=川)과 화(火)가 합했다. '내-천'(川)은 물이 흐르는 모양을 세 줄기 물길로 표시했다. '불-화'(火)는 화염이 위로 솟으며 양쪽으로 불똥이 튀는 모양이다. 따라서 재(災)는 '수재(水災)와 화재(火災)'가 본뜻이며, 이로부터 '재해, 재난'의 뜻이 나왔다. 초기글꼴은 집에 불이 났거나 홍수로 집이 떠내려가는 모습이었다. 글꼴 중에 재(烖)도 있는데, 토(土)처럼 생긴 재(才)는 발음이며 '불-화'(火)와 '창-과'(戈)가 들어 있어 전쟁의 포화(砲火)로 인한 재난을 생생히 표현했다. 재(災)의 중국어 간체자 灾(zāi)는 초기글꼴 중 '불난 집'을 그린 것이다. 한편 앙(央)의 초기글꼴은 일(一), 감(凵), 대(大)의 결합이다. 대(大)는 팔다리를 벌리고 선 사람, 일(一)은 삭발, 감(凵)은 목에 걸린 올가미를 표시했다. 삭발한 사람의 목에 올가미를 걸어 교수형(絞首刑)에 처하는 모습이다. 옛날에는 중죄인을 일벌백계로 공개 처형했다. 장소는 성읍의 중심지였다. 이로부터 '가운데'의 뜻이 나왔다. 사방의 중심이거나 중요한 곳을 일컬어 중앙(中央)이라 한다. 올가미가 목을 조이면 죽으니 백골만 남은 모습의 알(歹)을 더해 '재앙-앙'(殃)을 만들었다. 이에 한자 뜻대로 재앙(災殃)을 풀면 '수재, 화재, 교수형'이다. 재(災)는 모두가 겪는 자연재해, 앙(殃)은 개인이 겪는 불행이다.

休息

휴(休)는 인(人)과 목(木)이 합했다. 초기글꼴을 보면, 사람이 나무줄기를 등지고 앉았으며, 머리 위로 나뭇가지가 뻗어 나온 모습이다. 따라서 '나무 그늘에 앉아 편안히 쉬다'가 본뜻이며, 이로부터 '쉬다, 편안하다, 일을 멈추다' 등의 뜻이 나왔다. 옛날, 귀족이나 관리를 제외한 모든 사람은 농사를 짓든 고기를 잡든 상공업에 종사하든 종일 일해야 했다. 그러니 하던 일을 멈추고 나무 그늘에 앉아 잠시 쉴 수 있다면 눈에 들어오는 경치는 한결 아름답고, 마음은 편안하고 즐겁고 행복했을 것이다. 이로부터 '아름다움, 기쁨, 행복'의 뜻까지 나왔다. 쉬면 호흡부터 달라진다. 식(息)은 자(自)와 심(心)이 합했다. 초기글꼴을 보면, 자(自)는 사람의 코 모양으로, 코의 윤곽과 콧대와 콧방울에다 콧등의 잔주름까지 사실적으로 그렸다. 그 밑에 천(川) 비슷한 세로선도 있었는데 들숨과 날숨의 호흡, 즉 공기의 흐름을 표시한 것이다. 호흡을 하면 가슴이 움직이기에 천(川)은 나중에 비슷한 모양의 심(心)으로 변해 지금 글꼴 식(息)이 되었다. 따라서 식(息)의 본뜻은 '콧구멍으로 들락거리는 공기의 흐름'이며, 이로부터 '숨을 쉬다'의 뜻이 나왔고, 또다시 '쉬다'의 뜻이 나온 것이다. 이상을 종합하여 휴식(休息)을 한자 뜻대로 풀면, '나무 그늘에 앉아, 코로 편안히 숨쉬다'이다.

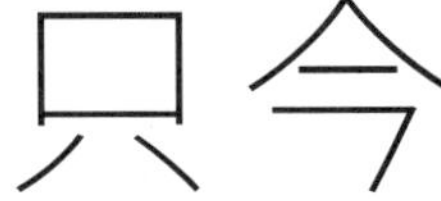

다만 **지**
이제 **금**

지(只)는 '입-구'(口)와 팔(八)의 합인데, 팔(八)은 혜(兮)의 생략이며, 탄식하는 모양이다. 혜(兮)는 팔(八=分)과 고(丂=兮)의 합으로, 아랫부분은 관악기가 굽은 모양이고, 윗부분 일(一)은 멜로디이며, 팔(八=分)은 멜로디가 사방으로 퍼지는 모양이다. 따라서 지(只)는 '멜로디가 관악기에서 흘러나오듯 입으로 탄성을 지르다'가 본뜻이며, 한국식 현대 속어로 표현하면 '헉!'이다. 한편 금(今)의 초기글꼴은 △와 ㄱ이 합했는데, △은 '입-구'(口)가 아래로 향한 모양, 그 아래의 ㄱ은 혀를 내민 모양이다. 맛난 요리를 기다리다가 '지금' 맛보려는 순간이거나, 술을 담갔는데 '이제' 익었을까 맛보는 모습이다. 이처럼 금(今)이 '이제, 지금'의 뜻으로 널리 쓰이자, 정작 마신다는 뜻은 금(今: 혀)과 유(酉: 술독)와 흠(欠: 입 벌림)을 결합하여 '歙(음)'을 만들었다. 그랬다가 너무 복잡하여 혀와 술독을 그냥 식(食)으로 바꿔 음(飮)으로 쓰고 있다. 또한 요리를 맛본다는 뜻은 금(今) 아래에 구(口)를 또 더해 '머금을-함'(含)으로 표현했다. 이에 지금(只今)을 한자 뜻대로 풀면 '지금 맛난 요리와 술을 음미(吟味)하자 헉하는 탄성과 함께 음악처럼 절로 흘러나오는 신음'이다. 알고 보니 '지금'은 '지금 당장' 맛보고 싶은 음식이었다.

삼갈 **근**
삼갈 **신**

謹愼

근(謹)은 언(言)과 근(堇)이 합했다. 근(堇)의 초기글꼴은 사람의 목에 칼이 채워져 있고, 몸은 끈으로 둘둘 묶인 모습이다. 밑에는 '불-화'(火)가 있어 혹형을 당하는 모습이다. 훗날 다리와 화(火)가 붙어 '흙-토'(土)로 변했다. 따라서 근(堇)은 죄수가 형틀에 묶여 고문당하는 모습이다. 초기글꼴 가운데 언(言) 대신 쓰인 음(音)은 비명을 표시한 것이다. 따라서 근(謹)은 '죄수가 형틀에 묶여 고문당할 때 나오는 비명'이며, 이로부터 '삼가다, 반성하다'의 뜻이 나왔다. 한편 신(愼)은 심(忄=心)과 진(眞)이 합했다. 진(眞)의 위는 비(匕), 아래는 '솥-정'(鼎)의 생략형이다. 비(匕)는 뾰족한 숟가락으로, 무기로 쓰기 때문에 비수(匕首)라 한다. 이에 시(是)를 붙여 '숟가락-시'(匙)로 만들었다. 솥 위의 숟가락이면 조리한 음식이 어떤지 맛보는 모습이다. 신령과 조상께 진헌(進獻)하든 군왕이나 어른께 진상(進上)하든 가족과 함께 먹든, 조리한 자가 미리 맛을 볼 때의 심정은 진지하고 조심스럽다. 심(心)을 더한 신(愼)은 그런 심정을 표현했으며, 이로부터 '삼가다, 두려워하다'의 뜻이 나왔다. 이에 근신(謹愼)을 한자 뜻대로 풀면 '고문당하는 죄수의 비명 소리, 음식을 맛보는 조심스러운 심정'이다. 근신하는 자는 죄인의 심정으로 식사도 조심해야 한다.

忘却

망(忘)은 망(亡)과 심(心)이 합했다. 망(亡)은 두(亠)와 을(乚)의 합이지만, 두(亠)는 인(人)의 변형이고 을(乚)은 본디 방패를 상징하는 수직선이었으나 나중에 굽어졌다. 병졸이 패하여 방패로 몸을 가리거나 구석진 곳에 숨은 모습이다. 따라서 망(亡)은 '패잔병이 달아나 몸을 숨기다'가 본뜻이며, 이로부터 '잃다, 망하다, 사라지다'의 뜻이 나왔다. '마음-심'(心)은 심장의 모양으로, 옛사람들은 생각이나 감정이 가슴에서 비롯된다고 여겼다. 따라서 망(忘)은 '생각이 사라지다'가 본뜻이며, 이로부터 '잊다'의 뜻이 나왔다. 한편 각(却)은 거(去)와 절(卩)이 합했다. 거(去)의 초기글꼴은 대(大)와 구(口)의 결합으로 '사람이 출입구를 떠나다'가 본뜻이며, 이로부터 '가다'의 뜻이 나왔다. 훗날 대(大)와 구(口)가 붙으면서 현재 모양이 되었다. 절(卩)은 인(人)의 변형으로, 사람이 허리를 굽히고 손을 가지런히 아래로 모은 측면 모습이다. 따라서 각(却)은 '사람을 물러나도록 하다'이며, 이로부터 '물리치다, 물러나다'의 뜻이 나왔다. 이상을 종합하여 한자 뜻대로 풀면, 망각(忘却)이란 '마음에서 사라져 생각이 물러나다'이다. 『망각의 화원』이라는 수필집이 있다. 주변 모든 것을 하나씩 망각하는 치매 노인의 이모저모를 묘사한 내용이 떠오른다.

八8月월

尨大

방(尨)은 견(犬)과 삼(彡)이 합했다. 삼(彡)은 긴 머리칼의 모습이다. 따라서 방(尨)은 털이 긴 개다. 초기글꼴에는 긴 털이 배나 등에 세 가닥 그어져 있다. 산책길에 가끔 '티베트 개'를 보는데 몸집은 송아지만 하고 목덜미 털은 사자의 갈기를 방불케 한다. 곧 방(尨)은 '초대형 견종'이며, 이로부터 '엄청 크다'의 뜻이 나왔다. 한자 사전은 '삽살개'로 풀이하나, 그 귀여운 삽살개와 닮은 점은 긴 머리털이 눈을 가린 정도이다. 한편 대(大)는 인(人)의 변형이다. 인(人)은 사람의 측면 모습으로 한쪽 다리와 팔만 보인다. 그에 비해 대(大)는 양쪽 팔다리를 활짝 펴고 선 사람의 정면 모습이다. 당연히 커 보이므로 이로부터 '크다'의 뜻이 나왔다. 이에 방대(尨大)를 한자 뜻대로 풀면, '초대형 견종처럼 크고, 사람이 팔다리를 벌린 만큼이나 크다'이다. 방(尨)은 방(厖)으로도 쓴다. 방(厖)은 엄(厂)과 방(尨)의 결합이며, 엄(厂)은 '돌-석'(石)의 생략이므로 '큰 바위'가 본뜻이다. 방(龐)으로도 쓴다. 방(龐)은 엄(广)과 용(龍)의 결합이며, 엄(广)은 삼면이 벽인 개방식 건물이고, 용(龍)은 악어나 아나콘다처럼 거대한 파충류를 비유한다. 이런 파충류를 전시하는 건물은 크다.

永遠

영(永)의 초기글꼴은 물길이 좌측으로 터져 지류(支流)가 생긴 모습이다. 현재 글꼴에 대입하면 위쪽의 주(丶)와 아래로 이어지는 수직선은 원래의 물길이며, 왼쪽이 지류이다. 물길이 우측으로 터져 지류가 생긴 모습은 '갈래-파'(厎)다. 물길의 모습이 안 보이므로 수(氵)를 붙여 영(泳)과 파(派)로 쓴다. 그런데 영(永)의 초기글꼴 가운데는 강물에서 헤엄치는 사람의 모습도 있다. 이에 영(泳)을 '헤엄칠-영'으로 보기도 한다. 정리하면 영(永)은 '지류가 생길 정도로 수량이 풍부하고 길게 이어지다'가 본뜻이며, 이로부터 '길다'의 뜻이 나왔다. 한편 원(遠)은 착(辶=辵)과 원(袁)이 합했다. 원(袁)의 초기글꼴은 우(又), 구(口), 의(衣)가 합했다. 현재 글꼴의 토(土)는 '손가락-우'(又)의 변형이고, 구(口)는 본디 원형으로 옷깃을 표시했다. 따라서 원(袁)은 '옷깃을 손으로 들다'이며, 여기에 '걸어갈-착'(辶)을 더한 것이 원(遠)이다. 그렇다면 원(遠)은 '옷을 들고 걸어가다'가 본뜻이다. 당일 돌아올 거리라면 굳이 옷까지 따로 챙길 필요가 없다. 상당히 먼 거리이기에 옷을 챙겨 나가는 모습이다. 이로부터 '멀다'의 뜻이 나왔다. 이에 영원(永遠)을 한자 뜻대로 풀면, '지류가 생길 정도로 물길이 길게 이어지고 옷가지를 챙겨 나갈 정도로 거리가 멀다'이다.

갈래 **파**
문벌 **벌**

派閥

파(派)는 수(氵)와 파(𠂢)가 합했다. 파(𠂢)의 초기글꼴은 물길이 우측으로 터져 지류(支流)가 생긴 모습이다. 현재 글꼴에 대입하면, 왼쪽의 예(厂)는 원래 물길의 왼쪽 제방이고, 의(㐅)의 오른쪽은 오른쪽 제방이 갈라져 지류가 생긴 모양이고, 중간이 물길의 흐름이다. 파(𠂢)의 초기글꼴은 지류의 모습이 분명한데, 현재 글꼴로는 파악이 힘들다. 이에 수(氵)를 더해 파(派)를 만든 것이다. 따라서 파(派)의 본뜻은 '물갈래, 지류'이며, 이로부터 '유파(流派), 가르다, 나누다'의 뜻이 나왔다. 한편 벌(閥)은 문(門)과 벌(伐)이 합했다. 문(門)은 큼지막한 양쪽 대문의 모습으로 '집안, 문중'을 상징한다. 벌(伐)의 초기글꼴은 인(人)과 '창-과'(戈)가 결합해 창으로 사람의 목을 치는 모습이다. 무기를 들고 정벌(征伐)에 나서 국가를 위해 무공(武功)을 세웠다는 뜻이다. 따라서 벌(閥)은 무공을 세운 집안이다. 이런 집안은 스스로 공적(功績)을 기록하여 집 대문 기둥에 세웠는데 왼쪽에 세운 것을 벌(閥), 오른쪽에 세운 것을 열(閱)이라 했다. 명문 집안임을 과시하려는 것이다. 집안끼리 갈라져 자랑하면 파벌이 생기고 싸우게 된다. 이에 파벌(派閥)을 한자 뜻대로 풀면 '물길이 나뉘듯 집안도 갈라져 서로 과시하다'이다. 지금은 개개인이 SNS에서 과시한다.

脈絡

혈맥 **맥**
이을 **락(낙)**

맥(脈)은 육(月=肉)과 파(辰)의 결합인데, '갈래-파'(辰)는 물길이 갈라져 지류를 이룬 모습을 그린 '물갈래-파'(派)의 원형이다. 그런데 맥(脈)의 초기글꼴은 파(辰)와 '피-혈'(血)의 결합이었다. 세월이 흘러 혈(血)이 신체를 상징하는 육(月=肉)으로 바뀌어 현재 글꼴이 된 것이다. 따라서 맥(脈)은 '혈액이 강물의 지류처럼 갈라져 신체 내부로 끊임없이 흐르다'가 본뜻이며, 이로부터 '핏줄, 혈맥, 맥박'의 뜻이 나왔다. 물길이 좌측으로 갈라지면 영(永), 우측으로 갈라지면 파(辰)로 구분했으므로 맥(脈)은 맥(脉)으로도 쓴다. 한편 락/낙(絡)은 '실-사'(糹=糸)와 각(各)이 합했는데, 각(各)은 약(略)의 생략으로 침략(侵略)의 뜻이다(이 책의 6월 19일 침략(侵略) 꼭지 참고). 락(絡)은 다른 지역을 침략하여 무력으로 타인의 땅을 점령하고 그 지역의 주민들을 끈으로 포박한 모습이다. 따라서 락(絡)의 본뜻은 '점령하여 주민을 끈으로 둘러 묶다'이며, 이로부터 '묶다, 두르다, 얽어매다, 둘러싸다'의 뜻이 나왔다. 이상을 종합하여 한자 뜻대로 풀면, 맥락(脈絡)이란 '혈액이 강물처럼 신체 내부를 흐르며, 신체의 각 부위를 점령하여 몸을 하나로 묶다'이다. 맥락이 막히거나 끊기면 사람이 죽듯 말이나 글도 맥락이 없으면 불통(不通)이다.

씻을 **세**
씻을 **탁**

洗濯

세(洗)는 수(氵=水)와 선(先)이 합했다. 그런데 초기글꼴은 지(止)와 동(同)에다 좌우로 튀기는 물방울이 여럿 있다. 지(止)는 발바닥이고, 동(同)은 대나무 통[筒] 또는 나무통[桶]의 생략형이다. 즉 통에 발을 넣고 씻는 모습이다. 현재 글꼴의 선(先)은 지(止)와 인(儿)의 결합인데 둘이 합치면서 변형된 것이다. 그렇다면 세(洗)는 '사람이 물로 발을 씻다'가 본뜻이며, 이로부터 '씻다'의 뜻이 나왔다. 한편 탁(濯)은 수(氵=水)와 적(翟)이 합했다. 적(翟)은 '깃-우'(羽)와 '새-추'(隹)의 결합인데, 깃을 강조한 것으로 보아 꼬리가 긴 새, 곧 꿩을 뜻한다. 초기글꼴을 보면 꿩이 물가에 서 있는 모습이다. 꿩이 왜 물가로 갔을까? 당연히 물을 마시러 갔을 것이다. 물을 마시려면 양 발을 물에 담그게 되니 그 모습이 사람 눈에는 발을 씻으려는 동작으로 보였을 것이다. 훗날의 기록을 봐도 '발을 씻다'로 사용했다. 『맹자』(孟子)에 이런 내용이 나온다. "창랑의 물이 맑으면 내 갓끈을 씻고, 창랑의 물이 탁하면 내 발을 씻으리." 발을 씻겠다고 한 구절의 원문은 '탁아족'(濯我足)이다. 이상을 종합하여 한자 뜻대로 풀면, 세탁(洗濯)이란 '발을 씻다'이다. 세분하면 세(洗)는 사람 발, 탁(濯)은 꿩 발이다. 세탁소를 지날 때마다 미소 짓는다.

模範

모(模)는 목(木)과 막(莫)이 합했다. 막(莫)의 본뜻은 '해가 풀 숲으로 사라져 없어지다'이다. 이로부터 나온 '없음'의 뜻으로만 쓰이게 되자, 훗날 일(日)을 더해 '저물-모'(暮)로 만들었다. 따라서 모(模)는 목제 틀로 찍어 내 원본과 차이가 '없음'을 표시한 것이다. 혹은 막(莫)을 '베낄-모'(摹)의 생략으로 본다고 해도, 베끼면 원본과 차이가 없으니 의미는 거의 유사하다. 따라서 모(模)는 '나무 모형으로 베껴 찍어 내 원본과 차이가 없다'가 본뜻이며, 이로부터 '본보기, 모형'의 뜻이 나왔다. 구두를 만들 때 쓰는 틀인 구두 골이나 떡집의 절편판 등이 곧 모(模)다. 모양(模樣), 모방(模倣)으로 쓴다. 한편 범(範)은 수레를 몰고 먼 길을 떠나기 전 출행(出行)의 무사태평을 기원하며 길의 신에게 올리는 제례를 뜻하며, 범발(範軷)이라 했다. 이 범(範)이 훗날 '거푸집'으로 전용되었는데, 실은 발음과 글꼴이 비슷한 범(范)이 그 원형이다. 범(范)의 위쪽 초(艹)는 구멍이 둘 있음을 표시한 것인데, 한쪽 구멍에 쇳물을 붓고 다른 구멍으로 열기가 빠지는 구조이다. 그 아래 좌측 수(氵)는 쇳물이며 우측 절(㔾)은 거푸집 내부의 빈 공간을 표시했다. 거푸집으로 제작한 제품은 항상 같으므로, 이로부터 '기준, 법칙, 전범(典範)'의 뜻이 나왔다. 이에 모범(模範)을 한자 뜻대로 풀면 '나무 모형과 거푸집'이다.

避暑

피할 **피**
더울 **서**

피(避)는 피(辟)와 착(辶=辵)이 합했다. 피(辟)의 초기글꼴은 왼쪽에 무릎을 꿇고 고개를 숙인 사람의 모습이고, 오른쪽은 신(辛)이다. 신(辛)은 죄인의 코를 베거나 이마나 뺨을 찢어 먹물을 입혔던 형구(刑具)다. 초기글꼴 가운데는 사람과 형구 사이에 구(口)가 있는데, 형구로 목을 베어 머리가 떨어진 모습이다. 현재 글꼴은 시(尸), 구(口), 신(辛)의 결합이니 역시 목이 떨어진 모습이다. 따라서 피(辟)의 본뜻은 '목을 베다'이며, '제거하다, 물러나다'의 뜻은 이로부터 나왔다. 피(辟)는 가혹한 중형이므로 누구나 피하려 한다. 이에 '걸을-척'(彳)과 '발바닥-지'(止)가 합한 착(辶)을 붙여 달아남을 표시했다. 따라서 피(避)의 본뜻은 '중형을 피해 달아나다'이다. 한편 서(暑)는 일(日) 아래 자(者)가 있다. 자(者)의 초기글꼴은 불똥이 사방으로 튀는 장작불의 모습이다. 따라서 서(暑)의 본뜻은 '햇볕이 장작불처럼 뜨겁다'이며, 이로부터 '덥다'의 뜻이 나왔다. 현재 글꼴에 대입하면, 자(者)의 아래쪽 일(日)은 화로이고, 위쪽은 얽힌 장작에 불똥이 튀는 모양이다. 글꼴은 많이 변했지만 자(者)의 본뜻은 아직도 '더울-서'(暑), '삶을-자'(煮)에 남아 있다. 이상을 종합하여 한자 뜻대로 풀면, 피서(避暑)란 '가만히 있으면 죽을 수도 있으니 더위를 피해 달아나다'이다.

떨칠 **분**
싸울 **투**

$$\frac{8}{8}$$

奮鬪

분(奮)은 대(大)·추(隹)·전(田)의 합이지만, 초기글꼴을 보면 대(大)는 '옷-의'(衣)였다. 그렇다면 새를 잡아 품속에 넣었더니 새가 전야(田野)로 달아나려고 몸부림치는 모습인가 싶다. 그런데 추(隹)는 맹금류이므로 부리나 발톱이 위협적이다. 따라서 본뜻은 '옷으로 새를 덮어 잡았더니 새가 전야로 달아나려 위협적으로 몸부림치다'이며, 이로부터 분발(奮發)이나 흥분(興奮) 등에 쓰이는 '떨치다, 휘두르다, 격분하다'의 뜻이 나왔다. 한편 투(鬪)의 초기글꼴은 두 사람이 마주 보고 서로 손을 잡은 모습이다. 그런데 양쪽 모두 세 가닥 머리칼이 곤두섰다. 딱 노발충관(怒髮衝冠)의 그 모습이다. UFC 격투 장면이 연상된다. 투(鬪)는 '두 사람이 분노하여 서로 손을 움켜잡고 싸우다'가 본뜻이며, 이로부터 '싸우다, 맞서다, 투쟁하다'의 뜻이 나왔다. 한 쌍의 人+又였던 글꼴이 합치고 분리되면서 │+王으로 변했고, 이후 두(豆)와 촌(寸)이 추가되기도 하고, 두(鬥)와 근(斤)이 붙어 다른 글꼴인 투(鬪)가 되기도 했다. '두'는 발음을 표시했고, 촌(寸)은 손동작이며, 근(斤)은 도끼이므로 급기야 무기까지 쥔 모습이다. 이에 분투(奮鬪)를 한자 뜻대로 풀면 '잡힌 새가 달아나려 몸부림치듯 분노하여 격투하다'이다. 사생결단이다.

努力

노(努)는 노(奴)와 력(力)이 합했다. 노(奴)는 여(女)와 우(又)의 합인데, 초기글꼴을 보면 여자가 양손을 등 뒤로 잡은 채 무릎을 꿇고 있다. 초기글꼴에서 여자는 일반적으로 무릎은 꿇지만 양손을 등 뒤로 잡는 것이 아니라 모아서 무릎 위에 올려놓은 모습이다. 따라서 노(奴)는 신분이 비천한 여자를 암시한다. 이런 노(奴)에 '힘-력'(力)을 더한 노(努)는 '비천한 여자에게 힘든 일을 시키다'가 본뜻이며, 이로부터 '힘쓰다, 부지런히 일하다'의 뜻이 나왔다. 한편 력(力)의 초기글꼴은 보습의 쟁기, 즉 가래의 모양 같다. 가래는 땅을 갈아 흙덩이를 일으키는 데 쓰는 농기구로, 논농사든 밭농사든 농경에 반드시 필요하다. 가래를 쓰려면 당연히 근력(筋力)이 필요하다. 력(力)을 근육의 모양이라 주장하는 이유이다. 따라서 력(力)의 본뜻은 농기구 '가래'이며, 이를 사용하려면 근력이 필요하기에 이로부터 '힘, 힘주다, 일꾼'의 뜻이 나왔다. 이상을 종합하여 한자 뜻대로 풀면, 노력(努力)이란 '여자 노예가 힘든 일을 부지런히 하듯, 가래를 밀며 농지를 갈아엎듯 열심히 일하다'이다. 뜻이 이리 혹독하니 누구한테 함부로 노력하란 소리를 못 하겠다.

間 隙

간(間)은 문(門)과 일(日)이 합했다. 문틈으로 햇빛이 보이는 모습으로부터 '틈, 사이'의 뜻이 나왔다. 문틈으로 달이 보이면 한(閒)이다. 낮에는 일하니 바쁘고, 밤에는 쉬니 한가하다. 한(閒)도 '틈, 사이'의 뜻이 있으나 '한가하다'의 뜻으로 쓰게 된 배경이다. 따라서 월(月)이 들어간 한(閒)은 넉넉한 시간의 '한가로움'이라는 뜻으로 쓰고, 그 외의 모든 '틈, 사이'는 간(間)으로 썼다. 시간(時間), 공간(空間) 등이 그러하며 사람 사이도 틈이 있어 인간(人間)이다. '등한시'나 '망중한'의 '한'은 '한가할-한'(閒)이 옳으나 엉뚱하게 문틈에 막대기가 있는 '막을-한'(閑)으로 쓴다. 한편 극(隙)은 부(阝=阜)와 극(𡈼)의 결합인데, 극(𡈼)은 소(小)·일(日)·소(小)가 합했다. 여기서 소(小)는 본래 작은 점 3개로, 본뜻은 '동굴이나 암벽 틈새로 빛이 보이다'이다. 이로부터 '틈, 구멍'의 뜻이 나왔고, 다시 '불화, 원한'을 비유하게 되었다. 세월이 흘러 극(𡈼)의 좌측에 '골-곡'(谷)이 더해졌고, 곡(谷)이 다시 '언덕-부'(阝)로 바뀌어 현재 글꼴이 되었다. 이상을 종합하여 한자 뜻대로 풀면, 간극(間隙)이란 '햇빛이 들어오는 문틈, 햇빛이 비치는 동굴이나 암벽의 틈새'이다.

慶祝

경(慶)의 초기글꼴은 녹(鹿)과 문(文)이 합했다. 녹(鹿)은 사슴, 문(文)은 아름다운 문양(文樣)이다. 즉 사슴처럼 생기고 아름다운 문양을 가진 동물이다. 문(文)은 나중에 비슷한 모양의 심(心)으로 변했고, 그 위의 일(一)은 긴 꼬리를 표시했다. 훗날 발동작을 뜻하는 치(夂)까지 더해 현재 글꼴인 경(慶)이 되었다. 이상의 인상착의로 보건대 저 동물은 기린(麒麟)이다. 중국은 전통적으로 기린이 출현하면 성인(聖人)이 태어나거나 태평성대가 시작된다고 믿었기에 길조(吉兆)와 경사(慶事)로 여겼다. 이로부터 기린이라는 뜻은 희미해지고 경(慶)은 '복, 다행, 경사'의 뜻으로 사용됐다. 한편 축(祝)은 시(示)와 형(兄)이 합했다. 형(兄)은 구(口)와 인(儿)의 결합으로 무릎을 꿇고 입으로 중얼거리는 모습, 곧 제사를 올리는 모습이다. 따라서 형(兄)의 본뜻은 '제사를 올리며 기도하다'이다. 집안에서 큰형님이 이런 제사를 봉행하기에 이로부터 맏이라는 뜻이 나왔다. 맏이의 뜻으로 널리 사용되자 정작 '기도하다'의 뜻이 사라져, 이에 제사나 신령을 상징하는 '보일-시'(示)를 추가하여 '빌-축'(祝)으로 복원했다. 술을 주면서 행운을 빌면 축복(祝福)이다. 돈을 주면서 행운을 빌면 축하(祝賀)다. 이에 경축(慶祝)을 한자 뜻대로 풀면 '기린의 출현을 빌며 큰형님이 기도하다'이다.

教育

교(教)는 효(爻), 자(子), 복(攵=攴)의 결합이다. 효(爻)는 잣대를 겹치며 셈하는 모습, 자(子)는 본디 갓난이인데 '어린이'의 뜻이 나왔다. 복(攴)은 손에 막대를 쥔 모양으로 '때리다'의 뜻이다. 따라서 교(教)는 '어린이에게 셈을 가르치며 때리다'이며, 이로부터 '가르치다'의 뜻이 나왔다. 어린이는 대개 산만하여 옛날 훈장은 종종 매를 들었다. 초기글꼴 중에는 복(攴) 위에 심(心)이 있어 '사랑의 매'임을 표현했다. 한편 육(育)의 현재 글꼴은 아래는 육(月=肉)이지만, 위가 아리송하다. 육(六)을 쓰고 밑줄을 긋는다거나, 해(亠)를 쓰고 세모꼴 사(厶)로 잇기도 한다. 일(一)을 긋고 비스듬히 관통하면서 사(厶)를 써야 원형에 가깝다. 원형은 고(古)처럼 생겼는데 사각형을 원형으로 그려 주면 완벽하다. 자(子)의 도치형으로 '갓난이'의 모습이다. 산모 뱃속에서 머리부터 나오는 모습이라 뒤집혔다. 초기글꼴 중에는 여(女)나 모(母)나 매(每) 밑에 '고(古)'가 있어 출산하는 모습이 생생하다. 핏덩이지만 육체를 갖췄기에 육(月)을 밑에 더했다. 이제 키워야 하므로 '기를-육'(育)으로 새긴다. 이에 교육(教育)을 한자 뜻대로 풀면 '매질하여 가르치고 갓난이를 키우다'이다. 키우기도 전에 매질부터 하여 역순이다. 여성가족부가 교육부로 들어간 꼴이다.

드릴 **헌**
몸 **신**

獻身

헌(獻)의 초기글꼴은 '솥-력'(鬲)과 '개-견'(犬)이 합했다. 력(鬲)을 '막을-격'(鬲)으로도 읽는데 격실(隔室)을 뜻하므로 이 솥은 찜통일 것이다. 초기글꼴 가운데는 력(鬲)이 아닌 '솥-정'(鼎)도 있으므로 삶기도 했을 것이다. 세월이 흘러 왼쪽 상단에 '호피 무늬-호'(虍)가 더해졌는데, 이는 솥의 손잡이에 조각된 도철(饕餮)을 가리킨다. 고전에 따르면 종묘 제사 때 살진 개를 잡아 바쳤다. 따라서 헌(獻)의 본뜻은 '개를 요리하여 조상께 바치다'이며, 이로부터 '바치다, 드리다'의 뜻이 나왔다. 한편 신(身)의 초기글꼴은 여(女)의 배가 튀어나온 모습이다. 인(人)이 여(女)를 대신한 글꼴도 있고, 배 안에 점을 찍거나 아예 '갓난애-자'(子)를 쓰기도 했다. 따라서 신(身)의 본뜻은 '여자 뱃속에 아기 몸이 있다'이며, 이로부터 '몸'의 뜻이 나왔다. 세월이 흘러 배 밑으로 가로선을 추가했다. 태아가 성장하여 아래쪽으로 내려온 모습을 표시한 것이다. 이 가로선이 훗날 길쭉한 사선으로 변형되어 현재 글꼴이 되었다. 그런데 신(身)이 '몸'이라는 뜻으로 전용되자 임신의 뜻이 사라졌다. 이에 인(人)을 변형해 유방을 표시한 내(乃)의 아래쪽에 자(子)를 추가하여 '아이 밸-잉'(孕)을 만들었다. 이에 헌신(獻身)을 한자 뜻대로 풀면 '개를 잡아 바치고 여성이 임신하다'이다. 현재는 '몸과 마음을 바쳐 있는 힘을 다함'으로 풀이한다.

技倆

기(技)는 수(扌=手)와 지(支)가 합했다. 지(支)의 초기글꼴 윗부분은 죽(竹)의 반쪽이고 아래는 '손가락-우'(又)이다. 따라서 지(支)의 본뜻은 '대나무를 절반 잘라 손으로 잡다'이며, 이로부터 '대막대기'의 뜻이 나왔고, 또다시 '막대기'의 뜻이 나왔다. 따라서 지(支)에 '손-수'(扌=手)를 더한 기(技)는 손재주로 지팡이를 만들거나, 각종 기물의 다리를 짜거나, 기둥과 대들보로 집을 짓는 등 '다양하게 기능과 기술을 발휘하다'가 본뜻이며, 이로부터 '재주, 능력'의 뜻이 나왔다. 인(亻)을 더해 기(伎)로도 쓴다. 기(伎)는 '재주가 있는 사람'으로, 예전으로 치면 예능인, 지금으로 치면 연예인이다. 여성이면 여(女)를 더해 기(妓)라 했지만, 폄하의 뜻은 없고 단지 여성 예능인일 따름이다. 한편 량(倆)은 인(亻)과 량(兩)이 합했다. 량(兩)은 '멍에'의 모양이다. 달구지나 쟁기의 채를 잡아매기 위해 소나 말의 목에 가로 얹는 둥그렇게 구부러진 막대다. 대략 ⌒ 모양인데, 정중앙을 목에 걸고 양쪽으로 펴졌기에 이로부터 '두 쪽, 두 방향, 둘'의 뜻이 나왔다. 따라서 량(倆)의 본뜻은 '두 사람, 두 명'이며, 이로부터 '두 사람 몫을 하다'의 뜻이 나왔다. 이상을 종합하여 한자 뜻대로 풀면, 기량(技倆=伎倆)이란 '두 사람 몫의 재주나 능력'이다.

다툴 **경**
달릴 **주**

競走

경(競)의 초기글꼴은 인(人)이 둘 나란히 걷거나 뛰는 모습이다. 그런데 머리에 똑같이 신(辛)이 붙어 있다. 위쪽에 가로선을 그어 두 사람을 엮은 모양의 글꼴도 있는데, 신(辛)은 형구이므로 두 사람은 죄수나 노예이며, 가로선으로 보건대 두 사람이 함께 움직이는 모습이다. 훗날 '입-구'(口)를 밑에 각각 더해 현재 글꼴이 되었다. 고함을 지르거나 기합을 넣는 모습이다. 이상을 종합하면 경(競)은 '죄수나 노예 둘이 경기(競技)하다'이며, 이로부터 '다투다, 겨루다'의 뜻이 나왔다. 격투기가 연상된다. 고전판 UFC가 경(競)이다. 한편 주(走)의 초기글꼴은 대(大)의 변형인 요(夭)였다. 요(夭)는 사람이 양팔과 양다리를 벌리고 서 있다가 팔다리를 상하로 휘젓고 머리를 흔들며 달리는 모습이다. 훗날 대(大)가 토(土)로 변했고, 그 밑에 '발바닥-지'(止)가 붙어 현재 글꼴이 되었다. 따라서 주(走)는 '팔다리를 흔들며 질주하다'가 본뜻이며, 이로부터 '달리다'의 뜻이 나왔다. 지(止)와 도치된 지(止)가 상하로 합친 보(步)는 '천천히 걷다'의 뜻이다. 보행(步行), 도보(徒步)가 그렇다. 주(走)는 팔다리를 휘젓고 뛰는 모습이라 주마등(走馬燈), 주마간산(走馬看山) 등에 쓴다. 이에 경주(競走)를 한자 뜻대로 풀면 '노예가 다투듯 빠르기를 겨루다'이다.

試驗

시(試)는 언(言)과 식(式)이 합했다. 식(式)은 공(工)과 익(弋) 의 결합이다. 공(工)은 공구(工具)이고, 익(弋)은 주살로서 무기이다. 옛날 사람들에게 가장 중요한 일은 노동과 전쟁으로, 그 필수품인 공구와 무기는 용법을 숙지해야 했다. 따라서 식(式)은 '공구와 무기의 매뉴얼'이며, 이로부터 '본보기, 기준, 제도, 법칙'의 뜻이 나왔다. 그러므로 시(試)란 '업무나 직무와 관련된 소양이나 지식을 물어보다'가 본뜻이며, 이로부터 '떠보다, 조사하다, 검증하다, 임용하다'의 뜻이 나왔다. 한편 험(驗)은 마(馬)와 첨(僉)이 합했는데, 첨(僉)은 검(檢)의 생략형이다. 검(檢)은 칼처럼 끝을 뾰족하게 만든 나무 꼬챙이로(이 책의 3월 25일 검찰(檢察) 꼭지 참고) 책의 내용을 쉽게 검색하고자 나무꼬챙이에 메모하여 책에 찔러 놓은 것이다. 따라서 검(檢)은 '검사하다, 조사하다'의 뜻이므로, 험(驗)의 본뜻은 '말을 검증하다'이다. 이로부터 '검증하다'의 뜻이 나왔다. 옛날에 말은 전쟁 때나 평소 이동 시에 사람이 타고 물건도 싣는 요긴한 동물이었다. 이토록 귀중한 것이라면 자세히 검증하고 시승(試乘)도 해 보지 않겠는가? 말을 검증하는 전문가도 따로 있었는데, 역사상 백락(伯樂)이 가장 유명했다. 이에 시험(試驗)을 한자 뜻대로 풀면 '매뉴얼로 테스트하고 말을 검증하다'이다. 말도 없으면서 시험은 참 많이 본다.

펼 **연**
익힐 **습**

演習

연(演)은 수(氵=水)와 인(寅)이 합했다. 인(寅)의 초기글꼴은 '과녁'이었다. 현재 글꼴 인(寅) 맨 위의 면(宀)은 훗날 추가되어 실내를 표시했고, 중간의 사각형은 본디 동그란 과녁이었으며, 사각형 안쪽의 가로선은 과녁의 중심을 표시했고, 나머지 T는 화살촉과 화살대, 바닥의 팔(八) 모양은 오늬였다. 따라서 인(寅)의 본뜻은 '과녁을 향해 활을 쏘며 연습하다'이며, 이로부터 '연습(練習)하다'의 뜻이 나왔다. 이에 수(氵=水)를 더해 만든 연(演)은 '물의 흐름처럼 자연스럽게 설계된 작전 계획에 따라 궁술을 연습하다'가 본뜻이며, 이로부터 '연습(演習)하다'의 뜻이 나왔다. 연습(練習)은 '반복하여 익힘'이고, 연습(演習)은 '실전처럼 하여 익힘'이다. 한편 습(習)의 초기 글꼴은 우(羽) 밑에 구(口)가 있었다. 우(羽)는 새의 좌우 깃털을 그린 것이고, 구(口)는 둥지의 출입구(出入口)이다. 구(口)가 일(日)로 변했다가 다시 백(白)으로 바뀌며 현재 글꼴이 되었다. 일(日)이나 백(白)은 대낮을 가리킨다. 따라서 습(習)의 본뜻은 '어린 새가 낮에 둥지 입구에서 날갯짓을 익히다'이며, 이로부터 '익히다, 배우다'의 뜻이 나왔다. 이에 연습(演習)을 한자 뜻대로 풀면 '실전처럼 활을 쏘며 익히고, 어린 새가 날갯짓을 배우다'이다.

野球

야(野)의 초기글꼴은 림/임(林) 밑에 토(土)였다. 나무가 많은 땅, 곧 '숲'이 본뜻이다. 세월이 흘러 림(林)이 전(田)으로 바뀌었고, 발음인 여(予)를 추가해 야(野)가 되었다. 옛날, 귀족과 평민은 성(城)을 쌓고 그 안에 거주했다. 성루(城樓)와 망루(望樓) 등 높은 건물은 수도에 많기에 '서울-경'(京)이라 했다. 경(京)은 '높을-고'(高)의 변형이다. 평민은 낮에 성문을 나가 밭을 경작했고, 해가 지면 들어왔다. 임야를 개간하자 성 주변으로 경작지가 늘어났다. 이 지역을 기(畿)라 하며, 경(京) 주위라 경기(京畿)였다. 그 외곽이 야(野)이다. 따라서 야(野)의 본뜻은 '경기 바깥의 들이나 임야'이며, 이로부터 '들'의 뜻이 나왔다. 한편 구(球)는 옥(玉)과 구(求)가 합했다. 구(求)의 초기글꼴은 우(又)와 미(尾)의 결합이다. 손가락으로 동물의 꼬리를 잡은 모습인데, 동물의 가죽을 잡아 꼬리까지 벗긴 것이다. 십(十)은 우(又)의 변형이고, ⽊ 모양에서 수직선은 꼬리이고 양쪽은 털이다. 곧 구(求)는 짐승의 털가죽으로 안을 댄 갖옷인데, 사람들에게 인기가 많아 서로 구(求)했기에 '구하다'의 뜻으로 전용되었다. 그러자 '옷-의'(衣)를 더해 '갖옷-구'(裘)로 의미를 복원했다. 따라서 구(球)는 옥구슬처럼 동그랗게 가죽으로 만든 '공'이다. 이에 야구를 한자 뜻대로 재미있게 풀어 보면, '경기도 밖에서 하는 가죽 공놀이'이다.

사귈 **교**
이음새 **제**

交際

교(交)의 초기글꼴은 대(大)의 양발이 교차된 모습이다. 양팔과 양다리를 벌리고 선 사람을 정면에서 그린 모습이 '큰-대'(大)이고, 그 사람이 다리를 교차해 선 모습이 교(交)이다. 따라서 교(交)는 '발을 꼬다'가 본뜻이며, 교차된 모습으로부터 '오고 가다, 주고받다, 사귀다'의 뜻이 나왔다. 교우(交友), 교류(交流), 교전(交戰) 등이 모두 그런 뜻으로 쓰였다. 한편 제(際)는 부(阝=阜)와 제(祭)가 합했다. 부(阜)는 돌계단이 있는 구릉(丘陵)이다. 제(祭)는 육(月=肉), 우(又), 시(示)의 결합이다. 육(肉)은 고기를 포함한 제수(祭須), 우(又)는 손가락이니 손동작을 상징하고, 시(示)는 귀신이나 제사를 가리킨다. 따라서 제(祭)는 제수를 마련해 신령이나 조상께 제사를 올리는 모습이다. 그러므로 부(阝)와 제(祭)가 합한 제(際)는 구릉 위 다른 마을과의 경계 지역으로, 그곳에 사당(祠堂)을 세우고 마을의 안녕과 평화를 기원하며 제사를 올렸다. 우리나라도 시골에 가면 마을 입구에 성황당(城隍堂)이 있는데 바로 그 흔적이다. 성황당에 모신 신령은 토지와 마을을 지켜 주는 신이다. 이에 교제(交際)를 한자 뜻대로 풀면 '마을의 안녕과 평화를 기원하며 사당을 세우고 제사를 올리는 이웃 마을과의 교차 지점'이다. 지금은 '서로 사귀어 가까이 지냄'으로 쓴다.

너그러울 **관**
얼굴 **용**

寬容

관(寬)은 '집-면'(宀)과 '산양-환'(莧)의 합인데, '환'은 발음을 겸했다. 환(莧)의 위쪽은 실은 양(羊)의 뿔이었다가 시간이 흐르면서 '풀-초'(艹)로 변형된 것이다. 그 아래 '눈-목'(目)은 두 뿔이 산양의 머리에 있음을 표시한다. 맨 아래 '어진사람-인'(儿)과 작은 점 하나는 산양의 몸통과 다리이다. 따라서 관(寬)은 '산양의 두 뿔이 양쪽으로 넓게 벌어진 것처럼 집안이 넓다'가 본뜻이며, 이로부터 '마음이 넓다'는 뜻이 나왔다. 관대(寬大)란 '마음이 너그럽고 큼'이다. 한편 용(容)의 초기글꼴은 내(內)와 구(口)가 합했다. 구(口)는 입구(入口)를 뜻한다. 내(內)는 명사로 '안쪽', 동사로 '안쪽으로 받아들이다'인데, 동사의 뜻은 훗날 '실-사'(糹=糸)를 더해 '들일-납'(納)으로 만들었다. 따라서 용(容)의 본뜻은 '입구 안쪽으로 받아들이다'이며, 이로부터 '받아들이다'의 뜻이 나왔다. 내(內)가 모양과 뜻이 흡사한 '구멍-혈'(穴)로 변하면서 발음을 표시하는 공(公)이 밑에 추가되어 현재 글꼴이 되었다. 이목구비(耳目口鼻)를 모두 안쪽으로 받아들인 곳이 머리의 얼굴이므로, 이로부터 '얼굴, 용모(容貌)'의 뜻도 나왔다. 미용(美容)이란 '얼굴과 머리 등을 다듬고 가꾸는 일'이다. 이에 관용(寬容)을 한자 뜻대로 풀면, '산양의 뿔처럼 마음이 넓어 어지간하면 다 용납(容納)하다'이다.

慣行

관(慣)은 심(忄=心)과 관(貫)이 합했다. 관(貫)의 초기글꼴은 조개껍데기가 두 개 위아래로 있는데 그 중간을 수직선이 관통한 모양이다. 따라서 관(貫)의 본뜻은 '조개껍데기 화폐를 꿴 끈'이며, 이로부터 '꿰다, 관통하다, 잇다, 연결하다'의 뜻이 나왔다. 그렇다면 '마음-심'(心)을 더한 관(慣)의 본뜻은 '하루하루 이어지는 일상 전반을 관통하는 습성(習性)'이며, 이로부터 '익숙함, 버릇, 습성, 습관'의 뜻이 나왔다. 관례(慣例)란 예로부터 굳어져 계속 전해 온 사례나 관습을 가리킨다. 한편 행(行)의 초기글꼴은 사거리의 모습이다. 따라서 행(行)의 본뜻은 '십자로'이며, 사통팔달(四通八達)의 도로는 사람들이 즐겨 다니므로, 이로부터 '도로'라는 뜻이 나오고 이어서 '다니다'의 뜻이 나왔다. 사람이 다니면서 어떤 동작을 하면 행동(行動), 일정한 의도나 목적을 가지고 의식적으로 행동하면 행위(行爲)이다. 이상을 종합하여 한자 뜻대로 풀면, 관행(慣行)이란 '엽전을 꿰는 노끈처럼 일관(一貫)되게 하루하루 습관처럼 하고 다니는 행동'이다. 흥미롭게도, 관행을 주장하는 이들은 돈 문제로 변명하는 경우가 많다.

巡廻

순(巡)은 '내-천'(川)과 착(辶=辵)이 합했다. 착(辵)은 척(彳)과 지(止)의 결합으로 '걷는다'의 뜻이다. 천(川)은 수(水)의 변형으로 물길이 제법 이어지는 모양이다. 개천보다는 크고 강보다는 작은 물길이다. 오랜 옛날에는 산이나 강 등 자연 지형으로 부족 간 경계를 삼았다. 따라서 순(巡)은 '천변(川邊)을 따라 걸으며 순찰(巡察)하다'가 본뜻이며, 이로부터 '돌다, 돌아보다, 살피다'의 뜻이 나왔다. 순방(巡訪)이나 순례(巡禮)가 그런 뜻으로 쓰였다. 한편 회(廻)는 인(廴)과 회(回)가 합했다. 인(廴)은 착(辶)과 모양이 비슷하지만 위쪽에 점이 없어 흔히 '민책받침'이라 부른다. 착(辶)을 '책받침'이라 부르는 데서 유래했다. 인(廴)은 척(彳) 밑으로 사선을 길게 그어 발을 끄는 모양이라 '천천히 걷다'의 뜻이다. 회(回)의 현재 글꼴은 정사각형이 안팎으로 있어서 회전(回轉)하는 모습을 연상하기 힘드나 초기글꼴은 소용돌이나 동심원처럼 회전하는 모습이다. 따라서 회(廻)는 급히 도는 것이 아니라 '천천히 빙빙 돌다, 서서히 선회(旋回)하다'가 본뜻이며, 이로부터 '돌다'의 뜻이 나왔다. 이에 순회(巡廻)를 한자 뜻대로 풀면 '우두머리가 냇가를 따라 순찰하며 마을을 둘러보다'이다. 순회공연처럼 화려하지는 않지만 안전과 평화에 필요한 행동이었다.

展示

전(展)의 초기글꼴은 시(尸)·의(衣)는 분명한데 중간에 공(工)이 상하좌우로 넷이나 있다. 같은 글꼴이 셋이면 '많음'을 뜻하니, 넷이면 '엄청 많음'이다. 시(尸)와 의(衣)는 수의(壽衣)이다. 수의 주위로 공(工)이 엄청 많은 것이다. 옛날에는 고인을 염장(殮葬)할 때 부장품을 넣었다. 공(工)은 기술자의 공구이므로 정교하게 만든 부장품일 것이다. 그러므로 전(展)은 '수의 옆에 부장품을 펼쳐 놓다'가 본뜻이며, 이로부터 '펴다, 늘이다, 벌리다'의 뜻이 나왔다. 한편 시(示)의 초기글꼴은 T 모양이다. 그 위에 짧은 횡선이 있는 글꼴이나, 양쪽으로 액체가 떨어지는 모습을 그린 글꼴도 있다. 이를 감안하면 T는 제단(祭壇)이고, 횡선은 신주(神主)나 제물(祭物)이며, 액체는 땅에 술을 뿌리는 의식 이른바 '고수레'일 것이다. 그렇다면 시(示)의 본뜻은 '제단에 신주를 모시고 제사를 지내다'이며, 이로부터 '제사, 신령'의 뜻이 나왔다. 신령이 흠향(歆饗)하고 응답하면 그것이 계시(啓示)이므로, 이로부터 다시 '알리다, 보이다, 지시하다'의 뜻이 나왔다. 이에 전시(展示)를 한자 뜻대로 풀면 '수의 옆에 부장품을 펴 놓고, 제사를 지내자 신령이 응답하다'이다. 현재는 '여러 물품을 한곳에 벌여 놓고 보임'의 뜻으로 쓰는데, 왕의 부장품 전시라면 국립박물관이나 관련 왕릉 전시관에서 볼 수 있을 것이다.

計算

계(計)는 언(言)과 십(十)이 합했다. 십(十)은 숫자의 최대치이다. 열까지 세었다는 것은 모든 숫자를 계산하여 합했다는 뜻이다. 따라서 계(計)의 본뜻은 '(숫자를 모두) 말하다, 계산하다, 합산하다'이며, 이로부터 '헤아리다, 살피다, 예측하다, 꾀하다'의 뜻이 나왔다. 더 나아가 '살림살이, 장부, 회계'의 뜻까지 비롯되었다. 합계(合計), 회계(會計), 계획(計劃), 계략(計略), 생계(生計) 등이 모두 그런 뜻이다. 한편 산(算)은 죽(竹), 목(目), 공(廾)이 합했다. 죽(竹)과 목(目)은 대나무에 새겨진 눈금이다. 공(廾)은 양쪽 손가락[又] 둘이 붙은 모양이다. 따라서 산(算)은 양손으로 눈금이 새겨진 대나무를 붙잡은 모습으로, 치수를 재는 것이다. 그러므로 산(算)의 본뜻은 '양손으로 대나무 잣대를 잡고 치수를 계산하다'이며, 이로부터 '셈하다, 계산하다'의 뜻이 나왔다. 내가 초등생이던 시절 수학(數學)은 산수(算數)라 불렀다. 숫자를 셈했기 때문이다. 컴퓨터를 중국에서는 전자계산기(電子計算機), 줄여서 계산기(計算機)라 한다. 컴퓨터의 CPU도 결국 이진법으로 계산하는 것이니 '계산하는 기계'가 틀린 말은 아니다. 이에 계산(計算)을 한자 뜻대로 풀면 '숫자를 모두 합산하고, 대나무 잣대로 치수를 재다'이다. 당초에는 무척 소박했다.

貿易

무(貿)는 패(貝)와 묘(卯)의 합이다. 패(貝)는 조개껍데기로 화폐(貨幣)를 상징한다. 묘(卯)는 디근 자 꺽쇠 못처럼 양쪽의 나무를 연결할 때 사용하는 철물을 표현한 것이다. 따라서 무(貿)는 '디근 자 꺽쇠 못처럼 화폐를 매개로 쌍방을 연결하여 물품을 교환하다'가 본뜻이며, 이로부터 '물품을 바꾸다, 매매하다, 무역하다'의 뜻이 나왔다. 한편 역(易)의 초기글꼴은 '물-수'(氵=水)와 '그릇-명'(皿)의 합이다. 그릇이 기울자 물이 튀는 모양으로 보건대 역(易)은 익(益)의 생략형이다. 명(皿)이 위로 올라가면서 기울고 간략해져 일(日)이 되었고, 튀는 물방울은 물(勿)로 변해 현재 글꼴이 되었다. 즉 수(水)와 명(皿)이 결합한 '더할-익'(益)의 본뜻은 '그릇에 물이 차서 넘치다'이며, 훗날 또 수(水)를 더해 만든 '넘칠-일'(溢)의 원형이다. 두 글꼴 모두 수(水)가 옆으로 누워 있어 알아보기 힘들다. 정리하면, 역(易)의 본뜻은 '물품을 상대에게 주어 상호 간에 이익(利益)이 되다'이며, 이로부터 '바꾸다, 교환하다'의 뜻이 나왔다. 역(易)에 패(貝)를 더해 '줄-사'(賜)로 만든 이유도 이 때문이다. 상업은 농사보다 이익은 크고 업무는 용이(容易)하다. 역(易)이 '쉬울-이'(易)로도 사용되는 이유다. 이에 무역(貿易)을 한자 뜻대로 풀면 '화폐를 매개로 물품을 교환하여 서로에게 이익이 되다'이다.

麻藥

마(麻)는 역(疒)과 패(林)가 합했다. 패(林)는 '삼-마'(麻)의 생략형이다. 패(林)는 패(朮)가 겹쳤으니 많이 있다는 뜻이다. 패(朮)의 초기글꼴은 초(屮)와 팔(八)의 결합이며, 초(屮)는 식물의 줄기, 팔(八)은 '나눌-분'(分)의 생략형이다. 따라서 패(朮)는 삼 줄기의 껍질을 벗기는 모습이다. 삼 껍질 안쪽의 인피섬유(靭皮纖維)를 이용해 삼베를 짠다. 삼의 껍질을 벗길 때 분비되는 점액은 강한 알칼리성으로 피부를 부식하여 신경을 마비(麻痺)시킨다. 환각 작용으로 신경이나 근육이 기능을 상실하기에 '병들어 기댈-역/녁'(疒)을 추가하여 마비(麻痺) 등에 쓰이는 '저릴-마'(麻)로 만들었다. 따라서 마(麻)는 '삼[麻]으로 인해 마비(麻痺)되다'가 본뜻이며, 이로부터 '저리다, 마비되다'의 뜻이 나왔다. 한편 약(藥)은 초(艹)와 악(樂)이 합했다. 악(樂)의 초기글꼴은 악기의 모습이다. 밑의 목(木)은 나무 탁자, 위의 '실-사'(絲)는 줄이므로 현악기(絃樂器)이다. 세월이 흘러 '줄-현'(絃) 사이로 백(白)이 더해졌다. 백(白)은 입을 연 모양이다. 따라서 악(樂)은 현악기에 맞춰 노래하는 모습이다. 악기를 타면서 노래하므로 '즐겁다'의 뜻이 나왔다. 그렇다면 약(藥)은 '병을 낫게 해 줄 수 있는 즐거운 풀'이다. 이에 마약(麻藥)을 한자 뜻대로 풀면 '풀을 즐기다가 신경이 마비되다'이다.

급락

급할 **급**
떨어질 **락(낙)**

急落

급(急)은 인(人), 우(又), 심(心)이 합했다. 우(又)는 손가락 모양으로, 인(人)과 우(又)가 합하면 '미칠-급'(及)이다. 손가락으로 사람을 잡으려는 급한 마음을 표현했다. 따라서 급(急)의 본뜻은 '사람을 빨리 잡아야 하는 다급한 마음'이며, 이로부터 '급하다, 빠르다, 서두르다, 절박하다'의 뜻이 나왔다. 한편 락(落)은 '풀-초'(艹)와 낙(洛)이 합했다. 낙/락(洛)은 낙하(洛河)의 준말로 예전에는 낙수(洛水)라 부르던 하천 이름이다. 낙양(洛陽)이란 지명도 여기서 비롯되었다. 이런 하천 이름이 어떻게 '낙엽이 떨어지다'라는 낙(落)과 연관되었는지는 아리송하나 억지로 해석해 본다. 각(各)은 치(夂)와 구(口)가 합했다. 치(夂)는 '발바닥-지'(止)가 뒤집힌 모양으로, 저쪽에서 이쪽으로 걸어오는 동작이다. 치(夂)의 아래 구(口)는 출입구를 가리킨다. 고대인의 거주지는 외부의 공격에 취약해 출입구를 좁게 설계했다. 따라서 각각(各各) 한 명씩 차례대로 들어온다. 이로부터 '각각, 따로따로'의 뜻이 나왔다. 그렇다면 락(落)은 서리가 내리자 잎사귀가 시들면서 '한 잎 두 잎 저쪽 나뭇가지에서 이쪽 땅으로 낙수의 물길처럼 계속 이어져 떨어지다'가 본뜻이며, 이로부터 '떨어지다'의 뜻이 나왔다. 이에 급락(急落)을 한자 뜻대로 풀면 '낙엽이 떨어지듯 물가나 시세가 급히 떨어지다'이다.

成敗

성(成)의 초기글꼴은 술(戌)과 국(口=國=圍)이 합했다. 술(戌)은 날이 육중한 도끼의 모양이다. 국(口)은 사방으로 성을 쌓은 모양의 성읍(城邑)이므로 무기를 들고 성읍을 지키는 모습이다. 국(口) 대신 곤(丨)이 있는 글꼴도 있다. 곤(丨)은 토(土)의 생략형으로, 역시 국토를 지키는 모습이다. 또 다른 글꼴은 국(口) 대신에 정(丁)이 있다. 발음을 표시한 것인데 현재 글꼴의 원형이다. 이상을 감안하면 성(成)은 '무기를 들고 성(城)을 지켜 안정과 평화를 이루다'가 본뜻이며, 이로부터 '이루다, 일어나다, 성취(成就)하다, 완성(完成)하다'의 뜻이 나왔다. 한편 패(敗)는 패(貝)와 복(攵=攴)의 합이며, 패(貝)는 발음을 겸한다. '칠-복'(攴)은 손으로 막대기를 잡은 모습으로 손동작을 상징하며, 패(貝)는 조개껍데기 화폐로 귀중품이다. 그렇다면 패(敗)는 '막대기를 쥐고 조개껍데기를 깨뜨리다'가 본뜻이며, 이로부터 '망치다, 망가뜨리다'의 뜻이 나왔다. 실패(失敗), 부패(腐敗) 등이 그런 뜻으로 쓰인 것이다. 사업이나 경기를 망치면 당연히 지게 된다. 실패(失敗), 패착(敗着) 등이 그러하다. 이상을 종합하여 한자 뜻대로 풀면, 성패(成敗)란 '국토를 수호하여 성공(成功)함, 귀중품을 깨 버려 망함'이다.

信賴

신(信)은 인(人)과 언(言)이 합했다. 초기글꼴은 인(人)을 기본으로 심(心), 천(千), 구(口)가 각기 따로 붙었다. 이런 경우를 이체자(異體字)라 한다. 인(人)과 심(心)은 '진심'을, 인(人)과 천(千)은 천 번의 진심임을 강조한다. 인(人)과 구(口)는 '입으로 맹세하다'이다. 이상을 종합하면, 현재 글꼴 신(信)은 '진심을 맹세하다'가 본뜻이며, 이로부터 '믿다, 믿음'의 뜻이 나왔다. 한편 뢰(賴)는 속(束)과 부(負)가 합했다. '묶을-속'(束)의 초기글꼴은 끈으로 자루를 묶은 모습인데, 세월이 흐르며 모양이 점점 간단해져 나무를 묶은 모습이 되었다. 중간 네모꼴은 자루의 몸통이다. 부(負)는 인(人)과 패(貝)의 결합으로 조개껍데기 화폐를 등에 진 모습이다. 따라서 뢰(賴)는 '조개껍데기 화폐를 자루에 가득 담아 등에 지다'가 본뜻이며, 이로부터 '의지가 된다, 든든하다'의 뜻이 나왔다. 지금이라면 여행 가방에 달러 지폐를 가득 담은 셈이니 얼마나 의지가 되고 든든하겠는가. 주머니가 든든하면 게을러진다. '게으를-나'(懶)는 소위 '파이어족'의 느긋한 심정을 보여 준다. 이에 신뢰(信賴)를 한자 뜻대로 코믹하게 풀어 보면, '잔고가 넉넉해져요, 저의 진심을 믿어 주세요'이다. 어째 '굳게 믿고 의지함'이라는 오늘날 신뢰의 의미와는 정반대로 사기꾼 냄새가 나지 않는가?

雇傭

고(雇)는 호(戶)와 추(隹)가 합했다. 일반적인 새를 조(鳥)라 하고 맹금류를 추(隹)라 하지만, 철새나 뻐꾸기도 추(隹)라고 한다. 문(門)은 양쪽 대문을 그린 것이므로 그 반쪽인 호(戶)는 외짝 문을 가리킨다. 따라서 고(雇)의 본뜻은 '외짝 문 위 처마에 둥지를 튼 뻐꾸기 같은 철새'이다. 임시 일감을 찾아서 떠도는 품팔이꾼의 삶은 날씨와 먹이를 찾아 떠도는 철새와 흡사하므로, 이로부터 '품팔이'를 비유하게 되었다. 한편 용(傭)은 인(人)과 용(庸)이 합했다. 용(庸)은 경(庚)과 용(用)의 결합인데, 경(庚)의 초기글꼴은 징이나 종과 같은 타악기 모양이고, 용(用)의 초기글꼴은 나무쪽을 둥글게 잇대 만든 나무통[桶]이다. 따라서 용(庸)은 '징이나 종과 같은 타악기의 리듬에 맞춰 나무통으로 고역(苦役)에 종사하는 모습'이다. 이런 잡역(雜役)에 종사하는 사람을 가리켜 인(人)을 더해 용(傭)이라 했으며, 이들은 주인이나 고용주가 시키는 일을 했으므로 용역(庸役=用役)이라 했다. 지금으로 말하면 인력시장의 일용(日傭) 노동자인 것이다. 이에 고용(雇傭)을 한자 뜻대로 풀면 '일감을 찾아 남의 집 처마로 출근하여 타종 소리에 맞춰 품삯을 받고 남의 일을 해 주는 사람'이다. 정규직·비정규직의 차이가 있을 뿐, 월급쟁이는 기본적으로 품팔이꾼이다.

崩 壞

붕(崩)은 산(山)과 붕(朋)이 합했는데, 붕(朋)은 발음을 겸한다. 붕(朋)의 초기글꼴은 조개껍질을 엮어 늘어뜨린 모양인데 두 가닥이 나란히 있다. 따라서 붕(朋)의 본뜻은 '두 꿰미의 조개껍데기'이다. 야생 조개껍데기의 무늬나 질감은 암벽의 거칠고 모난 모양과 흡사하다. 따라서 야생 조개껍데기를 다듬고 말리는 과정에서 갈라지거나 깨지면 그 모습이 마치 산의 암석이 갈라지며 무너져 내리는 모습과 비슷했다. 그러므로 붕(崩)의 본뜻은 '조개껍데기가 깨지듯 산의 암벽이 무너져 내리다'이며, 이로부터 '무너지다'의 뜻이 나왔다. 한편 괴(壞)는 토(土)와 회(襄)가 합했는데, 토(土)는 토성(土城)의 생략, 회(襄)는 회(懷)의 생략형이다. 회(襄)는 '옷-의'(衣) 사이에 '눈-목'(目)과 '물-수'(氵=水=氺)가 있다. 눈물을 흘리는 아기를 상의(上衣) 안의 가슴으로 품어 주는 모습이다. 동정심을 강조하고자 심(心)을 더해 현재 글꼴 회(懷)가 되었다. 따라서 회(懷)의 본뜻은 '우는 아기를 가슴에 품어 주다'이며, 이로부터 '달래다, 위로하다'의 뜻이 나왔다. 그렇다면 괴(壞)는 '토성(土城)이 무너져 가족을 잃은 어린이를 위로하다'가 본뜻이며, 이로부터 '(토성이) 무너지다, 허물어지다'의 뜻이 나왔다. 이에 붕괴(崩壞)를 한자 뜻대로 풀면 '암벽이 무너지고 성벽이 허물어지다'이다.

九9月월

맺을 **약**
묶을 **속**

約束

약(約)의 초기글꼴은 '실-사'(糸)와 '칼-도'(刀)의 합인데, 도(刀)는 시간이 흐르면서 비슷한 모양의 '국자-작'(勺)으로 변했다. 칼 모양의 길쭉한 국자로 추정된다. 실은 묶는 것이니 제약(制約)을 뜻하며, 국자는 음식을 덜어 내는 식기(食器)이므로, 음식을 절제(節制)한다는 뜻이다. 지금은 다이어트나 성인병 때문에 음식을 절제하지만 옛날에는 음식이 부족했으므로 절약(節約)했다. 아껴야 오래 먹을 수 있기 때문이다. 따라서 약(約)은 '국자 사용을 제한하여 음식물 섭취를 줄이다'가 본뜻이며, 이로부터 '절약하다, 검소하다, 곤궁하다'의 뜻이 나왔다. 한편 속(束)의 초기글꼴은 자루의 양쪽 끝단을 묶은 모양이다. 세월이 흐르며 글꼴이 변했는데 속(束)의 아래쪽은 팔(八)자 모양이라 묶은 모습인데 위쪽은 일(一)자 모양이라 묶은 티가 안 난다. 중간의 네모꼴은 자루의 몸통이었다. 현재 글꼴은 '나무-목'(木)을 묶은 모양이라, 중간의 네모꼴은 땔 나무들을 끈으로 묶어 나뭇단을 만든 모습이 되었다. 따라서 속(束)의 본뜻은 '자루의 끝단을 묶다'이며, 이로부터 '묶다, 결박하다'의 뜻이 나왔고 여기서 다시 '단속하다'의 뜻까지 나왔다. 종합하여 한자 뜻대로 풀면, 약속(約束)이란 '식사량을 제한하듯 자루를 동여매듯 사람의 언행을 단속하다'이다. 계약(契約)이니 언약(言約)이 사람을 단속하지 않는가?

무리 **배**
날 **출**

輩出

배(輩)는 비(非)와 차(車)가 합했다. 비(非)는 날아가는 새의 깃 모양이고, 차(車)는 바퀴 축이 하나인 수레의 조감도이다. 새가 앉아 있을 때 깃의 모양을 그린 것이 '깃-우'(羽)이다. 날아오를 때는 깃을 반대 방향으로 펼치는데 그 모양이 비(非)이다. 따라서 비(非)는 양 날개가 서로 배척(排斥)하며 계속 밀어내는 모습이다. 그러므로 배(輩)는 '전차(戰車) 부대의 한 무리 수레가 서로 밀어내듯 계속 행렬(行列)을 지어 나오다'가 본뜻이며, 이로부터 '무리, (수레의) 행렬, 서열'의 뜻이 나왔다. 선후배(先後輩)를 제외하면 소인배(小人輩), 모리배(謀利輩), 불량배(不良輩), 시정잡배(市井雜輩) 등은 온통 나쁜 무리의 뜻이다. 한편 출(出)의 초기글꼴을 보면, 위쪽은 '발바닥-지'(止)이고 아래쪽은 '입-구'(口)였다. 출구를 나서는 모습이다. 발동작을 강조하고자 '걸을-척'(彳)을 추가하거나 출구를 '입 벌릴-감'(凵)으로 그린 것도 있다. 이후에 위쪽의 지(止)가 '싹-철'(屮)로 변하면서 감(凵)과 결합해 지금 글꼴이 되었다. 따라서 출(出)의 본뜻은 '출구를 나서다'이며, 이로부터 '나서다, 나오다'의 뜻이 나왔다. 이에 배출(輩出)을 한자 뜻대로 풀면 '전차가 행렬을 지어 계속 나오듯 사람들이 계속 출구를 나서다'이다. 현재 쓰이는 뜻처럼 '인재나 인물이 계속 나옴'이라는 뜻은 전혀 없다.

果敢

과(果)의 초기글꼴은 '나무-목'(木)의 가지 위에 동그란 열매가 여럿 매달린 모양이었다. 현재 글꼴 위쪽의 전(田)은 그 열매를 일일이 다 그릴 수 없어 한곳에 뭉친 모습이다. 따라서 과(果)의 본뜻은 '나무에 열린 열매'이며, 이로부터 '열매, 과실, 실과'의 뜻이 나왔다. 그 옛날, 병충해나 기상이변이 잦으니 열매가 열린다는 보장이 없었다. 그러니 열매를 보면 그 '결과'에 절로 '과연' 소리가 나올 만하다. 결과(結果)란 '열매를 맺다'이고, 과연(果然)은 '아닌 게 아니라 정말로'의 뜻이다. 열매는 적당한 때 과감(果敢)하게 따야 맛도 좋고 유실되지 않는다. '과단성(果斷性) 있다'는 말은 '과실(果實)을 절단(切斷)하다'라는 뜻이다. 한편 감(敢)의 초기글꼴은 무기로 멧돼지의 머리를 찌르는 모습이다. 현재 글꼴에 억지로 대입하면, 왼쪽의 '귀-이'(耳)가 육(月=肉)의 변형으로 멧돼지를 가리킨다. 그 위의 '장인-공'(工)은 '오른손-우'(又)의 변형이다. 오른쪽의 '칠-복'(攵=攴)만이 무기를 들고 공격하는 모습을 원형 그대로 보존했다. 따라서 감(敢)은 '멧돼지를 잡으려 하다'가 본뜻이며, 이로부터 '감히, 용감하다, 결단력 있다'의 뜻이 나왔다. 이에 과감(果敢)을 한자 뜻대로 풀면 '열매를 망설임 없이 따고 멧돼지를 잡으려 하다'이다. 진정 좋아하는 일이라면 과감하게 뛰어들어 멧돼지도 잡고 열매도 맛보기 바란다.

境界

경(境)은 토(土)와 경(竟)이 합했다. 토(土)는 땅이나 토지로, 장소를 가리킨다. 경(竟)의 초기글꼴은 신(辛), 구(口), 인(儿)의 결합이다. 신(辛)은 형구로서 죄인의 얼굴을 찢어 먹물을 입혔던 끌이고, 구(口)는 비명 소리, 인(儿)은 무릎 꿇은 모습이다. 따라서 경(竟)은 얼굴에 죄명을 써넣는 형벌인 '경형(黥刑)에 처하다'가 본뜻이다. 그러므로 토(土)를 더한 경(境)은 '경형에 처하고자 죄인을 압송한 장소'를 뜻하며, 이로부터 '곳, 장소, 경우, 상태'의 뜻이 나왔다. 저런 죄인은 결국 국경(國境)으로 축출하거나 추방했으므로 이로부터 '경계, 국경'의 뜻까지 나왔다. 한편 계(界)는 전(田)과 개(介)가 합했다. 개(介)는 인(人)과 팔(八)의 결합인데, 팔(八)은 '나눌-분'(分)의 생략형이므로 뭔가를 나누고 있는 모습이다. 초기글꼴을 보면 '사람-인'(人) 좌우로 수직선이 각각 하나 혹은 둘이 연이어 그어졌다. 자기 주위로 줄을 긋는 모습이다. 이에 전(田)을 더한 계(界)는 '내 땅이나 밭의 둘레를 긋다'가 본뜻이며, 이로부터 '둘레, 땅의 가장자리, 사이를 두다'의 뜻이 나왔다. 그러므로 한계(限界)란 '내 땅의 가장자리까지 가서 뒤돌아보다'이다(이 책의 2월 19일 극한(極限) 꼭지 참고). 이에 경계(境界)를 한자 뜻대로 풀면 '죄인을 처벌하고 추방한 국경 및 내 땅 둘레에 줄을 긋다'이다.

勿論

물(勿)의 초기글꼴은 '칼-도'(刀) 옆으로 피나 살점이 튀는 모양이다. 현 글꼴의 포(勹)는 도(刀)의 변형이고, 안쪽의 사선 둘이 피나 살점을 표시한 것이다. 따라서 물(勿)의 본뜻은 '칼로 베다'이다. 칼질은 위험하여 함부로 할 일이 아니기에, 이로부터 '~하지 말라'의 뜻이 나왔다. 한국 한자에서는 물망초(勿忘草)가 대표적이다. 이 뜻으로 전용되자 본래의 뜻은 도(刀)를 또 추가하여 '목 벨-문'(刎)으로 복원했다. 그 유명한 문경지교(刎頸之交)에 쓰였다. 중국 전국시대 인상여(藺相如)와 염파(廉頗)의 우정에 관한 고사이다. 한편 론(論)은 언(言)과 륜/윤(侖)이 합했다. 륜(侖)의 위쪽 세모꼴은 '입-구'(口)가 밑을 향한 모양이고, 그 아래는 대쪽을 엮어 묶은 책(冊)이거나 '피리-약'(龠)의 생략이다. 전자로 해설한다. 저런 책(冊)은 필기한 후에 순서대로 꿰어서 묶어 놓지 않으면 뒤섞여 엉망이 된다. 글꼴 중간의 횡선이 바로 엮어 묶은 모양이다. 따라서 '말씀-언'(言)과 륜(侖)이 합한 론(論)은 '대쪽의 책을 순서대로 꿰어 엮듯 말을 논리적으로 엮어서 일관되게 하다'가 본뜻이다. 이런 식으로 논하면 분명하겠지만 장황하지 않겠는가. 그러니 이제 다 알았으니까 '그만 말해라'가 물론(勿論)이다. 듣는 이가 "물론이지"라고 했다면 그치는 것이 좋다.

가지런할 **정**
다스릴 **리(이)**

整理

정(整)은 칙(敕)과 정(正)의 합이며, 정은 발음을 겸했다. 칙(敕)은 속(束)과 복(攵=攴)의 결합인데, 속(束)은 '간할-간'(柬=諫)의 생략형이고, 복(攴)은 가격하는 모양이다. 따라서 칙(敕)은 상대가 의견을 받아들이도록 강요하는 모습이다. 그리고 정(正)은 정(征)의 생략형으로 부정이나 불의를 바로잡고자 정벌(征伐)한다는 뜻이다. 이상을 종합하면 정(整)은 '상대의 잘못을 무력으로 바로잡다'가 본뜻이며, 이로부터 '강력하게 정돈하다'의 뜻이 나왔다. 한편 리(理)는 옥(玉)과 리(里)가 합했는데, 리(里)는 리(裏)의 생략형이며 발음을 겸했다. 리(裏)는 의(衣)와 리(里)가 합했다. 의(衣)는 옷이고, 리(里)는 전(田)과 토(土)의 결합으로 사람들이 거주하는 마을 내의 공간을 가리킨다. 따라서 리(裏)는 옷의 안쪽 공간, 즉 안감을 가리킨다. 이상을 종합하면 리(理)는 '옥의 안쪽에 있는 무늬를 다스리다'가 본뜻이며, 이로부터 '다듬다'의 뜻이 나왔다. 옥의 무늬를 미리 파악하고 그 결에 따라 다듬어야 옥이 깨지지도 않고 아울러 멋진 문양(紋樣)이 나온다. 이에 정리(整理)를 한자 뜻대로 풀면 '강제로 정돈하고 결에 따라 다듬다'이다. 리(理)는 그래도 이치(理致)를 따지지만 정(整)은 가차 없다. 중국어에서 정(整)은 '괴롭히다, 못살게 굴다'라는 뜻이다.

슬플 **애**
원망할 **원**

哀怨

애(哀)는 의(衣) 안쪽에 구(口)가 있다. 상복을 입고 곡소리를 내는 모습이다. 따라서 '애도하다'가 본뜻이며, 이로부터 '슬프다'의 뜻이 나왔다. 요즘 상복(喪服)은 흑색의 양복이나 치마 저고리지만 예전에는 거친 삼베로 만들었다. 애(哀)의 옷이 해진 모양인 쇠(衰)가 바로 상복으로, 중간 부분이 소매 끝이나 도련에 단을 하지 않아 실이 너풀거리는 모양이다. 불효를 사죄한다는 뜻에서 자식은 일부러 그렇게 불편한 옷차림을 했다. 예법대로 상을 치르다가 몸이 쇠약(衰弱)해지기도 했다. '상복-쇠'(衰)가 '여윌-쇠'(衰)로 전용되자, '실-사'(糸)를 좌측에 붙여 '상복-최'(縗)로 복원했다. 한편 원(怨)의 초기 글꼴은 영(令)과 심(心)이었다. 영(令)의 위쪽 삼각형은 '입-구'(口)가 아래로 향한 모양이고 아래쪽은 절(卩)이다. 절(卩)은 사람이 무릎을 꿇은 모습이므로, 영(令)은 입으로 명령(命令)하는 모습이다. 여기에 심(心)을 더한 원(怨)은 '명령을 받을 때마다 느끼는 마음'이 본뜻이며, 이로부터 '원망, 한탄, 미워하다'의 뜻이 나왔다. 세월이 흘러 삼각형은 석(夕)으로 변했고, 절(卩＝巴)이 그 옆으로 가서 '누워 뒹굴-원'(夗)이 되었으며, 밑에 심(心)이 붙어 현재 글꼴이 되었다. 이에 애원(哀怨)을 한자 뜻대로 풀면 '상복을 입고 곡소리로 원망하다'이다.

初喪

초(初)는 '옷-의'(衣)와 '칼-도'(刀)가 합했다. 옷을 만들려면 옷감 재단부터 시작한다. 따라서 '옷을 만들고자 먼저 옷감을 재단하다'가 본뜻이며, 이로부터 '처음, 시작'의 뜻이 나왔다. 한편 상(喪)의 초기글꼴은 '뽕나무-상'(桑)의 가지마다 '입-구'(口)가 가득하다. 누에가 잔뜩 달라붙어 뽕잎을 갉아먹는 모습이다. 현재 글꼴에 대입하면 토(土)는 목(木)의 변형이고, 좌우의 구(口)는 누에의 입, 밑의 의(쑈)는 망(ㅩ=亡)의 변형이다. 누에가 뽕잎을 다 먹어 나무가 고사할 지경을 '죽을-망'(亡)으로 표현했다. 따라서 상(喪)의 본뜻은 '누에가 뽕잎을 다 먹어 나무가 고사하다'이며, 이로부터 '잃다, 망하다'의 뜻이 나왔고 또다시 '사람을 잃다, 죽다'의 뜻까지 나왔다. '초상집'이니 '초상을 치렀다'느니 할 때의 초상(初喪)은 한자 뜻대로 하면 '처음 잃음'이니, 또 잃을 일이 남았단 말인가 싶다. 실은 초종상례(初終喪禮)의 준말로, 초종(初終)이란 '첫 생명의 종료'를 뜻한다. 사람은 두 번 죽지 않으니 '사망'의 점잖은 표현인 것이다. 사람이 죽었으니 이제 상례(喪禮)의 절차가 남았다. 옛날에 부모상은 3년간 치르므로 삼년상(三年喪)이라 한다. 지금은 고작 사흘이라 '삼일상'이다. 이에 초상(初喪)을 한자 뜻대로 풀면 '고인이 처음 생명을 종료했으니 이제 상례 절차가 남다'이다.

다시 **부**
일 **흥**

復興

부(復)의 초기글꼴은 부(复)만 있었다. 부(复)는 성벽(城壁)의 돌출된 성문(城門) 밑에 치(夂)가 있는 모습이다. 치(夂)는 지(止)가 뒤집힌 모양으로, 저쪽에서 이쪽으로 오는 발동작이다. 따라서 부(复)는 '성문을 나섰다가 다시 돌아오다'가 본뜻이며, 나중에 발동작을 강조하고자 '걸을-척'(彳)을 추가해 현재 글꼴이 되었다. 이로부터 '다시, 돌아오다'의 뜻이 나왔으며 '다시'일 때는 '부', '돌아오다'일 때는 '복'으로 읽어 구분한다. 부흥(復興)이나 복귀(復歸)가 그렇다. 한편 흥(興)은 여(舁)와 동(同)이 합했고, 여(與)는 '마주 들-여'(舁)와 '줄-여'(与)가 합했다. 여(舁)는 두 명이 양손을 맞잡은 모양이고, 여(与)는 물건을 주고받는 모습이다. 따라서 여(與)의 본뜻은 '서로 선물을 주고받으며 함께 하기로 손을 잡다'이며, 이로부터 '함께하다, 참여하다'의 뜻이 나왔다. 또한 동(同)은 범(凡)과 구(口)의 합인데, 범(凡)은 달구의 모양이므로 '구령에 맞춰 함께 달구질하다'라는 뜻이다. 이로부터 '함께, 같이'의 뜻이 나왔다. 그러므로 흥(興)은 '여러 명이 함께 소리를 내며 흥겹게 달구질하다'가 본뜻이며, 이로부터 '흥겹다, 흥성하다, 성공하다'의 뜻이 나온 것이다. 이에 부흥(復興)을 한자 뜻대로 풀면 '망했다가 다시 흥하다'이다.

던질 **투**
재물 **자**

投資

투(投)는 '손-수'(扌=手)와 '창-수'(殳)가 합했다. 수(殳)는 궤(几)와 우(又)가 합했는데, 초기글꼴을 보면 막대사탕의 모양과 똑같다. 궤(几)는 동그란 모양이고 우(又)는 손가락 모양이니, 손으로 창이나 몽둥이를 잡은 모습이다. 여기에 또 손을 더한 글꼴이 투(投)이므로 '손으로 창이나 몽둥이를 던지다'가 본뜻이며, 이로부터 '던지다, 보내다, 뛰어들다'의 뜻이 나왔다. 야구팬은 투수(投手)가 생각날 것이다. 한편 자(資)는 차(次)와 패(貝)가 합했다. 패(貝)는 내륙 지역에 귀한 조개껍질로, 화폐를 포함한 재화(財貨)를 상징한다. 차(次)는 '얼음-빙'(冫)과 '하품-흠'(欠)이 합했다. 차(次)의 초기글꼴은 하품이라기보다는 오히려 재채기를 크게 하는 모습이다. 재채기할 때 튀는 침방울을 빙(冫)으로 표시했으며, 심지어 침방울을 손바닥으로 가리는 모습의 글꼴도 있다. 따라서 차(次)의 본뜻은 '크게 재채기하다'이며, 최상이 아닌 몸 상태로부터 '그다음 상태나 상황'을 뜻하게 되었다. 행군이나 여행 중이면 잠시 주둔(駐屯)하거나 투숙(投宿)하여 쉬어야 하므로, 이로부터 '머무르다, 투숙하다'의 뜻이 나왔다. 그렇다면 자(資)의 본뜻은 '여비(旅費)나 노자(路資)'이며, 이로부터 '비용, 재물'의 뜻이 나왔다. 이에 투자(投資)를 한자 뜻대로 풀면 '무기를 투척하듯 재물의 세계로 뛰어들다'이다.

激憤

격(激)은 '물-수'(水), '흰-백'(白), '놓을-방'(放)이 합했다. 물이 세차게 흐르다 물길을 막는 바위나 바닥의 돌멩이에 부딪혀 흰색의 포말(泡沫)을 격하게 방출(放出)하는 모습이다. 따라서 격(激)은 '물길이 막혀 물이 거칠게 튀다'가 본뜻이며, 이로부터 인간의 감정이 거칠게 드러날 때도 '거칠다, 과하다'의 뜻으로 사용한다. 격동(激動), 격앙(激昂), 격정(激情) 등이 그렇다. 세찬 물결이 바위를 때리듯 스스로 부족하다고 느껴 자책하는 마음은 자격지심(自激之心)이라 한다. 한편 분(憤)은 심(忄=心)과 분(賁)이 합했다. 분(賁)은 훼(卉)와 패(貝)의 결합인데 훼(卉)는 '달릴-분'(奔)의 생략형이다. 분(奔)의 초기글꼴은 팔을 휘젓는 사람의 발 아래로 '발바닥-지'(止)가 무려 셋이나 있다. 마구 달리는 모습이다. 곧 훼(卉)는 지(止) 셋이 뭉치면서 변형된 것이다. 그렇다면 분(賁)은 패(貝), 즉 재물을 향해 사람들이 광분(狂奔)하는 모습이다. 먼저 차지하는 자가 임자라면 뻔히 보고도 놓친 사람의 심정은 어떠할까? 분(憤)은 그 마음을 표현했다. 그러므로 분(憤)은 '재물을 향해 광분한 사람이 재물을 놓쳤을 때 느끼는 분노'이며, 이로부터 '원통, 원한, 분노'의 뜻이 나왔다. 이에 격분(激憤)을 한자 뜻대로 풀면 '재물을 차지하지 못하여 분노와 원한의 격랑(激浪)이 치솟다'이다. 현재는 재물과 관련된 의미는 빠진 채 쓰인다.

나타날 **현**
열매 **실**

現實

현(現)은 옥(玉)과 견(見)이 합했다. 옥(玉)의 초기글꼴은 옥 세 개를 끈으로 가지런히 꿴 모양이다. 지금 글꼴에 대입하면, 수직선이 끈이고 짧은 횡선 세 개가 옥이다. '임금-왕'(王)과 구분하고자 옆에 점을 찍었지만 다른 글꼴과 합할 때는 사라진다. 견(見)은 목(目)과 인(儿)의 결합으로 사람이 무릎을 꿇고 쳐다보는 모습이다. 그렇다면 현(現)은 '옥 꿰미가 나타나자 사람들이 무릎을 꿇고 살펴보다'가 본뜻이며, 이로부터 '나타나다, 드러내다'의 뜻이 나왔다. 백화점 세일 상품만 나타나도 인산인해인데 금은보화가 길바닥에 나타나면 중대재해처벌법 위반 사례가 나올 정도일 것이다. 한편 실(實)은 '집-면'(宀) 안에 관(貫)이 있다. 관(貫)의 초기글꼴은 조개껍데기가 위아래로 두 개 있고 그 중간을 수직선이 관통한 모양이다. 따라서 관(貫)은 '조개껍데기 화폐를 꿴 끈'이 본뜻이며, 이로부터 '돈 꿰미, 돈뭉치'의 뜻이 나왔다. 그렇다면 실(實)은 '집이 돈뭉치로 가득하다'가 본뜻이며, 이로부터 '부유하다, 만족하다'의 뜻이 나왔다. 작물이나 과실수도 알곡이나 열매의 내용물이 가득 차면 '실(實)하다'고 하며, '열매' 그 자체도 가리킨다. 이에 현실(現實)을 한자 뜻대로 풀면 '옥 꿰미를 드러낼 정도로 집에 돈뭉치가 가득하다'이다. 나의 현실(현재 실제로 존재하는 사실이나 상태)과는 퍽 다른 현실이다.

밀 **추**
천거할 **천**

推薦

추(推)는 '손-수'(扌=手)와 '새-추'(隹)가 합했는데, 추(隹)는 '망치-추'(椎)의 생략형이며 발음을 겸했다. 초기글꼴에서는 수(扌)가 아니라 복(攵=攴)이었다. 복(攴)은 막대기 같은 것[卜]을 손으로 잡고 있는[又] 모양이다. 따라서 추(推)는 '무기를 쥐고 가격하다'가 본뜻이며, 이로부터 '밀다, 밀어내다, 확장하다, 제거하다'의 뜻이 나왔다. 한편 천(薦)은 '풀-초'(艹)와 '해태-치'(廌)가 합했다. 치(廌)는 사슴과 닮은 전설상의 동물로 해태(獬豸)라 불렀다. 이 동물은 외뿔인데 시비와 선악을 구분할 줄 알아 악인을 보면 뿔로 들이받았다고 전한다. 천(薦)의 초기글꼴을 보면 치(廌)가 '싹-철'(屮)에 둘러싸여 있으므로, '해태가 풀밭이나 초원에서 풀을 먹고 있다'가 본뜻이다. 귀한 동물이므로 함부로 잡아먹지 않았고, 제사를 지낼 때도 이런 동물이나 가축을 잡는 대신 제철 곡물을 제단에 올렸는데 이를 천(薦)이라 했다. 이로부터 '올리다, 바치다, 헌상하다'의 뜻이 나왔다. 세월이 흘러 해태처럼 귀한 인재나 인물을 선별하여 위로 올리는 일을 천(薦)이라 하여, '천거(薦擧)한다'고 했다. 따라서 추천(推薦)을 한자 뜻대로 풀면 '무기로 강력하게 밀듯 해태처럼 귀한 인재나 인물을 선별하여 위로 천거하다'이다. 그러니 아무나 추천할 일이 아니다.

價値

가(價)는 인(人)과 고(賈)가 합했다. 고(賈)는 '덮을-아'(襾=
覀)와 '조개-패'(貝)의 합인데, 패(貝)는 재물을 상징하고 아
(襾)는 보석함의 뚜껑이다. 따라서 고(賈)는 상인이 상품을 사
고팔아 이익을 취하고 그 재물을 보석함에 보관한 모습이다.
그러므로 고(賈)의 본뜻은 '상품 거래로 이익을 취하다'이며,
이로부터 '장사하다'의 뜻이 나왔다. 이에 인(人)을 더한 가
(價)는 '장사를 하는 사람이 상품 가격을 흥정하다'가 본뜻이
며, 이로부터 '값, 가격'의 뜻이 나왔다. 한편 직(直)의 초기글
꼴은 '눈-목'(目) 앞에 곧은 막대가 수직으로 서 있다. 세월이
흘러 굽은 모양의 은(乚)이 추가되었다. 곤(丨)의 곧음과 대비
하려는 의도이다. 이 과정에서 곤(丨)이 십(十)으로 변했고, 이
어서 십(十)과 은(乚)이 목(目)의 위아래로 이동해 현재의 글
꼴이 되었다. 따라서 직(直)의 본뜻은 '직면하다, 직시하다'이
며, 이로부터 '곧다, 바르다'의 뜻이 나왔다. 직(直)이 '곧다'의
뜻으로 널리 쓰이자 본뜻은 '사람-인'(人)을 추가하여 '치'(値)
로 복원했다. 값을 왜곡하지 않고 곧게 바라본다는 뜻이다. 이
에 가치(價値)를 한자 뜻대로 풀면 '가격을 흥정할 때 그 값어
치를 바르게 직시하다'이다. 싼 물건을 비싸게 사고팔지 않고,
비싼 물건을 싸게 사고팔지 않는다는 뜻이다.

唯 一

유(唯)는 '입-구'(口)와 '새-추'(隹)가 합했다. 추(隹)는 맹금(猛禽)으로 '독수리-주'(雕)나 '매-응'(鷹) 등에도 들어 있다. 몽골이나 중앙아시아 고원지대 사냥꾼들은 이런 맹금을 새끼 때부터 사육하고 훈련하여 여우·토끼 등을 사냥한다. 사냥용 맹금이 사냥꾼의 손에 앉은 모습이 '새 한 마리-척'(隻)이다. 추(隹)와 '손가락-우'(又)가 결합했다. 손에 두 마리가 앉았다면 쌍(雙)이다. 이런 맹금은 어릴 때부터 오랜 시간 주인과 함께 생활하여 주인의 간단한 명령을 어느 정도 이해하고 따른다. 따라서 유(唯)는 '주인의 명령에 맹금이 응하다'가 본뜻이며, 이로부터 '예, 네 등 공손하게 대답하는 말'이라는 뜻이 나왔고, 오로지 주인의 명령에만 반응하기에 이로부터 '오직, 다만'의 뜻도 나왔다. 구(口) 대신에 심(忄=心)을 더해 유(惟)로 쓰기도 한다. 유(惟)의 초기글꼴을 보면 심(忄)·구(口)·추(隹)의 결합으로, 추(隹)는 유(唯)의 생략형이다. 맹금의 반응은 사냥꾼의 명령을 이해하는 것으로 보았기 때문에 심(忄)을 더한 것이다. 옛사람들은 심장이 생각이나 감정 활동을 지배한다고 보았다. 이에 유일(唯一)을 한자 뜻대로 풀면, '사육된 맹금은 오로지 사냥꾼 한 사람의 명령에만 응하다'이다. 인간도 사육되면 이렇게 되는 수가 있다.

구를 **전**
실을 **재**

轉載

전(轉)은 차(車)와 전(專)이 합했다. 차(車)는 바퀴 축이 하나인 수레의 조감도이다. 전(專)은 전(叀)과 촌(寸)이 합했다. 전(叀)은 '물레'의 모습이다. 물레는 실을 뽑는 기구인데, 정신을 집중하고 손가락을 잘 놀려야 실이 엉키지 않는다. 손동작을 표시하는 '마디-촌'(寸)을 더해 '오로지-전'(專)을 만든 것도 이 때문이다. 물레는 바퀴처럼 돌기에 차(車)를 붙여 '돌릴-전'(轉)을 만들었다. 따라서 전(轉)의 본뜻은 '물레가 바퀴처럼 구르다'이며, 이로부터 '구르다, 돌다'의 뜻이 나왔다. 한편 재(載)는 차(車)와 재(𢦑)가 합했지만, 초기글꼴은 행(幸)과 재(𢦑)였다. 행(幸)의 초기글꼴은 수갑(手匣)과 족쇄(足鎖)가 연결된 모습이고(이 책의 1월 3일 행복(幸福) 꼭지 참고), 재(𢦑)는 재(哉)의 생략형이다. 재(哉)의 좌측 위 토(土)는 발음인 재(才)의 변형이다. 우측의 '창-과'(戈)는 전쟁이나 폭력을, 구(口)는 재난 후 사람들의 절규를 상징한다. 시간이 흐르며 행(幸)이 차(車)로 변했다. 따라서 재(載)의 본뜻은 '중죄인을 수레에 싣고 다니며 조리돌리고 처형할 때 죄수가 절규하다'인데, 구체적인 정황은 사라지고 '싣다, 오르다'의 뜻만 남았다. 이에 전재(轉載)를 한자 뜻대로 풀면 '수레에 실어 물레가 돌듯 바퀴가 다른 곳으로 굴러감'이다. 현재는 '어떤 곳에 이미 발표되었던 글을 다른 곳에 그대로 옮겨 실음'의 뜻으로 쓴다.

遺産

유(遺)는 귀(貴)와 착(辶=辵)이 합했다. 착(辵)은 척(彳)과 지(止)의 결합으로 '걷다'의 뜻이다. 귀(貴)의 초기글꼴은 토(土)와 공(廾)이었다. 공(廾)은 좌우 손가락[又]이 붙은 모양이므로 양손으로 흙을 쥔 모습이다. '땅을 귀히 여겨 경배하다'가 본뜻이며, 이로부터 '귀하다'의 뜻이 나왔다. 초기글꼴 가운데는 손가락 사이로 흙이 흘러내리는 모양도 있다. 내 것을 선물하는 모습이다. 세월이 흘러 '귀하다'의 뜻을 강조하고자 '조개-패'(貝)를 밑에 더했고, 그 과정에서 토(土)와 공(廾)이 뭉쳐서 현재 글꼴 귀(貴)가 되었다. 따라서 유(遺)는 '귀한 물건을 가지고 가서 선물하다'이다. 한편 산(産)은 언(彦)과 생(生)이 합했다. 언(彦)은 언(諺)의 생략형이며, 대대로 전해져 오는 지혜를 격언처럼 압축한 말이다. 여기서는 농경과 관련된 조상의 경험담일 것이다. '날-생'(生)은 '싹 날-철'(屮)과 토(土)가 결합하여 땅에서 싹이 나는 모습이다. 따라서 산(産)은 '전해져 오는 농사 지식에 따라 작물을 재배하고 생산(生産)하다'가 본뜻이며, 이로부터 '(태어)나다, 낳다, 자라다'의 뜻이 나왔고, 또한 그렇게 축적한 농산품으로부터 다시 '재산, 자산'의 뜻이 나왔다. 이에 유산(遺産)을 한자 뜻대로 풀면 '농산품을 선물하다'이다. 지금 유산은 재산이라 양보하는 자식이 없다.

分裂

분(分)의 아래는 '칼-도'(刀)가 분명한데 위쪽은 인(人)인지 입(入)인지 팔(八)인지 아리송하다. 초기글꼴은 끈이 잘려 나뉜 모양이니 팔(八)이 맞다. 따라서 분(分)은 '칼로 끈을 잘라 나누다'가 본뜻이며, 이로부터 '나누다, 떨어지다'의 뜻이 나왔다. 잘려 나뉜 끈이 어떻게 숫자 8이 되었을까? 가차(假借) 이외에 달리 해설할 방법이 없다. 억측한다면, 자루에 물건을 담으면 대략 밑으로부터 10분의 8 정도 되는 지점에서 조인 후 끈으로 묶는다. 물론 열 때도 그 지점에서 끈을 자른다. 이렇게 해야 자루가 단단히 묶이고 옮길 때도 위에 여분이 있어 잡기 편하다. 아마 이로부터 숫자 8이 나오지 않았을까? 한편 열(裂)은 열(列)과 의(衣)가 합했다. 열(列)은 알(歹)과 도(刂=刀)의 결합이다. 알(歹)은 '뼈-골'(骨)에서 '고기-육'(月)은 없고 뼈만 남은 모양이다. 따라서 열(列)의 본뜻은 '칼로 뼈에서 살을 발라 내놓다'이며, 이로부터 '분리하다, 늘어놓다'의 뜻이 나왔다. 그렇다면 열(列)과 의(衣)를 합한 열(裂)은 '옷감을 찢어 옷을 만들고 남은 자투리 헝겊'이 본뜻이며, 이로부터 '자르다, 찢다, 나누다'의 뜻이 나왔다. 이에 분열(分裂)을 한자 뜻대로 풀면, '칼로 잘라 나눈 끈, 옷감을 찢고 버린 쪼가리'이다. 온통 칼질이다. 분열되면 괜히 망하는 게 아니다.

緊張

긴(緊)은 긴(臤)과 사(糹=糸)의 결합이다. 긴(臤)은 신(臣)과 우(又)의 합인데, 신(臣)은 본디 '눈-목'(目)의 변형으로 한쪽 눈동자가 돌출된 측면 모양이다. '손가락-우'(又)가 눈동자에 닿은 것으로 보아 눈을 찔러 실명시킨 것이다. 옛날에 전쟁의 포로나 노예는 한쪽 눈을 멀게 하여 굴복시켰다. 군주를 섬기는 신하(臣下)의 뜻은 이로부터 나온 것이다. 따라서 현(臤)은 '포로나 노예를 장악하다'가 본뜻이다. 이에 사(糸)를 더한 긴(緊)은 이들을 끈으로 묶고 조여 행동까지 제한한 모습이다. 따라서 긴(緊)의 본뜻은 '포로나 노예를 묶고 조이다'이며, 이로부터 '얽다, 조이다'의 뜻이 나왔다. 한편 장(張)은 '활-궁'(弓)과 '길-장'(長)이 합했다. 궁(弓)은 활대가 굴곡진 모양이다. 장(長)은 지팡이를 짚은 노인의 긴 머리칼이 휘날리는 모습으로, 이로부터 '길다'의 뜻이 나왔다. 따라서 장(張)은 '화살을 시위에 메기고 끌어당겨 활대와 시위의 거리가 길다'가 본뜻이며, 이로부터 '시위를 당겨 탱탱하다, 어떤 일을 벌이다, 기세가 오르다, 뽐내다' 등의 뜻이 나왔다. 이에 긴장(緊張)을 한자 뜻대로 풀면 '사람의 한쪽 눈을 멀게 한 후 줄로 묶어 조이고, 화살을 메기고 끌어당겨 시위가 탱탱하다'이다. 긴장 오래 하면 큰일 난다. 한자어 공부도 쉬어 가며 하시길.

磐石 / 盤石

반(磐)은 반(般)과 석(石)이 합했다. 반(般)의 초기글꼴은 수(殳)와 함께 범(凡) 혹은 주(舟)의 결합이다. 주(舟)는 나룻배의 조감도이고, 범(凡)은 소반(小盤)의 측면도이다. 위 글자에서 수(殳)는 '손가락-우'(又)로 무엇인가 길쭉한 막대기를 잡고 있는 모습이다. 발음상으로 보면 소반이 맞고, 수(殳)로 보면 나룻배가 맞다. 일단 나룻배로 풀어 보면, 반(般)은 '장대나 장죽으로 나룻배를 움직이며 물을 건너다'라는 뜻이다. 이로부터 '운반(運搬)하다, 선회(旋回)하다'의 뜻이 나왔다. 나룻배의 모양은 소반과 흡사하다. 소반도 식기나 찻잔을 담아 이동하지 않는가? 이에 '그릇-명'(皿)을 더해 '소반-반'(盤)을 만들었다. 한편 강물 한가운데에 너럭바위가 있으면 나룻배나 소반 같기에 석(石)이 들어간 반석(磐石)이나 명(皿)이 들어간 반석(盤石)은 같은 뜻으로 쓴다. 산봉우리가 뾰족하지 않고 너럭바위 모양이면 '높고 평평하다'는 뜻의 대(臺)를 붙인다. 백운대(白雲臺)나 오대산(五臺山)의 사진을 검색해 보면 이해가 금방 갈 것이다. 끝으로 '돌-석'(石)은 엄(厂)과 구(口)의 합인데, 엄(厂)은 구석에 사선이 그어졌다. 암벽의 모양이며 구(口)는 돌멩이다. 이에 반석(磐石/盤石)을 한자 뜻대로 풀면 '나룻배나 소반 모양의 너럭바위'이다. 보기만 해도 든든하다. 사업이 반석에 오르면 탄탄대로다.

두 **량(양)**
나눌 **반**

兩班

반(班)부터 본다. 초기글꼴은 양쪽 옥(玉) 사이에 '칼-도'(刂= 刀)가 있다. 옥을 잘라 나눈 모습이다. 옥은 단단한 돌이라 지 금도 칼질은 힘들다. 저 도(刀)는 '나눌-분'(分)의 생략형이다. 경도가 높은 다른 돌이나 쇠붙이 등으로 갈아서 나누었을 것 이다. 옥을 절단해서는 부절(符節)처럼 각각 한 쪽씩 가지고 증표(證票)로 삼았을 것이다. 따라서 반(班)은 '옥을 쪼개 나 누다'가 본뜻이며, 이로부터 분반(分班)이나 합반(合班) 등에 쓰이는 '일부, 부분'의 뜻이 나왔다. 나누면 우위에 따라 등급 이 생기니 월반(越班)이니 수반(首班) 등에 쓰이는 '차례, 지 위'의 뜻도 나왔다. 조선시대 상류 지배층으로 양반(兩班)이 있었다. 양/량(兩)은 '멍에'의 모양이다. 달구지나 쟁기의 채를 잡아매기 위해 소나 말의 목에 가로 얹는 둥그렇게 구부러진 막대인데, 정중앙을 목에 걸고 양쪽으로 퍼지는 형태이기에 이로부터 '두 쪽, 두 방향'의 뜻이 나왔다. 조정에서 왕을 중심 으로 동쪽에는 문관(文官)인 문반(文班), 서쪽에는 무관(武官) 인 무반(武班)이 도열했기에 양반(兩班)이다. 반열(班列)에 올 라야 행세했다. 옛날 양반 계층은 관료이자 지식인이기에 점 잖았다. 지금도 예의 바르면 양반이라 한다. 양반(兩班)을 한 자 뜻대로 풀면 '둘로 나눈 옥'이다. 우리 모두 옥 같은 사람이 되기로.

壓倒

압(壓)은 염(厭)과 토(土)가 합했다. 염(厭)은 '기슭-엄'(厂), 왈(曰), 육(月=肉), 견(犬)이 합했다. '가로-왈'(曰)은 '달-감'(甘)의 변형이다. 맹수는 정시에 식사할 수 없다. 생길 때 최대한 먹어야 한다. 음식을 장기간 보관할 능력이 없기 때문이다. 따라서 염(厭)의 본뜻은 '맹수가 갯과 동물을 포획하여 으슥한 곳에서 맛있게 잔뜩 먹다'이다. 잔뜩 먹으면 어떻게 되겠는가? 몸무게가 늘겠고, 그 하중이 땅을 누를 것이다. 따라서 압(壓)은 '잔뜩 먹고 체중이 무거워져서 땅을 누르다'이며, 이로부터 '누르다, 무너뜨리다'의 뜻이 나왔다. 압박(壓迫)이 그런 뜻이다. 한편 도(倒)는 인(人)과 도(到)가 결합했다. 도(到)는 지(至)와 도(刂=刀)의 합인데, 초기글꼴은 '화살-시'(矢)와 일(一)의 합으로, 일(一)은 땅을 상징하므로 '화살이 날아와 땅에 박히다'가 본뜻이며, 이로부터 '이르다, 닿다'의 뜻이 나왔다. 화살이 도착한 것처럼 사람이 도착했음을 나타내고자 인(人)을 추가한 것이 도(到)이다. 본디 '사람-인'(人)이었으나 발음상 '칼-도'(刀)로 변한 것이다. 화살이 날아와 땅에 박혀 물구나무선 모습을 표현하고자 '이를-도'(到)의 왼쪽에 또 인(人)을 더해 '거꾸로-도'(倒)를 만들었다. 도치(倒置)가 그런 뜻이다. 이에 압도(壓倒)를 한자 뜻대로 풀면 '눌러 쓰러뜨리다'이다.

9
23

읽을 **독**
글 **서**

讀書

독(讀)은 언(言)과 육(賣)이 합했다. 언(言)은 입에서 소리가 나오는 모습이고, 육(賣)은 '문서-독'(牘)의 생략형으로 발음도 겸한다. 따라서 독(讀)의 본뜻은 '문서를 소리 내어 읽다'이다. 한편 서(書)는 율(聿)과 일(日)이 합했다. 율(聿)은 손가락으로 붓대를 잡은 모양이다. 지금 글꼴에 대입하면, 율(聿)이 수직의 붓대를 '손가락-우'(又)로 잡은 모습이고, 그 아래 이(二)는 붓털인데 당초 뾰족했던 모양(人)이 곧게 펴졌다. 따라서 서(書)의 본뜻은 '붓대를 들고 일(日)을 기록하다'이다. 매일 날짜를 쓰고 관련 내용을 기록하는 모습이다. 그런 글이 모이면 문서가 되고, 엮어서 묶으면 책이 된다. '글, 기록, 문장, 문서, 장부' 등은 뜻은 이렇게 나온 것이다. 따라서 독서(讀書)를 한자 뜻대로 풀면 '글을 소리 내어 읽다'이다. 눈으로만 읽는 행위를 따로 목독(目讀) 혹은 묵독(默讀)이라 부르듯, 독서는 본디 소리를 내면서 읽는 것이다. 요즘 시대에 독서실에 가서 공부하면서 교과서를 소리 내어 읽으면 당장 쫓겨나겠지만 말이다. 혹 스님이 절에서 불경의 경문을 음송(吟誦)하는 소리, 들어 본 적 있는지? 고즈넉한 산사에서 고유한 리듬에 따라 경 외는 소리를 듣는 일은 호사다. 경문(經文)을 소리 내어 읽거나 외우는 것을 일컬어 독경(讀經)이라 한다.

무서울 **공**
두려워할 **포**

恐怖

공(恐)은 공(巩)과 심(心)이 합했다. 공(巩)은 공(工)과 '잡을-극'(丮)의 합이다. 공(工)은 공구, 극(丮)의 안쪽은 '손-수'(扌=手), 위는 인(人)의 변형으로 사람이 손으로 공구를 잡은 모습이다. 석재가 없던 황토 평원에서 성벽을 쌓거나 담장을 세울 때, 점성이 좋은 황토를 개어 벽돌로 만들거나 판자 사이에 황토를 넣고 공이로 다졌는데 이를 판축(板築)이라 한다. 건축(建築)의 축(築)에서 상하의 (대)나무를 빼면 공(巩)이다. 황토를 쿵쿵 '판축'할 때 그 울림은 무서움에 가슴이 마구 뛰는 것과 차이가 없다. 바로 그 심정을 '두려울-공'(恐)으로 표현했다. '잡을-극'(丮)은 훗날 비슷한 모양의 범(凡)으로 변했다. 한편 포(怖)는 심(忄=心)과 포(布)가 합했다. 포(布)의 초기글꼴은 부(父)와 건(巾)의 합이었다. 부(父)는 원래 손으로 막대를 쥔 모습이었으나 막대는 사라지고 '손가락-우'(又)만 남아 건(巾)과 합해 포(布)가 된 것이다. 건(巾)은 삼베이므로 포(布)는 삼베를 손에 든 모습이다. 여기에 심(心)을 더해 포(怖)가 되었다. 즐거운 마음은 날로 급감하는 반면 두려운 마음은 날로 급증한다. 삼실로 직조할 때 날로 넓어지는 삼베처럼 두려움이 급증함을 표현한 것이다. 이에 공포(恐怖)를 한자 뜻대로 풀면 '무서움은 가슴이 공이질하듯 하고, 두려움은 삼베처럼 넓어지다'이다.

사귈 **접**
가까울 **근**

接近

접(接)은 '손-수'(扌=手)와 '첩-첩'(妾)이 합했다. 첩(妾)의 초기 글꼴은 신(辛)과 여(女)의 합인데 글꼴이 합치면서 신(辛)의 아랫부분이 사라져 입(立)으로 변했다. 신(新)이나 친(親)의 입(立)도 원래는 신(辛)이었다. 신(辛)은 형구이므로 첩(妾)은 죄를 지어 노예가 된 여자를 뜻한다. 이런 여자는 혼례를 치르지 않고 접(接)할 수 있었다. 정실부인 이외의 여자를 소실(小室)로 들이는 것이다. 따라서 접(接)은 '여자 노예를 손으로 잡다'가 본뜻이며, 이로부터 '접촉하다, 사귀다, 받다'의 뜻이 나왔다. 요즘으로 말하면 유부남이 혼인신고를 한 아내 이외에 다른 여자와 사귀는 것이다. 접객(接客) 업소란 손님과의 사귐을 직업적으로 제공하는 장소이다. 한편 근(近)은 '도끼-근'(斤)과 '걸어갈-착'(辶=辵)이 합했으며 근(斤)은 발음을 겸한다. 도끼를 들고 마당에 나가 장작을 패거나 근처 숲에 가서 벌목을 하거나 심지어 싸우려는 것일 텐데 묵직한 도끼를 들었으니 멀리 가지는 못할 것이다. 또한 싸우더라도 도끼는 투척용이 아니기에 단단히 쥐고 근거리에서 접전을 벌일 것이다. 따라서 근(近)의 본뜻은 '도끼를 들고 가까운 곳으로 걸어가다'이며, 이로부터 '가깝다'의 뜻이 나왔다. 이에 접근(接近)을 코믹하게 풀어 보면 '여친 둔 남자가 도끼 들고 다니니 접근 금지'이다.

빠를 **첩**
지름길 **경**

捷徑

첩(捷)은 '손-수'(扌=手)와 섭(聿)이 합했다. 섭(聿)의 초기글 꼴은 철(屮)·우(又)·지(止)의 합으로, 철(屮)은 무기의 모양인데 십(十)으로 펴졌다. 우(又)는 손가락이고 지(止)는 발바닥이므로, 손으로 무기를 잡고 신속히 움직이는 모습이다. 따라서 섭(聿)에 '손-수'(扌)를 더한 첩(捷)의 본뜻은 '병사가 무기를 전후좌우로 휘두르며 싸움터를 종횡무진 누비다'이며, 이로부터 민첩(敏捷)이나 대첩(大捷) 등에 쓰이는 '날래다, 승리하다'의 뜻이 나왔다. 승전하면 약탈을 허용하므로 이로부터 전리품(戰利品)이라는 뜻도 나왔다. 한편 경(徑)은 척(彳)과 경(巠)이 합했다. '걸을-척'(彳)은 '갈-행'(行)의 절반만 그린 것이며, 경(巠)은 베틀에서 날실이 수직으로 걸린 모양이다. 글꼴의 날실이 물줄기를 뜻하는 천(巛=川)처럼 굴곡이 있으나 초기글꼴은 직선이다. 따라서 경(徑)은 '직선으로 걷다'가 본뜻이며, 직선으로 걷는 길은 지름길이므로 이로부터 '지름길'의 뜻이 나왔다. 이에 첩경(捷徑)을 한자 뜻대로 풀면, '무기를 쥐고 민첩하게 이동해 싸움터에서 승리하고 전리품까지 챙길 수 있는 지름길'이다. 빠른 길이라며 다들 거저먹으려 하지만 실은 무기도 들어야 하고 움직임도 빨라야 하며 막상 싸울 때는 용맹해야 한다. 공부든 사업이든 첩경, 지름길 운운에 넘어가지 마시길.

雙璧

쌍(雙)은 '손가락-우'(又) 위에 '새-추'(隹)가 둘 있다. 추(隹)는 맹금(猛禽)을 뜻한다. 초기글꼴도 단단한 날개, 날카로운 부리와 발톱을 보여준다. 중앙아시아 고원지대 사냥꾼은 이런 맹금을 새끼 때부터 길들여 여우나 토끼 등을 사냥한다. 사냥용 맹금이 사냥꾼의 손에 앉은 모습이 '새 한 마리-척'(隻)이다. 우(又) 위에 추(隹)가 있다. 따라서 쌍(雙)은 '사냥꾼의 손에 두 마리 맹금이 앉아 있다'가 본뜻이며, 이로부터 '둘, 쌍, 짝수, 짝이 되다'의 뜻이 나왔다. 한편 벽(璧)의 초기글꼴은 신(辛)과 구(口)였다. 신(辛)은 끌처럼 생긴 형구이고 구(口)는 원형의 작은 구멍을 가리키니, 뭔가에 동그란 구멍을 뚫는 모습이다. 이후 옥(玉)이 더해지고 '사람-인'(人)이 절(卩)로 변했다가 다시 시(尸)로 변형돼 지금 글꼴이 되었다. 따라서 벽(璧)은 '장인이 공구로 정중앙에 구멍을 뚫고 다듬은 옥벽(玉璧)'이 본뜻이며, 이로부터 '옥벽'의 뜻이 나왔다. 벽(璧)이란 얇은 원반 중앙에 둥근 구멍이 뚫린 옥을 말한다. 옥을 가공해 이런 형태로 만든 것이 옥벽(玉璧)이다. 옥은 잘 깨지므로 하자(瑕疵) 없이 옥벽을 만들기란 어렵다. 완벽(完璧)이나 화씨벽(和氏璧) 고사도 있잖은가. 이에 쌍벽(雙璧)을 한자 뜻대로 풀면 '한 쌍의 사냥용 맹금처럼 우열을 가리기 힘든 희귀한 옥벽 두 점'이다.

잡을 **파**
쥘 **악**

把握

파(把)는 '손-수'(扌=手)와 파(巴)가 합했다. 서 있는 사람의 측면 모습인 인(人)이 변해 무릎 꿇은 모습의 절(卩=己)이 되었고, 또 변해 파(巴)가 되었는데, 정작 파(巴)의 초기글꼴은 사람의 손가락과 팔이 고릴라처럼 유난히 길어 거의 땅에 닿은 모습이다. 그런데 파(巴)를 코끼리를 삼킨 뒤 조용히 소화시켜 3년 후 뼈를 토한다는 전설의 왕뱀으로 해석한 문헌도 있다. 파충류(爬蟲類)의 파(爬)가 '손톱-조'(爪)와 파(巴)의 결합인 점으로 보건대, 고릴라처럼 잡는 힘이 강력한 것이나 몸통을 팔처럼 써서 코끼리를 조여 삼키는 왕뱀이나 같지 않은가? 따라서 '손-수'(扌=手)를 더한 파(把)의 본뜻은 '손으로 꽉 잡다'이며, 이로부터 '잡다'의 뜻이 나왔다. 한편 악(握)은 '손-수'(扌=手)와 '집-옥'(屋)이 합했다. 초기글꼴은 옥(屋)의 지붕쪽에 자물쇠로 보이는 원형의 고리가 있고, 손가락이 지붕을 잡고 있다. 이후 글꼴 가운데는 양 손가락으로 집을 감싼 모습도 있다. 그러므로 악(握)은 '집에 대한 소유권을 강력하게 표시하다'가 본뜻이며, 이로부터 '쥐다, 잡다, 장악하다'의 뜻이 나왔다. 이에 파악(把握)을 한자 뜻대로 풀면 '고릴라가 꽉 잡듯, 왕뱀이 칭칭 감듯 집에 대한 소유권을 단단히 쥐다'이다. 당초에는 주로 먹이나 재산을 장악하는 것이었다. 지금은 '어떤 대상의 내용이나 본질을 확실하게 이해하여 앎'으로 쓴다.

號令

호(號)는 '부를-호'(号)와 '범-호'(虎)가 합했다. 호(号)는 구(口)와 고(丂)의 합인데, '숨 내쉴-고'(丂)는 본디 우(亏)로서, 아랫부분은 취주 관악기가 굽은 모양이고, 윗부분 일(一)은 그 소리를 표시했다. 그 위의 구(口)는 취주악기를 입으로 부는 모양이다. 따라서 호(号)는 '호각이나 나팔을 불어 사람들에게 위기를 알리거나 집합을 명하다'가 본뜻이며, 이로부터 '알리다, 부르짖다'의 뜻이 나왔다. 여기에 '범-호'(虎)를 더한 호(號)는 호(号)의 의미를 강조하여 범이 포효(咆哮)하듯 알린다는 뜻이다. 한편 영(令)은 세모꼴 아래에 절(卩)이 있다. 세모꼴은 구(口)가 아래로 향한 모양이고, 절(卩)은 인(人)의 변형으로 무릎을 꿇은 모양이다. 윗사람이 무릎을 꿇은 아랫사람에게 입으로 지시하는 모습이다. 따라서 영(令)의 본뜻은 '상관이 부하에게 혹은 어른이 아랫사람에게 입으로 명하다'이며, 이로부터 '명령하다, 일을 시키다, 사람을 부리다'의 뜻이 나왔고, 다시 '벼슬, 우두머리'의 뜻도 나왔다. 그런데 영(令)이 영감(令監)이나 수령(守令), 현령(縣令) 등 우두머리의 뜻으로 전용되자 그 옆에 구(口)를 또 추가하여 '명할-명'(命)으로 의미를 복원했다. 이에 호령(號令)을 한자 뜻대로 풀면 '범이 포효하듯 비상 나팔을 불어 지휘하고 명령하다'이다.

맺을 **유**
띠 **대**

紐帶

유(紐)는 '실-사'(糸=糸)와 축(丑)이 합했다. 축(丑)은 '소-축'으로 새기지만 빌려간 뜻일 뿐 소와는 상관이 없다. 축(丑)의 초기글꼴은 우(又)의 세 손가락 사이에 짧은 수직선이 그어져 있다. 매듭단추를 손가락으로 쥔 모습이다. '실-사'(糸)는 연결을 의미한다. 따라서 유(紐)의 본뜻은 '섶을 여며 매듭단추로 길과 섶을 연결하다'이며, 이로부터 '맺다, 매다, 묶다, 연결하다'의 뜻이 나왔다. 한편 대(帶)의 초기글꼴은 상하로 屮와 巾이 있는데, 그 사이에 X 모양이 있고, X 좌우로 짧은 수직선이 있다. 철(屮)은 건(巾)의 도치이므로 치마의 뒤다. 건(巾)은 늘어진 모습이므로 치마의 앞이다. 기원전 중국에서는 남자도 치마를 입었다. X는 '실-사'(糸)의 생략형으로 실을 꼬아 만든 띠의 모양이다. 그 옆의 짧은 수직선은 벨트 고리이다. 그렇다면 대(帶)는 치마를 허리에 걸어서 묶는 요대(腰帶)를 그린 것이다. 세월이 흘러, 屮이 다시 뒤집혀 건(巾) 위에 바짝 붙어 멱(冖)으로 변했다. 그 위에 있는 횡선은 요대이며, ノ凵凵은 벨트 고리와 구멍을 표시한 것이다. 따라서 대(帶)는 '허리띠'를 뜻하며, 이로부터 '띠, 띠를 두르다'의 뜻이 나왔다. 유대(紐帶)를 한자 뜻대로 풀면, '상의를 매듭단추로 여미고, 하의를 허리띠로 두르다'이다. 연결하고 묶어 주는 의복 용어였다.

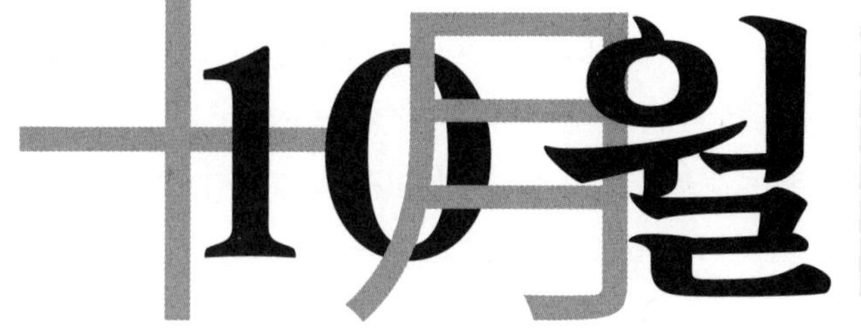

10월

깨달을 **각**
깰 **성**

覺醒

각(覺)은 '배울-학'(學)과 '볼-견'(見)의 합이다. 학(學)은 숫자를 배우는 어린이의 모습을 그렸다. 양쪽 '손가락-우'(又) 사이에 산가지를 겹친 모양의 효(爻)가 있다. 그 밑의 '덮을-멱'(冖)은 본디 육(六)으로, '집-면'(宀)처럼 본디 '집'이었다. 따라서 학(學)의 본뜻은 '계산을 배우는 집'이다. 누가 배울까? 자(子)를 추가해 어린이가 학습함을 표시했다. 이런 학(學)에 어린이가 빠지고 '볼-견'(見)이 들어갔다. 따라서 각(覺)의 본뜻은 '어린이가 산가지를 보면서 셈법을 깨닫다'이며, 이로부터 '깨우치다, 터득하다'의 뜻이 나왔다. 한편 성(醒)은 유(酉)와 성(星)이 합했는데, 유(酉)는 '술-주'(酒)의 생략이다. 성(星)의 초기글꼴은 '밝을-정'(晶)으로 가운데에 점이 찍힌 동그라미 셋이었다. 셋은 다수를 상징한다. 훗날 생(生)이 추가되면서 셋이 하나로 줄어 현재 글꼴이 되었다. 따라서 성(星)의 본뜻은 '밤하늘에 생겨나는, 햇빛처럼 빛나는 수많은 별들'이며, 이로부터 '별'의 뜻이 나왔다. 그렇다면 성(醒)은 '술에 취해 정신이 밤하늘처럼 어둡다가 빛나는 별빛처럼 맑아지다'라는 뜻이며, 이로부터 '술이 깨다, 잠이 깨다'의 뜻이 나왔다. 이에 각성(覺醒)을 한자 뜻대로 풀면 '숫자 놀이로 셈법을 깨닫고, 반짝이는 별처럼 정신이 맑아지다'이다.

祈禱

빌 **기**
빌 **도**

기(祈)는 시(示)와 근(斤)이 합했다. 초기글꼴을 보면, 단(單)·근(斤)·언(㫃)·언(言) 등이 서로 결합했는데 지향점은 거의 일치한다. 출전에 앞서 승리를 바라는 모습이다. 단(單)은 투척 무기로 '창-과'(戈)를 더하면 '싸울-전'(戰)이다. 근(斤)은 도끼로 무기다. 언(㫃)은 깃발로 군기다. 언(言)은 격려사거나 축원하는 말이다. 현재 글꼴 기(祈)는 이런 의미를 비교적 충실히 보존했다. 시(示)는 제사나 신령과 관련 있고, 근(斤)은 무기이니 전쟁과 관련있다. 그렇다면 기(祈)는 '출전에 앞서 신령과 조상신께 승전을 기도하다'라는 뜻이며, 이로부터 '빌다, 기원하다'의 뜻이 나왔다. 한편 도(禱)는 시(示)와 수(壽)가 합했다. 수(壽)의 초기글꼴은 피부에 주름이 많은 노인을 그렸다. 현재 글꼴에 억지로 대입하면, 위로부터 사(士)는 노(老)의 생략, 일(一)·공(工)·일(一)은 주름살, 구(口)는 육(月=肉)의 변형, 촌(寸)은 손동작으로 장수 노인께 올리는 경축연을 상징한다(이 책의 5월 27일 장수(長壽) 꼭지 참고). 따라서 시(示)와 수(壽)가 합한 도(禱)는 '신령께 장수를 기원하다'가 본뜻이며, 이로부터 '빌다, 기도하다'의 뜻이 나왔다. 이에 기도(祈禱)를 한자 뜻대로 풀면 '전쟁에서 승리를 빌고, 일상에서 장수를 빌다'이다. 같은 기도지만 비는 목적이 달랐다. 기(祈)는 집단의 승전, 도(禱)는 개인의 장수이다.

尖端

첨(尖)은 '큰-대'(大) 위에 '작을-소'(小)가 있다. 뽀족한 모양을 표시하려면 대비되는 모양을 제시해야 한다. 밑이 크고 위가 작으면 뽀족하다. 곧 첨(尖)의 본뜻은 '밑이 크고 위가 작다'이며, 이로부터 '뽀족하다'의 뜻이 나왔다. 첨탑(尖塔)이나 첨병(尖兵)이 그런 뜻이다. 한편 단(端)은 입/립(立)과 단(耑)이 합했다. 단(耑)의 초기글꼴은 지(止)와 노(老)의 합이었다. '발바닥-지'(止) 주변에는 물방울이 튀고, 노인은 다리와 지팡이를 그렸다. 따라서 '노인이 지팡이를 짚고 물을 건너다'가 본뜻이다. 넘어지면 큰일이니 바로 서야 한다. 훗날 '설-립'(立)을 더해 단정(端正) 등에 쓰이는 '바를-단'(端)이 나왔다. 첫발을 디디려면 바닥이 어떤지 일단 지팡이 끝이나 발끝으로 짚어 봐야 한다. 거기서 극단(極端)이나 말단(末端) 등에 쓰이는 '끝, 가'의 뜻이 나왔다. 그것이 건너는 일의 '시작, 시초'이고 일을 풀어 가는 '실마리'이다. 발단(發端), 사단(事端), 단서(端緒)가 그런 뜻이다. 세월이 흘러 글꼴이 많이 변했다. 단(耑)의 위쪽 산(山)은 지(止)의 변형이고, 아래쪽 이(而)는 길게 늘어진 수염이니 노(老)의 함의만 남았다. 이에 첨단(尖端)을 한자 뜻대로 풀면 '물을 건널 때 일단 바로 서서 바닥을 짚어 보려고 발끝을 뽀족하게 함'이다. 현재는 '물체의 뽀족한 끝'으로부터 '사조, 학문, 유행 따위의 맨 앞장'의 뜻으로 많이 쓴다.

痕迹

흔(痕)은 역(疒)과 간(艮)이 합했다. 역(疒)은 위쪽의 인(人)과 좌측의 '나뭇조각-장'(爿)이 결합해 아픈 사람이 침상에 누워 있는 모습이다. 이 글꼴이 들어가면 질병과 관계있다. 역(疒)은 '병질-엄'(疒)으로도 부른다. 질병(疾病)의 뜻인데 꼴은 엄(广)과 비슷해서다. 간(艮)은 '눈-목'(目)의 변형으로 눈동자를 돌려 뒤를 보는 모양이다. 따라서 흔(痕)은 '아팠던 과거를 돌아보다'가 본뜻이며, 이로부터 '상흔(傷痕), 흉터, 자취'의 뜻이 나왔다. 적(迹)의 초기글꼴은 착(辶=辵)과 자(朿)의 합이다. 자(朿)가 비슷한 모양의 역(亦)으로 변해 현재 글꼴이 되었다. 착(辵)은 척(彳)과 지(止)의 결합으로 '걷다'의 뜻이다. 자(朿)는 목(木) 중간에 '멀-경'(冂)이 있는데 이는 '가시'를 표시한 것이다. 칼처럼 찌르기에 '찌를-자'(刺)를 만들었다. 걸으면 땅에 발자국이 남는데, 이를 마치 가시로 땅을 찌르면 자국이 남는 것에 비유했다. 스파이크 운동화나 아이젠을 신고 걸어 보면 발자취의 의미를 명확히 알 것이다. 따라서 적(迹)은 '걸을 때 남긴 발자국'이 본뜻이며, 이로부터 '자취'의 뜻이 나왔다. 이 자취는 '발'이 남긴 것이기에 훗날 '발-족'(足)을 붙여 적(跡)으로도 쓴다. 추적(追跡)을 기억하면 된다. 이에 흔적(痕迹)을 한자 뜻대로 풀면 '아팠던 흉터, 걸어온 발자국'이다.

어조사 **어**
이 **차**
저 **피**

於此彼

어(於)의 초기글꼴은 '까마귀-오'(烏)인데, 두 마리가 날개를 나란히 펴고 인(人)자형으로 나는 모습을 표현하고자 '깃-우'(羽)의 왼쪽만 남기고 그 오른쪽은 인(人)과 '두-이'(二)로 대체했다. 현 글꼴의 방(方)이 우(羽)의 왼쪽이 변한 것이다. 따라서 어(於)의 본뜻은 '암수 한 쌍의 새가 날개를 나란히 하고 다정하게 날다'이며, 이로부터 '어디까지든 서로 함께하다'의 뜻이 나왔고, 또다시 '어디까지든'의 뜻이 나왔다. 한편 차(此)는 지(止)와 비(匕)의 합인데, 지(止)는 발바닥의 모양이고 비(匕)는 인(人)의 변형이다. 따라서 차(此)는 '사람이 발바닥을 디딘 이 자리'가 본뜻이며, 이로부터 '이곳, 여기, 이 자리'의 뜻이 나왔다. 다른 한편 피(彼)는 척(彳)과 피(皮)가 합했다. 척(彳)은 행(行)의 생략으로 '가다'가 본뜻이며, 피(皮)는 동물의 가죽을 손가락[又]으로 잡아 벗기는 모습으로 '동물의 가죽'이 본뜻이다. 농경에 종사했던 중원(中原) 사람 관점에서 동물의 가죽이 풍부한 곳은 서북방 유목 민족의 근거지, 흔히 서역(西域)이라 부르던 곳이다. 따라서 피(彼)의 본뜻은 '동물의 가죽이 풍부한 서쪽의 먼 곳으로 가다'이며, 이로부터 '저쪽, 저편, 저 먼 곳'의 뜻이 나왔다. 이에 어차피(於此彼)를 한자 뜻대로 풀면 '이쪽이든 저쪽이든 어디까지든'이다.

본뜰 **모**
노끈 **삭**

摸索

모(摸)는 '손-수'(扌=手)와 막(莫)이 합했는데, 막(莫)은 모(模)의 생략형이다. 모(模)는 나무로 제작한 모형(模型)으로 구두를 만들 때 쓰는 틀인 구두 골이나 떡집의 절편판 등이 곧 모(模)다(이 책의 8월 6일 모범(模範) 꼭지 참고). 따라서 모(摸)의 본뜻은 '손으로 모형을 잡다'이며, 이로부터 '더듬다, 베끼다, 본뜨다'의 뜻이 나왔다. 한편 색(索)의 초기글꼴은 철(屮)과 공(廾)이 합했다. 철(屮)은 '풀-초'(艹)의 모양이고, 공(廾)은 양쪽 '손가락-우'(又)가 합한 모양이다. 따라서 색(索)의 본뜻은 '양 손가락으로 풀을 꼬다'이며, 이로부터 '새끼줄, 노끈'의 뜻이 나왔다. 세월이 흐르며 글꼴이 복잡해졌다. 풀 밑으로 생긴 원형은 '교차됨'을 표시하며, 훗날 '실-사'(糸=糸)가 되어 밑으로 빠졌다. 철(屮)이 래(來)로 변한 글꼴도 있는데, 이는 맥(麥)의 생략으로 보릿짚이나 밀짚으로 꼰다는 뜻이다. 현재 글꼴에 대입하면, 색(索)의 위쪽 십(十)은 철(屮), 멱(冖)은 공(廾)의 변형, 사(糸)는 그대로다. 옛날에는 사냥할 때 화살에 끈을 묶어 쏘았다. 그 화살이 주살이고 익(弋)으로 쓴다. 화살에 맞은 짐승이 도주하더라도 끈이 달렸으므로 수색(搜索)이 용이했다. 이로부터 '찾다, 탐색(探索)하다'의 뜻이 나왔다. 이에 모색(摸索)을 한자 뜻대로 풀면, '모형을 본뜨며, 끈으로 탐색하다'이다.

도(島)의 초기글꼴은 상하 구조로 조(鳥) 아래에 산(山)이 있었다. 한때 좌우 구조의 조(嶋)로 쓰기도 했지만, 다시 상하 구조로 바뀌면서 새의 다리가 생략되어 현재 모양이 되었다. 따라서 도(島)는 '새가 즐겨 서식하는 산'이 본뜻이다. 바다 가운데에 튀어나온 육지는 마치 산과 같고, 또한 인간은 배를 타지 않으면 접근하기 힘드니 오로지 새들의 낙원이다. 그런데 섬이 크고 환경이 갖춰지면 인간도 많이 이주해 자리 잡기 마련이다. 그러면 새들은 주로 바닷가 쪽으로 날아가 해안 절벽에 둥지를 튼다. 한편 도(島)보다 작은 섬은 서(嶼)라 한다. 서(嶼)는 산(山)과 여(與)가 결합했다. 여(與)는 '마주 들-여'(舁)와 '줄-여'(与)가 합했다. 여(舁)는 '손가락-우'(又)가 위쪽에 둘, 아래쪽에 둘 해서 총 넷이므로 두 명이 양손을 맞잡은 모양이고, 여(与)는 물건을 서로 주고받는 모습이다. 따라서 여(與)의 본뜻은 '서로 선물을 주고받으며 함께하기로 손을 잡다'이며, 이로부터 '함께하다, 참여하다'의 뜻이 나왔다. 그러므로 서(嶼)는 '산이 함께하기로 서로 손을 잡다'라는 뜻이다. 바닷물로 인해 떨어져 있지만 해수면 아래로는 서로 연결된 작은 섬들을 가리킨다. 이에 도서(島嶼)를 한자 뜻대로 풀면 '새들이 즐겨 서식하는 큰 섬과 물 아래로는 붙어 있는 작은 섬들'이다.

經典

경(經)의 초기글꼴은 경(巠)인데, 베틀에 세 가닥 실올이 수직으로 걸린 모습이다. 셋은 많음을 상징한다. 직조하고 있음을 표시하고자 좌측에 멱/사(糸)를 더해 현재의 경(經)이 되었다. 따라서 경(經)의 본뜻은 '세로 방향으로 걸린 실', 곧 종선(縱線)이다. 직물을 짜려면 실올을 가로 방향으로 엮어야 한다. 횡선(橫線), 즉 가로 방향의 실올을 위(緯)라 한다. 세로 실이 '날줄-경'(經), 가로 실은 '씨줄-위'(緯)이니 합쳐서 경위(經緯)이다. 경위는 날줄과 씨줄을 아울러 이르며, 어떤 일이 진행되어 온 과정을 비유하는 표현이다. 직조 과정에서 '씨줄-위'(緯)는 수시로 움직여 위치가 변하지만, '날줄-경'(經)은 고정불변이다. 이로부터 경(經)은 불변의 진리를 상징했고, 그런 진리를 담은 책도 경(經)이라 했다. 성경(聖經), 불경(佛經), 『도덕경』(道德經) 등이 그렇다. 한편 전(典)은 책(冊)과 공(廾)이 합했다. 책(冊)은 나뭇조각이나 대쪽을 일정한 규격으로 잘라 글을 기입하고 끈으로 엮은 모습이다. 그런 문서 조각이 책의 원형인 간독(簡牘)이다. 공(廾)은 양 손가락을 모아 쥔 모양이다. 따라서 전(典)의 본뜻은 '양손으로 귀히 받든 책'이며, 이로부터 '귀한 문서나 책'의 뜻이 나왔다. 이상을 종합하여 한자 뜻대로 풀면, 경전이란 '불변의 진리를 담은 귀한 책'이다.

채울 **충**
번개 **전**

充電

충(充)은 고(古)와 인(儿)이 합했다. 편의상 고(古)라 했는데 밑의 구(口)를 원형으로 그려 주면 완벽하다. 자(우=子)가 뒤집힌 모양으로 '갓난아이'의 모습이다. 산모 뱃속에서 머리부터 나오는 모습이라 뒤집혔다. 갓난아이에게 모유를 먹여야 하지만 사정상 불가능하면 어떻게 할까? 굶길 수는 없으니 엄마가 나선다. 충(充)의 글꼴은 갓난아이의 머리와 엄마의 머리가 맞닿은 모습이다. 따라서 충(充)의 본뜻은 '엄마가 음식을 씹어서 아기 입을 채우다'이며, 이로부터 '채우다, 기르다, 갖추다'의 뜻이 나왔다. 한편 전(電)은 '비-우'(雨)와 '펼-신'(申)이 합했다. 신(申)은 양쪽의 '손가락-우'(又) 사이로 세로막대가 들어갔고, 훗날 양 손가락이 붙으면서 지금의 신(申)이 되었다. 하늘에서 양손으로 몽둥이를 흔드는 모습이 번개라 여겼기 때문이다. 번개가 사방으로 퍼지는 모양으로부터 '퍼지다, 펼치다'의 뜻이 나왔고, 이 뜻으로만 쓰이자 '비-우'(雨)를 추가하여 '번개-전'(電)으로 의미를 복원했다. 그러므로 전(電)의 본뜻은 '번개'이며, 이로부터 '전류, 전기'의 뜻이 나왔다. 이에 충전(充電)을 한자 뜻대로 풀면 '갓난아이의 입을 엄마가 채워 주듯 부족한 전기를 채우다'이다. 세상에 치여서 방전되었을 때 엄마가 해 주는 집밥이 생각나는 건 이미 한자가 형성되던 시절부터 자연스레 그리 될 일이었나 보다.

迅速

신(迅)은 신(卂)과 착(辶=辵)이 합했다. 신(卂)은 '깃-우'(羽)의 생략이고, 착(辵)은 척(彳)과 지(止)의 결합으로 '걷다, 뛰다'의 뜻이다. 따라서 신(迅)은 '날개를 단 듯 빠르게 움직이다'가 본뜻이며, 이로부터 '빠르다'의 뜻이 나왔다. 한편 속(速)은 속(束)과 착(辶)이 합했다. 속(束)의 초기글꼴은 자루의 양쪽 끝단을 묶은 모양이다. 중간의 네모꼴은 자루의 몸통이다. 따라서 속(速)은 '자루에 장거리 여행에 필요한 온갖 물품을 담아 길을 떠나다'가 본뜻이다. 그 옛날 장거리 여행은 극히 어려웠다. 우선 교통수단이 문제였고 숙식도 힘들었다. 험한 지형과 궂은 날씨도 난관이었다. 치안도 문제였는데 도처에 똬리를 틀고 여행객을 약탈하는 도적이 많아서다. 중국 고전 시가에는 멀리 떨어진 부모형제나 가족을 그리워하는 작품이 많은데, 그들이 천성적으로 다정다감해서가 아니라 멀리 떨어지면 그만큼 다시 보기 힘들었기 때문이다. 오죽하면 『논어』(論語) 첫 소절이 "멀리서 벗이 찾아왔으니 기쁘지 아니한가!" 하는 탄성이었겠나. '속(速)한 손님'이 오면 주인이 황급히 뛰어나와 환영하니 '환대하다'의 뜻, '빨리, 황급히'의 뜻도 나왔다. 이에 신속(迅速)을 한자 뜻대로 풀면 '멀리서 찾아온 손님을 날개 단 듯 빠르게 환대하다'이다. 현재는 '환대'의 뜻은 사라지고 '빠르다'의 뜻으로 쓰인다.

奔散

분(奔)은 대(大)와 훼(卉)가 합했다. 그런데 초기글꼴을 확인하면, 요(夭)와 지(止) 셋의 합이었다. '사람-인'(人)이 팔다리를 벌리고 서 있는 정면 모습이 대(大)인데, 요(夭)는 머리를 숙이고 팔을 젓는 모습이다. 그 밑에 '발바닥-지'(止)가 셋이니 곧 질주(疾走)한다는 뜻이다. 그렇다면 '풀-훼'(卉)는 본디 지(止)였는데 '싹-철'(屮)을 거쳐 십(十)으로 변한 것이다. 따라서 분(奔)은 '고개를 숙이고 팔을 저으며 질주하다'가 본뜻이며, 이로부터 '달리다, 달아나다'의 뜻이 나왔다. 산(散)의 초기글꼴은 패(林)와 '칠-복'(攴=攵)이 합했다. 패(林)는 '삼-마'(麻)의 생략형이다. 복(攴)은 막대기를 들고 가격하는 모습이다. 따라서 산(散)은 '삼 줄기를 때려 껍질을 벗기려 하다'가 본뜻이다. 두들기면 조직이 헐렁해져 껍질을 벗기기 좋기 때문이다(이 책의 8월 26일 마약(麻藥) 꼭지 참고). 이로부터 '헐렁하다, 흩어지다'의 뜻이 나왔다. 세월이 흘러 글꼴이 변해 갔다. 손톱으로 삼 껍질을 벗기는 모양의 패(林)가 손가락을 맞잡은 공(共)의 생략형으로 변했고, 그 밑에 육(月=肉)이 추가되었다. 고기를 두들겨 육질을 부드럽게 한다는 뜻이다. 고기가 흩어지거나 튈 것이다. 요컨대 산(散)은 외부의 힘이 가해져 내부 조직이 분리·분산되는 모습이다. 이에 분산(奔散)을 한자 뜻대로 풀면 '마구 달아나 흩어지다'이다.

꿈 **몽**
헛보일 **환**

몽(夢)의 초기글꼴은 '침상-장'(爿), '사람-인'(人), '눈썹-미'(眉)가 합했다. 사람이 침상에 누운 모습이다. 글꼴 중에는 '손가락-우'(又)를 눈에 댄 모습도 있다. 눈을 가렸다는 뜻이다. 세월이 흘러 장(爿)은 '저녁-석'(夕)으로 바뀌고, 눈을 가린 손은 '덮을-멱'(冖)으로 변했다. 현 글꼴의 맨 위 '풀-초'(艹)는 본디 눈썹이었다. 침상에 누웠다면 자는 것인데 굳이 눈이나 눈썹을 명백히 표시한 이유는 무엇일까? 눈을 감고 자지만 눈으로 뭔가를 본다는 뜻이다. 따라서 몽(夢)은 '잠자리에 누웠으나 보다'가 본뜻이며, 이로부터 '꿈, 꿈꾸다'의 뜻이 나왔다. 한편 환(幻)의 초기글꼴은 요(幺)와 ㄱ/ㄴ/ㄷ 자형이 합했다. '작은-요'(幺)는 '실-사'(糸)의 생략이며, 한글의 기본 자음과 꼭 닮은 ㄱ/ㄴ/ㄷ 안에 작은 실이 들어가 있다. 저런 모양의 나뭇가지 사이나 공간에 거미줄을 친 모습이다. 따라서 환(幻)의 본뜻은 '거미가 가지 사이에 미세하고 투명한 거미줄을 환상적으로 치다'이며, 이로부터 곤충이나 날벌레가 '환술(幻術) 같은 거미줄에 미혹되어 걸리다'의 뜻이 나왔고, 이로부터 마침내 '헛보이다, 미혹하다, 신기하다'의 뜻이 나왔다. 이에 몽환(夢幻)을 한자 뜻대로 풀면 '눈 감고 자더라도 보게 되는 꿈, 환술처럼 신기한 거미줄'이다. 물론 헛되지만, 거미에게는 현실이다.

부를 **호**
마실 **흡**

呼吸

호(呼)는 구(口)와 호(乎)가 합했다. 호(乎)는 팔(八)과 우(于)의 결합인데, 팔(八)은 '나눌-분'(分)의 생략이고, 우(于)는 '피리-우'(竽)의 생략이다. 따라서 호(乎)는 취주 관악기의 소리가 갈라져 나오는 모습을 그렸다. 편안한 소리는 평(平)으로, 흥분되거나 격앙된 소리는 일(一)을 사선으로 그려 호(乎)로 표시했다. 이에 구(口)와 호(乎)를 합한 호(呼)는 '호각이나 나팔 등 취주악기에 숨을 불어넣어 격앙된 소리를 내다'가 본뜻이며, 이로부터 '부르다, 호출(呼出)하다, 부르짖다'의 뜻이 나왔다. 호칭(呼稱), 호소(呼訴), 환호(歡呼) 등이 그런 뜻으로 쓰였다. 한편 흡(吸)은 구(口)와 급(及)이 합했다. 급(及)은 인(人)과 '손가락-우'(又)가 합했다. 무릎을 꿇어 절(卩)처럼 보이는 인(人)의 뒷다리를 손가락으로 잡은 모습이다. 따라서 급(及)의 본뜻은 '쫓아가 손으로 잡다'이며, 이로부터 '닿다, 미치다, 이르다'의 뜻이 나왔다. 그러므로 구(口)와 급(及)이 결합한 흡(吸)은 '입으로 잡아 들이다'라는 뜻이며, 이로부터 '빨다, 숨을 들이쉬다, 잡아당기다'의 뜻이 나왔다. 흡입(吸入), 흡수(吸收), 흡연(吸煙) 등의 단어를 생각해 보라. 이에 호흡(呼吸)을 한자 뜻대로 풀면 '숨을 내쉬어 나팔을 불고, 숨을 잡아 입으로 들이다'이다. 혼자든 여럿이든 호흡이 맞아야 산다.

零細

영(零)의 초기글꼴은 영(霝)이었다. 영(霝)은 '비-우'(雨)와 '입-구'(口) 셋이 합한 모양이다. 셋은 많음을 상징한다. 따라서 영(霝)은 '혹독한 가뭄에 기우제를 지내며 강우를 계속 기도하다'가 본뜻이다. 이후 영(霝)의 아래쪽 구(口) 셋 가운데 둘만 남아 영(零)이 되었다. 영(令)의 위쪽 구(口)는 입이 아래로 향한 모양이고, 아래 구(口)는 그대로이다. 따라서 영(零)의 본뜻은 '기우제 이후 비가 조금 내려 기도 소리가 줄다'이다. 이로부터 '빗방울이 가늘게 조금 떨어지다'의 뜻이 나왔고, 이로부터 다시 '변변치 않다, 시원찮다'의 뜻도 나왔다. 영락(零落)이란 세력이나 살림이 추락하거나, 초목이 시들어 떨어짐을 가리킨다. 한편 세(細)는 '실-사'(糹=糸)와 전(田)의 합인데, 초기글꼴의 전(田)은 본디 '정수리-신'(囟)이었다. 정수리에 맥박이 보일 정도로 어린 유아의 머리카락을 사(糸)로 표시한 것이다. 따라서 세(細)는 '정수리 부근의 뛰는 맥박이 보일 정도로 어린 유아의 가느다란 머리칼'이 본뜻이며, 이로부터 '가늘다, 미세하다, 미미하다'의 뜻이 나왔다. 영세(零細)를 한자 뜻대로 풀면 '한발(旱魃)에 빗방울처럼, 유아의 정수리 근처 솜털처럼 규모나 수입이 변변찮고 미미하다'이다. 영세민(零細民), 영세업자(零細業者) 등에 쓴다.

작을 **미**
약할 **약**

微弱

미(微)의 초기글꼴은 장(長)과 복(攴)의 합이다. 장(長)은 머리칼이 긴 노인의 모습이고, 복(攴)은 막대기 같은 것[卜]을 손으로 잡은[又] 모습이다. 따라서 미(微)는 노인이 지팡이를 짚은 모습이다. 장(長)의 위쪽 머리칼은 본디 우측으로 쏠렸는데 하늘로 솟으면서 산(山) 모양이 되었고, 아래쪽은 사람의 다리와 지팡이가 뭉치면서 궤(几)가 되어 당초 모양을 짐작하기 어려워졌다. 훗날 '갈-행'(行)의 절반인 '걸을-척'(彳)을 추가해 현재 글꼴이 되었다. 따라서 미(微)의 본뜻은 '노인이 지팡이를 짚고 천천히 걸음을 옮기다'이며, 이로부터 '움직임이 적다, 동작이 미약하다'의 뜻이 나왔다. 미소(微笑)나 미풍(微風)에 노인의 흔적은 전혀 없으나 미력(微力), 미행(微行)에는 조금 남아 있다. 한편 약(弱)은 '활-궁'(弓)이 나란히 둘 있는 모양인데 밑으로 '터럭-삼'(彡)이 있다. 삼(彡)은 본디 길게 자란 머리카락의 모양이다. 따라서 약(弱)은 시위가 낡고 느슨해져서 맥없이 아래로 흘러 내려간 모습이다. 그렇다면 약(弱)의 본뜻은 '시위가 약해 끊어져 너풀거리다'이며, 이로부터 '약하다, 쇠하다'의 뜻이 나왔다. 시위도 사람처럼 노약(老弱), 쇠약(衰弱), 취약(脆弱)해진 것이다. 이에 미약(微弱)을 한자 뜻대로 풀면 '노인처럼 힘이 없고 풀린 시위처럼 약하다'이다.

陷穽

함(陷)은 부(阝=阜)와 함(臽)이 합했다. 초기글꼴은 U자형 구덩이 속에 소, 양, 사슴, 멧돼지 등이 빠진 모습이다. 시간이 흘러 구덩이는 '절구-구'(臼)로 변했는데 안쪽에 예리한 말뚝을 설치하여 빠진 동물이 나올 수 없게끔 만들었다. 그런 뒤 짐승은 사라지고 '사람-인'(人)이 들어갔다. 현재 글꼴 함(臽)의 위쪽에 '칼-도'(刀)처럼 보이는 것은 실은 인(人)의 변형이다. 부(阝=阜)가 훗날 추가된 이유는 언덕이나 산에 자연적으로 형성된 구덩이가 있어서 조금만 손질하면 즉시 사용할 수 있었기 때문이다. 따라서 함(陷)은 '짐승이 빠지게끔 만든 구덩이'가 본뜻이며, 이로부터 '빠지다, 빠뜨리다'의 뜻이 나왔다. 사람을 빠뜨리는 건 기함(氣陷) 아니면 모함(謀陷)이다. 한편 정(穽)은 '구멍-혈'(穴)과 '우물-정'(井)이 합했다. 우물 같은 구덩이에 너스레를 쳐서 위장한 소위 '허방다리'를 가리킨다. 혈(穴) 대신에 부(阜)를 더해 정(阱)으로 쓰기도 하는데, 이 역시 함(陷)의 설치 위치나 목적과 비슷하다. 이에 함정(陷穽)을 한자 뜻대로 풀면 '짐승을 빠뜨리기 위해 위장 설치한 구덩이'이다. 함정에 빠진 것이 초기에는 짐승이었다가 훗날 사람으로 변했다. 짐승을 잡는 것보다 사람 잡는 것이 훨씬 이득이기 때문이다.

役割

역(役)의 초기글꼴은 인(人)과 수(殳)가 합했다. '몽둥이-수'(殳)는 손으로 몽둥이를 쥔 모습이다. 따라서 '사람을 강제하다'가 본뜻이다. 세월이 흘러 인(人)이 '걸을-척'(彳)으로 변했다. 그렇다면 역(役)은 '장소를 이동하도록 강제하다'가 본뜻이다. 국경 이동이면 병역(兵役)이고, 공사장 이동이면 노역(勞役)이다. 어느 곳이든 역할(役割)과 임무가 배정되므로 이로부터 '역할, 임무'의 뜻이 나왔다. 한편 할(割)은 해(害)와 도(刂=刀)가 합했다. 해(害)의 현재 글꼴은 '집-면'(宀), '산란할-개'(丰), '입-구'(口)의 결합이라 풀이하면 그저 '집안에서 말싸움으로 서로 상처를 주다' 정도겠으나, 초기글꼴은 살벌하다. '입-구'(口)에서 혀가 분리되고, 잘린 혀는 난도질당했으며[丰], 혀의 가장자리가 떨어져 위로 올라가 '집-면'(宀)이 되었다. 해(害)가 단순히 '해롭다'의 뜻으로 쓰이자, 본뜻을 복원하고자 도(刂=刀)를 추가했음이 분명하다. 따라서 할(割)의 본뜻은 '혀를 자르다'이며, 이로부터 '베다, 끊다, 찢다, 해치다'의 뜻이 나왔다. 언로(言路)를 막거나 실언 및 폭언을 응징하고자 혀를 자른 것이다. 이에 역할(役割)을 한자 뜻대로 풀면 '강제 이동 후 혀를 베듯 임무를 할당(割當)하다'이다. 할인(割引)과 할부(割賦)는 너무 좋아할 일이 아니다. 혀를 조금씩 베는 것이니.

가량

거짓 **가**
헤아릴 **량(양)**

假量

가(假)는 인(人)과 가(叚)가 합했다. 가(叚)의 초기글꼴은 암벽의 위아래로 '손가락-우'(又)를 맞잡은 모습이다. 가(叚)의 왼쪽 시(尸)와 이(二)는 '돌-석'(石)의 변형이고, 오른쪽 위의 ㄱ는 우(又)의 변형, 그 아래는 우(又)는 그대로이다. 따라서 가(叚)는 '암벽을 오를 때 밑 사람이 위에서 내려준 손을 잡다'가 본뜻이며, 이로부터 '손을 빌리다'의 뜻이 나왔다. 빌린 손은 나의 '진짜' 손이 아니므로, 이로부터 '가짜'의 뜻이 나온 것이다. 사람의 손이므로 지금은 인(人)을 더해 가(假)로 쓴다. 한편 량/양(量)의 초기글꼴은 일(日)과 동(東)이 합했다. 동(東)은 자루의 위아래를 묶은 모양으로 '묶을-속'(束)의 원형이다. 현재 글꼴에 대입하면, 일(日)은 그대로이나 동(東)의 일(一)은 분리되어 위로 갔고, 그 밑의 리(里)는 당초 묶은 모양의 팔(八)이 펴지면서 나란히 수평선이 되었다. 따라서 량(量)은 '자루의 무게를 재다'가 본뜻이며, 이로부터 '재다, 헤아리다, 추측하다'의 뜻이 나왔다. 어두울 때 재면 부정확하므로 대낮에 정확히 잰다는 의미를 표시하고자 '날-일'(日)을 추가했다. 이에 가량(假量)을 한자 뜻대로 풀면 '남의 손을 빌려 자루의 무게를 대충 헤아리다'이다. 대충 짐작할 때 '가량'이라 한다. 한자어 공부를 매일 10분 '가량'만 해도 쌓이면 대단해진다.

斟酌

짐(斟)은 심(甚)과 두(斗)가 합했다. 두(斗)는 자루가 달린 큰 국자이다. 심(甚)의 초기글꼴은 '달-감'(甘)과 '수저-비'(匕)의 합이다. 수저로 맛난 요리와 술을 즐기는 모습이다. 맛난 음식을 먹으면 탄성이 나온다. 입에 넣었던 '수저-비'(匕)의 오른쪽 사선이 위로 올라가 감(甘)과 붙고, 밑에 남은 ㄴ은 '탄성-혜'(兮)의 위쪽 팔(八)과 결합하여 현재 글꼴이 되었다. 혜(兮)의 아래쪽 '숨 내쉴-고'(丂)는 생략됐다. 따라서 심(甚)은 '맛난 음식에 감탄하여 탐닉하다'가 본뜻이며, 이로부터 '지나치다'의 뜻이 나왔다. 이에 심(甚)과 '말-두'(斗)가 합한 짐(斟)의 본뜻은 '식탐에 큰 국자로 좋은 음식과 술을 가득 푸다'이다. 한편 작(酌)은 유(酉)와 작(勺)이 합했다. 유(酉)는 술항아리, 작(勺)은 자루가 달린 작은 국자이다. 유(酉) 안에 알코올을 가리키는 수(氵)가 든 것이 '술-주'(酒)이다. 따라서 작(酌)은 '술독에서 작은 국자로 술을 뜨다'가 본뜻이며, 이로부터 '술을 잔에 따르다'라는 뜻이 나왔다. '혼술'을 독작(獨酌), 맞술을 대작(對酌)이라 한다. 옛날에는 술독에서 큰 국자로 술을 퍼서 [斟] 주전자 같은 작은 용기에 옮겨 담아 다시 술잔에 따랐다 [酌]. 이에 짐작(斟酌)을 한자 뜻대로 풀면 '주전자를 헤아려 술을 푸고, 술잔을 헤아려 술을 따르다'이다.

膾炙

회(膾)는 육(月=肉)과 회(會)가 합했다. 육(月)은 식육이지 생선이 아니다. 회(會)의 초기글꼴은 찜통이었다. 위쪽 삼각형은 뚜껑이고, 맨 아래는 찜통이다. 이 둘을 합하면 합(合)이다. 그 중간에 '쌀-미'(米)와 식자재가 있었다. 이후 합(合)은 불변이나 식자재가 뭉쳐 '밭-전'(田)이 되었고, 다시 세로줄이 셋인 직사각형으로 변해 회(會)가 되었다. 따라서 회(會)의 본뜻은 '식자재를 한데 모아 밥을 짓다'이다. 식자재와 찜통은 사라지고 오직 '모으다, 모이다'의 뜻만 남았다. 따라서 회(膾)의 본뜻은 '찜통에 식육을 찌다'이다. 『논어』(論語)는 공자의 식생활을 언급하며 '회불염세'(膾不厭細), 즉 '회는 아무리 얇게 썰어도 싫지 않다'고 했다. 마치 생선회 마니아인 듯 묘사했으나 오해다. 그 당시는 생선을 날로 먹지 않았다. 지금처럼 조리 기구와 연료가 발달하지 않았던 때라 식육을 익히려면 증기로 찌거나 불로 구웠다. 고기를 찌는 것이 회(膾)이고, 불로 굽는 것이 자/적(炙)이다. '불-화'(火) 위에 육(月)이 있어 직관적이다. 식육을 구우면 맛있지만 태우기 쉬우므로 주로 쪄서 먹었는데, 찔 때 잘 익히려면 잘게 썰어야 했기에 공자가 그리 표현한 것이다. 회와 자는 모두들 좋아하는 음식이라 자주 입에 오른다. 이에 회자(膾炙)를 한자 뜻대로 풀면 '사람들 입에 자주 오르는 고기 찜과 구이'이다.

桎梏

질(桎)은 목(木)과 지(至)의 합이며, 지(至)는 실(室)의 생략이다. 지(至)의 초기글꼴은 화살이 날아와 땅에 박힌 모습이다. 밑이 '흙-토'(土)이고, 위는 '화살-시'(矢)가 뒤집힌 모양이다. 이로부터 '이르다, 닿다'의 뜻이 나왔다. 사람이 집에 이른 모습도 '집-면'(宀)을 더해 '집-실'(室)로 표시했다. 집은 쉬거나 자는 공간이지만 확정 판결된 중죄인에게는 그런 자유를 불허했다. 죄수의 집은 집이되 감방(監房)이며, 감방에 이른 이에게는 질(桎), 즉 '차꼬'를 채웠다. 긴 나무토막 두 개를 맞대고 그 사이에 구멍을 파서 죄수의 두 발목을 넣고 자물쇠를 채운 형구이다. 한편 곡(梏)은 목(木)과 고(告)의 합이며, 고(告)는 고소(告訴)의 뜻이다. 고소된 범죄 피의자는 탈주나 증거인멸을 막고자 확정 판결을 받을 때까지 구속 수감되는데 법정과 구치소를 오갈 때마다 수갑(手匣)을 채운다. 따라서 곡(梏)의 본뜻은 '구속 수감된 범죄 피의자가 손목에 찬 형틀'이며, 이로부터 '수갑'의 뜻이 나왔다. 옛날 수갑은 목에 채우는 이른바 '칼'과 함께 그 밑의 구멍에 채웠으며 나무 재질이었다. 요컨대 질곡(桎梏)의 질(桎)은 확정 판결을 받은 유죄인의 차꼬, 곡(梏)은 미결수의 수갑이었다. 모두 손발을 묶는 형구이며, 자유를 속박하는 장치였다. 지금은 비유로 많이 쓰인다. 질곡의 세월, 분단의 질곡 등이다.

堪當

감(堪)은 토(土)와 심(甚)이 합했다. 토(土)는 토지(土地)로 옛날에는 재부(財富)를 상징했다. 심(甚)의 초기글꼴은 '달-감'(甘)과 '수저-비'(匕)의 합이다. 수저로 맛난 요리와 술을 즐기는 모습이다. 맛난 음식을 먹으면 탄성이 나온다. '수저-비'(匕)의 오른쪽 사선이 위로 올라가 감(甘)과 붙고, 밑에 남은 ㄴ은 '감탄-혜'(兮)의 위쪽 팔(八)과 결합하여 현재 글꼴이 되었다. 따라서 심(甚)의 본뜻은 '맛난 음식에 감탄하여 탐닉하다'이며, 이로부터 '지나치다'의 뜻이 나왔다. 따라서 감(堪)은 '과도한 식도락을 감당할 정도의 토지 소유'를 뜻하며, 이로부터 '견디다, 감내하다, 감당하다'의 뜻이 나왔다. 한편 당(當)은 상(尚)과 전(田)이 합했다. 상(尚)은 팔(八) 사이에 향(向)이 있다. 팔(八)은 분(分)의 생략형으로 분리의 뜻이다. 향(向)은 '집-면'(宀) 안에 '입-구'(口)가 있으니, 즉 '창문이 있는 집'이다. 옛날 창문은 채광과 통풍이 목적이라 높이 냈다. 따라서 상(尚)의 본뜻은 '창문이 있는 높고 큰 집'이다. 그러므로 상(尚)과 '밭-전'(田)이 합한 당(當)은 '고대광실과 함께 어떤 소비라도 댈 수 있는 논밭, 즉 재화(財貨)가 있음'이 본뜻이며, 이로부터 '마주하다, 지키다'의 뜻이 나왔다. 이에 감당(堪當)을 한자 뜻대로 풀면 '재력으로 식도락과 저택을 지킬 수 있다'이다.

晚秋

만(晚)은 일(日)과 면(免)이 합했다. 면(免)의 초기글꼴은 사람이 머리 위에 근사한 모자를 쓴 모습이다. 정중한 행사나 조회(朝會) 때 착용하지 평소에는 벗어 놓는다. 이로부터 '벗다'의 뜻이 나왔다(이 책의 2월 4일 임면(任免), 12월 5일 파면(罷免) 꼭지 참고). 따라서 만(晚)은 해가 떠올라 제 갈 길을 가다가 저녁에 가까워지면 광채를 벗고 서쪽으로 기우는 모습을 표현한 것이다. 만(晚)의 본뜻을 정리하면 '해가 임무를 벗다'이며, 이는 곧 햇빛의 끝자락이니 '해질 무렵'을 뜻한다. 한편 추(秋)는 '벼-화'(禾)와 '불-화'(火)가 합했다. 벼가 익어 가는 계절, 곧 가을을 뜻한다. 그런데 초기글꼴을 보면 메뚜기나 귀뚜라미를 그린 모양도 있고, 심지어 추(秋) 옆에 '거북' 그림도 있다. 메뚜기나 귀뚜라미는 가을 곤충이니 가을을 상징한다고 쳐도 거북은 무슨 영문인가? 농사를 시작할 때 수확량이 어떨지 점쳤던 거북점 내용을 가을이 되어 실제 추수(秋收)한 양과 대조하는 모습일까? 여하튼 모두 가을을 직간접적으로 상징한다. 이상을 종합하여 한자 뜻대로 풀면, 만추(晚秋)란 '해질 무렵의 황혼처럼 가을철의 끝자락'을 말한다. "석양은 아름다우나 황혼이 가깝다"라는 시구처럼 만추는 참으로 좋은 계절이나 겨울이 가깝다.

시골 **향**
근심 **수**

鄉愁

10/24

향(鄕)은 향(乡), 급(皀), 읍(阝=邑)이 합했다. 향(乡)은 읍(阝)의 변형이니 향(鄕)은 읍(邑), 급(皀), 읍(邑)이다. 급(皀)은 '먹을-식'(食)의 생략이다. 읍(邑)은 '입-구'(口)와 파(巴)의 합인데, 파(巴)는 '사람-인'(人)이 무릎을 꿇은 모양인 절(卩=㔾)의 변형이다. 그렇다면 향(鄕)은 '두 사람이 무릎을 꿇고 마주 앉아 식사하다'라는 뜻으로, 훗날 식(食)을 추가한 '잔치할-향'(饗)의 원형이다. 즉 향연(饗宴)이다. 마주 보는 '방향'(方向=方嚮)에 치중하면 '향할-향'(嚮)이다. 음식을 권하는 '소리', 즉 음향(音響)에 치중하면 '울릴-향'(響)이다. 처음으로 돌아가서, 잔치를 하려면 모여 살아야 하는데 중국의 기층(基層) 행정조직으로 향(鄕)과 촌(村)이 있다. 향촌(鄕村)은 도시로부터 멀리 떨어져 있어 흔히 '시골'이라 한다. '시골-향'(鄕)의 뜻은 이렇게 나왔다. 시골에 연고(緣故)가 있으면 고향(故鄕)이다. 한편 수(愁)는 '가을-추'(秋)와 '마음-심'(心)이 합했다. 가을은 좋은 계절이지만 초목이 시드는 때이다. 곡식이 여물고 초목이 열매 맺는 것은 겨울/죽음을 앞두고 후손을 남기려는 뜻이다. 따라서 가을이 되면 사람 마음도 왠지 감상적으로 울적해진다. 그 마음을 표현한 것이 '시름-수'(愁)이다. 이에 향수(鄕愁)를 한자 뜻대로 풀면 '가을이 되면 고향 생각에 시름겹다'이다.

더할 **증**
더할 **가**

增加

증(增)은 토(土)와 증(曾)이 합했다. 증(曾)의 초기글꼴은 시루나 겅그레 모양이다. 밑의 일(日)은 솥단지로 중간의 일(一)은 물이 들어 있음을 표시했다. 중간의 망(罒) 혹은 사(四)처럼 생긴 것은 시루 혹은 겅그레에 구멍이 있는 모양, 위쪽 팔(八)은 분(分)의 생략으로 뜨거운 김이 갈라져 나오는 모양이다. 증(曾)이 훗날 다른 뜻으로 쓰이자, '기와-와'(瓦)를 더해 '시루-증'(甑)을 만들었다. 시루떡 집에도 있지만, 현대판 시루의 대표 주자는 아무래도 만두 가게 앞에 눈높이까지 쌓인 스테인리스 찜통이다. 중국식은 대나무 재질이다. 증(曾)의 본뜻은 '시루'이며, 시루는 층층이 계속 쌓아 가며 찔 수 있기에 '포개다, 중첩(重疊)하다'의 뜻이 나왔다. 여기에 토(土)를 더한 증(增)은 '흙을 더해 토대를 쌓다'가 본뜻이며, 이로부터 '더하다, 늘다, 많아지다'의 뜻이 나왔다. 한편 가(加)는 '힘-력'(力)과 '입-구'(口)가 합했다. 힘내라고 응원하는 모습이니 직관적이다. 따라서 가(加)는 '힘내라'가 본뜻이며, 이로부터 '더하다, 보태다, 포개다'의 뜻이 나왔다. 우리는 급유(給油)지만 중국어는 가유(加油)인데 소리는 [jiayou]로 '파이팅!'이라는 뜻이다. 이에 증가(增加)를 한자 뜻대로 풀면 '시루를 쌓듯 흙을 더해 바닥을 높이고, 힘내서 파이팅!'이다. 실력으로 몸값 높이고 파이팅! 만두 먹고 파이팅!

전(全)은 '들-입'(入)과 '옥-옥'(玉)이 합했다. 초기글꼴은 양 손으로 땅속에 무엇을 넣는 모습이다. 글꼴 중에는 입(入) 아래에 옥(玉)이 있고, 그 밑에 '될-화'(化)가 있으며, 또 그 옆으로 손가락이 그려졌다. 여기서 핵심은 화(化)에 있다. 화(化)는 '사람-인'(人)이 뒤집혀 비(匕)가 된 것이니, 이는 곧 산 자가 죽은 자로 변화(變化)했음을 나타낸 것이다. 따라서 전(全)은 '고인을 매장할 때 완벽(完璧)한 옥을 부장품으로 넣다'가 본뜻이며, 이로부터 '온전, 완전, 완벽'의 뜻이 나왔다. 한편 원(員)은 구(口)와 패(貝)의 합이지만, 초기글꼴은 동그라미 밑에 '솥-정'(鼎)이 있다. 정(鼎)은 긴 다리가 셋이고 밑에 불을 피워 조리할 수 있는 식기였다. 청동기로 정교하게 제작한 전가(傳家)의 보물이다. 따라서 원(員)은 '정(鼎)의 둥근 입구'가 본뜻이며, 이로부터 '둥글다'의 뜻이 나왔다. 원(員)은 본디 '둥글-원'(圓)의 뜻이었다. 정(鼎)에는 입구 주둥이 이외에 다리, 몸체, 걸개, 몸체의 환상적인 문양에다 심지어 음각된 장문의 글도 있다. 따라서 원(員)의 '둥근 입구'는 여러 구성 요소 중 하나 즉 일원(一員)이며, 이로부터 발전하여 인원(人員)의 뜻이 나왔다. 이에 전원(全員)을 한자 뜻대로 풀면 '완벽한 옥을 부장(附葬)하고, 모든 인원이 참석하다'이다. 현재는 '모든 인원'이라는 뜻으로만 쓰인다.

圓滿

원(圓)은 위(口)와 원(員)이 합했다. 위(口)는 '에워 쌀-위'(圍)의 생략이다. 원(員)의 초기글꼴은 '솥-정'(鼎) 위에 동그라미가 있다. 정(鼎)은 다리가 셋 있는 정교하게 제작된 청동기이다. 따라서 원(員)은 '솥[鼎]의 둥근 입구'가 본뜻이며, 이로부터 '둥글다'의 뜻이 나왔다. 훗날 원(員)이 구성원(構成員), 인원(人員)의 뜻으로 전용되자 둘레를 뜻하는 위(口)를 더해 '둥글-원'(圓)으로 복원했다. 한편 만(滿)은 수(氵=水)와 만(㒼)이 합했다. 만(㒼)은 공(廾)과 량(兩)의 합인데, 공(廾)은 양쪽 '손가락-우'(又)가 합쳐진 모양이고, 량(兩)은 '멍에'의 모양이다. 멍에는 정중앙을 짐승의 목에 걸고 양쪽으로 균등하게 퍼지기에 이로부터 '양쪽'의 뜻이 나왔다. 따라서 만(㒼)은 멍에처럼 생긴 멜대 중앙을 어깨에 걸치고 양손으로 잡은 모습이며, 멜대 양쪽의 용기 안에는 점선과 사선 등이 그려져 있는데, 이는 용기에 담은 액체를 표시한다. 따라서 만(滿)은 '멜대 양쪽 용기에 물을 가득 채우다'가 본뜻이며, 이로부터 '(물이) 가득하다, (물이) 차다'의 뜻이 나왔다. 이에 원만(圓滿)을 한자 뜻대로 풀면 '솥[鼎]의 입구가 둥글 듯, 멜대 양쪽 용기에 물이 가득 담겨 균형을 이루듯, 성격이 모나지 않아 사이가 좋고 일의 진행이 순조로움'이다.

收穫

거둘 **수**
거둘 **확**

수(收)는 '얽힐-구'(丩)와 '칠-복'(攵=攴)의 합인데, 구(丩)는 규(糾)의 생략이다. 규(糾)는 새끼를 꼬는 모양으로, 새끼를 꼬아서 엮듯 범인을 잡아 묶었음을 가리킨다. 복(攴)은 무기를 쥔 손가락의 모습이다. 위쪽 복(卜)은 막대기, 아래쪽 우(又)는 오른손가락인데, 글꼴이 뭉치면서 복(攵)이 되었지만 실은 같은 것이다. 따라서 수(收)는 '범인을 체포하여 때리다'가 본뜻이며, 이로부터 '거두다, 잡다'의 뜻이 나왔다. 수입(收入), 수익(收益), 회수(回收) 등으로 쓴다. 한편 확(穫)은 '벼-화'(禾)와 '잡을-곽'(蒦)이 합했다. 곽(蒦)은 환(萑)과 우(又)의 결합이다. 환(萑)은 '수리부엉이-환'으로 새기는데, '새-추'(隹) 위에 있는 '풀-초'(艹)는 새의 볏이나 도가머리를 표시한 것이다. 따라서 곽(蒦)은 '손가락으로 수리부엉이를 잡다'가 본뜻이며, 이로부터 '잡다, 거두다'의 뜻이 나왔다. 사람이 들짐승을 잡으면 '개-견'(犭=犬)을 추가하여 '얻을-획'(獲)으로 쓰고, 농작물을 거두면 '벼-화'(禾)를 추가하여 '거둘-확'(穫)으로 쓴다. 따라서 확(穫)은 '농작물을 거두다'가 본뜻이며, 이로부터 '거두다'의 뜻이 나왔다. 이에 수확(收穫)을 한자 뜻대로 풀면 '범인을 묶어 때려잡듯 농작물을 거둬 들이다'이다. 때를 놓치면 수확량이 줄어든다.

豆腐

두(豆)의 초기글꼴은 굽이 있는 제기(祭器)의 모양이었다. 밑은 굽, 중간의 구(口)는 몸통, 위의 일(一)은 제수거나 뚜껑이다. 이런 제기가 어떻게 콩이 되었을까. 억측이지만, 콩깍지는 8자 모양으로 두(豆)의 외형과 매우 흡사하다. 게다가 제사상에 올리는 떡은 콩 시루떡이나 콩 인절미인데, 옛날에는 콩을 직접 올리기도 했다. 그래도 제기와 콩은 구분해야 하므로 '풀-초'(艹)를 더해 '콩-두'(荳)를 만들었으나 별로 안 쓰고 여전히 두(豆)를 콩으로 썼다. 그 흔적만은 남아서, '풍성할-풍'(豐=豊)을 '굽 높은 그릇-례'로도 새기는데, 밑의 두(豆)가 그런 '제기'이다. 그 안에 제수가 풍성하게 담겼다. 한편 부(腐)는 부(府)와 육(肉)이 합했다. 부(府)는 엄(广)과 부(付)의 합인데, 초기글꼴에는 '조개-패'(貝)가 더 있었다. 따라서 부(府)의 본뜻은 '재화를 저장하고 관리하는 건물'이며, 이로부터 '관청, 곳간'의 뜻이 나왔다. 이런 곳은 봉쇄되고 경비가 삼엄했다. 식육을 거기 둔다면? 무풍지대이니 썩을 뿐이다. 그러므로 부(腐)는 '삼엄한 금고에 식육을 두다'라는 뜻이며, 이로부터 '썩다'의 뜻이 나왔다. 발효(醱酵)와 부패(腐敗)는 한끝 차이다. 인간에게 유용하면 발효, 해로우면 부패다. 한국 두부는 발효 과정이 없지만 중국에는 발효 두부가 많다.

詐欺

사(詐)는 언(言)과 작(乍)의 합인데, 작(乍)은 '지을-작'(作)의 생략이다. 작(乍)의 초기글꼴은 '점칠-복'(卜)과 '칼-도'(刀)가 합했거나, 도(刀)로 흠집[㣇]을 낸 모양이다. 옛 중국인은 거북이 배 껍질에 구멍을 뚫고 불로 태운 뒤에 갈라지는 모양을 신탁(神託)으로 여겨 길흉을 예측했다. 작(乍)은 그 모습을 그린 것이다. 구멍을 뚫고 불을 피우는 것으로부터 '만들다'의 뜻이 나왔고, 인위적인 작업(作業)이라 인(人)을 추가하여 '지을-작'(作)으로 사용했다. 따라서 사(詐)는 '인위적으로 말을 만들어 작업하다'가 본뜻이며, 이로부터 '교활하게 속이다'의 뜻이 나왔다. 한편 기(欺)는 기(其)와 흠(欠)의 합인데, 기(其)는 '기약할-기'(期)의 생략이다. 흠(欠)의 위쪽은 '입-구'(口)가 벌어진 모양이고 아래쪽은 '사람-인'(人)으로, 하품하듯 입을 잔뜩 벌리고 장광설(長廣舌)을 펴는 모습이다. 기(期)에서 '기약(期約)하다, 기대(期待)하다'의 뜻이 나왔으므로, 기(欺)는 '달변으로 허황된 약속을 하여 상대방이 헛되이 기대하게 하다'가 본뜻이며, 이로부터 '헛된 기약으로 속이다'의 뜻이 나왔다. 이에 사기(詐欺)를 한자 뜻대로 풀면 '인위적으로 말을 만들어 작업하고, 허황된 약속으로 헛되이 기대하게 하다'이다. 예전 유행어로 '말 많으면 공산당'이 있었는데, 지금은 '말 많으면 사기꾼'이다.

근원 **원**
샘 **천**

源泉

원(源)은 수(氵=水)와 원(原)이 합했다. 원(原)은 '기슭-엄'(厂)과 천(泉)의 합이다. 천(泉)의 초기글꼴은 암벽 사이에서 물이 흘러나오는 모습이다. 이른바 석간수(石間水) 혹은 암반수(巖盤水)인데 투명하고 맑아 아예 '흰-백'(白)으로 표시했다. 따라서 원(原)은 '바위 틈새에서 물이 흘러나오는 산기슭'이 본뜻이며, 이로부터 '산기슭, 언덕'의 뜻이 나왔고, 물의 발원지로부터 '근원(根源), 근본(根本)'의 뜻이 또 나왔으며, 급기야 '들, 벌판'의 뜻까지 나왔다. 원(原)에 있던 물이 소(小)로 변하기도 했거니와 '들, 벌판'의 뜻으로 전용되자 '산기슭, 언덕'의 뜻은 물론이고 '근원, 근본'의 뜻까지 희미해졌다. 이에 부득이 수(氵)를 더해 원(源)으로 복원한 것이다. 따라서 원(源)은 '수원지, 발원지'가 본뜻이며, 이로부터 '근원, 기원'의 뜻이 나왔으니 결국 원(原)의 본뜻과 같아졌다. 우리나라 지명에 원(原)이 들어가는 곳으로 수원(水原)과 원주(原州)가 있다. 수원(水原)의 본거지는 지금의 화성 지역으로 오래전에는 서해 바닷물이 드나들었다. 바닷물이 빠지면서 호수가 많아졌으니 물의 평야, 그래서 수원이다. 한편 원주(原州)는 한강 지류인 섬강이 남한강과 합류하는 곳에 위치해 세곡(稅穀) 운송의 주요 거점이었다. 이상을 종합하면 원천(源泉)은 '물이 솟아나는 발원지'이며, 이로부터 '사물의 근원'을 비유하게 되었다.

11月월

바를 **척**
도려낼 **결**

剔抉

척(剔)은 일(日), 물(勿), 도(刂=刀)의 합이다. 초기의 다른 글꼴을 확인하면 '칼-도'(刀)는 공통인데 '불-화'(火)가 일(日)을 대신하고, '개-견'(犭-犬)이 물(勿)을 대신했다. 도(刀)는 칼날과 칼등을 그렸고, 물(勿)은 칼날 사이에 살점과 핏방울이 튀는 모양이라 '도축하다'의 뜻을 유추할 수 있다. 그런데 일(日)은 뭘까? 뼈다귀의 모양, 즉 '뼈-골'(骨)의 아래 '고기-육'(月=肉)을 발라내고 남은 뼈대라면 말이 된다. 그렇다면 척(剔)은 '살을 발라내 뼈만 남다'라는 뜻이며, 이로부터 '도려내다, 후벼 파다'의 뜻이 나왔다. 한편 결(抉)은 '손-수'(扌=手)와 쾌(夬)가 합했다. 쾌(夬)의 초기글꼴은 옥결(玉玦)을 손가락[又]으로 쥔 모양이다. 현재 글꼴의 위쪽 'ㄱ' 모양이 옥결이고, 아래 인(人)은 손가락의 변형이다. 옥결은 한쪽이 터진 고리 모양이다. 옥은 하자가 없어야 귀한데 한쪽이 터진 옥을 손에 쥐었다면 무슨 뜻일까? '손-수'(扌=手)를 또 추가한 것으로 보건대, 흠결을 다듬거나 없애려는 의도이다. 따라서 결(抉)은 '손으로 옥결을 잡고 다른 손으로 흠결을 제거하다'가 본뜻이며, 이로부터 '긁어내다, 파다, 뚫다'의 뜻이 나왔다. 이에 척결(剔抉)을 한자 뜻대로 풀면 '뼈를 발라내고 흠결을 긁어내다'이다. 발본색원(拔本塞源)을 살벌하게 말하면 '척결'인 것이다.

거만할 **오**
거만할 **만**

傲慢

오(傲)는 인(人)과 오(敖)가 합했다. 오(敖)는 토(土), 방(方), 복(攵=攴)의 합인데, 토(土)는 본디 출(出)이었다가 변한 것이다. 방(方)은 변경을 가리키고(이 책의 4월 13일 방치(放置) 꼭지 참고). 복(攵)은 손에 무기를 든 모습이다. 따라서 오(敖)는 무기를 들고 변경을 나서는 모습이다. 이때 무기는 전쟁용이 아니라 호신용 장비일 것이다. 그렇다면 오(敖)는 '놀-오'(遨)의 원형이다. 나선다는 뜻의 출(出)을 강조하고자 '걸을-착'(辶)을 추가했다. 따라서 오(傲)의 본뜻은 '호신 장비를 가지고 국경을 벗어나 거침없이 놀러 다니는 사람'이며, 이로부터 '거만하다, 날뛰다'의 뜻이 나왔다. 한편 만(慢)은 심(忄=心)과 만(曼)이 합했다. 만(曼)은 모(冃), 목(目), 우(又)의 합이다. 일(日)처럼 생긴 것은 본디 '쓰개-모'(冃=冒=帽)의 생략이며, 우(又)는 손가락이다. 따라서 만(曼)은 손으로 모자를 눌러써 눈을 가린 모습이다. 사람을 대할 때 상대방의 눈길을 피하는 것은 상대를 존중하지 않는 태도이다. 그러므로 만(慢)은 '상대방의 눈길을 외면하는 무례한 태도와 마음'이 본뜻이며, 이로부터 '업신여기다, 모멸하다, 건방지다'의 뜻이 나왔다. 이에 오만(傲慢)을 한자 뜻대로 풀면 '거침없이 날뛰며 돌아다니고, 모자를 눌러써 눈길을 외면하다'이다.

鼓吹

고(鼓)는 주(壴)와 지(支)가 합했다. 지(支)는 '가지-지'(枝)의 생략으로 북채를 뜻한다. 주(壴)는 북의 측면도이다. 밑의 ㅛ는 받침대, 구(口)는 북통과 북면의 측면 모양, 사(士)는 출(出)의 변형으로 북소리가 나옴을 표시했다. 따라서 고(鼓)는 '북채로 북을 두드려 소리를 내다'가 본뜻이며, 이로부터 '북, 북을 치다'의 뜻이 나왔다. 한편 취(吹)는 구(口)와 흠(欠)이 합했다. 흠(欠)은 인(人) 위에 입을 벌린 모양의 구(口)가 있다. '하품-흠'으로 새기는 이유는 입을 크게 벌렸기 때문이다. '마실-음'(飮)에도 있고, '노래-가'(歌)에도 있고, '기쁠-환'(歡)에도 있다. 마실 때, 노래할 때, 기쁠 때 모두 입을 크게 벌리기 마련이다. 따라서 흠(欠)은 편의상 하품 운운이지 실은 '입을 크게 벌리다'가 본래 의미다. 그렇다면 구(口)와 흠(欠)을 합한 취(吹)는 '크게 벌린 입을 관악기의 취구(吹口)에 대고 숨을 불어 넣다'가 본뜻이며, 이로부터 '관악기를 불다'의 뜻이 나왔다. 이에 고취(鼓吹)를 한자 뜻대로 쉽게 풀면 '북 치고 나팔 불다'이다. 신나지 않은가? 그리하여 '힘내도록 격려하거나 용기를 북돋아 줌'을 비유한다. 사람을 들썩이게 하는 음악이므로 '어떤 관점이나 주장을 받아들이도록 선동함'을 비유하기도 한다. 광화문 집회마다 괜히 음악 틀고 가수 나오고 '떼창' 하는 게 아니다. 다 고취(鼓吹)다.

기쁠 **희**
기뻐할 **열**

11
—
4

喜悅

희(喜)는 주(壴) 밑에 구(口)가 있다. 주(壴)는 북의 측면도이다. 밑의 ㅛ는 받침대, 구(口)는 북통과 북면의 측면 모양, 사(士)는 출(出)의 변형으로 북소리가 나옴을 표시했다. 주(壴)에 북채를 뜻하는 지(支)만 더하면 곧 '북-고'(鼓)가 된다(이 책의 11월 3일 고취(鼓吹) 꼭지 참고). 따라서 주(壴)에 '입-구'(口)를 더한 희(喜)는 '북을 치면서 입으로 노래하다'가 본뜻이며, 이로부터 '기쁘다, 즐겁다'의 뜻이 나왔다. 희색만면(喜色滿面), 많이 들어 봤을 것이다. 한편 열(悅)은 심(忄=心)과 열(兑)이 합했다. 열(兑)은 팔(八)과 형(兄)의 결합인데, 팔(八)은 '나눌-분'(分)의 생략이다. 형(兄)은 한쪽 무릎을 꿇은 사람이 입을 벌린 모습이다. 집안에서 맏이가 제사를 주도하기에 큰형의 뜻이 나왔지만 본래는 기도하는 모습이었다. 기도 소리가 울려 사방으로 나뉘어 퍼지는 모양을 팔(八=分)로 표현한 것이다. 따라서 '마음-심'(心)을 결합한 열(悅)은 '기도를 통해 신령이나 조상의 응답이 있어 마음이 기쁘다'가 본뜻이며, 이로부터 '기쁘다, 즐거워하다'의 뜻이 나왔다. 이에 희열(喜悅)을 한자 뜻대로 풀면 '북 치면서 노래하여 즐겁고, 기도에 응답이 있어 기쁘다'이다. 독일이 통일될 때 희열을 느꼈다. 우리나라도 통일되면 북 치고 노래하며—이것이 희(喜), 기쁜 마음에 입을 크게 벌리고—이것이 열(悅), 환호하리라.

쓸 고
번뇌할 뇌

苦惱

고(苦)는 '풀-초'(艹)와 '옛-고'(古)가 합했다. 따라서 고(苦)는 '오랜 옛날에 이미 식용 혹은 약용으로 발견한 쓴맛의 식물 씀바귀'가 본뜻이며, 이로부터 '쓰다'의 뜻이 나왔다. 씀바귀는 초여름에 노란색 꽃이 피는데, 줄기와 잎에 흰 즙이 있고 쓴맛이 나며, 뿌리와 어린잎은 식용한다. 한자로는 황련(黃連)이라 하며 잘게 씹어서 아픈 부위에 바르면 소염진통제로 작용한다. 한편 뇌(惱)는 심(忄=心)과 '골-뇌'(甾)의 합이다. 뇌(甾)는 천(巛=川)과 신(囟)의 결합인데, 신(囟)은 머리의 정수리 모양이고, 천(巛)은 정수리 안쪽의 뇌수(腦髓)의 골을 그린 것이다. 세월이 흘러 사람의 뇌임을 표시하고자 '골-뇌'(甾)로 만들었는데, 비(匕)는 인(人)의 변형이었다. 이후 비(匕)가 떨어져 나가고 대신 육(月=肉)이 붙어 현재 글꼴 뇌(腦)가 되었다. 육(月)은 육체의 일부임을 표시한 것이다. 이에 '마음-심'(心)을 더한 뇌(惱)는 '머리뿐만 아니라 마음까지 쓰게 하는 고민거리'가 본뜻이며, 이로부터 '번뇌하다, 괴로워하다'의 뜻이 나왔다. 옛 사람들은 인간의 감정이나 사상 활동에 심장이 관여한다고 믿었다. 감정(感情), 사상(思想)에 모두 '마음-심'(心)이 있는 것으로 알 수 있다. 이에 고뇌(苦惱)를 한자 뜻대로 풀면 '씀바귀를 씹는 듯 머리도 마음도 시달려 괴롭다'이다.

찾을 **수**
조사할 **사**

搜査

수(搜)의 초기글꼴은 수(窔)였다. 수(窔)는 '집-면'(宀), '불-화'(火), '손가락-우'(又)의 결합으로 불을 켜고 집안에서 손으로 무언가를 찾는 모습이다. 시간이 흘러 면(宀)과 화(火)가 뭉치면서 신(申)이 되어 '번갯불'이라는 뜻이 생겼고, 원래 있던 우(又)는 그대로 붙어 수(叟)가 되었다. 그런데 수(叟)가 '눈이 어두워 불을 켜고 찾는 노인'으로부터 '노인'의 뜻으로 전용되자, 다시 '손-수'(扌=手)를 추가하여 '찾을-수'(搜)를 만들었다. 한편 사(査)는 목(木)과 차(且)의 합으로 산사(山査)나무이다. 산사 열매는 시큼 쌉쌀하여 입안이 학대(虐待)당한 느낌이다. '탕후루'가 원래 산사 열매로 만드는데 그 맛을 가리려 설탕을 잔뜩 입히는 것이다. 이로부터 사(樝)의 글꼴이 나왔다. 목(木), 호(虍=虎), 차(且)의 결합인 사(樝)는 사(柤=査) 사이에 호(虍)가 들어갔다. 호랑이처럼 사나운 맛임을 표현한 것이다. 그렇다면 사(査)의 차(且)는 '씹을-저'(咀)의 생략이다. 소설을 잠깐 써 본다. 열매를 채집하던 시절, 산사 열매를 씹어 본 노인들은 이 열매가 식용 과일의 한계임을 알았다. 따라서 사(査)는 '산사 열매까지 맛보며 식용 과일을 조사하다'라는 뜻이며, 이로부터 '조사하다'의 뜻이 나왔다. 이에 수사(搜査)를 한자 뜻대로 풀면 '불 켜고 집안을 수색하고, 산사 열매 씹으며 과실의 한계를 조사하다'이다.

미모

아름다울 **미**
모양 **모**

美貌

미(美)는 양(羊)과 대(大)가 합했다. 대(大)는 사람이 양쪽 팔다리를 벌리고 선 정면 모습이다. 그런데 머리 위에 양(羊)이 있다. 사람 머리 위에 양이 있다니 이상하다. 초기글꼴을 확인하면, 이 양(羊)은 뿔 모양의 화환(花環)이었다. 뿔은 양의 대표적 특징이다. 따라서 미(美)는 '사람이 머리에 화환을 썼다'가 본뜻이며, 이로부터 '아름답다'의 뜻이 나왔다. 대개 잘생긴 남성을 멋있다고 할지언정 아름답다 하지는 않으므로 저 미(美)는 여성을 가리킬 것이다. '꽃처럼 아름답다'는 표현은 괜히 나온 것이 아니다. 한자 가운데는 여자-여(女)를 쓴 '아름다울-미'(媄)도 있다. 한편 모(貌)는 치(豸)와 모(皃)가 합했다. 모(皃)는 백(白)과 인(儿)의 결합으로, 백(白)은 얼굴의 윤곽, 인(儿)은 한쪽 다리를 끓은 사람의 모습이다. 인(儿)을 '어진 사람-인'으로 새기는 이유는 겸손하고 예의 바른 자세이기 때문이다. 따라서 모(皃)의 본뜻은 '겸손한 사람'이다. 여기에 치(豸)가 붙었는데, 치(豸)는 '표범-표'(豹)의 생략이다. 표범은 독특하고 아름다운 무늬가 특징인 동물이다. 그렇다면 모(貌)는 '표범의 무늬처럼 아름다운 자태(姿態)와 예모(禮貌)'가 본뜻이며, 이로부터 '모양, 얼굴, 행동거지'의 뜻이 나왔다. 이에 미모(美貌)를 한자 뜻대로 풀면 '꽃처럼 아름다운 얼굴, 표범의 무늬처럼 아름다운 몸가짐'이다.

벼슬 **관**
동료 **료(요)**

官僚

관(官)의 초기글꼴은 '집-면'(宀) 밑에 '언덕-부'(阜) 같기도 하고 '활-궁'(弓) 같기도 한 것이 있다. 언덕 위 관사(官舍)이거나 활로 보아 군영(軍營)이다. 관사건 군영이건 민가가 아니라 관청(官廳)이며, 이런 곳에 근무하는 자는 관리(官吏)이다. 따라서 관(官)은 '관청'을 가리키며, 이로부터 '관리'의 뜻이 나왔다. 관리(官吏)라고 두루 일컫지만 관(官)과 리(吏)는 엄연히 다르다. 관(官)은 국가고시, 옛날로 치면 과거시험에 합격해 임용된 공직자이고, 리(吏)는 관(官)이 필요에 따라 임시 채용한 실무자이다. 한편 료(僚)는 인(人)과 료(尞)의 합이며, 료(尞)는 료(寮)의 생략이다. 료(尞)의 초기글꼴은 나무에 불이 붙어 불똥이 튀는 모습이다. 장작을 태우는 오랜 옛날의 제사 방식이다. 훗날 '불-화'(火)를 더해 료/요(燎)로 썼다. 요원(燎原)의 불길 운운할 때 그 요(燎)다. '집-면'(宀)을 더하면 료(寮)인데, 동료 벼슬아치를 비롯한 여러 사람이 숙식하는 관청을 가리켰다. 그렇다면 료(僚)의 본뜻은 '같은 관청에서 근무하는 같은 직급의 공무원'이며, 이로부터 '동료'(同僚)의 뜻이 나왔다. 이에 관료(官僚)를 한자 뜻대로 풀면 '정식 임용된 국가 공무원과 그의 동료'이다. 공무원이 아니면 동료란 말을 쓸 수 없었던 것이다.

미흡

아닐 **미**
흡족할 **흡**

未洽

미(未)의 지금 글꼴은 일(一)과 목(木)의 합이지만 초기글꼴은 약간 달랐다. 목(木)과 관련된 기본 한자가 여럿 있는데, 우선 목(木)의 뿌리 부분에 점을 찍은 글꼴이 '뿌리-본'(本)이다. 목(木)의 가지 끝에 점을 찍어 '끝'임을 표시한 글꼴이 '끝-말'(未)이다. 점은 훗날 모두 길어졌다. 나무줄기에 U 모양을 그려 '무성한 가지'를 표시한 글꼴이 미(未)다. U도 점차 짧게 펴졌다. 나뭇가지가 무성하지만 아직 열매를 맺지 아니했기에, 이로부터 '아직 아니다'의 뜻이 나왔다. 아직 결혼하지 않은 것을 미혼(未婚)이라 한다. 한편 흡(洽)은 수(氵=水)와 합(合)의 결합이다. 합(合)의 초기글꼴은 구(口) 둘이 상하로 있는데, 위쪽 구(口)는 밑을 향한 모양이라 삼각형처럼 변했다. 따라서 합(合)의 본뜻이 '양쪽 입이 합하다'라면 혹시 키스인가 싶겠지만 실은 '뚜껑과 그릇이 딱 맞다'라는 뜻이다. 이로부터 '합하다, 맞다, 부합하다, 모이다'의 뜻이 나왔다. 그러므로 흡(洽)의 본뜻은 '물줄기가 합류하여 큰 물줄기가 되다'이며, 이로부터 '물이 넉넉해 촉촉이 적시다, 윤택하게 하다, 필요에 부합하다'의 뜻이 나왔다. 이에 미흡(未洽)을 한자 뜻대로 풀면 '물길이 합류하지 못하고 각기 따로 흘러 불만족스럽다'이다. 물 부족으로 합이 맞지 않아, 시너지 효과를 못내는 것이다.

짝 **반**
짝 **려(여)**

伴侶

반(伴)은 인(人)과 반(半)이 합했다. 반(半)의 초기글꼴은 팔(八)과 우(牛)의 합인데, 팔(八)은 '나눌-분'(分)의 생략이다. 팔(八)이 우(牛)에 바짝 앉아 겹치면서 반(半)이 되었다. 따라서 반(半)은 본래 '소를 절반으로 나누다'라는 뜻이며, 이로부터 '절반, 나눔'의 뜻이 나왔다. 반(半)이 '둘로 똑같이 나눈 것의 한 부분'이라는 뜻으로 전용되자, 그 옆에 도(刂=刀)를 붙여 만든 것이 판(判)인데, 지금은 '판단(하다)'로 많이 쓰지만 여전히 '판가름하다'의 뜻이다. 그러므로 반(伴)은 '사람의 절반'이 본뜻이며, 이로부터 '짝'의 뜻이 나왔다. 동반자(同伴者), 도반(道伴)이 그런 뜻이다. 한편 려(侶)는 인(人)과 려(呂)가 합했다. 려(呂)의 초기글꼴은 원형의 물체가 상하로 연결된 모양이다. 초기 글씨는 날카로운 돌덩이나 쇠붙이로 단단한 뼈다귀에 새겼기 때문에 원형은 모두 사각형으로 그렸다. 둥근 태양도 일(日)로 그렸다. 따라서 려(呂)는 '원형의 금속 덩어리 혹은 척추뼈가 나란히 있는 모양'이 본뜻이며, 이로부터 '나란히'의 뜻이 나왔다. 그렇다면 려(侶)는 '나란히 있는 사람'이라는 뜻이며, 이로부터 '함께 있다, 함께하다'의 뜻이 나왔다. 승려(僧侶)는 부처님과 함께하는 스님이다. 이에 반려(伴侶)를 한자 뜻대로 풀면 '절반의 사람이 만나 나란히 있다'이다.

돌이킬 **반**
어그러질 **려(여)**

返戾

반(返)은 반(反)과 착(辶=辵)이 합했다. 반(反)의 초기글꼴은 엄(厂)과 '손가락-우'(又)의 결합인데, 엄(厂)은 석(石)의 생략이다. 따라서 반(反)은 손으로 암벽을 잡고 올라가는 모습이며, 이때 암벽의 반대편에 몸이 있으므로 이로부터 '뒤집다, 배반하다, 반대편' 등의 뜻이 나왔다. 착(辵)은 발동작을 표시하여 '걷다'의 뜻이다. 그러므로 반(反)과 착(辵)을 합한 반(返)은 '돌아오다, 돌려보내다'라는 뜻이다. 반환(返還), 반납(返納)이 그렇다. 한편 려(戾)는 호(戶)와 견(犬)이 합했다. 호(戶)는 문(門)의 절반인 '외짝 문'이다. 따라서 려(戾)는 '외짝 문 틈새를 비집고 맹견이 튀어나오다'가 본뜻이며, 이로부터 '흉악하다'의 뜻이 나왔다. 여성이나 노약자는 기겁하여 비명을 지른다. 이 모습에다 '입-구'(口)를 더해 '울-려'(唳), '물-수'(氵=水)를 더해 '눈물-누/루'(淚)를 만들었다. 운동 신경이 뛰어난 사람이라면 즉시 몸을 돌려 내뺄 것인즉, 이로부터 '(몸을) 돌리다'의 뜻이 나왔다. 지금은 '손-수'(扌=手)를 더해 팔을 돌린다는 의미의 '돌릴-려'(捩)로 쓴다. 이에 반려(返戾)를 재미나게 풀어 보면 '암벽 등반에서 살아 돌아왔으나, 맹견에게 다시 쫓기다'이다. 지금은 '서류를 그대로 돌려줌'의 뜻으로 쓴다. 암벽과 맹견이 서류로 둔갑했다. 하긴 그렇다. 서류가 암벽이나 맹견보다 무섭다.

대신할 **대**
바꿀 **체**

代替

대(代)는 인(人)과 익(弋)을 합했다. 익(弋)은 주살로 오늬에 줄을 매어 쏘는 화살이다. 늪지나 숲에서 짐승을 쏘아 맞춘 뒤 줄을 잡아당겨 끌어올 수 있다. 결국 주살은 사람이 할 일을 대신(代身)해 주며 몇 번이고 재사용할 수 있다. 이로부터 '대신하다, 번갈아'의 뜻이 나온 것이다. 대안(代案), 대타(代打)는 전자의 뜻이고, 후자의 뜻은 세대교체(世代交替)에 쓰였다. 한편 체(替)는 반(夶)과 왈(曰)이 합했다. '가로-왈'(曰)은 '입-구'(口)의 안쪽에 일(一)로써 혀를 그려서 '말하고 있음'을 표시했다. 반(夶)은 두 사람의 부(夫)가 나란히 선 모습이다. 부(夫)는 대(大) 위쪽의 상투에 동곳을 가로지른 모습으로 성인 남성을 뜻한다. 따라서 반(夶)은 '성인 남성 두 명이 나란히 있다'가 본뜻이다. '서 있음'을 표시하고자 '설-립'(立)을 나란히 써서 병(竝)으로 표기한 글꼴도 있고, 서 있지 않고 '걸어감'을 표시하고자 '앞서 걸을-선'(先)을 나란히 써서 '나아갈-신'(兟)으로 표기한 글꼴도 있다. 임무 교체(交替)를 하는 모습이다. 여기에 왈(曰)을 더한 체(替)의 본뜻은 '두 성인 남자가 암호를 주고받으며 임무를 교체(交替)하다'이며, 이로부터 '바꾸다'의 뜻이 나왔다. 이에 대체(代替)를 한자 뜻대로 풀면 '주살로 대신하듯 임무를 교체하다'이다.

矜恤

긍(矜)은 '창-모'(矛)와 금(今)의 합인데, 금(今)은 음(吟)의 생략이다. 음(吟)은 '탄식하다, 신음하다, 읊조리다'의 뜻이다. 따라서 긍(矜)은 '창을 보며 탄식하다'가 본뜻이다. 사람은 죽어 사라지고, 덩그러니 남은 무기를 보면서 고인을 애도하는 모습이다. 그 사람은 나라와 가족을 지키고자 출전했을 것이니 현대로 치면 전몰(戰歿) 장병(將兵) 추도식이다. 고인을 자랑스레 여기면서도 한편 꽃을 피우지 못하고 갔으니 측은하게 여길 것이다. 이로부터 '자랑하다, 숭상하다, 불쌍히 여기다'의 뜻이 나왔다. 모(矛)와 영(令)이 합한 글꼴도 있는데 영(令)은 '가련할-련'(怜=憐)의 생략으로 역시 비슷한 뜻이다. 한편 휼(恤)은 심(忄=心)과 혈(血)이 합했다. 혈(血)의 위쪽 사선은 떨어지는 혈액이고, 그 아래는 '그릇-명'(皿)이다. 따라서 혈(血)은 오랜 옛날, 선혈을 그릇에 담아 제단에 바치는 모습이다. 선홍색 피를 진헌하는 것은 치성(致誠)의 표현이지만, 상처 입고 피 흘리는 노예나 짐승을 보면 한편으로는 측은한 마음이 아니 들 수 없었다. 그런 심정을 심(心)을 더해 휼(恤)로 표현했다. 글꼴 중에는 혈(血)과 시(示)가 합한 것도 있는데 같은 맥락이다. 시(示)는 제사나 신령을 상징한다. 이에 긍휼(矜恤)을 한자 뜻대로 풀면 '불쌍히 여기고 측은하게 생각하다'이다. 도와준다는 뜻은 없다.

肥沃

비(肥)는 육(月=肉)과 파(巴)가 합했다. 파(巴)는 본디 '사람-인'(人)의 변형으로, 인(人)이 허리를 굽힌 절(卩)로 바뀌었다. 거기서 절(卩)과 무릎 꿇은 모습인 절(卩)의 결합을 거쳐 파(巴)가 되었다. 파(巴)의 초기글꼴은 손가락과 팔이 유난히 길쭉한 사람이거나 몸까지 심하게 꼬인 모습이지만 그 원류는 인(人)이다. 따라서 파(巴)는 '보통 사람보다 팔이 길고 몸이 꼬였다'가 본뜻이며, 이로부터 '특이하다'의 뜻이 나왔다. 그러므로 '고기-육'(肉)이 추가된 비(肥)는 '특이하게 살이 많다'가 본뜻이며, 이로부터 '살찌다, 기름지다'의 뜻이 나왔고, 다시 '지방, 비료'의 뜻까지 나왔다. 한편 옥(沃)은 수(氵=水)와 요(夭)가 합했는데, 초기글꼴은 옥(渓)이었다. 옥(渓)은 수(氵=水)와 초(艹)와 요(夭)가 합했다. 요(夭)는 대(大)의 변형으로, 손발을 흔들며 춤추는 '아리따울-요'(妖)의 생략이다. 따라서 옥(渓)은 물을 충분히 머금은 식물이 마치 춤추는 여인처럼 바람결에 살랑대는 모습으로, 훗날 초(艹)가 생략되어 지금 글꼴이 되었다. 그러므로 옥(沃)의 본뜻은 '관개(灌漑) 상태가 매우 우수한 농지'이며, 이로부터 '기름진 땅'의 뜻이 나왔다. 옥토(沃土)가 바로 그 뜻이다. 이에 비옥(肥沃)을 한자 뜻대로 풀면 '사람이 살찌듯 기름진 농토'이다.

支持

지(支)의 초기글꼴은 개(个) 밑에 '손가락-우'(又)가 있었다. 개(个)는 '대-죽'(竹)의 반쪽 모양이다. 따라서 지(支)의 본뜻은 '손으로 대나무를 자르다'이며, 이로부터 '(대)막대기'의 뜻이 나왔다. 여기에 훗날 목(木)을 추가하여 '가지-지'(枝)로 사용했다. 대나무는 가볍고, 마디가 있어 견고하며, 탄성까지 갖춘 목재이다. 다양한 생활용품을 만들었고 기물을 받치는 용도로도 썼다. 이처럼 다양한 용도를 지원(支援)하는 대나무로부터 '지지하다, 지탱하다, 유지하다'의 뜻이 나왔음은 당연하다. 한편 지(持)는 '손-수'(扌=手)와 사(寺)가 합했다. 사(寺)의 초기글꼴은 지(止)와 촌(寸=又)의 결합인데, 지(止)가 토(土)로 변했다. 지(止)는 발동작, 촌(寸)은 손동작이다. 따라서 사(寺)는 발로 이동하고 손으로 작업하는 모습이다. 사람을 모시는 동작이면 '모실-시'(侍)이고, 명령을 기다리면 '기다릴-대'(待)이다. 뭔가를 손에 쥐었다면 '손-수'(扌)를 더해 '가질-지'(持)다. 그러므로 지(持)는 '이동하여 손으로 잡다'가 본뜻이며, 이로부터 '지키다, 돕다, 받치다'의 뜻이 나왔다. 이에 지지(支持)를 한자 뜻대로 풀면 '대나무로 용품을 만들어 지원하고, 필요한 곳으로 이동하여 돕다'이다. 말로만 떠드는 건 고함(高喊)이지 지지가 아니다. 최소한 대나무 젓가락이라도 보내는 것이 지지다.

받들 **봉**
섬길 **사**

奉仕

봉(奉)의 초기글꼴은 풍(丰)과 공(廾)이 합했다. 풍(丰)은 '싹-철'(屮=艸=艹)이 삼단으로 쌓인 모양인데, 싹의 이파리인 凵이 펴져 수평선이 되었다. 따라서 풍(丰)은 초목이 무성한 모습이다. 공(廾)은 좌우의 '손가락-우'(又)가 합치면서 검지(식지)가 붙어 수평선이 되었고 양손의 엄지는 밑으로 뻗고 중지는 위로 올라가 수직선이 되었다. 무명지(약지)와 새끼손가락은 중지에 가려서 생략되었다. 따라서 봉(奉)은 '양손으로 풍성한 초목을 받들어 토지 신께 바치며 풍년을 기원하다'가 본뜻이며, 이로부터 '바치다, 섬기다, 제사를 지내다'의 뜻이 나왔다. 한편 사(仕)는 인(人)과 사(土)가 합했다. 사(土)의 초기글꼴은 도끼 모양의 무기였다. 따라서 사(仕)는 '도끼를 든 사람'이 본뜻이다. 거대한 도끼가 왕(王)이므로 저 도끼를 든 이는 견습 무사쯤 된다. 무기의 사용법을 익히려면 선임의 세심한 지도가 필요하다. 사(仕)는 군대의 '부사수'이므로 '사수'에게 배워야 한다. 허신(許慎)이 사(仕)를 '배울-학'(學)의 뜻으로 해설한 것도 이 때문이다. 배워서 익숙해지면 정식 무관(武官)이 된다. 이에 봉사(奉仕)를 한자 뜻대로 풀면 '도끼를 받아 들고 무관의 길로 나아가다'이다. 도끼를 놓고 붓을 든 사람은 문관(文官)이 되었다. 봉사는 힘든 일이었다.

울 **읍**
하소연할 **소**

泣訴

읍(泣)은 수(氵=水)와 립/입(立)이 합했다. 입(立)은 대(大)와 일(一)의 합으로, 일(一)은 땅을 상징한다. 따라서 입(立)은 팔다리를 펴고 땅에 선 사람의 정면 모습이다. 다른 글꼴에서는 '눈-목'(目) 밑에 '내-천'(巛=川)이 있어 눈물임을 분명히 표시했다. 따라서 읍(泣)은 '서서 눈물을 흘리다'가 본뜻이다. 슬프지만 매우 절제하는 모습이다. 곡(哭)은 대성통곡, 체(涕)는 소리 내어 우는 모습, 읍(泣)은 조용히 눈물을 흘리는 모습이다. 한편 소(訴)는 언(言)과 척(斥)의 합인데, 척(斥)은 엄(厈)의 변형이다. 엄(厈)의 엄(厂)은 집을 뜻하고 간(干)은 공구를 뜻하여, 집을 일부 혹은 전부 개축하는 모습이다. 이후 수(扌=手), 토(土), 목(木) 등을 추가해 탁(拆), 탁(坼), 탁(柝)으로 쓰는데 모두 '터지다, 헐다'의 뜻이다. 따라서 소(訴)는 '지은 집을 역순으로 헐어서 개축하듯 사정의 자초지종을 말하다'가 본뜻이며, 이로부터 '하소연하다, 호소하다'의 뜻이 나왔다. 초기글꼴 중에 소(愬)와 소(謝)도 있는데, 심(心)과 삭(朔), 또는 언(言)과 삭(朔)의 합으로 삭(朔)은 '거슬러 올라갈-소'(溯)의 생략이다. 처음으로 거슬러 올라가 상황을 설명하거나 답답한 심정을 토로하는 모습이다. 이에 읍소(泣訴)를 한자 뜻대로 풀면 '눈물로 하소연하다'이다. 곡소리는 내면 안 된다.

마음 **심**
취할 **취**

心醉

심(心)의 초기글꼴은 사실적이다. 우묵한 곳이 살짝 트인 하트 모양인데 그 안에 심실(心室)까지 표시했다. 글꼴이 차츰 변해 현재 모양으로는 심장임을 유추하기 힘들다. 그저 ㄴ이 혈관, 세 점이 혈액을 상징하는 정도로 보면 될 듯하다. 옛 사람들은 두뇌 이외에 심장도 인간의 감정(感情)이나 사상(思想)에 관여한다고 믿었기에 관련된 거의 모든 한자에 심(心)이 들어 있다. 한편 취(醉)는 유(酉)와 졸(卒)이 합했는데, 유(酉)는 술항아리 모양으로 '술-주'(酒)의 생략이다. 졸(卒)은 '옷-의'(衣)와 '손가락-우'(又)의 합인데, 당초 무엇을 표현하려는 의도였는지 아리송하다. 훗날의 용법으로 역산하여 추론하면, ① 졸(卒)의 우(又)는 옷에 병졸임을 표기한 것이다. 즉 졸(卒)은 병졸의 유니폼이다. ② 졸(卒)의 우(又)는 옷의 봉제를 마치고 손을 든 모습이다. 즉 봉제 완료를 뜻한다. ③ 졸(卒)의 우(又)는 고인의 염습(殮襲)을 완료한 모습이다. 즉 고인을 씻겨 옷을 입히고 염포로 싼 것이다. 세 가지는 다 말이 되지만 음주와 연결하면 ③이 유력하다. 알코올에 기절한 모습이 곧 취(醉)가 아닌가? 따라서 취(醉)는 '술항아리에 빠져 정신을 잃다'가 본뜻이며, 이로부터 '취하다'의 뜻이 나왔다. 이에 심취(心醉)를 한자 뜻대로 풀면 '감정과 사상이 온통 술항아리에 빠져 정신을 잃다'이다. 마음을 뺏긴 것이다.

줄기 **경**
막힐 **색**

梗塞

경(梗)은 목(木)과 경(更)이 합했다. 경(更)은 병(丙)과 우(又)가 합했는데, 병(丙)은 석경(石磬)의 모양이다. 석경의 경(磬)은 '소리-성'(聲)과 '돌-석'(石)의 결합으로, 막대로 쳐서 연주하는 석제 타악기의 일종이다. 따라서 경(更)의 본뜻은 '석경을 들다'이다. 여기에 목(木)을 더한 경(梗)은 '석경을 치는 막대기'인데, 자유(刺楡) 나무의 가지로 만들었다. 자유는 줄기에 가시가 있는 '시무나무'이다. 따라서 경(梗)은 '시무나무 줄기로 만든 막대기'가 본뜻이며, 이로부터 '가시, 가시나무'의 뜻이 나왔다. 가시는 통행을 막기에 이로부터 다시 '막히다, 저지하다'의 뜻이 나왔다. 한편 색(塞)의 초기글꼴은 면(宀), 공(工) 둘, 우(又) 둘이 합했다. 집 안에 공구(工具)가 둘 있고, 각 공구 아래에 손가락이 있으니 이런저런 도구를 손에 들고 집 안을 수리하는 모습이다. 훗날 밑에 '흙-토'(土)를 추가했다. 진흙을 개어 벽면을 메우는 모습이다. 따라서 색(塞)은 '집 안 벽면의 구멍을 진흙으로 메우다'가 본뜻이며, 이로부터 '막다, 채우다'의 뜻이 나왔다. 국경선은 자고로 막아 두기에 변경을 뜻할 때는 새(塞)로 읽어 준다. 그 유명한 새옹지마(塞翁之馬) 고사가 이 경우다. 이에 경색(梗塞)을 한자 뜻대로 풀면 '가시나무에 막히다'이다. 소통하려면 가시부터 제거해야 한다.

사치할 **사**
사치할 **치**

奢侈

사(奢)는 대(大)와 자(者)가 합했다. 자(者)의 초기글꼴은 장작에 불이 붙어 불똥이 튀는 모습이다. 글꼴이 많이 변해 모닥불을 연상하기 힘들지만, 그 흔적은 '더울-서'(暑)와 '삶을-자'(煮) 등에 남아 있다. 여기에 대(大)를 더한 사(奢)는 '불을 크게 피우다'라는 뜻이다. 왜 불을 크게 피웠을까? 사(奢)의 다른 글꼴로 사(奓)가 있다. 대(大)와 다(多)가 합했는데, 다(多)는 '고기-육'(⽉=肉)이 상하로 겹친 모양이다. 그렇다면 많은 고기를 요리하려고 불을 크게 피운 것이다. 따라서 사(奢)의 본뜻은 '많은 고기를 요리하고자 불을 크게 피우다'이며, 이로부터 '과분하다, 지나치다, 사치하다'의 뜻이 나왔다. 한편 치(侈)는 인(人)과 다(多)가 합했다. 식육이 부족하던 시절, 한 사람이 여러 몫의 고기를 차지하는 것은 집단생활에서 무절제하고 오만한 행동이었다. 따라서 치(侈)는 '한 사람이 많은 고기를 차지하다'가 본뜻이며, 이로부터 '절제하지 않다, 오만하다, 과분하다'의 뜻이 나왔다. 굳이 사치(奢侈)를 구분하자면, 사(奢)는 내가 이렇게 산다고 과시하는 것이고, 치(侈)는 좀 산다고 없는 자들을 무시하는 것이다. 이에 사치(奢侈)를 한자 뜻대로 풀면 '삼시세끼 고기 해 먹고, 남의 것까지 차지해 다 먹다'이다. 사치를 부러워할 거 없다. 과거에는 부도덕한 일이었다.

$$\frac{11}{21}$$

新舊

새 **신**
예 **구**

신(新)은 신(辛)과 석(析)이 합했다. 신(辛)은 끌처럼 생긴 공구이며 발음을 겸하는데, 석(析)과 붙으면서 입(立)으로 변했다. 석(析)은 목(木)과 '도끼-근'(斤)의 합으로 '나무를 쪼개 장작을 만들다'가 본뜻이며, 이로부터 '장작'의 뜻이 나왔다. 옛날에는 장작을 비벼서 불을 지폈는데, 계절마다 다른 나무를 사용했다. 새 계절에 새롭게 시작한다는 개념이었다. 이로부터 '새롭다'의 뜻이 나왔다. 신혼(新婚)이나 혁신(革新) 등이 그런 뜻이다. 이처럼 새롭다는 뜻으로 전용되자 오히려 '장작'의 본뜻이 사라져, '풀-초'(艹)를 더해 '장작-신'(薪)으로 복원했다. 유명한 와신상담(臥薪嘗膽)에 쓰였다. 한편 구(舊)는 '새-추'(隹)가 들어 있어 맹금이며, 구체적으로는 '부엉이'이다. 초기글꼴은 특이하게도 머리에 깃이 있고 발톱은 둥지를 짚고 있다. 구(舊)의 위쪽 '풀-초'(艹)는 본디 '쌍상투-관'(卝)으로, 부엉이의 머리 위에 돋아난 이른바 우각(羽角)을 표시했다. 아래 '절구-구'(臼)는 둥지를 그려 준 동시에 발음을 겸했다. 부엉이는 예전부터 있었던 바위의 틈새나 동굴에 둥지를 튼다. 발톱 밑에 특별히 둥지를 그린 이유도 이 때문이다. 부엉이 둥지의 이런 특성으로부터 '옛, 지난, 오래되다'의 뜻이 나왔고, 부엉이는 사라졌다. 이에 신구(新舊)를 한자 뜻대로 풀면 '새로운 장작, 옛 보금자리'이다.

蠶食

잠(蠶)은 참(朁)과 곤(蚰)의 합이다. 곤(蚰)은 벌레 무리를 가리킨다. 참(朁)은 기(旡) 둘과 왈(曰)의 합이다. '목멜-기'(旡)는 포식한 후 고개를 돌린 모양이며, 왈(曰)은 '달-감'(甘)의 변형이다. 따라서 참(朁)은 맛있는 음식을 포식하고 모두 고개를 돌린 모습이다. 여기에 곤(蚰)을 합한 것이 잠(蠶)이다. 이 벌레는 무엇일까? 누에이다. 누에는 바글바글 고개를 까딱대며 목이 멜 때까지 뽕잎을 먹고, 실컷 먹은 후에는 깊은 잠에 빠진다. 그렇게 네 번 총 20여 일간 반복한 뒤 제 몸에서 비단실을 뽑아 고치를 만든다. 그러므로 잠(蠶)은 '뽕잎을 맛있게 실컷 먹고 고개를 돌려 자는 누에 무리'가 본뜻이며, 이로부터 '누에'의 뜻이 나왔다. 한편 식(食)의 초기글꼴은 아래쪽은 굽 높은 그릇에 밥이 담긴 모양이고 위쪽의 세모꼴은 '입-구'(口)의 변형으로 입이 아래로 향한 모습이다. 따라서 식(食)의 본뜻은 '맛있게 밥을 먹다'이며, 이로부터 '밥, 먹다'의 뜻이 나왔다. 약속을 지키지 않으면 마치 밥을 먹듯 약속을 먹어 버린 셈이니 곧 식언(食言)이다. 이에 잠식(蠶食)을 한자 뜻대로 풀면 '누에가 뽕잎을 야금야금 먹어 치우듯 남의 것을 조금씩 먹어 들어가다'이다. 서울 강남 지명에 잠실동(蠶室洞)과 잠원동(蠶院洞)이 있다. 조선시대에 국립 양잠소를 설치했던 곳이다.

葡萄

포도의 원산지는 중동이며, 기원전에 이미 비단길로 중국에 전해졌다. 기원전 145년에 출생한 사마천(司馬遷)이 『사기』(史記) 「대원열전」(大宛列傳)에 쓰기를, 한 무제가 천리마를 구하고자 장건(張騫)을 서역(西域)에 파견했다. 장건은 그 당시 대원(大宛)·월지(月氏)·안식(安息) 등 중앙아시아 여러 나라에서 "포도"(蒲陶)를 많이 보았고, 부자들은 포도주를 대량으로 담갔는데 수십 년이 지나도 부패하지 않았다. 장건이 귀국길에 씨앗을 가져온 덕분에 중국에서도 포도가 재배되었다. 『사기』에 적힌 포도(蒲陶)는 당시 이란어 'Budaw', 페르시아어 'Budawa'를 음역한 것이다. 음역이라 한자가 조금씩 달라 포도(蒲桃)로도, 보도(葡陶)로도 표기했다. 의역과 음역을 겸해 초룡주(草龍珠)나 보리자(菩提子)로도 기록했다. 16세기 이시진(李時珍)은 『본초강목』(本草綱目)에서 설명했다. "포도(葡萄)를 『한서』(漢書)는 포도(蒲桃)로 표기했다. 술을 담글 수 있는데 마시면 도취(陶醉)되듯 정신을 잃기에 '풀-초'(艹)를 더해 도(萄)로 표기한다." 이렇듯 음역 혹은 음차라 해도 다 의미를 고려한다. 포도(葡萄)는 '엎드릴-포'(匍), '질그릇-도'(匋＝陶)에 '풀-초'(艹)를 얹은 것이다. 포도송이가 주렁주렁 매달려 땅바닥에 엎드릴 기세이고, 포도주로 마시면 도취되는 음료이니 그럴듯하지 않은가.

농사 **농**
마을 **촌**

農村

농(農)은 곡(曲)과 신(辰)이 합했다. '굽을-곡'(曲)의 초기글꼴은 니은(ㄴ) 모양이다. 다른 글꼴 중에는 목(木), 전(田), 목(木)의 결합도 있다. '수풀-림'(林) 사이에 밭이 있는 모양이다. 그렇다면 곡(曲)은 반듯하게 정돈되지 않은 농경지의 모습이다. 신(辰)의 초기글꼴은 조개가 혀를 내민 모양이다. 조개껍질은 딱딱하고 가벼우며 가장자리는 날카로워 초기 농기구의 하나였다. 새벽에 일어나 김매러 나갔기에 '날-일'(日)을 추가하여 '새벽-신'(晨)을 만들었다. '쟁기-뢰'(耒)를 붙여 '김맬-누'(耨)도 만들었다. 따라서 농(農)은 '조개껍데기를 들고 농지로 가다'가 본뜻이며, 이로부터 '농사, 농사짓다'의 뜻이 나왔다. 촌(村)은 목(木)과 촌(寸)의 합이다. 촌(寸)은 '팔꿈치-주'(肘)의 생략이니, 목재를 비롯한 건축 자재를 손질하여 촌락을 조성하는 모습이 촌(村)이다. 촌(村)의 다른 글꼴로 '마을-촌'(邨)이 있다. 촌(邨)은 '진칠-둔'(屯)과 '고을-읍'(阝=邑)의 합인데, 둔(屯)은 싹이 뿌리를 내린 모양이고, 읍(邑)은 '울타리-국'(口=國=圍) 안에 사람이 앉아 있는 모양이다. 따라서 촌(邨)은 마을을 조성하고 입주하여 편안히 쉬는 모습이다. 즉 촌(村)은 마을을 조성 중이고, 촌(邨)은 마을 조성 후 입주 생활 중이니, 모두 '마을'이다. 이에 농촌(農村)을 한자 뜻대로 풀면 '농사짓는 마을'이다.

굴욕

굽힐 **굴**
욕될 **욕**

屈辱

굴(屈)의 초기글꼴은 '꼬리-미'(尾)와 출(出)이 합했다. 미(尾)는 시(尸)와 모(毛)의 합인데, 시(尸)는 인(人)의 변형으로 허리와 다리를 굽힌 모양, 모(毛)는 양쪽으로 털이 난 모양이다. 따라서 미(尾)는 몸체에서 굴곡이 자유로운 '동물의 꼬리'가 본뜻이다. 출(出)은 출구를 나서는 모습이며, 이로부터 '나서다, 나오다'의 뜻이 나왔다(이 책의 9월 2일 배출(輩出) 꼭지 참고). 그렇다면 굴(屈)은 '(생리적인 배설물이) 꼬리에서 나오다'가 본뜻이다. 배출할 때 몸을 굽히게 되므로, 이로부터 '굽히다'의 뜻이 나왔다. 한편 욕(辱)은 신(辰)과 촌(寸)이 합했다. 신(辰)의 초기글꼴은 조개가 혀를 내민 모양이다. 조개껍데기는 가장자리가 날카로워 초기 농기구의 하나였다. 촌(寸)은 '팔꿈치-주'(肘)의 생략으로 손동작을 상징한다. 따라서 욕(辱)은 '손으로 조개껍데기 농기구를 쥐다'가 본뜻이며, 이로부터 '고된 일을 시작하다'의 뜻이 나왔다. 우리말의 '욕(辱)보다'는 당초 농사일이었다. 옛날 농업사회에서 농경은 필수이자 의무였다. 농사철을 어기거나 빈둥거리는 자는 형벌과 함께 모욕(侮辱)을 주었기에, 이로부터 '망신을 당하다'의 뜻이 나왔고, 이런 뜻으로 전용되자 '쟁기-뢰'(耒)를 더해 '김맬-누'(耨)로 복원했다. 이에 굴욕(屈辱)을 한자 뜻대로 풀면 '몸을 굽혀 배설하고, 조개껍데기로 김매느라 욕보다'이다.

劫迫

겁(劫)은 거(去)와 력(力)의 합이지만, 다른 글꼴은 '힘-력'(力) 대신에 '칼-도'(刂=刀)와 '칼날-인'(刃)이 쓰였다. 모양과 의미가 통하기에 혼용한 것이다. 거(去)의 초기글꼴은 대(大)와 구(口)의 결합으로 '사람이 출입구를 떠나다'가 본뜻이며, 이로부터 '가다'의 뜻이 나왔다. 대(大)와 구(口)가 붙으면서 현재 모양이 되었다. 따라서 겁(劫)은 힘으로 못 가게 함이니 '강압적 억류'이고, 겁(刧=刦=刼)은 칼로 못 가게 함이니 '위협적 억류'이다. 한편 박(迫)은 백(白)과 착(辶=辵)이 합했다. 착(辵)은 척(彳)과 지(止)의 결합으로 '걷다'의 뜻이다. 백(白)은 해설이 분분하나 일출(日出)이 유력하다. 따라서 백(白)의 본뜻은 '동이 트다'이며, 동이 트면 밝아지므로 '속뜻을 밝힌다'고 할 때도 사용한다. 고백(告白)이나 독백(獨白)이 그렇게 쓴 것이다. 그러므로 박(迫)은 '걸어서 바짝 다가와 속뜻을 밝히다'가 본뜻이며, 이로부터 '뜻에 따르도록 위협하다'의 뜻이 나왔다. 이에 겁박(劫迫)을 한자 뜻대로 풀면 '힘으로 협박하고 바짝 다가와 뜻에 따르도록 위협하다'이다. 매장을 둘러보고 그냥 나올 때 어디선가 나타나 문을 막고 바짝 다가서는 점원이 있다. 이것도 일종의 '겁박'이니 뿌리칠 줄 알아야 한다.

가벼울 **경**
시원할 **쾌**

輕快

경(輕)은 차(車)와 경(巠)의 합인데, 경(巠)은 '지름길-경'(徑)의 생략이며 발음을 겸했다. 차(車)는 바퀴축이 하나인 수레의 조감도이다. 경(徑)은 척(彳)과 경(巠)이 합했다. '걸을-척'(彳)은 '갈-행'(行)의 절반만 그린 것이며, 경(巠)은 베틀에 수직의 날실이 걸린 모양이다. 따라서 경(徑)은 '직선으로 걷다'가 본뜻이며, 직선으로 걷는 길은 지름길이므로 이로부터 '지름길'의 뜻이 나왔다. 그러므로 경(輕)은 '지름길을 질주할 수 있는 작고 가벼운 소형 전차(戰車)'가 본뜻이며, 이로부터 '가볍다'의 뜻이 나왔다. 한편 쾌(快)는 심(忄=心)과 쾌(夬)의 합이며, 쾌(夬)는 발음을 겸했다. 쾌(夬)의 초기글꼴은 한쪽이 터진 옥결(玉玦)을 '손가락-우'(又)로 쥔 모양이다. 쾌(夬)의 '그' 모양이 옥결이고, 아래 인(人)은 우(又)의 변형이다. 옥(玉)이란 흠결이 없어야 완벽(完璧)하지만, 만일 울적한 마음에 틈이 생겨 답답함이 일거에 발산되었다면 얼마나 시원하고 통쾌하겠는가. 쾌(快)는 바로 그 상태를 표현한 것이다. 따라서 쾌(快)는 '답답한 마음이 옥결의 한쪽이 터지듯 해소되다'가 본뜻이며, 이로부터 '시원하다, 유쾌하다, 상쾌하다'의 뜻이 나왔다. 이에 경쾌(輕快)를 한자 뜻대로 풀면 '소형차가 지름길을 자유자재로 질주하고, 터진 옥결처럼 울적한 마음이 폭파되어 상쾌하다'이다.

날카로울 **예**
날카로울 **리(이)**

銳利

예(銳)는 '쇠-금'(金)과 열(兌)의 합이며, 열(兌)은 '기쁠-열'(悅)의 생략이다. 열(悅)은 '기도를 통해 신령이나 조상의 응답이 있어 마음이 기쁘다'가 본뜻이며, 이로부터 '기쁘다, 즐거워하다'의 뜻이 나왔다(이 책의 11월 4일 희열(喜悅) 꼭지 참고). 그렇다면 쇠와 기쁨은 무슨 관계일까? 예(銳)의 초기 글꼴은 예(劂)인데, 엄(厂)과 염(炎)과 도(刂=刀)의 결합이다. 엄(厂)은 간이 건물, 염(炎)은 화염이고 여기에 칼-도(刂)이니 설명 없이도 직관적으로 대장간이 떠오른다. 그렇다면 예(銳)는 '쇠붙이를 벼리어 만족스러운 결과가 나오자 기뻐하다'가 본뜻이며, 이로부터 '날카롭다'의 뜻이 나왔다. 한편 리(利)는 '벼-화'(禾)와 '칼-도'(刂=刀)가 합했다. '낫과 같은 농기구로 벼를 수확하다'가 본뜻이며, 이로부터 농기구의 관점에서 '날카롭다', 농민의 관점에서 '이익, 이득'의 뜻이 나왔다. 도(刂) 대신에 물(勿)이 든 글꼴도 있는데, '목 벨-문'(刎)의 생략으로 자른다는 개념은 같다. 또한 도(刂) 옆으로 점이 여럿 그려진 글꼴도 있는데, 알곡이 털리거나 짚단이 날리는 모습이다. 이에 예리(銳利)를 한자 뜻대로 풀면 '칼날을 벼리어 벼를 수확하다'이다. 지금은 관찰(觀察)이나 판단(判斷)이 날카로울 때 '예리하다'고 한다.

지날 **과**
민첩할 **민**

過敏

과(過)는 과(咼)와 착(辶=辵)이 합했다. '뼈-골'(骨)에 붙은 살점을 다 발라내어 뼈만 앙상하게 남은 모습이 '가를-과'(咼)이다. 초기 다른 글꼴은 '달릴-착'(辶) 위에 S자 모양이 있다. 앙상한 뼈가 말라비틀어진 모양이다. 그렇다면 과(過)는 '시간이 흘러 육신이 뼈가 되다'가 본뜻이며, 이로부터 '(시간이) 지나다, 지나치다'의 뜻이 나왔다. 과거(過去)가 그 뜻이다. 기준을 넘어서는 것은 초과(超過)이고, 규정을 넘어 지나치게 뜨거운 게 과열(過熱)이며, 규정을 넘어서는 것은 과실(過失)이다. 한편 민(敏)은 매(每)와 복(攵=攴)이 합했다. 매(每)의 초기글꼴은 '어미-모'(母)의 머리 부분에 양(羊) 모양의 장식이 있다. 이 장식은 미(美)의 생략인데 훗날 간략해져 인(人)처럼 변했다. 엄마의 머리가 왜 아름다울까? 젊기 때문이다. 인구가 부족의 생존과 직결되던 시절, 남성은 왕성한 생식 능력의 상징인 머리칼이 풍성하고 아름다운 여성을 사모했다. 따라서 매(每)는 '항상 선호되는 여성'이 본뜻이며, 이로부터 '항상 그렇다'의 뜻이 나왔다. '칠-복'(攴)은 손에 무기를 쥔 모습이다. 그렇다면 민(敏)은 뭇 남성의 신체 접촉에 '골라 가며 거부하여 민감하게 반응하다'라는 뜻이며, 이로부터 '민첩하다'의 뜻이 나왔다. 이에 과민(過敏)을 한자 뜻대로 풀면 '젊은 엄마가 지나치게 예민하다'이다.

막을 **장**
벽 **벽**

障壁

장(障)은 부(阝=阜)와 장(章)의 합인데, 장(章)은 창(彰)의 생략이다. '언덕-부'(阜)는 계단이 있는 높은 언덕의 모습이다. '드러날-창'(彰)은 장(章)과 삼(彡)의 합인데, 장(章)은 신분을 표시하는 인장이며(이 책의 2월 6일 완장(腕章) 꼭지 참고), 삼(彡)은 머리칼 같은 실오라기가 햇살에 반짝이는 모양이다. 따라서 창(彰)은 '색실로 장식한 인장이 눈부시다'가 본뜻이며, 이로부터 '선명하다, 드러내다'의 뜻이 나왔다. 그렇다면 장(障)은 '평지에 우뚝 솟아 눈에 띄는 언덕'이 본뜻이며, 이로부터 '둑, 보루(堡壘), 칸막이, 장애물' 등의 뜻이 나왔다. 한편 벽(壁)은 벽(辟)과 토(土)가 합했다. 벽(辟)의 초기글꼴은 시(尸)와 신(辛)만 있었다. 시(尸)는 무릎을 꿇고 고개를 숙인 사람이고, 신(辛)은 끌 모양의 형구(刑具)였다. 현재 글꼴은 사람과 형구 사이에 구(口)가 있는데, 형구로 목을 베어 머리가 떨어진 모습이다. 따라서 벽(辟)의 본뜻은 '목을 베다'이며, '다스리다, 자르다, 베다'의 뜻은 이로부터 나왔다. 그렇다면 벽(辟)과 토(土)를 합한 벽(壁)은 '토대를 수직으로 자르다'가 본뜻이며, 이로부터 '베어 낸 듯 반듯하게 세운 담장'이라는 뜻이 나왔다. 이에 장벽(障壁)을 한자 뜻대로 풀면 '평지에 솟은 언덕 같은 장애물, 끌로 베어 낸 듯 직립한 담벼락'이다.

12월

돌이킬 **반**
살필 **성**

反省

반(反)은 '벼랑-엄'(厂)과 '손가락-우'(又)의 합이다. 엄(厂)은 석(石)의 생략으로, 암벽 낭떠러지를 표시했다. 따라서 암벽 등반을 연상시키는 반(反)은 몸을 뒤집어 가며 손으로 암벽을 잡고 올라가는 모습이다. 이때 몸은 암벽의 반대편에 있으므로 이로부터 '뒤집다, 반대편이다, 배반하다'의 뜻이 나왔다. 한편 성(省)의 초기글꼴은 '눈-목'(目) 위에 '싹-철'(屮)이 있었다. 땅에 새싹이 나듯 눈에 혹이나 사마귀가 생겨 시야를 가린 모습이다. 이 글꼴은 두 갈래로 분화했다. 한쪽은 안질에 치중하여 철(屮)을 아예 '날-생'(生)으로 바꾸어 '눈 흐릴-생'(眚)을 만들었다. 다른 한쪽은 눈에 뭐가 생기면 초점(焦點)을 맞추기 힘들어 눈을 가늘게 뜨는 모습에 집중했다. 무엇을 관찰할 때도 눈을 가늘게 뜨므로 철(屮)을 '적을-소'(少)로 바꾸어 성(省)을 만들었으며, 이로부터 '살피다, 깨닫다'의 뜻이 나왔다. 이에 반성(反省)을 한자 뜻대로 풀면, '눈길을 뒤집어 나의 언행에 잘못이나 부족함이 없는지 살피다'이다. 사족으로, 옛날에 왕궁은 살펴야 할 금기(禁忌) 사항이 많아 금중(禁中)이라 불렀는데, 어느 왕의 장인 이름에 금(禁)이 있어, 피휘(避諱)하여 성중(省中)으로 변경했다. 다른 관서의 명칭에도 적용하여 상서성(尙書省), 중서성(中書省) 등으로 불렀다. 중국 일급 행정구역인 성(省)도 여기서 유래했다.

非常

비(非)는 '깃-우'(羽)의 변형으로 새가 날 때 두 깃을 펼친 모습이다. 따라서 비(非)의 본뜻은 '날개가 반대로 향하다'이며, 이로부터 '서로 다르다고 비난(非難)하다'의 뜻이 나왔고, 서로를 부정하여 '아니다'의 뜻까지 나왔다. 비(非)가 이런 뜻으로만 쓰이자 본뜻은 '벌레-충/훼'(虫)를 붙여 '날-비'(蜚)로 복원했다. 유언비어(流言蜚語)에 쓰인다. 한편 상(常)은 상(尙)과 건(巾)이 합했다. '받들-상'(尙)은 여기서 발음을 표시하고 뜻도 보태 준다. 앞서 당(黨)에서 소개했듯(이 책의 1월 15일 정당(政黨) 꼭지 참고), 상(尙)은 받들어 따른다는 숭상(崇尙)의 뜻이다. 건(巾)은 허리에 헝겊이 걸린 모양으로 옷을 상징한다. 손에 걸린 옷이 수건(手巾)이다. 따라서 상(常)은 사람들이 받들어 따르는 의상, 즉 유행하는 옷이다. 북방 유목민이나 기마민족은 말을 타기에 바지를 입었지만, 농경민족인 한족(漢族)은 남녀 모두 치마를 입었다. 허리 이하만 덮는 옷을 상(常), 상체까지 이어진 옷을 상(裳)이라 했다. 현대식으로 말하면 투피스의 치마가 상(常), 원피스가 상(裳)이다. 장기간 유행하여 항상 따라 입었던 옷으로부터 '일상(日常), 항상(恒常)'의 뜻이 나왔다. 그런 옷이 아니라면 비상(非常)한 옷이니 특이하지 않겠는가. 비상(非常)이 '일상적이지 않음, 예사롭거나 평범하지 않음'을 뜻하게 된 것은 그래서다.

戒嚴

계(戒)는 공(廾)과 과(戈)가 합했다. 과(戈)는 창의 모양이다 (이 책의 12월 11일 광역(廣域) 꼭지 참고). '받들-공'(廾)은 양쪽 '손가락-우'(又)가 합친 모양이다(이 책의 11월 16일 봉사(奉仕) 꼭지 참고). 양손가락이 붙었으니 양손으로 꽉 잡거나 쥔다는 뜻이다. 따라서 계(戒)는 창을 단단히 쥔 모습이니, 경계(警戒)할 일이 생긴 것이다. 한편 엄(嚴)의 초기글꼴은 암(岩), 주(帚), 우(又), 구(口)가 합했다. '바위-암'(岩)은 발음이자 단단함을 표시했다. '비-추'(帚)는 빗자루의 모양이며, 매질하거나 쓸어버리는 도구다. 우(又)는 손가락, 구(口)는 엄포를 표시했다. 그러므로 '쓸어버릴 듯 엄포로 으름장 놓다'가 본뜻이었다. 현재 글꼴 엄(嚴)의 위쪽과 중간의 구(口), 엄(厂)은 암(岩)의 변형, 아래쪽 감(敢)은 구(口), 주(帚), 우(又)가 뭉쳐 변형된 것이다. 그런데 감(敢)은 무기로 멧돼지의 머리를 찌르는 모습이니(이 책의 9월 3일 과감(果敢) 꼭지 참고), 뜻밖에 멧돼지 사냥이 되고 말았다. 이상을 종합하여 계엄(戒嚴)을 한자 뜻대로 풀면 '저돌적인 멧돼지를 창으로 막고, 쓸어버릴 듯 으름장 놓다'이다. 새끼를 거느린 멧돼지는 물불을 가리지 않으므로, 노련한 엽사(獵師)도 경솔하게 엽총을 쏘지 않는다. 한 발에 명중하지 않으면 위험해지기 때문이다.

튀길 **탄**
꾸짖을 **핵**

彈劾

탄(彈)은 궁(弓)과 단(單)이 합했다. '활-궁'(弓)은 3처럼 생긴 활대의 모양이다. 단(單)의 초기글꼴은 새총처럼 생긴 투척 무기였다. 지금 글꼴로 보면, 위쪽 구멍 두 개는 탄환, 그 아래 전(田)은 탄환 주머니, 십(十)은 손잡이였다. 궁(弓)과 단(單)을 합친 탄(彈)은 탄환을 화살처럼 투척하는 발사기였다. 이로부터 '튀기다'의 뜻이 나왔다. 이런 단(單)과 '창-과'(戈)가 합하면 곧 '싸울-전'(戰)이다. 한편 핵(劾)은 해(亥)와 력/역(力)이 합했다. 해(亥)는 무엇일까? 돼지로 보기도 하는데 '돼지-시'(豕)와 비슷하고 또 십이지지(十二地支)에서 해가 돼지 띠이기 때문이다. 그런데 초기글꼴과 함께 훗날 결합하는 한자로 판단하건대 풀뿌리로 짐작된다. 싹이 지면으로 조금 나온 모습이다. 자(子)는 갓난아이인데 해(亥)와 결합하면 아해(兒孩)가 된다. '칼-도'(刀=刂)와 결합하면 칼로 뿌리를 파는 것이니 '새길-각'(刻)이다. '힘-력'(力)을 추가하면 쟁기로 뿌리를 아예 캐 버리는 것이니 '캐물을/꾸짖을-핵'(劾)이다. 따라서 탄핵을 한자 뜻대로 풀면, '탄환을 겨냥해 쏘면서 캐물어 꾸짖다'이다. 왜 탄환을 쏘고 캐묻는가? 잘못의 실상을 들어서 책망(責望)하기 때문이다. 탄핵은 중국 주(周)나라 때부터 있었고, 고려와 조선에도 대관(臺官)이 담당했다. 대한민국의 탄핵은 국회가 소추하고 헌법재판소가 판결한다.

마칠 **파**
면할 **면**

罷免

파(罷)는 망(罒)과 능(能)이 합했다. 망(罒)은 '넷-사'(四)처럼 생겼으나 실은 그물을 그린 글꼴(网, ㄲ, ㄲ 등)의 일종이다. 능(能)은 곰의 모습이다. 현재 글꼴에 대입하면 왼쪽 위는 머리, 아래는 입과 이빨 모양이다. 오른쪽은 몸통이 생략되고 발톱만 위아래로 이어져 마치 서 있는 모습처럼 보인다. 곰은 강맹하고 육중한 몸에 비해 날렵하며 지구력도 있고 나무도 잘 탄다. 이로부터 '능력, 재주'의 뜻이 나왔고, 그런 능력과 재주로부터 '할 수 있다'의 조동사로 사용된다. 이런 곰이 그물에 걸렸으니 끝난 것이다. '끝나다, 그만두다'의 뜻은 이렇게 나왔다. 한편 면(免)의 초기글꼴은 사람[儿]의 머리 위로 큰 모자가 씌워져 있다. 또 다른 글꼴은 그 모자 위로 뿔 같은 장식물을 얹은 모습이다. 그렇다면 면(免)의 본뜻은 '귀하고 멋진 모자'이다. 이런 모자는 의식을 진행할 때만 잠시 쓰고, 평소에는 벗어 놓는다. 이로부터 '벗다, 벗어나다'의 뜻이 나왔다. 이상을 종합하여 한자 뜻대로 풀면, 파면(罷免)이란 '재주와 능력이 넘치던 곰이 그물에 걸려 꼼짝없이 귀하고 멋진 모자를 벗다'라는 뜻이다. 추가한다면, 면(免)이 '벗어나다'의 뜻으로 사용되자 '모자'라는 본뜻이 사라졌다. 이에 '쓰개-모'(冃=冒=帽)를 위에 얹어 '면류관-면'(冕)으로 복원했다.

있을 **존**
있을 **재**

存在

존(存)은 재(才)와 자(子)가 합했다. 재(才)의 초기글꼴은 기둥과 들보로 지어진 초창기 건축물의 모습이다. 수직선은 기둥, 수평선은 들보이며, 사선은 기둥과 들보를 U자로 묶은 모양인데 펴지면서 아래로 흘러내려 '삐침-별'(丿)이 되었다. 자(子)의 초기글꼴은 현재 여성을 나타내는 기호(우) 모양으로, 몸집에 비해 머리가 크고 강보에 싸여 다리가 하나로 보이는 갓난애의 모습이다. 따라서 존(存)의 본뜻은 '집을 짓고 정착하여 아기를 낳고 키워 집안을 존속(存續)시키다'이며, 이로부터 '있다, 살아 있다, 보살피다, 보존하다'의 뜻이 나왔다. 한편 재(在)의 초기글꼴은 재(才)와 사(士)의 합이었다. 사(士)는 본디 도끼의 모양인데, '흙-토'(土)와 흡사하여 혼용하다가 급기야 토(土)가 사(士)를 대체하여 지금 글꼴 재(在)가 되었다. 당초 글꼴인 사(士)로 해석하면 '도끼로 기둥과 들보를 다듬고 엮어 집을 짓고 살다'이며, 변한 글꼴 토(土)로 해석하면 '기둥과 들보를 엮어 집을 짓고 농토를 개간하여 살다'이다. 모두 집을 짓고 정착한 것이나, 존(存)은 자손을 번식하여 시간적인 존재감을 표현했고, 재(在)는 농지를 터전으로 삼아 공간적인 존재감을 표현했다. 이에 존재(存在)를 한자 뜻대로 풀면 '시간적인 존재감, 공간적인 존재감'이다.

피곤할 **피**
일할 **로(노)**

疲勞

피(疲)는 역/녁(疒)과 피(皮)가 합했다. 역(疒)은 위쪽의 인(人)과 좌측의 '나뭇조각-장'(爿)이 결합해 사람이 병상에 누운 모습이다. 이 글꼴이 들어가면 질병과 관계있다. 역(疒)은 병질(病疾)의 뜻인데 엄(广)처럼 생겨서 '병질-엄'(疒)으로 부른다. 피(皮)의 초기글꼴은 혁(革)의 생략형 아래로 '손가락-우'(又)가 있다. 혁(革)은 동물의 전체 가죽을 벗겨 활짝 펼친 모양이므로, 그 간략한 형태인 피(皮)는 동물의 가죽을 일부만 벗긴 모양이다. 따라서 피(疲)는 속병이 아니라 '겉으로 드러난 권태와 피곤한 모습'이 본뜻이며, 조금만 쉬면 회복되는 일시적 증상이다. 한편 로/노(勞)의 초기글꼴은 '불-화'(火) 두 개 밑에 '마음-심'(心)이 있었다. 고민이나 걱정이 심하여 마음이 타는 모습을 표현했다. 세월이 흘러 '힘-력'(力)이 심(心)을 대체했고, 그 사이에 '덮을-멱'(冖)까지 삽입되었다. 정신적인 스트레스와 함께 육체적인 노동의 고통까지 덮친 것이다. 따라서 로(勞)의 본뜻은 '정신적·육체적으로 고달프다'이며, 이로부터 '애쓰다, 힘들이다'의 뜻이 나오게 되었다. 이상을 종합하면, 피(疲)는 육체의 일시적인 권태나 피곤, 로(勞)는 지속적인 육체적·정신적 고통이다. 가족의 생계를 책임지고자 오늘도 노심초사(勞心焦思)하며 과로(過勞)하는 당신은 그래서 위로(慰勞)가 필요하다.

정수리 **전**
뒤집힐 **복**

顚覆

전(顚)의 초기글꼴은 높은 언덕에서 사람이 뒤집혀 떨어지는 모습이었으나, 글꼴이 점차 복잡해져 '참-진'(眞)과 '머리-혈'(頁)의 결합으로 변했다. 진(眞)은 '점-복'(卜)과 '솥-정'(鼎)의 생략형이며, 혈(頁)은 '눈-목'(目)을 중심으로 위는 머리카락, 아래는 굽은 다리의 모습이다. 이는 제사장이 솥[鼎]의 음식을 진상하고 신령의 진의(眞意)를 점친 후 머리를 엎어 정수리로 바닥을 찧으며 간구하는 모습이다. 이로부터 '머리, 정수리, 엎드러지다'의 뜻이 나왔다. 전도(顚倒)는 본디 머리가 뒤집힌 모습을 말한다. 한편 복(覆)은 아(襾)와 복(復)이 합했다. '덮을-아'(襾＝覀＝西)는 뚜껑을 측면에서 그린 것이다. 위의 일(一)은 손잡이 꼭지, 밑의 경(冂)은 뚜껑 본체, 중간의 U는 연결 고리다. '돌아올-복'(復)의 초기글꼴은 성벽(城壁)의 돌출된 성문(城門) 밑에 치(夊)가 있는 모습이다. 치(夊)는 지(止)가 '뒤집힌 모양'으로 저쪽에서 이쪽으로 오는 발동작이다. 후에 '걸을-척'(彳)을 추가해 현 글꼴이 되었다. 그렇다면 복(覆)은 '덮었던 뚜껑을 다시 열어 뒤집어 놓다'가 본뜻이며, 이로부터 '뒤집다, 엎다'의 뜻이 나왔다. 이에 전복(顚覆)을 한자 뜻대로 풀면 '사람이 뒤집혀 정수리가 바닥을 찧고, 뚜껑을 열어 엎어 놓다'이다. 뒤집힌 건 같으나, 하나는 인명 사고, 하나는 그릇 뚜껑이다.

터 **기**
굴대 **축**

基軸

기(基)는 기(其)와 토(土)의 합이다. 기(其)는 기(箕)의 원형으로, 키와 비슷한 삼태기를 가리킨다. 따라서 기(基)는 '삼태기로 흙을 날라 담을 쌓다'가 본뜻이다. 담을 쌓으려면 토대부터 다져야 하므로, 이로부터 '토대, 기초, 근본'의 뜻이 나왔다. 기초(基礎)는 구분하여 사용했다. 담이나 벽의 밑바탕 토대를 기(基)라 하고, 기둥 밑에 괴는 돌을 초(礎)라 했다. 한편 축(軸)은 차(車)와 유(由)가 합했다. 차(車)는 바퀴 축이 하나인 수레의 조감도이다. 유(由)의 초기글꼴은 용기의 구멍을 통과해 기름을 주입하는 모습이다. 유(由)의 네모는 밀폐된 용기, 중간 수직선의 위쪽은 기름방울을 가리키는 점이었고 그 밑은 주입하고 있음을 표시하고자 입(入)을 더했는데, 모두 합쳐지면서 현 글꼴이 되었다. 유(由)가 '통과하다, 경유(經由)하다, 관통하다'의 뜻으로 전용되자, 수(氵=水)를 추가해 '기름-유'(油)로 복원했다. 따라서 축(軸)은 수레의 바퀴통을 관통하는 바퀴의 축, 즉 굴대를 뜻한다. 수레는 바퀴통을 경유하는 굴대로 말미암아 굴러간다. 이에 기축(基軸)을 한자 뜻대로 풀면 '담을 쌓기 위해 먼저 다져야 하는 토대, 수레가 움직이기 위해 먼저 바퀴통을 가로질러야 하는 굴대'이다. 정적인 토대, 동적인 굴대. 가만히 있건 움직이건 기본과 중심이 되는 것들이다. 현 기축 통화는 달러이다.

經濟

경(經)의 초기글꼴은 경(巠)인데, 베틀에 세 가닥 실올을 수직으로 건 모양이다. 셋은 많음을 상징한다. 실올 밑의 공(工)은 공구로서 직조 기술을 가리킨다. 따라서 경(巠)은 '베틀에 수직 실올을 정교하고 단단하게 고정하여 횡선 실올이 좌우로 왕래하며 엮을 수 있게끔 하다'가 본뜻이다. 경(巠)이 무릇 직선이라 '지름길-경'(徑), '정강이-경'(脛), '줄기-경'(莖) 등 곧은 것을 가리키게 되자, '고정된 수직선'이라는 의미를 살리기 위해 '실-사'(糸)를 더해 경(經)으로 복원했다. 이로부터 '간선(幹線), 법칙, 진리'의 뜻이 나왔다. 한편 제(濟)는 수(氵=水)와 제(齊)가 합했다. 제(齊)의 초기글꼴은 새싹 세 개가 동시에 가지런히 땅을 뚫고 나오는 모습이다. 세월이 흘러 글꼴이 많이 복잡해져 현 글꼴이 되었다(이 책의 4월 22일 제창(齊唱) 꼭지 참고). 따라서 본뜻은 봄이 되어 '새싹들이 가지런히 일제(一齊)히 돋다'이며, 이로부터 '함께, 동시에'의 뜻이 나왔다. 그러므로 제(濟)는 '격류를 가로질러 건너고자 구령에 맞춰 한마음으로 노를 젓다'이다. 이상을 종합하면 경(經)은 국시(國是)이고, 제(濟)는 단결(團結)이다. 국가가 나아갈 방향이 흔들리고 국민이 낱낱이 갈라지면 '경제'가 난감하다. '집안 살림'을 뜻하는 그리스어 economy를 경제(經濟)라 한 것은 근대에 일본으로부터 들어온 번역어이다.

廣域

광(廣)은 엄(广)과 황(黃)이 합했다. 엄(广)은 한쪽 벽면이 없는 개방식 건물이다. 황(黃)의 초기글꼴은 '과녁'이었는데 현재 글꼴에 대입하면, 위쪽 입(廿)은 과녁이고, 일(一)은 과녁의 위치를 표시했다. 네모꼴 과녁인 유(由)에서 수직선은 화살이 관통한 모양이고 수평선은 과녁의 동심원 표시이다. 팔(八)은 화살의 오늬이다. 과녁의 중심을 눈에 띄게 하고자 황토(黃土)를 이겨서 붙였기에, 이로부터 '노랗다'의 뜻이 나왔다. 따라서 광(廣)은 '궁술 연습을 할 정도로 넓은 개방식 건물'이 본뜻이며, '넓다'의 뜻이 이로부터 나왔다. 한편 역(域)은 토(土)와 혹(或)의 합이다. 혹(或)은 국(口), 일(一), 과(戈)가 합했다. 일(一)은 땅을 상징하고, 국(口)은 영역을 표시했다. '창-과'(戈)의 현 글꼴로는 창을 연상하기 힘들지만, 일(一)은 긴 칼날, 그 위의 점은 작은 칼날, 위에서 아래로 길게 뻗은 길쭉한 사선은 창대, 아래쪽 짧은 사선은 날밑이다. 따라서 혹(或)은 혹시 모를 침략에 대비해 영역과 땅을 지키고자 창을 든 모습이다. 그로부터 '혹시'(或是)의 뜻이 나와 전용되자, 사방으로 성벽을 쌓아 영역을 표시한 '나라-국'(國)을 따로 만들고 그 안의 영토(領土)를 표시한 '지경-역'(域)을 또 만들었다. 이에 광역(廣域)을 한자 뜻대로 풀면 '광활한 가장자리'이다.

부지런할 **근**
힘쓸 **무**

勤務

근(勤)은 근(堇)과 역(力)이 합했다. 근(堇)의 초기글꼴은 '사람-대'(大)의 목에 감(凵) 꼴의 올가미나 칼이 채워졌고, 몸통의 네모꼴은 끈으로 묶인 모습이다. 밑에는 '불-화'(火)가 있어 혹형임을 알 수 있다. 훗날 다리와 화(火)가 붙어 '흙-토'(土)로 변했다. 따라서 근(堇)은 죄수가 형틀에 묶여 고문당하는 모습이다. 역(力)의 초기글꼴은 가래의 모양이며, 가래를 사용하려면 근력이 필요하기에 이로부터 '힘, 일꾼, 힘쓰다'의 뜻이 나왔다. 그러므로 근(勤)의 본뜻은 '죄수가 노역(勞役)하다'이며, 이로부터 '힘쓰다, 일하다'의 뜻이 나왔다. 한편 무(務)는 무(敄)와 역(力)이 합했다. 무(敄)의 초기글꼴은 왼쪽 궁(弓) 모양 밑에 인(人)이 있고, 오른쪽은 '칠-복'(攵=攴)이다. 궁(弓) 모양은 투구 같은데, 훗날 밑의 인(人)과 결합하여 '창-모'(矛)로 변했다. 따라서 무(敄)는 '투구를 쓴 자가 무기를 들고 싸우다'이다. 훗날 '쇠-금'(金)을 더하여 '투구-무'(鍪)로 만들기도 했다. 살아남으려면 최선을 다해 신속히 움직여 임무를 완수해야 하므로 '힘-력'(力)을 더해 '힘쓸-무'(務)를 만들었다. 그러므로 무(務)는 전쟁터에서 임무 수행에 힘쓰는 모습이다. 이에 근무(勤務)를 한자 뜻대로 풀면 '죄수가 강제 노역에 시달리고, 투구 쓴 용사가 임무 수행에 힘쓰다'이다. 속칭 '열근'은 이렇게나 무서운 것이다.

猜忌

시(猜)는 견(犭=犬)과 청(靑)의 합인데, 청(靑)은 '예쁠-천'(倩)의 생략이다. 동물 한자에는 견(犬)을 비롯해 양(羊), 시(豕), 우(牛), 마(馬), 록(鹿), 호(虎), 서(鼠), 토(兔), 상(象) 등이 있다. 이 가운데 다른 한자와 활발히 결합해 새 뜻을 만드는 한자는 몇 없으나 견(犬)은 발군이다. 심지어 다른 동물에도 견(犬)을 넣었다. 사(獅), 호(狐), 묘(猫), 원(猿), 랑(狼), 저(猪) 등이다. 일례로, '여우-호'(狐)는 견(犬)과 과(瓜)의 합인데, 박과 열매가 따로 열리듯 의심 많은 여우는 홀로 다니기에 호(狐)로 쓴 것이다. '미칠-광'(狂)처럼 인간의 특성도 개를 통해 표현했는데 시(猜)가 그렇다. 여성이 자기보다 예뻐 보이는 이와 마주했을 때 보이는 반응을 담아, 시(猜)를 '두려워하다, 의심하다, 헤아리다, 샘나서 미워하다'의 뜻으로 새겼다. 한편 기(忌)는 기(己)와 심(心)의 합인데, 기(己)는 기(紀)의 생략이다. 기(己)의 초기글꼴은 ㄹ 모양으로 굽어져, 무엇을 묶은 모양이다. 묶음의 뜻을 강조하고자 훗날 아예 사(糸)를 붙여 '벼리-기'(紀)로 만들었다. 따라서 기(忌)는 '마음을 묶어 마음대로 하지 못하다'이며, 이로부터 '꺼리다, 원망하다'의 뜻이 나왔다. 이에 시기(猜忌)를 한자 뜻대로 풀면 '샘나서 미워하고 맘대로 못해 원망하다'이다.

미워할 **질**
강샘할 **투**

嫉妬

질(嫉)은 여(女)와 질(疾)이 합했다. 질(疾)은 '병질-엄'(疒)과 '화살-시'(矢)의 결합으로, 화살에 맞은 사람이 병상에 누웠음을 표시했다. 따라서 질(疾)의 본뜻은 '화살에 맞다'이며 이로부터 '병, 병나다'의 뜻이 나왔다. 그렇다면 질(嫉)은 여성이 매력적인 다른 여성을 볼 때 화살에 맞은 것처럼 아픈 마음을 표시한 것이다. 어쩔 수 없이 느끼는 심리적인 아픔이다. 그런데 이런 감정은 여성만이 느끼는 것이 아니다. 이 글꼴의 전서(篆書)에는 여(女) 대신 인(人)이었다. 한때나마 인간의 보편적인 감정으로 보았던 것이다. 한편 투(妬)는 여(女)와 석(石)이 합했다. 여성이 다른 여성을 오랫동안 미워하고 원망하는 마음이 마치 돌처럼 굳어져 좀처럼 풀기 힘든 모습이다. 전서 글꼴 가운데는 석(石)을 '외짝 문-호'(戶)로 바꿔 투(妒)로도 썼는데, 일부다처제 속에서 집안 내 여성들이 한 남자를 두고 시샘하고 있음을 표현한 것이다. 질투(嫉妒)와 질투(嫉妬)는 지금도 혼용된다. 질(嫉)과 투(妬)는 비슷한 뜻이지만 구분된다. 질(嫉)은 시샘 때문에 급성으로 아픈 것, 투(妬)는 지속적인 시샘으로 골병이 든 것이다. 이에 질투를 전투에 비유하면 질(嫉)은 외상으로 속전속결이며, 투(妬)는 내상으로 지구전이다.

겨룰 **항**
암 **암**

抗癌

항(抗)은 '손-수'(扌=手)와 '오를-항'(亢)이 합했다. 항(亢)의 초기글꼴은 팔다리를 벌리고 선 사람의 정면 모습인 대(大)의 다리 부분에 막대를 대고 묶은 모습이다. 다루기 힘든 노예나 포로를 감금하거나 이동할 때 족쇄를 채우듯 종종걸음은 가능하나 큰 보폭으로 도주할 수 없게끔 임시 조치한 것이다. 민주국가에서는 인권유린으로 지탄받겠지만 옛날에는 흔했던 통제 방법이었다. 따라서 항(亢)은 '두 다리가 막대로 묶인 노예나 포로의 솟아오르는 반발심'이 본뜻이며, 이로부터 '반항하다, 항거하다'의 뜻이 나왔다. 훗날 '손-수'(扌)를 추가해 '막을-항'(抗)을 만들었는데, 손을 들어 겨루거나 대항하는 모습이다. 한편 암(癌)은 '병질-엄'(疒)과 '바위-암'(嵒)이 합했다. 역(疒)은 위쪽의 인(人)과 좌측의 '나뭇조각-장'(爿)이 결합해 사람이 병상에 누운 모습이다. 이 글꼴이 들어가면 질병과 관계있다. 암(嵒)은 품(品)과 산(山)의 결합인데, 품(品)은 산 위에 있는 돌멩이를 표시한 것으로 지금은 '바위-암'(岩)으로 쓴다. 암(岩)은 산에 있던 돌멩이가 굴러떨어져 산 아래 있는 모습이다. 따라서 암(癌)은 질병으로 인해 생체 조직의 일부가 돌멩이처럼 딱딱하게 변한 모양이다. 이에 항암(抗癌)을 한자 뜻대로 풀면 '부당한 대우에 항거하듯 암세포에 대항하다'이다.

比較

비(比)는 비(匕)가 둘 나란히 있는데 모두 '사람-인'(人)의 변형이다. 인(人)은 선 사람의 측면 모습인데, 왼쪽 사선은 팔, 오른쪽 사선은 상체와 하체였으나, 팔이 점차 길어지며 현재 모양이 되었다. 인(人)의 초기글꼴은 왼쪽을 바라보는데, 비(比)의 인(人)은 오른쪽을 바라본다. 비(匕)에서 'ㄴ' 모양은 상체와 하체이고 사선(丿)이 팔이다. 두 사람이 나란히 서 있는 모습으로부터 '나란히 서다, 견주다'의 뜻이 나왔다. 한편 교(較)의 초기글꼴은 '수레-거'(車)가 상하로 둘 나란히 있고, 그 오른쪽에 효(爻) 모양의 '손가락-우'(又)가 상하로 둘 있고, 그 오른쪽에 또 손에 무기를 쥐고 가격하는 모습인 '칠-복'(攴)이 있다. 세월이 흘러 거(車)는 하나로 줄었고 효(爻)와 복(攴)이 교(交)로 변해, 현재 글꼴 교(較)가 되었다. 우(又)와 복(攴)은 전차를 몰면서 서로 공격하는 모양이고, 교(交)는 사람의 다리가 꼬인 모양이므로, 교(較)는 전차(戰車) 두 대가 엉켜 싸우는 모습이다. 그렇다면 나란히 선 사람은 일반인이 아니라 전차를 모는 전사(戰士)일 것이다. 이상을 종합하여 비교(比較)를 한자 뜻대로 풀면, '전사들이 겨루고 전차들이 격돌하다'이며, 이로부터 '둘이 서로 겨루다, 견주다, 비교하다'의 뜻이 나왔다. 남과 '비교'하지 말라더니 맞는 말이다. 비교는 생사를 걸고 싸우는 모습이었다.

슬기 **지**
슬기로울 **혜**

智慧

지(智)의 초기글꼴은 대(大), 구(口), 자(子)의 합이다. 대(大)는 어른, 자(子)는 아이다. 초기글꼴 가운데는 구(口) 대신에 책(冊)이 있다. 어른이 책의 지식을 아이에게 전수하는 모습이다. 일단 지식이 있어야 지혜가 생긴다는 메시지다. 시간이 흘러 대(大)가 '화살-시'(矢)로 변했고, 자(子)는 '방패-간'(干)으로 변했다. 화살·방패 등 무기 사용법을 전수하는 모습으로, '알-지'(知)의 원형이다(이 책의 3월 11일 인공지능(人工知能) 꼭지 참고). 그렇다면 지(智)는 '책의 이론 지식과 실전의 실무 지식을 겸비함'이다. 이론만 알고 응용하지 못하면 무용지물, 실전에는 강한데 이론에 무지하면 발전 불가능이니 이 둘의 겸비를 '슬기-지'(智)로 본 것이다. 한편 혜(慧)는 혜(彗)와 심(心)의 합이다. 혜(彗)는 봉(丰) 둘과 우(又)의 결합이다. 봉(丰)은 미(未)의 변형으로 나뭇가지가 무성한 모양이다. 따라서 혜(彗)는 무성한 나뭇가지를 묶어 만든 빗자루를 손으로 쥔 모습이다. 여기에 '마음-심'(心)을 합해 혜(慧)를 만들었다. 저 마음은 '헛된 욕망'일 것이다. 그러므로 혜(慧)는 '속되고 더러운 마음을 빗질하여 깨끗해진 마음으로 통찰하다'가 본뜻이며, 이로부터 '슬기롭다'의 뜻이 나왔다. 이에 지혜(智慧)를 한자 뜻대로 풀면, '이론과 실무를 겸비하고, 깨끗한 마음으로 통찰함'이다.

12
18

질그릇 **도**
풀무 **야**

陶冶

도(陶)의 초기글꼴은 부(阝=阜)와 인(人) 둘의 합이다 두 사람이 언덕에 가마를 만드는 모습인 듯한데, 훗날 '손-수'(扌=手)를 더해 도(掏)로도 썼다. 이후 글꼴은 다리 밑에 '흙-토'(土)를 추가했다. 진흙을 밟는 모습이다. 머리 위에 점이 찍힌 글꼴도 있는데, 진흙이 튀는 모습이다. 점차 인(人) 대신에 부(缶)가 들어오고, 남은 인(人)은 포(勹)로 변해 부(缶)를 감쌌다. 부(缶)는 돌림판을 표시한 것이다. 따라서 도(陶)의 본뜻은 '도공들이 진흙으로 질그릇을 빚고 굽다'이며, 이로부터 '질그릇(을 빚다)'의 뜻이 나왔다. 한편 야(冶)는 빙(冫)과 태(台)의 합인데, 태(台)는 태(胎)의 생략이다. 쇳물을 거푸집에 부어 식히면 모양을 갖추어 나오는 공정을 태아가 엄마 뱃속에서 생겨 모양을 갖추어 태어나는 과정에 비유했다. 태(台) 위쪽의 사(厶)는 태아의 모양이고 아래쪽의 구(口)는 여(女)의 변형이듯, 구(口)는 거푸집, 사(厶)는 쇳물이 들어간 모양, 빙(冫)은 쇳물이 식은 모양이다. 따라서 야(冶)의 본뜻은 '거푸집에 쇳물을 부어 금속 제품을 주조하다'이며, 이로부터 '쇠를 녹이다, 단련하다, 주조(鑄造)하다'의 뜻이 나왔다. 이에 도야(陶冶)를 한자 뜻대로 풀면 '질그릇을 빚고 금속 제품을 주조하다'이다. 사람도 실력을 기르고 인격을 닦아야 인물이 됨을 비유한다.

禽獸

금(禽)의 초기글꼴은 도치된 '그물-망'(罓=网)과 '손가락-우'(又)가 합했다. 그물을 손에 든 모양이다. 세월이 흘러 글꼴이 복잡해졌다. 그물 위에 금(今)이 추가됐는데 발음이자 '읊을-음'(吟)의 생략이다. 새소리를 모방하여 유인하려는 뜻이다. 우(又)는 유(内)로 변했는데, 경(冂)도 우(又)의 변형, 사(厶)는 그물 손잡이의 변형이다. 따라서 금(禽)은 '그물로 새를 잡다'가 본뜻이며, 이로부터 '날짐승'의 뜻이 나와 이 뜻으로 전용됐다. 이에 '손-수'(扌=手)를 더해 '사로잡을-금'(擒)으로 복원했다. 제갈량이 맹획을 일곱 번 놓아 주고 일곱 번 사로잡았다는 칠종칠금(七縱七擒) 고사가 있다. 한편 수(獸)의 초기글꼴은 단(單)과 견(犭=犬)의 합이다. 단(單)은 새총처럼 생긴 투척 무기였다. 현재 글꼴로 보면 구멍 두 개는 탄환, 전(田)은 탄창, 십(十)은 손잡이다. 우측에 '창-과'(戈)를 더하면 '싸움-전'(戰)이다. 수(獸)의 왼쪽 밑에 있는 구(口)는 사냥꾼의 '휘파람'으로 동물을 유인하거나 사냥개에게 신호하는 것이다. 따라서 수(獸)는 '석궁을 들고 사냥개와 함께 들짐승을 사냥하다'가 본뜻이며, 이로부터 '동물'의 뜻이 나와 이 뜻으로 전용됐다. 이에 같은 발음의 '사냥-수'(狩)를 만들어 본뜻을 복원했다. 수렵(狩獵)으로 쓴다. 금수(禽獸)를 한자 뜻대로 풀면 '그물로 잡은 새, 석궁과 샤냥개로 잡은 짐승'이다.

호반 **무**
의기로울 **협**

武俠

무(武)는 지(止)와 과(戈)가 합했다. 과(戈)는 창, 지(止)는 발바닥이므로, 창을 메고 걷는 모습이다(이 책의 12월 3일 계엄(戒嚴), 12월 11일 광역(廣域) 꼭지 참고). '힘차고 씩씩하게 걷는 걸음'을 일컬어 '보무(步武)도 당당히' 하는데, 보(步)의 위는 지(止)이고 아래는 좌우상하로 뒤집힌 지(止)로, 무기를 들고 양발로 걷는 모습이다. 무(武)는 '창을 메고 출정하다'가 본뜻이며, 이로부터 '무기, 무사, 병법, 무예' 등의 뜻이 나왔다. 한편 협(俠)은 인(人)과 협(夾)의 합이다. 협(夾)은 양 팔다리를 벌리고 선 사람, 즉 대(大)의 좌우 겨드랑이에 각각 인(人)이 있다. 한 사람이 두 사람을 거느리는 모습일지, 두 사람이 한 사람을 협박(脅迫)하는 모습일지 불확실하나 어느 쪽이든 협(夾)의 본뜻은 국가의 합법적인 공권력 이외에 '불법 집단의 사적인 위력 행사'이다. 이는 현대의 '폭력 조직'이며, 여기에 인(人)을 더한 협(俠)은 글자 그대로 조직 폭력배이다. 따라서 무협(武俠)은 '무기까지 소지한 조폭'이다. 무협 소설의 영향으로 '무협'이 미화되었지만 실은 갱단이었다. 그렇다고 갱단에게 미덕이 없지는 않다. 공권력이 항상 정의는 아니므로 그 빈틈을 채워 주기 때문이다. 『사기』(史記)「유협열전」(游俠列傳)의 인물이 그러하다. 드라마 『소프라노스』 3시즌에서 토니의 상담역인 닥터 멜피의 오열이 무협의 의미를 보여 준다.

貪慾

탐(貪)은 금(今)과 패(貝)가 합했다. '조개-패'(貝)는 재물을 상징한다. 금(今)의 초기글꼴은 △와 그 아래 ⌐ 모양이 합했는데, △은 '입-구'(口)가 아래로 향한 모습, ⌐은 혀를 내민 모습이다. 그렇다면 금(今)은 '머금을-함'(含)의 생략이다. 따라서 탐(貪)은 '혀로 핥아 삼킬 듯 재물에 탐닉하다'이며, 이로부터 '바라다, 희망하다, 탐내다'의 뜻이 나왔다. 한편 욕(慾)은 욕(欲)과 심(心)의 합이다. 욕(欲)은 곡(谷)과 흠(欠)의 합인데, 곡(谷)의 위쪽에 팔(八)처럼 생긴 것은 산의 모양이고, 그 아래 구(口)는 두 산 사이의 입구, 즉 계곡의 입구를 표시한 것이다. 흠(欠)은 인(人) 위에 입이 터진 구(口)로 입을 크게 벌린 모습, 불만스러워 한탄하는 모습이다. 그렇다면 욕(欲)은 '계곡처럼 깊고 넓은 욕망을 채우지 못해 탄식하다'가 본뜻이며, 이로부터 '욕구, 욕망'의 뜻이 나왔다. 여기에 '마음-심'(心)을 더한 욕(慾)은 욕구와 욕망의 마음을 강조한 것으로 의미상 차이는 없다. 이에 탐욕(貪慾)을 한자 뜻대로 풀면 '재물을 삼킬 듯 지나치게 바라는 욕심'이다. 종종 "욕심을 버려라!"라는 일갈을 듣는다. 욕심을 버리지 못해 다들 괴로워하나 욕심이란 삶의 의욕이기도 한 법이다. 욕심 부려 봐야 뜻대로 안 되는 세상이니 적당히 하라는 뜻으로 이해하면 된다.

안 **내**
어지러울 **홍**

내(內)의 초기글꼴은 경(冂)과 입(入)의 합으로 현 글꼴과 같다. 갱도처럼 생긴 입구로 들어오는 모습이다. 세월이 흘러 경(冂)이 '집-면'(宀)으로 변했다. 밖에서 집 안으로 들어오는 모습이다. 그리고 대(大)가 입(入)을 대신했으니 팔다리를 활짝 펴고 들어오는 모습이다. 따라서 내(內)의 본뜻은 '밖에서 집 안으로 들어오다'이며, 이로부터 '(집) 안, 속'의 뜻이 나왔다. 한편 홍(訌)은 '말씀-언'(言)과 공(工)이 합했다. 공(工)의 초기 글꼴은 다양하다. 공(工)과 똑같은 모양도 있고, 위는 얇은 횡선이고 밑은 두툼한 횡선인 것도 있다. 어떤 글꼴은 위쪽에 손잡이가 있고 아래쪽은 해머처럼 생겼다. 그렇다면 공(工)은 특정한 도구가 아니라 다목적·다기능 공구, 맥가이버칼 같은 멀티툴multitool이며, 유사시에는 언제든지 무기로 변할 수 있다. '칠-복'(攵＝攴)을 더해 '공격할-공'(攻)을 만든 것도 그 때문이다. 그렇다면 홍(訌)은 '다목적·다기능 언사로 공격하다'가 본뜻이다. 이에 내홍(內訌)을 한자 뜻대로 풀면 '집 안에서 교묘한 언사로 능수능란하게 서로 공격하다'이다. 기원전 8세기 무렵 중국 주나라 유왕(幽王)이 포사(褒姒)에 빠져 국정을 망치고 탐관오리들이 서로 해 먹으려 내분이 일었을 때 이를 비판하기 위해 '내홍'이라는 단어를 처음 썼다. 『시경』(詩經) 「소민」(김旻) 편에 보인다.

장사 지낼 **장**
예도 **례(예)**

葬禮

장(葬)의 초기글꼴은 네모꼴 안에 알(歺)이 있다. 알(歺)은 골(骨)에서 육(月=肉)이 사라진 모양으로 앙상한 뼈이다. 네모꼴은 땅을 파낸 구덩이, 즉 고인을 매장(埋葬)한 모습이다. 네모꼴 안에 '나뭇조각-장'(爿)만 있거나 그 옆에 인(人)이 있는 글꼴도 있다. 장(爿)은 발음을 표시함과 동시에 시신을 관(棺)에 넣은 모습이다. 구덩이가 없어지고 장(爿)과 알(歺)만 있는 글꼴도 있다. 현 글꼴 장(葬)은 '풀-초'(艹), '죽을-사'(死), '받들-공'(廾)으로, 죽은 자를 양손으로 매장하고 떼를 덮어 위장해 도굴을 예방한 모습이다. 그러므로 장(葬)의 본뜻은 '매장하다'이며, 이로부터 '장사 지내다'의 뜻이 나왔다. 한편 예/례(禮)는 시(示)와 례(豊)의 합이다. 시(示)는 제사의 뜻이고, 례(豊)는 본디 풍(豐)이었다. 풍(豐)의 위쪽은 옥(玉) 꾸러미, 아래쪽은 '북-고'(鼓)의 생략으로, 음악과 옥으로 신령을 경배하는 모습인데, 모양이 제기(祭器)와 흡사하여 '굽 높은 그릇-례'로도 새긴다(이 책의 10월 29일 두부(豆腐) 꼭지 참고). 따라서 례(禮)는 '풍성한 음식과 진귀한 옥을 갖추고 음악을 연주하며 신령을 경배하다'가 본뜻이며, 이로부터 '절하다, 예우하다, 예절, 의식' 등의 뜻이 나왔다. 이상을 종합하여 장례(葬禮)를 한자 뜻대로 풀면 '고인을 매장하는 의식'이다.

埋沒

매(埋)의 초기글꼴은 뒤집힌 우(牛)가 구덩이 모양인 감(凵)에 빠지는 모습이니, '땅을 파고 소를 매립하다'가 본뜻이다. 글꼴 가운데는 '양-양'(羊), '개-견'(犬) 등이 소를 대신하기도 했다. 가축이 자꾸 죽자 이른바 '살처분'한 것이다. 2천 년 전 한자 사전은 매(埋)를 '묻을-예'(瘞)로 풀었는데, '병든 가축을 들어내 땅에 매립함'이다. 현 글꼴 매(埋)는 토(土)로써 매립의 뜻을, 리(里)로써 마을의 가축을 비유했으나, 너무 간략하여 '가축을 매립하다'의 본뜻을 헤아리기 힘들다. 암매장(暗埋葬) 등으로 합쳐 쓰지만 실은 구분된다. 매(埋)는 동물, 장(葬)은 사람이다. 한편 몰(沒)의 초기글꼴은 수(氵), 회(回), 우(又)의 합이었다. '돌-회'(回)는 회전하는 모양이므로 수(氵)와 회(回)가 합한 회(洄)는 '소용돌이'다. 따라서 몰(沒)의 본뜻은 '사람이 소용돌이로 빨려 들어가 수면 위로 손만 보이다'이며, 이로부터 '없어지다'의 뜻이 나왔다. 회(回)가 풀리면서 '칼-도'(⺈=刀)로 변해 현 글꼴이 되었다. 일몰(日沒), 몰입(沒入) 등이다. 일본이나 중국에서는 '안석-궤'(几)로 변해 몰(没)로 쓴다. 이에 매몰(埋沒)을 한자 뜻대로 풀면 '짐승을 땅에 묻고 사람이 물에 빠져 없어지다'이다. 건물이 무너져 사람이 '매몰'되었다고 하면, 원래 뜻으로는 실례이자 오용이나 현재는 '보이지 않게 파묻히거나 파묻음'으로 구분 없이 쓴다.

잡을 **집**
붙을 **착**

執着

집(執)은 행(幸)과 환(丸)의 합이다. 행(幸)은 수갑을 채운 모습이고(이 책의 1월 3일 행복(幸福) 꼭지 참고). 환(丸)은 '잡을-극'(丮)의 변형이다. 극(丮)의 을(乛)은 인(人)의 변형, 십(十)은 우(又)가 펴지면서 상하로 겹쳤다. 따라서 집(執)은 '범인을 잡아 수갑을 채우다'가 본뜻이며, 이로부터 '붙잡다'의 뜻이 나왔다. 한편 착(着)의 초기글꼴은 저(箸)였다. 저(箸)는 '대-죽'(竹)과 자(者)의 합인데, 자(者)는 '삶을-자'(煮)의 생략이며 삶은 고기를 가리킨다(이 책의 7월 19일 패자(霸者) 꼭지 참고). 따라서 저(箸)는 '젓가락으로 삶은 고기를 집다'이며, 이로부터 '젓가락'의 뜻이 나왔다. 제사 때 젓가락을 음식 위에 얹는 절차가 있다. 신령께서 드시란 취지다. 고사 때 삶은 돼지머리에 젓가락을 꽂기도 하는데, 저(箸)의 본뜻을 보여주는 행위다. 젓가락을 꽂은 고기는 현저히 눈에 띈다. 이로부터 '현저(顯著)하다'의 뜻으로 쓰이자, 새 뜻은 '대-죽'(竹)을 '풀-초'(艹)로 바꿔 저(著)로 썼다. 개중에는 착(着)으로 바꾼 글꼴도 있다. 착(着)은 양(羊)과 목(目)의 결합으로 '삶은 양고기에 꽂은 젓가락이 눈에 띄다'가 본뜻이며, 이로부터 '(젓가락이 양고기에) 붙다, 다다르다'의 뜻이 나왔다. 이에 집착(執着)을 한자 뜻대로 풀면 '범인도 잡아야 하고, 양고기도 챙겨 먹으려 하다'이다. 어느 하나도 포기하지 못하는 모습이다.

橘

귤(橘)은 목(木)과 율(矞)의 합으로, 율은 발음을 겸했다. 율(矞)은 '창-모'(矛), '안-내'(內), '입-구'(口)의 합인데, 창은 송곳처럼 끝이 날카로운 무기로서 물체를 찌르면 안쪽으로 구멍이 나기에 '송곳질할-율'로 새긴다. 귤나무의 열매인 귤은 새콤달콤한 맛있는 과일인데 왜 저렇게 험하고 무서운 율(矞)을 발음으로 삼았을까? 개량되기 이전의 야생 귤나무에는 길고 단단한 가시가 많았다. 또한 귤나무가 회수(淮水)를 넘으면 '탱자나무-지'(枳)가 된다는 '귤화위지'(橘化爲枳) 고사도 있듯이, 탱자나무의 가시는 공포 그 자체다. 따라서 귤(橘)의 본뜻은 '송곳처럼 가시가 많은 나무의 열매'이다. 그런데 개량된 지금 귤도 유심히 보면 그렇지만, 필자가 수십 년 전에 먹었던 귤의 껍질은 마치 송곳으로 찌른 듯 오돌토돌 구멍이 보일 정도였다. 오죽하면 얼굴 피부가 거칠 때 귤피(橘皮) 같다고 하겠는가. 귤(橘)은 나무 자체에 송곳 같은 가시가 많았고, 또한 그 열매에도 송곳에 찔린 것처럼 구멍 자국이 많았다. 그래도 맛은 달콤하기에 '달-감'(甘)을 붙여 감귤(甘橘)이라 한다. 간혹 감귤(柑橘)이라 쓰기도 하는데 실은 밀감(蜜柑)과 귤(橘)의 합성어이다. 밀감은 '꿀 같은 귤'이라는 뜻으로 '온주밀감'을 가리킨다. 온주(溫州)는 중국 절강성의 지명으로 밀감의 원산지다.

潤色

윤(潤)은 수(氵)와 윤(閏)의 합이다. 윤(閏)은 문(門)과 왕(王)이 합했다. 옛날 왕은 매달 초하루 종묘에서 제사를 지냈다. 종묘의 건물은 총 열두 채라 열두 달에 맞춰 해당 건물에 머물며 제례를 집전했다. 그런데 윤달이 있는 해에는 난감했다. 윤달은 열두 달 이외의 여분(餘分)의 달이니 왕이 머물 곳이 없어 애매하게 문가에 서 있게 된 것이다. 그 모습이 문(門)의 왕(王), 즉 윤(閏)이다. 따라서 윤(閏)은 '왕이 난감한 여분의 달'이 본뜻이며, 이로부터 '여분, 잉여'의 뜻이 나왔다(이 책의 2월 29일 윤일(閏日) 꼭지 참고). 그렇다면 윤(潤)은 '남는 물'이 본뜻이며, 이로부터 '적시다, 윤기 흐르다'의 뜻이 나왔다. 한편 색(色)의 초기글꼴은 남녀가 함께 있는 모습이다. 현재 글꼴로 보면, 색(色)의 위쪽은 인(人)이고 그 아래는 파(巴)이다. 파(巴)는 본디 인(人)의 변형으로, 사람이 허리와 무릎을 굽히고 엎드린 모습이다. 그렇다면 색(色)의 본뜻은 '남녀가 배후 체위로 성교하다'이다. 남자의 손가락이 여자의 얼굴에 닿은 글꼴도 있는데, 성교 후에 여자의 얼굴을 매만지며 안색을 살피는 모습이다. 이로부터 '안색(顔色), 기색(氣色)'의 뜻이 나왔고, 다시 '색깔'의 뜻이 나왔다. 이에 윤색(潤色)을 한자 뜻대로 풀면 '윤기 흐르는 안색'이다. 안색을 윤나게 하듯 본래 색채보다 번들거리게 함이다.

어질 **량(양)**
좋을 **호**

良好

양(良)의 초기글꼴은 위(口=圍) 양쪽으로 통로가 있는 모습이다. 초기 거주지 동굴 양쪽으로 통로를 내니 통풍이 되었다. '좋다'의 뜻은 이로부터 나와 우량(優良), 개량(改良) 등으로 쓰인다. 밤에 달이 뜨면 통로 양쪽으로 달빛이 들어오니 밝다. '달-월'(月)을 더하면 '밝은-랑'(朗)이다. 명랑(明朗)에 쓴다. 주거지 통로는 요지이므로 젊은이가 지켰다. '고을-읍'(阝=邑)을 더하면 '사내-랑'(郎)이다. 신랑(新郎)에 쓴다. 세월이 흘러 통로라는 본뜻이 희미해지자 '집-엄'(广)을 추가해 '복도-랑'(廊)으로 복원했다. 그곳에 미술 작품을 걸면 화랑(畫廊)이다. 장량(張良)의 자(字)가 자방(子房), 즉 '작은 방'이니 옛 동굴이 떠오른다. 한편 호(好)는 여(女)와 자(子)가 합했다. 자(子)의 초기글꼴은 우 모양으로 갓난이의 모습이며, 이로부터 '어리다'의 뜻이 나왔다(이 책의 10월 9일 충전(充電), 12월 6일 존재(存在) 꼭지 참고). 따라서 호(好)의 본뜻은 '어린 여자'이다. 여자는 어릴수록 '좋다'는 뜻이다. 여(女)에 '적을-소'(少)를 더하면 '젊을-묘'(妙)이다. 나이 어린 여자를 묘령(妙齡)이라 한다. 여(女)에 '어릴-요'(夭)를 합하면 '아리따울-요'(妖)다. 어리고 예쁘기에 요염(妖艶)하다고 한다. 호(好), 묘(妙), 요(妖)는 기본적으로 같은 뜻이다. 이에 양호(良好)를 한자 뜻대로 풀면 '집의 통로가 양쪽으로 나서 좋고, 여자는 젊어서 좋다'이다.

讓步

양(讓)은 언(言)과 '도울-양'(襄)이 합했다. 양(襄)의 초기글꼴은 '그릇-명'(皿)과 인(人)의 변형인 절(卩)인데, 무릎을 꿇은 사람이 머리에 그릇을 인 모습이다. 그릇의 안과 밖에 점선이 여럿 있다. 그릇에 씨앗을 담아 머리에 이고 땅을 일구며 파종하는 모습이다. 이후로 글꼴은 복잡하게 변해 왔지만 일단 현 글꼴에 대입해 보자. 우선 양(襄)은 구(口) 둘과 공(共)을 빼면 '옷-의'(衣)가 남는다. 그릇이 보자기로 변하여 의(衣)로 표시하고, 보자기 양쪽의 매듭을 두 개의 구(口)로 표시했다. 절(卩=卩)은 무릎을 굽히고 일하는 남자, 밭을 상징하는 토(土)와 도와주러 나온 여자의 '양 손가락-효'(爻) 등을 모두 뭉쳐 '함께-공'(共)으로 요약했다. 따라서 양(襄)의 본뜻은 '남자의 농사일을 여자가 도와주다'이며, 이로부터 '돕다'의 뜻이 나왔다. 토(土)를 더해 '경작지-양'(壤), 손(扌=手)을 더해 '소매 걷어 올릴-양'(攘) 등도 나왔다. 그러므로 언(言)을 더한 양(讓)은 '돕겠다고 말하다'이다. 즉 양보(讓步)는 '말하건대 당신의 걸음을 돕겠으니 먼저 가시라'이다. 보(步)의 위는 '발바닥-지'(止), 아래는 뒤집힌 지(止)가 밑에 붙은 모양으로 오른발과 왼발을 표시한 것이다. 걸으려면 발바닥이 앞뒤로 번갈아 내딛기에 좌우 구조가 상하 구조로 변했다.

日就月將

날 **일**
나아갈 **취**
달 **월**
장수 **장**

일월은 생략한다. 취(就)는 경(京)과 우(尤)가 합했다. 경(京)은 고층 건물의 모습으로 상단은 지붕, 중간은 망루, 하단은 기둥이다. 높은 건물은 수도에 많기에 '서울-경'(京)으로 새긴다. 우(尤)는 '손가락-우'(又)에 굳은살이 돋은 모양인데 고층 건물의 지붕을 잡고 있다. 축조하기 힘든 망루의 높은 지붕까지 완공한 모습이다. 따라서 취(就)는 '고층 건물을 완공하다'가 본뜻이며, 이로부터 '이루다, 완성하다, 성공하다'의 뜻이 나왔다. 한편 장(將)의 초기글꼴은 장(爿), 조(爫), 촌(寸)의 합이었다. 장(爿)은 목(木)의 절반으로 침상(寢牀)이다. '손톱-조'(爫)와 '마디-촌'(寸=肘)은 모두 손이다. 따라서 장(將)은 '양손으로 침상에 누운 사람을 돌보다'가 본뜻이다. 그 뒤 장(爿) 위에 인(人)을 얹은 '병질-엄'(疒)으로 '환자'임을 표시하거나, 유(酉=酒)를 밑에 더해 술까지 대접하는 글꼴도 있다. 또 조(爫)가 비슷한 모양의 육(月=肉)으로 변한 글꼴도 있다. 환자의 회복을 위해 고기를 제공하는 모습이다. 이를 종합하면 장(將)은 '병상에 누운 환자를 돌보며 술과 고기로 회복을 돕다'이다. 환자의 입맛을 돋우는 장조림 같은 육장(肉醬)이나 간장·된장의 장(醬)은 여기서 유래했다. 병사를 돌보며 이끌면 장군(將軍), 날로 달로 이루고 발전하면 일취월장(日就月將). 공부도 그리되시길.

한가할 **유**
멀 **유**

悠悠

유(悠)는 유(攸)와 심(心)이 합했다. 유(攸)의 초기글꼴은 인(人), 곤(丨), 우(又)의 합이다. 인(人)의 허리가 굽었다. 곤(丨)은 지팡이, 우(又)는 손이다. 따라서 유(攸)는 '노인이 지팡이를 짚다'가 본뜻이다. 세월이 흘러 곤(丨)과 우(又)가 합해 복(攵)이 되었다. 복(攵=攴)은 손으로 막대를 쥔 모습이다. 이어서 인(人)과 복(攵) 사이에 '물-수'(氵)가 들어갔다. 노인이 지팡이를 짚고 미끄러운 길을 걷는 모습이다. 또 세월이 흘러 '물-수'(氵)가 수직선으로 변해 현 글꼴 유(攸)가 되었다. 따라서 유(攸)는 '노인이 지팡이를 짚고 미끄러운 길을 천천히 걷다'가 본뜻이며, 이로부터 '천천히, 여유롭게, 서둘지 않고, 오래도록' 등의 뜻이 나왔다. 이에 '마음-심'(心)을 추가한 유(悠)는 '생각에 잠겨 천천히 발길을 옮기다'이므로, 이는 곧 우아하고 한적한 유유자적(悠悠自適)의 모습이다. 옛날 사람들은 마음과 심장이 감정(感情)과 사상(思想)에 관여한다고 믿었다. 감정이나 사상의 한자에 모두 심(忄=心)이 들어간 이유다. 이에 유유(悠悠)를 한자 뜻대로 풀면 '어르신이 지팡이를 짚고 생각에 잠겨 천천히 발길을 옮기다'이다. 유(攸)에 아름다운 문양을 뜻하는 삼(彡)을 더해 만든 수(修), 즉 수양(修養)이 느껴진다. 출판사 '유유'도 천천히 그러나 오래도록 걷기를.

부록

더 튼튼한 한자 공부를 위한, 필수 지식

창힐

한자는 누가 만들었을까? 모른다. 잠시 소설적 상상력을 발휘해 써 본다. 한자는 여러 사람이 만들었다. 각자 만들어 썼으니 한동네 가까운 사람 사이에서만 통했다. 옆 마을과 통하려면 각자 쓰던 한자를 비교하고 절충하여 통일해야 한다. 양쪽 동네에서 똑똑하고 생각 있는 사람이 나서서 작업했을 것이다. 이런 작업을 전국적으로 수행하려면 우선 강한 자가 전국을 장악하고, 이어서 총명한 인재를 기용하여 정리를 맡겨야 한다. 각지 방언이야 어쩔 수 없더라도 한자를 통일해야 정령(政令)을 반포하고 법률(法律)을 고지할 것 아닌가? 물론 학생을 위하여 단계별 교재(教材)도 만들어야 하고, 이런저런 책도 출판해야 하며, 각종 계약(契約)도 서로 통하는 한자로 작성해야 하니 말이다. 그 강한 자가 전설의 '황제'(黃帝)였다 하고, 그 총명한 인재가 전설의 '창힐'(倉頡/蒼頡)이었다고 주장하기도 하지만, 그거야 신화에 가까운 전설이니 믿고 싶으면 믿고 안 믿어도 그만이다. 중요한 문제는 다른 데 있다.

허신, 『설문해자』

창힐이 한자를 정리했다고 하자. 정리하면서 이 한자는 이렇게 만들어서 이런 뜻이고, 저 한자는 저렇게 만들어서 저런 뜻이라고 밝히고 기록해 놓으면 얼마나 좋으랴. 그런데 그냥 정리만 하고 끝냈다. 이에 해석은 훗날 다른 총명한 인재가 나서야 했다. 가장 먼저 나선 사람이 허신(許愼)이다. 기원 후 100년, 한자 9천여 자를 해석하여 『설문해자』(說文解字)를 펴냈다. '문자'(文字)를 '설'명하고 '해'석했다는 뜻이다. 저 책을 통하지 않고서는 한자를 제대로 해석(解釋)하고 설명(說明)할 수 없었다. 그 이후 수많은 학자가 나타나 한자를 해석했지만 모두 『설문해자』를 밟고 지나갔다.

갑골문·금문

허신의 최대 약점은 한자의 기원을 직접 보여 주는 물적 증거를 못 봤다는 것이다. 창힐이 아무리 총명한들 몇 천 년 뒤의 후예가 한자 사전을 편찬할 걸 예상하고 기록물을 남겼겠는가. 그런데 예상치 못했던 기적이 일어났다. 창힐이 정리했던 한자의 원본이 허신 시대 이후에 속속 땅속에서 나왔다. 이른바 갑골문(甲骨文)과 금문(金文)이 그 일부이다. 거북의 배 껍질이나 소의 넓은 뼈에 새긴 글꼴을 갑골문이라 하고, 청동기에 주조된 글꼴을 금문이라 한다. 청동기는 꾸준히 출토되어 왔지만 청동기 자체의 진위 여부가 종종 문제시 되었다. 귀한 골동품이라 악덕 상인들이 가품을 만들기도 했기 때문이다. 그러나 갑골문은 20세기 초부터 신뢰할 만한 연구소와 학자들이 전설의 왕조 시대 도읍지를 집중 조사하면서 대거 발굴해 냈다. 한자 학계가 열광한 것은 물론이다. 필자가 이 책에서 '초기글꼴' 운운한 것은 모두 믿을 만한 갑골문이나 금문이다. 출처는 이 책의 부록2를 참고하기 바란다.

시인의 감수성, 소설가의 상상력

갑골문·금문이 나타났으니 한자의 해석 문제가 말끔히 해결되었을까? 그건 또 아니다. 한자 발생 초기에는 같은 뜻을 여러 글꼴로 표현했기 때문에, 어떤 글꼴이 어떤 뜻을 가졌는지를 놓고 학자들 사이에 의견 불일치가 생길 수밖에 없었다. 게다가 당초 '한자 제작 매뉴얼'에 따라 만든 것도 아니니, 하자들은 그런 뜻의 한자를 왜 그렇게 만들었을지도 추론해야 했다. 한 마디로 시와 소설을 써야 했다. 한자 해석에서 중요한 것은 누가 가장 풍부한 상상력과 감수성을 발휘하여 그 당시의 상황을 재구성하고 그럴듯하게 소설을 쓰느냐였다. 갑골문·금문 해석의 최고 권위자로서 학자이자 시인·소설가 아닌 사람이 없었다. 이는 반대로 말하면 시인의 감성과 소설가의 상상력이 아니면 한자를 제대로 해석할 수 없다는 뜻이기도 하다. 근거와 논리에 엄격한 학자는 존경받아 마땅하지만 너무 근엄하면 생기발랄하고 자유분방한 초기 한자를 제대로 풀어내기 힘들었다. 이에 필자도 선현을 본받아 종종 시인의 감수성과 소설가의 상상력을 발휘하여 이 책의 한자어를 해설했으니 독자 여러분의 양찰(諒察)을 바란다.

전쟁과 제의

한자어를 해설하다 보면 전쟁과 무기, 제사와 점술, 신령과 귀신 이야기가 무척 많다. 이것 빼면 이야기가 안 될 정도이니 한자의 세계는 전쟁·제사·귀신·점술이 다인가 싶기도 하다. 이 점에서도 시인의 감수성과 소설가의 상상력이 필요하다. 곰곰이 생각해 보자. 우리 인생에서 전쟁(戰爭)과 제의(祭儀)를 빼면 뭐가 남는가? 우리가 살아가는 자체가 싸움 아닌가? 경쟁력을 갖추라는 것은 싸움에서 이길 능력이나 수단을 갖추라는 뜻이다. 집안과 학벌, 외모 같은 것들이 다 경쟁력의 요소이기에 부모 잘 만나야 한다는 말이 나오고, 거금을 들여 가며 공부도 하고 외모도 가꾸고 옷도 사 입어 꾸미는 것이다. 개인 차원의 싸움이 집단이나 국가 차원으로 커지면 전쟁이다. 자원을 확보하려는 의도건 패권을 쥐려는 의도건 힘깨나 쓴다는 나라들은 온갖 신무기 개발에 혈안이다. 작은 나라는 나라대로 살아남으려고 암암리에 핵무기를 개발한다. 옛날이나 지금이나 변한 것은 없다. 집단 간의 싸움 수단이 옛날에는 창·칼·도끼·활이었고, 지금은 미사일·드론·전투기·인공지능·해킹·핵무기 등으로 바뀌었을 뿐이다. 물론 첩보전은 예나 지금이나 똑같다. 『손자병법』 마지막 편이 용간(用間), 즉 간첩 활용법이니 말이다.

우리 삶에서 제의(祭儀), 즉 제사의 의식도 도처에 있다. 개인 차원에서 백일잔치, 돌잔치, 입학식, 졸업식, 성인식, 약혼식, 결혼식, 장례식, 칠순 및 팔순 잔치가 다 의식(儀式)이고 의례(儀禮)다. 회사나 집단의 시무식·단합대회·종무식을 비롯하여 운동 경기의 개막식·폐막식 등도 마찬가지다. 다

들 수고했고 축하하고 선의의 경쟁으로 더욱 잘해보자는 뜻
이다.

또한 개인이든 단체든 혹은 정당이든 국가든 명분(名分)
이 중요하다. 일단 명분에서 밀리면 어려운 싸움이 된다. 명
분은 가치(價値)의 영역으로 신령이나 제사와 연결된다. 흔히
말하는 천인공노할 만행이란 무슨 뜻인가. 천인(天人)이 공노
(共怒), 하늘과 인간이 다 함께 분노한다는 뜻이다. 하늘을 끌
어와 자기편에 두려고 하는 것은 정의(正義)가 우리 쪽에 있
다는 뜻이다. 군대의 출정식이야말로 명분과 가치를 따지는
의식·의례이다. 적이 얼마나 무도하고 불의한 집단인지 성토
하고 비난하면서 우리는 정의의 군대이므로 반드시 적을 섬
멸하고 정의를 바로 세워야 한다고 외치지 않는가? 그 옛날
전쟁에 앞서 조상신을 모신 사당에서 전략을 짜고, 온갖 점을
쳐서 승리의 운명이 우리에게 있음을 증명하고, 출전에 앞서
전쟁의 신에게 제사를 지내고, 짐승의 피를 군기에 바르는 등
등의 일을 왜 했겠는가. 모두 천지신명이 우리의 편이고 점괘
도 우리에게 유리하니 분연히 일어나 불의하고 무도한 적을
쳐서 정의를 찾자는 뜻이다. 이것이 바로 가치 싸움이고 명분
이며, 이를 제의를 통해 구현했다.

이제 한자의 초기글꼴에 싸움과 전쟁과 의식과 의례 그
리고 신령과 조상신과 제사와 점술이 만연한 것이 이해되지
않는가? 갑골문의 내용이라는 게 대부분 점술과 관련된 것이
고, 금문에는 천지신명과 조상을 경배하고 항상 근신하고 노
력하여 대대손손 가문을 잇고 번창하라는 내용이 많다.

기원전 573년 중국 고전『춘추좌씨전』(春秋左氏傳)에

"나라의 큰일은 제사와 전쟁"이라 했다. 비단 국가 차원이 아니라 집단이나 기업 심지어 개인에 있어서도 그 본질은 예나 지금이나 변함이 없다.

빈도수 높은 한자 요소

이 책의 한자어를 해설할 때 구성 요소로 많이 언급한 것은 다음과 같다. 손가락-우(又), 손-수(扌=手), 마디-촌(寸), 받들-공(廾), 발바닥-지(止), 뒤져서 올-치(夂), 걸을-착(辶), 갈-행(行), 힘-력(力), 입-구(口), 눈-목(目), 말씀-언(言), 머리-혈(頁), 사람-인(人), 큰사람-대(大), 여자-여(女), 아기-자(子), 마음-심(心), 늙을-로(老), 무릎 꿇은 사람-절(卩=㔾), 주검-시(尸), 매울-신(辛), 털-모(毛), 장인-공(工), 칼-도(刂=刀), 수저-비(匕), 창-과(戈), 활-궁(弓), 화살-시(矢), 도끼-근(斤), 칠-복(攵=攴), 수레-거(車), 그물-망(網), 고기-육(肉), 털-모(毛), 꼬리-미(尾), 뼈-골(骨), 부서진 뼈-알(歹=歺), 보일-시(示), 옥-옥(玉), 조개-패(貝), 술-주(酒), 밥-식(食), 솥-정(鼎), 옷-의(衣), 실-사(絲), 터럭-삼(彡), 물-수(氵=水=氺), 풀-초(草), 나무-목(木), 벼-화(禾), 흙-토(土), 불-화(火), 돌-석(石), 집-면(宀), 집-엄(广), 구멍-혈(穴), 여덟-팔(八), 외짝 문-호(戶), 문-문(門), 해-일(日), 달-월(月), 비-우(雨), 언덕-부(阝=阜), 나라-국(囗=國=圍), 개-견(犭=犬), 양-양(羊), 소-우(牛), 새-추(隹), 아닐-비(非) 등이다. 싸움과 의례를 행할 때 필요한 손동작, 발동작, 각종 장비와 제사를 표현한 글꼴이 많다. 이 책에서 지겨울 정도로 반복하여 해설하였으니 차분히 읽어 나가면 절로 기억될 터인즉 향후 한자 공부에 유익할 것이다.

형성자, 발음 문제

한자의 약 80퍼센트를 차지하는 것이 형성자(形聲字)이다. 형(形)은 핵심 글꼴, 성(聲)은 발음이다. 우리가 한자를 보면, 형(形)으로 뜻을 알고 성(聲)으로 발음하는 것이다. 여기서 궁금한 점은 한자의 성(聲), 즉 소리 부분은 발음만 담당하는가? 이 책을 출간한 출판사 이름이 유유(悠悠)이니 유(悠)를 예로 들겠다. 이 한자의 형은 심(心), 성은 유(攸)다.

핵심 글꼴은 '마음-심'(心)이므로, 유(悠)는 '마음 상태'를 가리킨다. 어떤 마음인가? 백팔번뇌만 해도 108가지이다. 그러므로 발음을 표시한 유(攸)는 단순히 발음만이 아니라 어떤 마음인지까지 구체적으로 표시해 준다. 해당 한자가 그 음을 택할 때는 다 이유가 있고, 그 한자를 만든 사람도 의도가 있었으나, 만들 때 이런 취지와 원리로 만들었다고 밝히지 않아서 우리가 모를 뿐이다. 그러니 한자를 제대로 해설하려면 한자의 발음을 반드시 풀어 줘야 한다. 가령 유(悠)를 해설할 때 아래와 같이 했다고 하자.

형은 심(心), 성은 유(攸), 뜻은 '멀다, 아득하다, 근심하다, 한가하다' 등이다.

이것이 무슨 해설인가? 남을 이해시키기에 앞서 본인 스스로 납득이 되는가? 본인도 납득하지 못하면서 어떻게 남에게 설명하겠는가. 왜 저런 뜻이 나왔는지 발음 부분을 반드시 풀어주어야 하는 이유가 여기에 있다. 풀어준 내용은 이 책의 12월 31일 유유(悠悠) 꼭지를 참고하기 바란다.

이번에는 '새로울-신'(新)을 예로 들어보자. 형은 무엇이고 성은 무엇이며, 어떻게 '새롭다'의 뜻이 나왔는가? 최소한 아래와 같이 설명해야 한다.

> '새로울-신'(新)의 초기글꼴은 신(辛)·목(木)·근(斤)의 결합으로, 신(辛)이 발음인데 목(木)과 붙으면서 입(立)으로 변했다. 한편 목(木)·근(斤)이 합하면 '쪼갤-석'(析)이니, 신(新)의 본뜻은 '나무를 쪼개다'이며, 이로부터 '장작'의 뜻이 나왔다. 훗날 '새롭다'의 뜻으로 전용되자, 그 위에 '풀-초'(艹)를 더해 '장작-신'(薪)으로 복원했다. (…) 와신상담(臥薪嘗膽)을 들어봤을 것이다. (졸저『하루 한자 공부』1월 1일 꼭지 참고)

이런 정도의 해설만 해도 무난한 편이다. 그러나 더 물어봐야 한다. 그 많은 한자 중에 발음이 '신'인 것이 신(辛) 하나뿐인가? 결코 아니다. 그렇다면 왜 하필 신(辛)을 발음으로 삼았을까? 신(辛)은 송곳 모양의 끌로서 나무를 깎거나 파낼 수 있으며, 여기서는 쐐기를 상징한다. 나무를 쪼개 장작으로 만드는 데 도움이 되는 연장이기에 사용한 것이다. 보라, 신(新)은 '끌/쐐기-신'(辛), '나무-목'(木), '도끼-근'(斤) 아닌가? 도끼와 쐐기로 나무를 패서 장작을 만드는 모습이다. 물론 여기에 왜 '새롭다'의 뜻으로 전용되었는지 그 내력까지 밝히면 금상

첨화이다. 이에 대해서는 이 책의 11월 21일 신구(新舊) 꼭지를 참고하기 바란다.

한걸음 더 나아가서 '친할-친'(親)을 보자. 모친(母親), 부친(父親), 친척(親戚), 친구(親舊) 등 다양하게 쓴다. 질문한다, 어떻게 '친할-친'의 뜻이 나왔는가? 왜 발음은 '친'인가? 검색도 해보고 다양한 AI 엔진에게 질문도 해 보라. 검색 결과와 AI 답변에 만족하는가? 어떤 답변에는 '어머니가 자식이 오길 기다리며 나무에 올라가서 바라보다'로부터 '부모'의 뜻이 나왔다고 해설한 내용도 있었다. 설-립(立) · 나무-목(木) · 볼-견(見)이니 일견 그럴듯하지 않은가? '모정의 세월'이 눈물겹고 감동적이지만 너무 나갔다. 이에 대해서는 이 책 2월 16일 친척(親戚) 꼭지를 참고하기 바란다.

한편 괴리(乖離)라는 한자어가 있다. 괴리(乖離)에서 '떼놓을-리'(離)는 이별(離別)이나 거리(距離), 분리(分離), 격리(隔離), 이혼(離婚) 등으로 낯익지만 '어그러질-괴'(乖)는 생소하다. 괴(乖)의 발음은 어떻게 나왔고, 뜻은 또 무엇이며, 그 뜻은 어떻게 나온 것인지 앞뒤가 맞게 해설한 글을 본 적이 있는가? 이 책의 1월 16일 괴리(乖離) 꼭지를 참고하기 바란다.

이상 한자를 거론한 목적은 형성자(形聲字)의 발음이 단지 발음만 표시하는 것이 아니라 실은 모두 뜻을 보충하고 있다는 점을 강조하려는 것이다.

뜨거운 감자 1 : 가차

한자는 그림 문자로 시작했다. 새로운 사물이나 개념을 표현하려면 그때마다 매번 새롭게 그림을 그려야 했다. 이렇게 만든 것이 한자의 상형(象形)이고 지사(指事)이다. 새로운 그림이 계속 늘어날 텐데 언제까지 그릴 것인가? 감당할 수 없는 일이다. 그래서 고안한 방법이 몇 가지 있다. 이미 만들어진 한자를 조합하는 방법이다. 회의(會意)가 그렇다. '모일-회'(會), '뜻-의'(意). 뜻을 모아서 새로운 뜻을 만드는 방법이다. 나무 그늘 아래 앉아서 쉬기에 '쉴-휴'(休), 달이 지기 직전이고 해가 뜨기 직전이라 해와 달이 모두 있으니 '밝을-명'(明), 익히 다 아는 내용이다. 또 앞서 소개한 형성(形聲)이 있다. 형성도 그 본질은 회의의 일종이다.

회의와 형성으로도 감당할 수 없다면 어떻게 할 것인가? 더 편한 방법이 있다. 아예 기존의 한자를 그냥 그대로 빌려와서 다른 뜻으로 쓰는 것이다. 이걸 가차(假借)라 한다. '거짓-가'(假), '빌릴-차'(借). 가면(假面)을 썼다고 생각하면 된다. 가면 뒤에는 원래 한자가 있는 셈이다. 결과는 어떻게 될까? 글꼴도 같고 발음도 같은데 뜻만 다르게 된다. 혼동되지 않을까? 단독으로 있을 때는 혼동될 수 있다. 그러나 말이나 글은 다른 글꼴과 어울려서 표현되지 단독으로 나오는 경우는 드물다. 설령 단독으로 나와도 상황과 배경이 있기에 전후 맥락으로 구별된다. 이런 때는 처음 글꼴의 뜻, 저런 때는 빌려 온 가차의 뜻으로 구별할 수 있다. 게다가 가차한 한자도 연관된 뜻으로 확대 변용되는 것이지 느닷없이 전혀 무관한 뜻으로 빌려 쓰지는 않는다.

가차의 예를 들겠다. 영(令)은 세모꼴 아래에 절(卩)이 있다. 세모꼴은 '입-구'(口)가 아래로 향한 모양이고, 절(卩)은 '사람-인'(人)의 변형으로 무릎을 꿇은 사람의 모양이다. 윗사람이 무릎을 꿇은 아랫사람에게 입으로 지시하는 모습이다. 따라서 영(令)의 본뜻은 '상관이 부하에게 혹은 어른이 아랫사람에게 입으로 명하다'가 본뜻이며, 이로부터 '명령하다, 일을 시키다, 사람을 부리다'의 뜻이 나왔다. 그런데 관직 벼슬 우두머리의 뜻으로도 쓴다. 수령(守令), 영감(令監), 현령(縣令), 사령(司令) 등이 그렇다. 뜻이 달라졌지만 돌변한 것이 아니라 연관된 뜻으로 확장되어 의미가 달라진 것이다. 글꼴과 빌음만 빌려온 것이 아니라 뜻도 실은 빌려온 것이다. 이 책의 9월 29일 호령(號令), 2월 4일 임명(任命) 꼭지를 참고하라.

이번에는 장(長)을 보자, 장(長)의 초기글꼴은 '머리칼이 긴 노인'의 모습이다. 지금이야 '노인을 위한 나라는 없다'고들 하니 늙으면 그저 빨리 죽어야지 하지만 옛날에는 그렇지 않았다. 노인은 인생의 경험자이고 지략과 지혜가 있으니 존경받았으며, 그리하여 집단이나 단체의 리더가 되는 것이 당연했다. 이로부터 '지도자, 리더'의 뜻이 나왔다. 반장(班長), 가장(家長), 회장(會長), 수장(首長), 장관(長官) 등이 모두 그렇게 쓴 것이다. 물론 긴 머리칼로부터 '길다'의 뜻도 진작 나왔다. 이 책의 5월 27일 장수(長壽) 꼭지를 참고하라.

그러니 가차라고 하여 그저 글꼴과 발음만 빌리지 않았다. 담긴 뜻을 추출하거나 확장하여 새로운 의미를 부여한 것이다. 한자 사전을 찾아보면 동일한 글꼴의 한자 하나에 어지러울 정도로 나열된 수많은 뜻은 도대체 어떻게 나온 것인가? 이를 인신(引伸)이라고 말하지만 결국 본질은 가차이다. 그러므로 '풍류-악'(樂)도 가차의 일종이다. 악(樂)은 본디 '현악기'의 모습이다. 현악기로부터 악기(樂器)의 뜻이 나왔고, 악기로부터 '쾌락, 환락, 즐겁다'의 뜻이 나왔고, '즐겁다'로부터 '요산요수'(樂山樂水)의 뜻이 나왔다. 이 책의 1월 31일 환락(歡樂) 꼭지를 참고하라. 같은 글꼴의 한자를 연관된 다른 뜻으로 빌려오면서 서로 구분하고자 발음을 달리 했을 뿐이다. 한편 가차의 변종으로 통가(通假)가 있다. 서로 다른 글꼴인데 발음이 비슷하거나 같아서 임시변통으로 빌려 쓴 것이다. '지혜-혜'(慧)를 써야 하는데 갑자기 생각이 생각나지 않거나 글꼴이 복잡하다 싶으니까 임시방편으로 같은 발음의 '은혜-혜'(惠)를 쓰는 식이다. 전후 관계나 맥락을 고려할 때 '은혜-혜'(惠)가 이상하다 싶으면 '지혜-혜'(慧)를 '통가'한 것이다.

뜨거운 감자 2 : 전주

한자를 가차(假借)하면 뜻이 달라진다. 그런데 전주(轉注)하면 뜻은 그대로다. '바퀴 구를-전'(轉), '물댈-주'(注), 물레방아로 물을 대주듯 뜻이 죽지 않고 통하도록 살려주는 것이다. 다른 글꼴인데 뜻이 같다는 것이다. 왜 이런 한자가 생길까? 알고 보면 허탈할 정도로 단순하다. 동일한 사물이나 개념도 시간이 지나면 말이 바뀌고, 지역마다 다르게 부르기 때문이다. 그에 맞춰서 새로운 한자를 만들어 준 것이다. 당연한 것 아닌가? 옛날에는 아버지를 '아버지-부'(父)라 했지만, 중간에는 '아버님-야'(爺)라 했다. 지금은 '아빠-파'(爸)라고 한다. 시대적으로 '아버지, 아버님, 아빠'로 다르게 부르지만 모두 나를 낳아 준 그 남자를 가리킨다. 엄마 역시 마찬가지다. '어머니-모'(母)로 부르다가 중간에 낭(娘)으로 부르다가 지금은 누가 그렇게 부르나, 다들 마(媽)로 부른다. '어머니, 어머님, 엄마'로 다르게 부르지만 모두 나를 낳아준 그 여자를 가리킨다. 한 해를 가리킬 때도 하나라 때는 세(歲), 상나라 때는 사(祀), 주나라 때는 년(年), 훨씬 전의 전설의 요순시절에는 재(載)라 했지만, 다 같은 뜻이다. 이런 것이 시대적인 차이로 글꼴이 다르고 발음도 다르지만 뜻은 통한다는 것이다. 만세(萬歲)와 만년(萬年)은 같은 뜻이다. 천재일우(千載一遇)의 천재(千載)는 천 년(年)이라는 뜻이다. 한편 지역적인 차이로도 글꼴이 다를 수 있다. 같은 '붓'이라고 해도 진나라에서는 필(筆)이라 했고, 연나라는 불(弗)이라 했고, 초나라는 율(聿)이라 했다. 다른 글꼴이지만 같은 뜻이니 서로 통하게 해야 한다는 것이 전주(轉注)이다. 중국은 시간적으로 역사가 오래 되었고 공간적으로 땅이 넓기에 저런 일이 생겼다.

　허신이 『설문해자』에서 전주의 실례로 노(老)와 고(考)를 들었는데, 똑같이 '노인장, 어르신'의 뜻이다. 어느 지역에서는 '노'(老)인데 다른 지역에서는 '고'라고 발음하니 그에 맞춰 '고'(考)로 써 준 것이다. 막 써 줄 수는 없고 노(老) 밑의 지팡이를 표시한 비(匕)를 빼고, 그 자리에 '숨 내쉴-고'(丂＝丂)를 추가했다. 나이 들면 힘이 떨어지고 숨이 차는 모습을 표시한 것이다.

한자 공부의 난관, 가차

한자를 습득하기 어려운 이유는 '전주'보다는 '가차' 때문이다. '전주'는 몰라도 그만이나 '가차'를 이해하지 못하면 한자와 한문 공부에 장벽이 생긴다. 한자는 그림 문자로 출발했으며, 언어학적으로 어미변화가 없는 '고립어'이다. 어순과 역할에 따라 품사와 의미가 정해진다. 그러므로 동일한 글꼴의 한자 하나가 (대)명사·동사·형용사·부사·조사 등의 역할을 원활하게 수행하고, 아울러 발음이 같아서든 의미상 확대든 종횡무진 빌려 쓰지 않으면 달리 무슨 뾰족한 방법이 있겠는가. 한자의 특성상 어쩔 수 없이 그렇게 되었음을 이해하는 것이 한자 공부의 첩경이다.

사랑한다면 먼저 이해하라

뭐 이런 것까지 다 이해해 주어야 할까? 사랑하는 사람이 있다면 그 사람에 대해 속속들이 다 알고 싶지 않은가? 그리하여 단점까지도 이해하고 포용할 때 진정한 사랑이 시작된다. 한자의 최대 특징이자 약점인 가차를 포용하고 사랑한다면 한자 공부에 큰 진전이 있을 것이다. 그러나 사랑은 억지로 할 수 없는 법, 사랑하고 싶지 않다면 필요한 것만 알뜰히 챙기고 우아하게 '헤어질 결심'을 하자.

차라리 한자를 외국어로 공부하자

이 책으로 한자를 공부하시는 분들께 드릴 말씀이 있다. 한자를 차라리 외국어로 여기고 공부하시길 권한다. 한글 전용 이후로 한자는 우리와 멀어져서 거의 외국어가 되었다. 영어, 불어, 독어, 아랍어, 러시아 등 외국어를 공부할 때 시간과 정력을 투자하여 열심히 공부하지 않는가? 그처럼 한자도 아예 생소한 외국어로 여기란 뜻이다. 하루에 단 10분 20분이라도 꾸준히 공부하길 권한다. 당장은 별것 아닌데, 그게 쌓이면 대단해진다. 이 책은 그런 취지에서 하루에 한자어 한 개씩 365개, 일 년치로 구성했다. 한자어 하나당 풀이는 700자 이내로 간단명료하게 작성했다. 당연히 미진한 부분이 있어 아쉽지만 최대한 압축하여 해설했으니 풀어 읽는 재미도 있을 것이다. 한자어의 본뜻을 항상 먼저 제시한 이유는, 본뜻을 알면 그 유래도 알게 되고 그 이후에 확대되는 의미도 자연스럽게 유추하여 한자와 한자어에 대한 전반적인 이해가 깊어질 것이기 때문이다. 요즘 필사가 유행이니 이 책이 비록 고전이나 명작은 아니지만 그래도 눈으로 보고 입으로 소리 내어 읽으며 손으로 따라 쓰면 효과가 배가될 것이다. 시각 청각 촉각을 총동원하면 정보 취득률이 높아진다. 아시겠지만, 원래 독서(讀書)란 '소리를 내어 읽음'이었다. 이 책의 9월 23일 독서(讀書) 꼭지를 참고하라.

끝으로, 젊은 세대에게

기대수명이 80세를 넘었지만 크게 아프지 않고 사는 기간은 70년 안팎인 거 같다. 그러니 70세를 바라보는 필자도 살만큼 살았다. 지난 세월을 돌이켜보면 국가적으로든 개인적으로

든 당초 예상하지 못했던 일이 많았다. 그러니 앞길에 또 무슨 일이 생길지 모르겠다. 미래를 예상하는 일은 그래서 어렵고 조심스럽다. 그러나 분명한 점은 있다. 우리나라는 자원이 부족하고 내수 시장은 좁으니, 유일한 활로는 인재 양성과 수출뿐이다. 인재 양성은 교육의 영역이고, 수출은 경제의 영역이다. 이에 한자 공부가 국운의 향방과 어떤 연관이 있을지 생각해 보았다.

20대 이하 젊은 세대가 틈틈이 한자를 공부해 놓으면 장차 큰 자산이 될 것이다. 대한민국이 생존하려면 싫든 좋든 결국 유럽연합처럼 일본과 손잡고 한일 경제공동체를 결성하게 될 것 같다. 글로벌 산업 질서 변화로 한국의 수출 중심 성장 모델이 큰 위협을 받고 있기 때문이다. 한일 양국이 하나의 시장으로 통합되면 그 경제규모가 유럽연합 수준이 되고 산업의 장단점을 서로 보완해 주면서 상호 내수시장도 확대되기 때문이다. 그 이후, 통일 한국이 더욱 발전하려면 역시 싫든 좋든 중국과도 협력하여 한중일 경제블록을 만들게 될 것 같다. 민족적인 갈등이나 원한은 경제적 윈윈win-win 관계 앞에서 눈 녹듯 사라질 것이니 말이다. 그 날이 오기도 전에 삼국이 공통으로 사용하는 한자가 문화적 유대감으로 큰 역할을 하리라 예상한다. 한자에 소양이 있는 그대, 때가 되면 어느 분야에 종사하든 크게 유리할 것이다. 눈앞의 암울한 현실에 의기소침한 젊은 세대에게 이 책을 바치며 미래를 축복한다.

더 깊은 한자 공부를 위한,
데이터베이스·AI 활용법

한자 데이터베이스와 관련하여 세계적 수준의 사이트를 몇 곳 소개하려 한다. 볼 만한 사이트는 중국어 기반이라 중국어를 조금은 아는 독자여야 도움이 될 것이다. 한자에 관심이 있는 독자라면 종종 중국어도 공부하기에 소개해 본다. 설령 당장 참고하지 않더라도 일단 알고 있으면 훗날 도움이 될 것이다. 저런 사이트는 국가 차원이나 대학교 중점 연구소가 제작 유지 관리하고 있으므로 향후 더욱 충실해졌으면 했지 사라질 곳은 아니기 때문이다. 마지막에는 '올-래'(來)를 예로 들어 '대화형 AI 엔진'을 이용할 때 주의할 점과 함께 한자 공부의 요령과 자세에 대해서도 언급했다.

---

1. 대만: 소학당(小學堂)

https://xiaoxue.iis.sinica.edu.tw/

국립대만대학 중국문학과, 대만 중앙연구원 역사언어연구소, 정보과학연구소, 디지털문화센터가 공동으로 개발했다. 소학당(小學堂)이라는 명칭은 소학(小學)의 집, 한자학의 전당이라는 뜻이다. '대학', 즉 큰 공부를 하려면 우선 '작은 공부'부터 시작해야 한다는 개념에서 소학(小學)이라는 말이 나왔는데, 현대 개념으로 말하자면 한자학 아카이브다. 시험 삼아

414

아무 한자나 입력하고 검색해 보라. 왼쪽 메뉴 검색창의 자형(字形) 박스에 입력하고 엔터를 치거나 그 아래 '確定送出'(확정송출) 버튼을 클릭하면 된다. 중국어 번체·간체는 물론이고 한국 한자도 거의 대부분 받아들인다. 가끔 검색이 안 되는 일이 있는데 그것은 한중일 한자 코드가 다르기 때문이다. 그럴 때는 중국어 번체·간체 입력 시스템으로 입력해도 되고, 편법이지만 네이버나 다음의 한자 사전에 접속하여 해당 한자를 찾고 이어서 중국어 사전으로 전환하면 자동으로 한자 코드가 변환된다. 몇 번 사용하다 보면 요령이 생겨서 재밌게 이용할 수 있다.

소학당의 매력은 전문적인 학술 기구와 연구소가 국가 차원에서 구축한 DB 사이트답게 자료의 풍부함과 정확도가 타의 추종을 불허한다는 점이다. 검색 후 자형연변(字形演變)과 이체자(異體字表)만 살펴도 공부가 많이 된다. 갑골(甲骨)부터 금문(金文)을 거쳐 주문(籒文), 전서(篆書), 예서(隸書), 해서(楷書), 죽간(竹簡), 목독(木牘), 백서(帛書)까지 망라하여 한자 마니아는 물론이고 서예가에게도 환상적인 자료실이다. 음운학에 관심 있는 분들에게도 유익하다. 상고음부터 중고음, 관화(官話)와 각지의 방언까지 그 음가(音價)를 표준 언어학 표기법으로 제시한다.

한자 해설은 다소 소략하다. 허신(許愼)의 『설문해자』(說文解字) 해석을 기본적으로 제공하고, 후세 학자의 중요한 설명을 간략하게 덧붙이는 정도라서 해당 한자를 넓고 깊게 이해하는 데는 한계가 있다. 이 목적으로 구축한 사이트가 아닌만큼 탓할 일은 아니다. 그 대신 '상관색인'(相關索引)을 통해 각종 한자 사전에서 해당하는 페이지를 제시했으니 서적이 있으면 찾는 데 도움이 된다. 주목할 링크는 '상관연결'(相關連結)의 마지막 항목에 있는 홍콩 '한어다공능자고' DB 사이트이다. 한자를 상세하게 분석해 소개하는 사이트이며, 대단히 친절하고 아름답다. 다음 항목을 참조하라.

---

2. 홍콩: 한어다공능자고(漢語多功能字庫)
https://humanum.arts.cuhk.edu.hk/Lexis/lexi-mf/

홍콩 중문대학 인문컴퓨팅연구센터가 구축한 한자 다기능 DB 사이트이다. 다양한 한자 코드를 기본적으로 제공하고, 갑골부터 금문, 소전, 죽간, 백서를 실은 것은 대만 소학당과 비슷하다. 이곳의 가장 두드러진 특징은 두 가지로 '부건수'(部件樹)와 '형의통해'(形義通解)이다. '부건수'(部件樹)는 해당 한자의 구성 요소를 나뭇가지처럼, 마치 동식물 계통수(系統樹)를 보는 듯 표기한 것이다. 각 구성 요소마다 링크로 연결되므로 쉽게 확인할 수 있다. '형의통해'(形義通解)가 이 사이트의 핵심인데 '본뜻'부터 시작하여 '파생된 뜻'까지 철저하게 해설하고 고전에서 예문을 들어 준다. 맨 아래에는 관련된 다른 한자도 제시한다. 너무 친절하다 보니 링크를 따라가다 길을 잃을 수도 있다. 예컨대 학(學) 관련 한자는 아래와 같으며, 모두 링크가 달려 있다.

相關漢字: 臼, 五, 六, 爻, 子, 受, 敨, 教, 攴, 宀, 尋, 覺

갑골, 금문 및 고전 원문을 그대로 인용하기 때문에 해당 지식이 없는 독자는 이해하기 힘든 것이 단점이다. 다소 전문적인 사이트지만 일단 알아 두면 훗날 도움이 될 것이다.

3. 중국: 상형자전(象形字典)

https://www.vividict.com

개인이 독자적으로 구축한 한자 해석 사이트로 유료다. 2025년 5월 전후로 해킹을 당해 사이트 접속이 원활하지 않았다가 동년 10월 1일 새로운 버전으로 거듭났다. 전체적인 프레임은 그대로이나 부분적인 디자인을 세련되게 다듬었고, 배경 색깔과 글꼴도 조정했는지 가독성이 크게 높아졌다. 검색 방법도 이전보다 다양해지고 원활해졌다. 초기화면 검색창에 한국 한자를 직접 입력해도 자동으로 코드가 변환된다. 한어병음만 입력해도 동음자로 안내해 주어 편하게 찾아볼 수 있다. 해킹 사고로 사이트 관리자는 물심양면으로 고생이 많았겠지만 전화위복이다.

중국어 간체자로 제작했으므로 현대 중국어를 조금은 알아야 재밌게 볼 수 있다. 이 사이트는 모든 한자를 '상형자'로 해석한다는 점이 가장 큰 특징이다. 한자의 생성 원리와 운용 방식을 여섯 가지로 분류한 이론이 육서(六書)인데, 구체적으로 상형(象形), 지사(指事), 회의(會意), 형성(形聲), 전주(轉注), 가차(假借)를 말한다. 통상적으로 상형·지사·회의·형성은 한자 자체를 만드는 방법이고, 전주와 가차는 만들어진 한자를 활용하는 방법이라 여긴다. 그런데 이 사이트는 모든 한자를 '상형'에 근거하여 해석하는데, 그 해석이 실로 신통하다. 그래서 사이트의 이름도 상형자전(象形字典)이다. 물론 일부 한자의 해석은 다소 견강부회한 측면이 있지만 대부분은 말이 된다. 필자도 한자를 공부하면서 한자의 발음에 해당하는 부분이 단지 발음 역할만 하지 않고 당연히 뜻도 보조해 준다고 믿었다. 수많은 발음 가운데 그것을 택한 이유가 분명히 있을 것이나 우리가 그 내력을 모를 뿐이라고 여겼기 때문이다. 이 문제를 가장 시원하게 해결해 주는 사이트다. 필자도 많이 참고했기에 개인적으로 감사한다. 독자의 댓글 수준도 높아서 댓글을 읽는 자체로도 공부가 된다. 중국어 독해 능력을 갖춘 독자라면 이 사이트의 내용에 매료될 것이다. 훗날 기념비적인 한자학 사이트가 될 것으로 예상한다.

완벽한 사이트가 어디 있으랴. 이 사이트의 약점이라면 간혹 순환 논증에 빠지는 것이다. 또한 한자의 생성 순서에도 분명히 앞뒤가 있는데 앞선 한자로 훗날 한자를 해석하는 것은 무방하나 훗날 한자로 앞선 한자를 해석하면, 고려 시대 사극에 조선 백자가 등장하는 격이라 이상해진다. 이런 옥의 티들은 불가피한 측면이 있다. 초기 한자를 만든 사람이 내가 이런 뜻으로 이렇게 만들었다고 선언하면서 증인을 여럿 세워 공증한 것도 아니고, 나중에 엉뚱한 해석을 하는 후손의 입을 막고자 비디오 촬영으로 증거를 남긴 것도 없으니까 말이다. 애매하거나 아리송한 것은 독자 여러분이 스스로 판단하여 취사선택하면 된다.

4. 한국: 네이버 한자 사전
https://hanja.dict.naver.com

뜻풀이, 단어·성어는 다른 사이트에도 있는 것이고, '부수 모양자'와 '학습 정보'가 특색이다. 특히 '부수 모양자'는 해당 한자가 들어간 다른 한자도 찾아주어 확장 학습에 도움이 된다. 옛날 같으면 수많은 참고 서적을 펼쳐 놓아야 할 일을 줄여 주었으니 사용자가 어떻게 활용하느냐에 달렸다. '학습 정보'는 해당 한자의 초기글꼴부터 제시하며 본뜻을 알려주어 학습에 도움이 된다. 다만 여기서도 가차자(假借字)나 형성자(形聲字)의 음(音) 부분을 처리할 때 무기력하다. 그 음을 택한 이유가 있을 것 아닌가. 이 문제에 관해 현 시점 최고의 해결책은 위에서 언급한 '상형자전'이니 참고하기 바란다.

아울러 아래 '다음 사전'과 함께 '필기 입력'을 지원하므로 독음을 모르면 직접 써서 검색할 수 있다.

5. 한국: 다음 한자사전
https://dic.daum.net/index.do?dic=hanja

네이버 한자 사전과 쌍벽을 이룬다. 특히 한자의 뜻을 설명할 때 '뜻 문법' 항목에서 고전 원문을 짧게 제시해 주므로 한자/한문 공부를 깊게 하려는 독자에게 매우 유익하다. 일본의 대한화사전(大漢和辭典), 대만의 중문대사전(中文大辭典), 중국의 한어대사전(漢語大詞典)을 일일이 찾으려면 색인이 있어도 고생하는데 그 수고를 덜어 주는 셈이다. 또한 관련된 '상대자, 유의어, 복합어, 숙어'를 일목요연하게 제시하여 사용자의 편의성을 고려했다.

포털 사이트로 출발한 다음이 카카오로 병합되면서 힘이 많이 빠졌고, AX(인공지능 전환) 추세에 몰려 다른 회사에 매각될 수도 있지만, 한자사전 부분은 경쟁력이 있으므로 살아남을 것이다.

한국어 기반 온라인 한자사전의 양대 산맥이 다음과 네이버 한자사전이므로 위 두 개면 충분하다. 중국어로 더 깊게 공부하고 싶다면 아래 바이두 백과를 권한다.

---

6. 중국: 바이두(百度) 백과 온라인 사전

https://baike.baidu.com/

한국 한자를 그대로 복사해 붙여도 코드가 자동 변환돼 원활하게 검색된다. 중국어 독해 능력만 있다면 한자와 한문도 공부하고 중국어도 공부하므로 일석이조다. '상형자전'을 제외하고 위에서 언급한 거의 모든 사이트의 내용을 망라했다고 봐도 무방하다. 이것저것 다 모아 놓아서 오히려 특색이 없고, 경우에 따라서는 산만하기도 하다. 공부하려고 들어갔다가 전후좌우 광고 등쌀에 정신 사나워 그냥 나오기도 한다. 필요한 것만 얼른 골라 보면 된다.

---

7. 세계: 생성형 AI 엔진

만일 당신이 한자를 공부하는 분이라면 '올-래'(來)를 볼 때 의문이 들어야 마땅하다. 얼핏 봐도 '나무-목'(木)이 보이는데,

동사로서 '오다'의 뜻이라니 이게 어떻게 된 일일까? 우선 급한 대로 검색부터 해볼 것이다. 검색 엔진이 제시한 웹사이트나 블로그 여기저기를 둘러봐도 그 말이 그 말인 거 같고 다들 가차(假借) 운운하는데 영 만족스럽지 못할 때는 어떻게 하는가? 아무래도 유명 포털 사이트 '한자사전'을 찾게 된다. 그리하여 그곳의 '학습정보' 코너로 들어가면 이런 해설이 나온다.

보리의 모양을 나타낸 글자. 아주 옛날 중국(中國) 말로는 오다란 뜻의 말과 음(音)이 같았기 때문에 來(래)자를 빌어 썼음. 나중에 보리란 뜻으로는 별도로 麥(맥)자를 만들었음. 보리는 하늘로부터 전(轉)하여 온다고 믿었기 때문에 그래서 오다란 뜻으로 보리를 나타내는 글자를 쓰는 것이라고 옛날 사람은 설명(說明)하고 있음.

또 다른 해설은 이렇다.

來자는 人(사람 인)자가 부수로 지정되어 있지만 '사람'과는 아무 관계가 없다. 來자의 갑골문을 보면 보리의 뿌리와 줄기가 함께 그려져 있었기 때문이다. 그래서 來자는 본래 '보리'를 뜻하던 글자였다. 옛사람들은 곡식은 하늘이 내려주는 것으로 생각했다. 그러다 보니 來자는 점차 '오다'라는 뜻으로 쓰이게 되었다. 來자가 이렇게 '오다'라는 뜻으로 가차(假借)되면서 지금은 여기에 夊(뒤져 올 치)자가 더해진 麥(보리 맥)자가 '보리'라는 뜻을 대신하고 있다.

여전히 미진하다 싶을 것이다. 하늘에서 보리가 떨어져서 인간에게 왔다는 이야기도 실은 다 문헌에 기록된 내용이지만 간략하게 소개하니 허무맹랑한 신화가 되고 말았다. 이에 신통한 AI에게 물어보게 된다. 아래와 같이 질문을 넣는다.

래(來)가 원래 보리인데 어떻게 '오다'의 뜻이 나왔습니까?

챗GPT, 제미나이, 퍼플렉시티, 네이버 클로바-X, 카카오 카나나, 솔라, 뤼튼 등에게 두루 물어보았다. 대답은 각기 특색이 있으나, 내용은 대동소이하다. 근거한 자료가 비슷하니 누가 더 요령 있고 그럴 듯하게 정리하느냐의 차이지, 당장은 속이 시원한 답을 알려주지는 않는 것 같다. 오히려 쓸데없이 이모티콘을 남발하기도 한다. 현재 수준으로는 제미나이의 답변이 괜찮아 보인다. 아래와 같다. (여러분도 직접 질문하고 답변을 비교해 보길 권한다. 나름 흥미롭다.)

한자 '來(래)'가 본래 보리를 뜻하는 글자에서 '오다'라는 의미로 바뀌게 된 배경은 발음이 비슷했기 때문(가차, 假借)입니다. 이는 한자의 형성 및 변화 과정에서 흔히 나타나는 현상입니다. 자세한 설명은 다음과 같습니다.
본래 의미(보리 상형): '來'(래)는 원래 보리 줄기와 이삭, 뿌리까지 자세하게 묘사한 상형 문자였습니다. 밭에서 자라는 보리의 모습을 본떠 '보리'를 뜻하는 단어로 사용되었습니다.

의미 변화(발음 유사): 고대 중국어에서 '보리'를 뜻하는 단어의 발음이 '오다'라는 동사를 뜻하는 단어의 발음과 매우 유사했습니다.

가차(假借)에 의한 전용: 사람들은 발음이 비슷한 점을 이용해 '오다'라는 뜻을 표현할 때 본래 '보리'를 뜻하던 '來' 글자를 빌려 쓰기 시작했습니다. 이렇게 본래의 뜻과는 관계없이 발음만 빌려 다른 뜻으로 사용되는 것을 '가차'라고 합니다.

새로운 글자 제정 (보리 麥):'來'가 '오다'라는 뜻으로 널리 사용되면서, 본래의 의미인 '보리'를 명확히 나타내기 위해 '來' 밑에 '뒤쳐올-치'(夊)를 더한 새로운 글자인 '麥'(맥)을 만들었습니다. '夊'는 발의 움직임을 나타내어 보리를 밟는 '보리밟기' 모습에서 유래했다는 설이 있습니다.

요약하자면, '來'는 보리의 모습을 본뜬 상형자였으나, '오다'라는 의미의 단어와 발음이 우연히 비슷하여 그 뜻으로 전용되었고, 결국 본래의 뜻은 '麥'이라는 새 글자로 넘어가게 되었습니다.

이상이다. 발표하기도 좋게 항목별로 일목요연하게 정리해주었다. AI는 웹상의 자료를 최대한 수집 정리 요약해주는 것이므로 인터넷상의 내용이 대략 위와 같으리라 짐작할 수 있다. 발음이 같아 빌려 씀, 이게 가차(假借)이다. 해설하다가 막히면 가차다. 가차는 거의 맥가이버 칼이나 만능 키 같아서 풀지 못하는 한자가 없다. 이런 식으로 한자를 해설하면 누구들 한자를 논하지 못하겠는가?

사실은 이렇다. 래(來)의 초기글꼴은 본디 '밀'의 모양을 사실적으로 그린 글꼴이다. 얼핏 봐도 '나무-목'(木)이 보이고, 그 양쪽에 인(人)이 보이지 않는가? 물론 인(人)은 사람이 아니라 이삭의 모양이다. 원래는 '밀'이었으나 보리도 밀과(科)에 속하기에 보리도 뜻하게 되었다. 물론 지금은 구분하고자 밀은 소맥(小麥) 보리는 대맥(大麥)이라 한다. 고고학적 발굴 성과로 보건대, 고대 중국의 농업은 북방에서는 좁쌀과 기장을, 남방에서는 쌀을 경작했다. 밀 종류는 메소포타미아 지역에서 최초로 경작했다. 중국의 농경 역사보다 최소 1천 년 앞선다. 여기서 밀은 보리·밀·호밀·귀리를 포함한다. 지금으로부터 약 7~8천 년 전, 메소포타미아 유역 동북방 가장자리 자그로스Zagros 산기슭은 이미 도처에 농업 촌락이 있었고, 그 지역 중요한 유적의 하나인 야르모Jarmo 유적에서 밀 경작 이외에도 가축화된 돼지 사육을 확인할 수 있었다. 자그로스 산맥의 산기슭에는 지금도 밀 종류의 먼 친척 되는 야생 품종이 여기저기 자라고 있다. 이와 같은 생활 자원은 메소포타미아 문명이 발전할 수 있는 기초가 되었으며, 그 기술은 사방으로 전수되어 유럽과 북아프리카는 물론이고 페르시아 만 동쪽의 서아시아까지 전해져 각처의 인류들이 식량을 생산할 수 있었다. 그 밀이 중국으로도 전해졌다. 중국 입장에서는 외래 작물인 것이다. 그러므로 래(來)는 '외부에서 들어온 작물인 밀과 보리'가 본뜻이며, 이로부터 '오다'의 뜻이 나왔다. 2009년 한국방송대상 대상 수상작 KBS 다큐멘터리 『누들로드』를 보면, 그 옛날 육상 실크로드 상의 거점 도시에 왜 지금도 그렇게 밀가루 음식과 국수 요리가 많은지 이해하게 될 것이다. 래(來)가 '오다'의 뜻으로 전용되자 도리어 밀/보리의 뜻이 사라졌다. 이에 치(夂)를 아래에 추가하여 맥(麥)을 만들었다. 치(夂)는 '발바닥-지'(止)가 뒤집힌 모양이다. 지(止)는 앞으로 걸어가는 동작을 표시하므로, 치(夂)는 저쪽에서 이쪽으로 걸어오는 동작을 뜻한다. 따라서 맥(麥)은 '저쪽 중동 지역에서 이쪽 중국으로 들어온 작물 밀/보리'의 뜻이 되는 것이다.* (이 책의 1월 1일 왕래(往來) 꼭지를 참고하라. 이상의 이야기를 350자로 줄였다.)

한자는 역사가 오래된 생물(生物)이라 천문학 고고학 인류학 언어학 역사 사상 문화 등을 많이 알면 알수록 정해(正解)에 접근할 수 있다. 시인의 감수성과 소설가의 상상력까지 겸비하면 물론 금상첨화다. 그러나 개인의 시간과 정력에는 한계가 있으니 열린 마음과 겸손한 자세로 시작하길 권한다. 현 단계에서 AI의 답변으로 한자 문제의 기본적인 윤곽을 파악하는 것은 좋아 보인다. 그러나 교차 검증을 통해 옥석(玉石)을 가릴 줄 알아야 한다. 훗날 저작권 문제가 원만히 해결되어 AI 엔진이 전문 서적과 중요 논문까지 자유롭게 섭렵

* 이상 이야기는 아래 자료를 참고하여 작성했다.
① 허탁운(許倬雲)의 『만고강하』(萬古江河, 44~45쪽, 2006) 한글 번역본 『중국문화사』 101~104쪽, 이인호 옮김, 천지인, 2013.
② 『상형자전』(象形字典) 사이트의 래(來) 항목. https://www.vividict.com/details/detail.html?rid=6250
③ 아쯔지 데쯔지(阿辻哲次)의 『한자의 자원』(漢字の字源, 1993) 한글 번역본 『한자의 수수께끼』 46쪽, 1994. '아쯔지 한자카페'(일본어)에 '맥(麥)은 어디에서 왔는가?'(일본어)의 제목으로 추가 발표. (2017) https://www.kanjicafe.jp/detail/7753.html

한다면 물론 더 좋은 답변을 제시하겠지만, 과연 그 답이 최선인지는 마치 천리마(千里馬)를 알아보는 백락(伯樂)처럼 결국 독자 본인이 판단할 수 있어야 한다. 천리 길도 한 걸음부터이니, 일단 위에 소개한 여러 한자학 사이트를 애용하는 것이 백락의 안목을 갖추기 위한 첫걸음이 될 것이다.

한자어 찾아보기

가량(假量)	10/18		경색(梗塞)	11/19
가정(家庭)	1/11		경외(敬畏)	6/9
가치(價値)	9/14		경이(驚異)	4/25
각성(覺醒)	10/1		경전(經典)	10/8
각자(各自)	5/12		경제(經濟)	12/10
간극(間隙)	8/10		경주(競走)	8/15
갈증(渴症)	4/10		경청(傾聽)	2/10
감당(堪當)	10/22		경축(慶祝)	8/11
갑질(甲疾)	2/8		경쾌(輕快)	11/27
개념(概念)	5/21		계산(計算)	8/24
개혁(改革)	5/30		계엄(戒嚴)	12/3
객기(客氣)	2/1		고뇌(苦惱)	11/5
검찰(檢察)	3/25		고려(高麗)	4/3
겁박(劫迫)	11/26		고용(雇傭)	8/30
격분(激憤)	9/11		고취(鼓吹)	11/3
견제(牽制)	5/23		곡직(曲直)	6/6
결단(決斷)	1/23		공감(共感)	4/23
결백(潔白)	5/17		공양(供養)	4/20
결합(結合)	1/9		공치사(功致辭)	7/25
경계(境界)	9/4		공포(恐怖)	9/24

공허(空虛)	5/4	금수(禽獸)	12/19
과감(果敢)	9/3	금지(禁止)	3/15
과민(過敏)	11/29	급기야(及其也)	7/21
과연(果然)	3/28	급락(急落)	8/27
관광(觀光)	5/29	긍휼(矜恤)	11/13
관료(官僚)	11/8	기념(紀念)	3/1
관세(關稅)	3/22	기도(祈禱)	10/2
관용(寬容)	8/20	기량(技倆)	8/14
관행(慣行)	8/21	기축(基軸)	12/9
광역(廣域)	12/11	기타(其他)	6/12
광풍(狂風)	6/3	긴장(緊張)	9/19
괴리(乖離)	1/16	길흉(吉凶)	4/1
괴물(怪物)	2/21		
교육(敎育)	8/12	난제(難題)	5/20
교제(交際)	8/19	내홍(內訌)	12/22
굴욕(屈辱)	11/25	냉장(冷藏)	1/6
궤멸(潰滅)	3/4	노력(努力)	8/9
귀감(龜鑑)	1/28	농담(濃淡)	2/24
귀빈(貴賓)	7/12	농촌(農村)	11/24
규칙(規則)	7/2	누명(陋名)	3/29
귤(橘)	12/26		
극복(克服)	5/6	답변(答辯)	7/17
극한(極限)	2/19	대비(對備)	6/7
근무(勤務)	12/12	대체(代替)	11/12
근신(謹愼)	7/30	도달(到達)	7/15

도대체(都大體)	7/20	무역(貿易)	8/25
도덕(道德)	6/21	무협(武俠)	12/20
도생(圖生)	5/13	문화(文化)	3/27
도서(島嶼)	10/7	물경(勿驚)	1/8
도야(陶冶)	12/18	물론(勿論)	9/5
독서(讀書)	9/23	미모(美貌)	11/7
독점(獨占)	1/27	미안(未安)	4/12
동맹(同盟)	4/30	미약(微弱)	10/15
두부(豆腐)	10/29	미흡(未洽)	11/9
마약(痲藥)	8/26	반려(伴侶)	11/10
만추(晚秋)	10/23	반려(返戾)	11/11
망각(忘却)	7/31	반석(磐石/盤石)	9/20
매매(賣買)	3/14	반성(反省)	12/1
매몰(埋沒)	12/24	반찬(飯饌)	6/10
매혹(魅惑)	3/16	발랄(潑剌)	3/17
맥락(脈絡)	8/4	방대(尨大)	8/1
맹위(猛威)	2/20	방어(防禦)	6/17
모범(模範)	8/6	방치(放置)	4/13
모색(摸索)	10/6	배려(配慮)	4/24
몽환(夢幻)	10/12	배출(輩出)	9/2
묘안(妙案)	7/22	범죄(犯罪)	6/18
무고(無辜)	6/2	보호(保護)	3/3
무려(無慮)	4/18	복권(復權)	2/26
무속(巫俗)	1/24	복권(福券)	2/27

복잡(複雜) 5/8
본질(本質) 2/14
봉사(奉仕) 11/16
봉쇄(封鎖) 7/7
부흥(復興) 9/9
분산(奔散) 10/11
분열(分裂) 9/18
분투(奮鬪) 8/8
불륜(不倫) 5/2
붕괴(崩壞) 8/31
비교(比較) 12/16
비밀(祕密) 5/31
비상(非常) 12/2
비열(卑劣) 5/19
비옥(肥沃) 11/14

사고(思考) 6/14
사기(詐欺) 10/30
사소(些少) 5/25
사이비(似而非) 3/21
사절(使節) 7/16
사치(奢侈) 11/20
상상(想像) 3/8
상속(相續) 7/11
상장(賞狀) 4/19

서론(緒論) 6/15
서민(庶民) 4/16
선거(選擧) 1/22
선동(煽動) 5/22
설경(雪景) 1/7
성패(成敗) 8/28
세탁(洗濯) 8/5
소통(疏通) 2/12
손익(損益) 3/5
수긍(首肯) 5/28
수면(睡眠) 4/8
수모(受侮) 3/31
수사(搜査) 11/6
수시(隨時) 4/26
수확(收穫) 10/28
숙련(熟練) 4/7
순회(巡廻) 8/22
승부(勝負) 1/20
시기(猜忌) 12/13
시험(試驗) 8/16
신고(申告) 1/12
신구(新舊) 11/21
신뢰(信賴) 8/29
신속(迅速) 10/10
심산유곡(深山幽谷) 3/30

심지어(甚至於)	3/24		영혼(靈魂)	2/13
심취(心醉)	11/18		예금(預金)	3/13
쌍벽(雙璧)	9/27		예리(銳利)	11/28
			예술(藝術)	2/9
안녕(安寧)	2/7		예측(豫測)	3/12
암살(暗殺)	6/1		오만(傲慢)	11/2
압도(壓倒)	9/22		완강(頑強)	4/29
애원(哀怨)	9/7		완수(完遂)	7/8
애정(愛情)	2/2		완장(腕章)	2/6
야구(野球)	8/18		왕래(往來)	1/1
약속(約束)	9/1		외면(外面)	5/3
약탈(掠奪)	3/6		요령(要領)	6/11
양반(兩班)	9/21		용건(用件)	7/5
양보(讓步)	12/29		우방(友邦)	1/19
양호(良好)	12/28		우울(憂鬱)	5/1
어언(於焉)	6/23		운수(運數)	1/2
어차피(於此彼)	10/5		원만(圓滿)	10/27
여유(餘裕)	2/15		원천(源泉)	10/31
역할(役割)	10/17		위기(危機)	1/5
연습(演習)	8/17		위선(僞善)	1/25
열렬(熱烈)	7/23		위헌(違憲)	3/10
염세(厭世)	4/11		유대(紐帶)	9/30
염치(廉恥)	1/4		유산(遺産)	9/17
영세(零細)	10/14		유유(悠悠)	12/31
영원(永遠)	8/2		유일(唯一)	9/15

431

윤색(潤色)　12/27
윤일(閏日)　2/29
은닉(隱匿)　6/28
음영(陰影)　2/25
읍소(泣訴)　11/17
의연(毅然)　4/2
이력(履歷)　2/23
인공지능(人工知能)　3/11
인솔(引率)　4/14
일취월장(日就月將)　12/30
임명(任命)/임면(任免)　2/4
임장(臨場)　7/6

자비(慈悲)　5/18
자연(自然)　3/2
작정(作定)　1/21
잔인(殘忍)　6/29
잠식(蠶食)　11/22
장례(葬禮)　12/23
장벽(障壁)　11/30
장수(長壽)　5/27
재수(再修)　6/25
재앙(災殃)　7/27
저주(詛呪)　5/26
저하(低下)　6/22

전복(顚覆)　12/8
전시(展示)　8/23
전원(全員)　10/26
전재(轉載)　9/16
전쟁(戰爭)　7/18
절박(切迫)　5/24
절정(絶頂)　2/18
접근(接近)　9/25
정당(政黨)　1/15
정리(整理)　9/6
정신(精神)　2/22
정의(正義)　1/13
정치(政治)　1/14
제외(除外)　7/4
제창(齊唱)　4/22
조선(朝鮮)　4/4
존재(存在)　12/6
존중(尊重)　2/11
주야(晝夜)　2/28
주재(主宰)　4/21
주효(奏效)　3/26
증가(增加)　10/25
지금(只今)　7/29
지지(支持)　11/15
지혜(智慧)　12/17

진격(進擊) 7/10   취미(趣味) 3/18

질곡(桎梏) 10/21   취직(就職) 6/24

질병(疾病) 4/17   친척(親戚) 2/16

질서(秩序) 3/9   침략(侵略) 6/19

질투(嫉妬) 12/14   침묵(沈默) 5/7

짐작(斟酌) 10/19

집착(執着) 12/25   탄핵(彈劾) 12/4

    탐욕(貪慾) 12/21

차별(差別) 5/11   탕감(蕩減) 1/29

착오(錯誤) 7/3   투자(投資) 9/10

착취(搾取) 7/14   특사(特赦) 6/30

참칭(僭稱) 1/26

책망(責望) 7/1   파기(破棄) 6/16

척결(剔抉) 11/1   파면(罷免) 12/5

철저(徹底) 7/26   파벌(派閥) 8/3

첨단(尖端) 10/3   파악(把握) 9/28

첩경(捷徑) 9/26   패자(霸者) 7/19

체포(逮捕) 4/28   편견(偏見) 6/13

초상(初喪) 9/8   폄훼(貶毀) 7/13

초조(焦燥) 5/15   평균(平均) 4/9

초청(招請) 1/18   폐업(廢業) 5/10

추천(推薦) 9/13   폐해(弊害) 4/27

추후(追後) 3/7   포도(葡萄) 11/23

충전(充電) 10/9   포옹(抱擁) 6/27

충효(忠孝) 6/20   폭염(暴炎) 7/24

품격(品格)	5/14	혜택(惠澤)	5/5
피로(疲勞)	12/7	호령(號令)	9/29
피서(避暑)	8/7	호흡(呼吸)	10/13
필사(筆寫)	1/30	혹독(酷毒)	2/17
		혼인(婚姻)	1/10
한국(韓國)	4/5	홀대(忽待)	6/4
함의(合意)	5/9	화목(和睦)	4/15
함정(陷穽)	10/16	환락(歡樂)	1/31
항암(抗癌)	12/15	활약(活躍)	7/9
해소(解消)	5/16	회담(會談)	6/8
행각(行脚)	2/3	회유(懷柔)	6/26
행복(幸福)	1/3	회자(膾炙)	10/20
향수(鄕愁)	10/24	휴식(休息)	7/28
헌신(獻身)	8/13	흔적(痕跡)	10/4
험악(險惡)	3/20	흠모(欽慕)	1/17
현실(現實)	9/12	희망(希望)	2/5
협상(協商)	3/23	희생(犧牲)	3/19
형벌(刑罰)	4/6	희열(喜悅)	11/4
형제(兄弟)	6/5		

하루 한자어 공부
: 매일 두 글자, 삶의 수준과 말의 품격을 높이는 한자 교양 365

2026년 2월 24일　　초판 1쇄 발행

지은이
이인호

펴낸이　　　　　　**펴낸곳**　　　　　　**등록**
조성웅　　　　　　　도서출판 유유　　　　제406-2010-000032호(2010년 4월 2일)

　　　　　　　　　주소
　　　　　　　　　경기도 파주시 돌곶이길 180-38, 2층 (우편번호 10881)

전화　　　　　　**팩스**　　　　　　　**홈페이지**　　　　　**전자우편**
031-946-6869　　0303-3444-4645　　uupress.co.kr　　uupress@gmail.com

　　　　　　　　　페이스북　　　　　**트위터**　　　　　　**인스타그램**
　　　　　　　　　facebook.com　　twitter.com　　　instagram.com
　　　　　　　　　/uupress　　　　　/uu_press　　　　/uupress

편집　　　　　　　**디자인**　　　　　**조판**　　　　　　**마케팅**
정민기, 김정희　　　이기준　　　　　정은정　　　　　전민영

제작　　　　　　　**인쇄**　　　　　　**제책**　　　　　　**물류**
제이오　　　　　　　(주)민언프린텍　　라정문화사　　　책과일터

ISBN 979-11-6770-150-3　03720